Franz von Löher

Beiträge zur Geschichte und Völkerkunde

Franz von Löher

Beiträge zur Geschichte und Völkerkunde

ISBN/EAN: 9783743665255

Hergestellt in Europa, USA, Kanada, Australien, Japan

Cover: Foto ©Thomas Meinert / pixelio.de

Weitere Bücher finden Sie auf **www.hansebooks.com**

BEITRÄGE

ZUR

GESCHICHTE UND VÖLKERKUNDE

VON

FRANZ VON LÖHER.

✤ ZWEITER BAND. ✤

FRANKFURT A/M.
LITERARISCHE ANSTALT
RÜTTEN & LOENING.
1886.

VORWORT.

Der erste Band dieser zerstreuten kleinen Beiträge zur Geschichts- und Völkerkunde hat weit über Erwarten Beifall und Verbreitung gefunden; mit freudigem Dank lassen Verfasser und Verleger den zweiten folgen. Dieser widmet die grössere Hälfte unserer nationalen Geschichte. Bilder und Ideen aus unserer Vorzeit drängen sich ja lockend und lehrend in die Gegenwart hinein. Mahnt uns nicht der neue Sonnenaufgang des deutschen Reichs an König Heinrich I. Zeit? Und die hohen Ottonen, Salier, Hohenstaufen — werden sie unserem ehrwürdigen Heldenkaiser wieder folgen? Es wird wohl so kommen, so gewiss ich vor bald vierzig Jahren in Cincinnati das Buch über die Geschichte und Zustände der Deutschen in Amerika schliessen konnte mit dem Hinweise, Deutschland nehme seine Stärke wieder zusammen und werde bald seinen alten Herrschersitz in Europas Mitten wieder besteigen. Ich sehe noch die spöttischen Gesichter vor mir, als damals hervorragende Amerikaner mich befragten, ob das wirklich mein Ernst sei? Die Herren möchte ich jetzt wohl wieder sprechen, und auch hören, wie ihnen meine amerikanischen Spiegelbilder gefallen hätten? Es ist doch nimmermehr erlaubt, über all den glänzenden Fortschritten in den Vereinigten Staaten so tiefe Schattenseiten und so viel fürchterliches deutsches Elend dort zu verhüllen. Talvj's Büste würden Jene mit bekränzen, obgleich sie ihr stolzes deutsches Gefühl wohl kannten. Und war es nicht dieses warme nationale Gefühl, das solche Frauen und Männer, wie Talvj, die Deutsch-Amerikanerin, und Hrotsvitha, das geistvolle Nönnchen im zehnten Jahrhundert, den alten Türkenhammer Sporck und den feinen Staatsmann Wydenbrugk antrieb und beseelte? Nur Übertreibung dieses Gefühls, so wird Mancher und vielleicht etwas ärgerlich denken, wolle auch einen düsteren Flecken aus unserer früheren Geschichte wegwischen. Jedoch ruhig prüfe man die Gesammtwirkung der Gründe, welche gegen den Glauben an Menschenopfer bei den Germanen sprechen, Anlass dazu ist wohl geboten. Sogar zu einer Fahrt nach den herrlichen canarischen Inseln, deren Eroberung der letzte Normanne begann, wage ich einzuladen: ihre Vorzeit blickt uns mit germanischen Zügen an, und es giebt darin noch Vieles zu klären und zu lichten.

F. v. L.

INHALT.

		Seite
I.	Deutsche Kolonisation mit Schwert und Pflug	1
II.	Kaiserliche Aufgabe der Deutschen	35
III.	Gab es bei den Germanen Menschenopfer?	54
IV.	König Heinrich I. deutsche Politik	75
V.	Hrotsvith und ihre Zeit	104
VI.	Kulturhistorische Bedeutung unserer Städte	148
VII.	Der letzte Normanne	165
VIII.	Stellung der Kanaren in der Entdeckungsgeschichte	236
IX.	General Sporck	263
X.	Gegensätze amerikanischen Lebens zum europäischen	297
XI.	Amerikanische Landwirthschaft	331
XII.	Handel und Gewerbe in den Vereinigten Staaten	360
XIII.	Kunst und Wissenschaft der Amerikaner	379
XIV.	Talvj, ein deutsches Frauenleben	451
XV.	Wydenbrugk, ein deutsches Mannesleben	467

I. Deutsche Kolonisation mit Schwert und Pflug.

Ziemlich die Hälfte des Gebiets, welches in Europa jetzt die Deutschen inne haben, ist nicht blos durch das Schwert, sondern mehr noch mit Axt und Pflug, mit Mauerkelle und Ellenstab erworben. Jede Form von Kolonisationsthätigkeit war dabei vertreten. Deutsche Fürsten legten Dörfer und Städte an; Ritter und Gewerker kamen im Hofgefolge oder Jeder auf eigene Hand; Bauern familienweise oder gerufen in ganzen Zügen; hier betrieben Unternehmer planmäßig die Ansiedelung, dort bauete sich Jeder einzeln den Wohnsitz; Kaufleute gründeten Faktoreien und zogen die Eroberung hinter sich her; Mönchsorden nahmen sich ganze Landstriche zum Ziele für Feld- wie für Schul- und Kirchenbau; Ritterorden richteten sich im Neuland fürstliche Herrschaft ein; Fürsten und vornehme Frauen im Slavenlande wandelten ihre Städte und Dörfer zu deutschen um. An Erfolgen wie an Breite und Umfang wüssten wir diesem deutschen Werke kaum etwas an die Seite zu setzen. Zieht man eine gerade Linie von der Elbmündung bis zur Spitze des adriatischen Meeres, so geht sie von Norden nach Süden durch die Mitte von Deutschland, und nicht blos gehörte, was östlich davon liegt, ehemals den Slaven, sondern deren Gebiet ging noch an einigen Stellen breit über die Linie nach Westen hinüber. Nur was die Römer in Spanien, Frankreich und Afrika vollführten, lässt sich dem vergleichen, jedoch mit dem grossen Unterschied, dass auf rasche Eroberung erst ganz allmählich römische Kultur und Sprache sich ansiedelte. Das Eindringen der Spanier, Holländer, Engländer, Russen in Amerika, Afrika, Asien, Australien richtete sich nur gegen arme Wilde oder Halbwilde, und die englische Herrschaft in Indien kann kein Beispiel abgeben, weil sie zum geringsten Theil auf schrittweisem Erobern, zum grössten aber auf Erschleichen und Unterhandeln beruht, auch keine Umwandlung von Land und Volk zur Folge hat.

Dass aber letztere im deutschen Osten so bald und so vollständig erfolgte, lag vielleicht nicht allein in der Menge und Überlegenheit der deutschen Zuzügler und in der Gunst der Verhältnisse, sondern auch darin, dass alte Wurzeln des Germanenthums in slavischen, preussischen und magyarischen Landstrichen in ihrer Triebkraft noch nicht völlig erstorben waren. Wer Sitte und Wesen der Kleinrussen oder Ruthenen in den Karpathen oder in Südrussland ruhig beobachtet, den fliegt vielleicht eine Ahnung an, dass nicht gerade viel dazu gehören würde, um diese Art Leute, wenn sie dauernd unter deutsche Zucht und Einmengung kämen, unsers Volks zu machen. Vielleicht waren nach der Völkerwanderung in einigen Gegenden zerstreute Häuflein Germanen übrig geblieben, in andern ihre Eigenart von der slavischen nur erst überdeckt, jedoch nicht vernichtet.

Die Art und Weise nun, in welcher im Laufe von drei bis vier Jahrhunderten die grösste deutsche Eroberung vor sich ging, blieb in den Hauptzügen sich aller Orten ziemlich gleich. Stütz- und Ausgangspunkt waren die Marken. Unter Karl dem Grossen bestanden sieben bedeutendere Marken: die dänische Mark an der Eider, die sächsische an der Elbe, die sorbische oder thüringische an der Saale, die baierische Nordmark in der jetzigen Oberpfalz, die sich längs des

Böhmerwaldes hinzog, die baierische Ostmark von der Ems bis an den Wiener Wald, die pannonische bis zur Donaumündung, die friaulische von der Drau bis in die Berge vor dem adriatischen Meer. Soweit das Gebiet einer Mark ging, herrschte gleichsam Belagerungszustand ohne Aufhören. Jeder wehrhafte Mann darin war zum beständigen Kriegsdienst verpflichtet. Die Hauptstrassen heraus und herein liessen sich durch Befestigungen sperren, von den Hauptburgen schauten Wachen aus. Auf das erste Lärmzeichen eilte alles Kriegsvolk zu den Sammelplätzen, leicht wurde ein Heer zusammen gezogen und marschirte dem Feinde entgegen. Erfuhr der Markgraf, der unter den Slaven oder Magyaren seine kundigen Späher und Berichterstatter unterhielt, dass sich dort ein Ungewitter zusammenzog, so eilte er, den nächsten Herzog und die andern benachbarten Fürsten zu unterrichten, damit sie ihre Heerkräfte sammelten. Erschien aber die feindliche Macht zu stark und gefährlich, so erhielt das Reichshaupt selbst Kunde und zog heran, sie zu zerstreuen: daher die wiederholten Heereszüge der Kaiser nach Ungarn, Böhmen, Polen.

Diese Marken, die zur Schutzwehr des deutschen Volkes dienten, wurden zum vorzüglichsten Förderungsmittel für deutsche Auswanderung nach den dahinterliegenden Gegenden. Zuerst durchzogen von den Marken aus die Handelsleute das fremdsprachige Land, und wo sich ihnen Gewinn und Sicherheit bot, da legten sie einen Theil ihrer Waare nieder und liessen ihre Leute dort zurück. Handwerker fanden Verdienst an den Wohnsitzen der Fürsten und Häuptlinge. Bald folgten Glaubensboten mit Jüngern und Gefolge, um die Heiden zu bekehren, unter ihnen erhabene Gestalten wie Bischof Otto von Bamberg, der in Pommern, der h. Adalbert, der in Preussen den Märtyrertod erlitt, der bremische Domherr Albert von Buxhövden, und Abt Christian von Oliva in Liefland. Dann erschienen die Ansiedler. Im Schutze der Mark konnten sich ihre Schaaren sammeln, ausrüsten, Kundschaft einziehen, von hierher Hülfe und

Nachschub erhalten, und wurden sie draussen zurückgeworfen, nahm die Mark wie eine schützende Festung sie wieder auf. Öfter wechselte nun ein Menschenalter um's andere Gründen und Zerstören, Gedeihen und Verderben deutscher Ansiedelungen, es kam zu Kampf und Krieg, bis endlich die Deutschen sich zu einem ernstlichen verheerenden Kriegszug entschlossen. Auf eine für sie glückliche Entscheidung folgte Zweierlei: das nächstliegende Land wurde unter vornehme und geringe Ansiedler vertheilt, Jenen als Lehen, den Andern als freies Bauerngut. Die benachbarten fremden Fürsten aber öffneten Gemüth und Gebiet dem Einzug deutscher Kultur, liessen ihre Söhne in Deutschland erziehen und suchten für diese oder für sich selbst deutsche Gemahlinnen, die ein zahlreiches Gefolge von Rittern und Mönchen und Handwerkern mit sich brachten. War nun wieder ein Landstrich hinlänglich mit deutschem Volke besiedelt, so wurde eine neue Mark so viel weiter östlich gelegt.

Vornehmste Begründer deutscher Ansiedelungen waren also die fürstlichen Eroberer. Sie riefen Anbauer aus allen Gegenden herbei und leiteten und förderten ihre Unternehmungen. Wo aber Deutsche einmal Eingang fanden, entwickelten sie bald eine ungemeine Ausdehnungs- wie Arbeitskraft. Sie kauften die Slaven aus und verdrängten sie aus den fruchtbaren Auen in ärmere Landstriche. Wo bisher kleine Lehmhütten standen, erhoben sich stattliche Bauernhöfe, statt der slavischen Holzfesten stiegen Steinburgen empor und Städte mit Wall und Graben, Mauern und Thürmen. Und wie es immer in Neulanden der Fall, aus der Menge junger Ehen wuchs ein zahlreiches Geschlecht hervor, und kaum fühlen sich Söhne und Töchter mannbar, so wollen sie den Eltern nachahmen und in's Land hinein neue Ansiedlungen gründen.

Mit den Laien aber kamen die Klosterleute, bauten Zellen und Kirchlein, und liessen Gesänge und Geläute erschallen. In den neuen Orden der Prämonstratenser und

Cisterzienser war eine wahre Begierde erwacht, Waldöden und Sumpflande ebenso zu bezwingen wie den düstern Sinn der Heiden. Dass grosse Wüsteneien in urbares Land verwandelt worden, kehrt in fast allen Chroniken wieder. Gleichwie in den Merowinger-Zeiten bemühten sich die Klöster, Musterwirthschaften zu begründen, und kaum war eine Mönchsansiedelung in Blüthe, als sie auch schon betriebsame Jünger weiter schickte, nach neuen wohlgelegenen Klosterplätzen zu suchen.

In Mecklenburg, Pommern, Schlesien, Masovien, Polen, Böhmen und Ungarn fand die deutsche Einwanderung auch häufig die eifrigsten Förderer an einheimischen Fürsten. Sie wurden ergriffen von den Vorzügen edlerer Bildung, es widerten sie die gemeinen Zustände ihrer Landsleute an, und sie fühlten sich durch den Ruhm geschmeichelt, an Einsicht höher zu stehen, als diese. Nicht geringe Lockung lag auch in dem sichern Gewinn, welcher dem fürstlichen Schatz aus dem Reichthum und klingenden Geldzins der Ansiedler zufloss. Besonders hell aber glänzt das Verdienst deutscher Fürstinnen. So war von den Töchtern des Grafen von Bergen die eine an den Polenkönig, die andere an einen böhmischen, eine dritte an einen schlesischen Herzog verheirathet, und Heinrich der Löwe selbst gab seine Töchter in slavisches Ehebündniss. Im Laufe von zwei Jahrhunderten zählt man eilf deutsche Fürstinnen auf dem böhmischen Königsthrone. Eine lange Reihe von Klosterstiftungen dankt die Gründung deutschen Fürstinnen.

Wenn es aber auffällt, wie so viele und weite Landstriche so vollständig deutsch wurden, während es doch sonst deutsche Art ist, Fremdes in sich aufzunehmen oder sich ihm anzuschmiegen, so liegt die Erklärung in verschiedenen Ursachen. Die grosse Menge der neuen Städte, Dörfer und Burgen entstand da, wo entweder durch Axt und Brand im wilden Walde, oder durch Austrocknen der Sümpfe neuer Kulturboden geschaffen, oder wo in den langen erbitterten Kämpfen die frühere Bevölkerung gänzlich ausgerottet oder vertrieben war, oder wo noch germanisches Wesen unter slavischer Hülle im Volke steckte. Ihr Recht brachten die Deutschen, gleichwie die Germanen in der Völkerwanderung, überall mit sich und litten um so weniger, dass fremdes Recht sich damit verknüpfte, als dieses bei Slaven, Letten und Magyaren sich nur schwächlich ausgebildet hatte. Wäre das nationale Selbstgefühl, das die Deutschen auf der Höhe des Mittelalters beseelte, nicht so stolz und harsch gewesen, so möchte sich von fremder Sprache und Sitte wohl etwas mehr in den Neulanden erhalten haben.

Es waren Völker von drei Arten, mit welchen die neuen Ansiedler zu thun hatten: Slaven, Preussen und Letten, Magyaren. Die Ersteren bildeten die grosse Hauptmasse und verschmolzen sich am leichtesten und vollständigsten mit den Deutschen. Die Zweiten waren nur in harten und langwierigen Kämpfen zu bezwingen und dauerten aus, wo sie nur einigermaßen dichter sassen. Die dritte Rasse liess sich wohl zeitweise beugen und verdrängen, brach aber mit ihrer Eigenthümlichkeit immer wieder hervor.

Offenbar hatten die alten Slaven, wenn auch nicht im geistigen Wesen, doch in Gemüthsart und Sitten nicht wenig, was dem deutschen Wesen verwandt. Ackerbau und Viehzucht war ihr Tagewerk, mit dem einfachsten Geräth zimmerten sie sich ihre Hütten aus Holz, Lehm und Flechtwerk. Durch ihre bürgerliche Gesellschaft ging ein tiefer Zug von Pietät und Kindlichkeit. Der Familienvater war der Herr, ausgebreitete Verwandschaft und ehrwürdiges Alter bestimmten den Vorsteher der Gemeinde, und alte Gewohnheit die Geschlechter, aus welchen die Stammeshäupter hervorgingen. Das Vermögen hing an der Familie, und es ist fraglich, ob die älteste Sprache der Slaven den Begriff von ächtem Erbe und Eigenthum kannte. Überhaupt nahm der Slave alles leicht und war gern zufrieden, wenn er nur das zum Leben Nöthigste hatte. Der Deutsche übertraf ihn durch ruhigen männlichen Verstand, durch Arbeits-

und Ordnungsliebe, sowie auch durch ausdauernde Tapferkeit und einen gewissen Schwung der Seele, sich für ideale Güter zu begeistern. Der Slave besitzt ein Talent des Gehorchens und Sichfügens: Die aber, welche Staats- und Kriegswesen, überhaupt die Volksbildung bei den Slaven auf höhere Stufe hoben, waren Deutsche oder Griechen oder nordische Germanen.

Ein Pfarrer zu Bosow am Plöner See im östlichen Holstein, der mitten in den slavischen Händeln lebte, fasste um die Mitte des zwölften Jahrhunderts die Ereignisse in einem Geschichtsbuche zusammen. Darin erzählt er von den Slaven: »Sie üben in hohem Grade Gastfreundschaft, und erweisen den Eltern die schuldige Ehre. Auch findet man bei ihnen keinen Dürftigen oder Bettler. Wenn dort einer durch Altersschwäche oder Krankheit untüchtig wird, so überweist man ihn ohne Weiteres seinem Erben, der ihn verpflegen und auf das Sorgsamste sich seiner annehmen muss. Denn Gastlichkeit und Fürsorge für die Eltern gelten bei den Slaven für die ersten Tugenden. Ausser den heiligen Hainen und Hausgöttern, an denen Land und Städte Überfluss hatten, gab es noch eine Menge von Göttern, deren erste und vorzüglichste Prove, der Gott des Oldenburgerlandes, Siva, die Göttin der Polaben, und Radegast, der Gott des Obotritenlandes, waren. Diesen waren Priester geweiht und wurden besondere Opfer dargebracht, und man verehrte sie auf mancherlei Weise. Ferner machte der Priester nach Anweisung des Looses Anzeige, welche Feste den Göttern zu feiern seien. Dann kommen Männer, Frauen und Kinder zusammen, und bringen ihren Götzen Opfer dar, bestehend in Rindern und Schafen; ja sehr viele opfern auch Menschen, Christen nämlich, weil sie erklären, am Blute derselben hätten die Götter Wohlgefallen. Nachdem das Opferthier getödtet ist, kostet der Priester von dem Blute desselben, um sich zum Empfange göttlicher Weisungen mehr zu befähigen. Denn dass die dämonischen Wesen durch Blut leichter anzulocken sind, ist die Meinung

Vieler. Wenn dann das Opfer dem Brauche gemäß vollzogen ist, so wendet sich das Volk wieder zu Schmaus und Freude. Die Slaven haben einen sonderbaren abergläubischen Gebrauch. Bei ihren Schmäusen und Zechgelagen lassen sie nämlich eine Schale herumgehen, auf welche sie im Namen der Götter, nämlich des guten und des bösen, nicht nur Worte des Segens, sondern auch der Verwünschungen ausschütten. Sie glauben nämlich, alles Glück werde von einem guten, alles Unglück aber von einem bösen Gotte gelenkt. Daher nennen sie auch den bösen Geist in ihrer Sprache Diabol oder Zernebog d. h. den schwarzen Gott. Unter den vielgestaltigen Gottheiten der Slaven ist vor allen Zwantewit zu erwähnen, der Gott des Landes der Rugianer, welcher nämlich in Orakelsprüchen wirksamer ist. Im Vergleich zu ihm betrachten sie die andern Götter nur wie Halbgötter. Darum pflegen sie ihm zur besonderen Ehre alle Jahre einen Christen, den das Loos nachweist, zu opfern. Dahin übersandten sie sogar aus allen slavischen Ländern bestimmte Summen zum Verbrauche. Den Tempeldienst aber versehen sie mit ausserordentlicher Ehrerbietung und Sorgfalt; denn sie lassen sich weder leicht zum Fluchen verleiten, noch dulden sie, dass der Umkreis des Tempels entweiht werde, selbst nicht, wenn der Feind im Lande erscheint. Ausserdem ist den Slaven ein unersättlicher Blutdurst angeboren; sie sind unstät und beunruhigen die Nachbarländer zu Wasser und zu Lande. Wie viele Todesarten sie den Christen zugefügt haben, ist schwer zu erzählen, da sie den Einen die Eingeweide aus dem Leibe rissen und sie um einen Pfahl wickelten, die Andern aber an's Kreuz schlugen, um das Zeichen unserer Erlösung zu verhöhnen. Sie verurtheilen nämlich die grössten Verbrecher zum Kreuzestode. Die aber, welche sie um des Lösegeldes willen gefangen nehmen, peinigen sie mit solchen Qualen und fesseln sie so eng und drückend, dass wer es nicht weiss, es kaum glauben kann«.

»Zur See sind in plötzlichen Überraschungen die Slaven besonders stark. Daher ist denn auch bis auf die neueste Zeit die Raubsitte bei ihnen so sehr herrschend, dass sie mit gänzlicher Hintansetzung der Vortheile des Ackerbaues zu Seeunternehmungen stets bereit sind, indem ihre ganze Hoffnung und all ihr Reichthum auf den Schiffen beruht. Ja, sie geben sich nicht einmal bei'm Häuserbau viel Mühe; vielmehr verfertigen sie Hütten aus Flechtwerk, da sie nur zur Noth Schutz gegen Sturm und Regen suchen. So oft ein Krieg auszubrechen droht, verbergen sie alles Getreide, nachdem sie es gedroschen haben, nebst allem Gold und Silber und was sie an Kostbarkeiten besitzen, in Gruben; Weib und Kind aber bringen sie in die festen Plätze oder mindestens in die Wälder, so dass dem Feinde nichts zu plündern bleibt, als die Hütten, deren Verlust sie sehr leicht ertragen«.

Schon Adam von Bremen, der in der zweiten Hälfte des eilften Jahrhunderts seine Aufzeichnungen machte, schrieb: »Es wird, was Sitte und Gastlichkeit anlangt, kein Volk zu finden sein, das sich ehrenwerther und dienstfertiger bewiese«. Derselbe Schriftsteller erzählt aber auch von dem Rachezug der Slaven, als diese in Nordalbingien nach Kaiser Otto II. Tode alles Christliche vertilgten, Folgendes: »Aus Hammaburg wurden damals und in der Folge viele Geistliche und Bürger aus Hass gegen das Christenthum gefangen hinweggeführt und noch mehr derselben getödtet. Der König der Dänen, der alle Begebenheiten der Barbaren wie geschrieben im Gedächtniss hatte, erzählte uns: Aldinburg (Oldenburg) sei als die völkerreichste unter den christlich slavischen Städten befunden worden. Dort, sagte er, wurden sechszig Priester, nachdem die Übrigen wie das Vieh geschlachtet waren, zu frevelhaftem Muthwillen aufbewahrt. Das Haupt derselben, der Vorsteher des Ortes, hiess Oddar, er war mein Blutsverwandter. Dieser nun ward sammt den Anderen in der Weise dem Märtyrertode geopfert, dass man ihnen mit dem

Eisen die Kopfhaut in Kreuzesform einschnitt und so den Einzelnen das Gehirn öffnete. Darauf wurden diese Bekenner Gottes mit auf den Rücken gebundenen Händen durch die einzelnen Städte der Slaven hindurchgeschleppt und mit Schlägen oder sonstwie gemisshandelt, bis sie starben. So hauchten sie, nachdem sie Engeln und Menschen zu einem solchen Schauspiele geworden, auf der Mitte ihres Weges ihren siegenden Geist aus. Noch manche ähnliche Begebenheiten sollen in den verschiedenen slavischen Landschaften damals vorgefallen sein, die man aber jetzt aus Mangel an schriftlichen Überlieferungen für Fabeln hält. Als ich darnach den König weiter befragte, sagte er: Sei stille, mein Sohn, wir haben in Dänemark oder Slavanien soviel Märtyrer, dass ein Buch sie kaum umfassen könnte«.

»Auch habe ich, als der höchst wahrhafte König der Dänen diese Gegenstände gesprächsweise erläuterte, gehört, dass die Slavenvölker ohne Zweifel schon längst vorher hätten zum Christenthum bekehrt werden können, wenn die Habsucht der Sachsen dem nicht im Wege gestanden hätte; »denn«, sagte er, »Diesen steht der Sinn mehr nach der Zahlung der Steuern, als nach der Bekehrung der Heiden«. Und die Elenden bedenken nicht, welcher Strafen sie sich durch ihre Gier schuldig gemacht haben, da sie zuerst in Slavanien das Christenthum aus Habsucht störten, dann die Unterworfenen zum Aufstande zwangen, und nun das Seelenheil derer, die zum Glauben kommen würden, unbeachtet lassen, weil sie von ihnen nichts weiter verlangen als Geld«.

Hören wir endlich noch Helmold's Erzählung von einem Besuch bei dem slavischen Fürsten Pribizlav. »Er bat uns, wir möchten in sein Haus einkehren, und empfing uns sehr freundlich und gab uns eine reiche Mahlzeit. Zwanzig Gerichte belasteten die uns hingestellte Tafel. Da habe ich durch eigene Erfahrung kennen gelernt, was ich vorher nur von Hörensagen wusste, dass kein Volk, was Gastlichkeit anlangt, ehrenwerther ist, als die Slaven. Denn in Bewirthung der Gäste sind alle eines Sinnes und gleich eifrig, so dass Niemand um gastliche Aufnahme zu bitten braucht. Was sie durch Ackerbau, Fischerei oder Jagd erwerben, geben sie alles mit vollen Händen hin, und preisen den als den Tapfersten, der der Verschwenderischste ist, weshalb viele durch die Sucht, hierin Aufsehen zu erregen, zu Diebstahl und Raub sich verleiten lassen. Diese Verbrechen kommen bei ihnen jedenfalls häufig vor, denn man entschuldigt sie, indem man sie mit dem Streben nach Gastlichkeit bemäntelt. Denn nach den Gebräuchen der Slaven muss man, was man in der Nacht gestohlen hat, am andern Morgen unter seine Gastfreunde vertheilen. Wenn aber Einer, was jedoch sehr selten vorkommt, einem Fremden Aufnahme verweigert zu haben überführt wird, dessen Haus und Habe darf man niederbrennen, und Alle stimmen in der Ansicht überein, dass sie sagen, wer sich nicht scheue, einem Fremdem Brot zu versagen, sei verrufen und gemein und verdiene von Allen geschmäht zu werden«.

»Bei dem Fürsten blieben wir die Nacht und dann noch den folgenden Tag und wieder die Nacht, und begaben uns darauf nach dem jenseitigen Slavenlande, um bei einem angesehenen Manne Namens Thessemar, der uns eingeladen hatte, zu Gaste zu gehn. Es traf sich aber, dass wir auf unserm Zuge in einen Wald kamen, welcher der einzige in jenem Lande ist; denn dasselbe besteht ganz aus einer Ebene. Da sahen wir unter sehr alten Bäumen heilige Eichen, welche dem Prove, dem Gott jenes Landes, geweiht waren. Diese umgab ein freier Hofraum und ein sehr sorgfältig aus Holz gebauter Zaun, in welchem sich zwei Pforten befanden. Denn ausser den Hausgöttern und den Götzen, welche jeder einzelne Ort im Überfluss hatte, war dieser Ort das Heiligthum des ganzen Landes, und für denselben ein besonderer Oberpriester, sowie besondere Feste und verschiedene Arten von Opfer bestimmt. Dort pflegte nämlich am zweiten Wochentage das Volk mit dem Priester und dem Fürsten zum Gericht zusammen zu kommen. Der

Eintritt in den Hofraum war allen verwehrt, ausser dem Priester und denen, die opfern wollten, oder die von Todesgefahr bedrängt wurden; denn diesen durfte der Zufluchtsort niemals verschlossen werden. Die Slaven haben nämlich solche Ehrfurcht vor ihren Heiligen, dass sie den Umkreis eines solchen selbst in Kriegszeiten nicht mit Blut beflecken lassen. Zum Eide lassen sie es selten kommen; denn schwören ist bei ihnen beinahe so viel wie sich verschwören, nämlich den rächenden Zorn der Götter auf sich herabrufen. Die Slaven haben vielerlei Götzendienst; denn sie stimmen nicht alle in derselben Art von Aberglauben überein. Die Einen stellen nämlich phantastische Götzenbilder in den Tempeln zur Schau aus, wie z. B. das Götzenbild zu Plune, welches sie Podaga nennen, Andere bewohnen Wälder und Haine, wie der Gott Prove zu Aldenburg; von solchen sind tausende von Bildern vorhanden. Viele Götzen stellen sie auch mit zwei, drei und noch mehr Köpfen dar. Bei aller Mannigfaltigkeit derjenigen Götter aber, denen sie Fluren und Wälder, Leiden und Freuden zuschreiben, leugnen sie doch nicht, dass ein Gott im Himmel über die übrigen herrsche. Dieser vor allen Gewaltige aber, sagen sie, sorge nur für die himmlischen Angelegenheiten, die Andern aber gehorchen ihm, indem sie die von ihm ihnen übertragenen Ämter verwalten; sie seien aus seinem Blute entsprossen, und jeder Gott stehe um so höher, je näher er diesem Gott der Götter stehe. Als wir in diesen Wald und an diesen Ort der Unheiligkeit kamen, ermahnte uns der Bischof, dass wir tüchtig daran gehen möchten, den Hain zu zerstören. Er selbst sprang vom Pferde und zerschlug voll Eifers die ausgezeichnet verzierten Vorderseiten der Thore. Darauf traten wir in den Hof und häuften alle Zäune desselben um jene heiligen Bäume herum auf und machten einen Scheiterhaufen, den wir anzündeten, jedoch nicht ohne Besorgniss, von den Eingeborenen überfallen zu werden; allein Gott schützte uns. Darnach wandten wir uns vom Wege ab nach dem Hause unsers Wirthes Thessemar, der uns mit grossem Gepränge empfing. Indessen machten die Becher der Slaven uns doch nicht Lust und Freude, weil wir die Fesseln und die verschiedenen Marterwerkzeuge sahen, welche für die aus Dänemark hergebrachten Christen gebraucht wurden. Da sahen wir Priester des Herrn durch lange Gefangenschaft ganz abgemagert, denen doch der Bischof weder durch Gewalt noch durch Bitten helfen konnte«.

Geben uns diese Skizzen des Bosower Pfarrers ein ziemlich anschauliches Bild vom Leben der Slaven, so wird uns aus andern Nachrichten deutlich, wie es bei der Einnahme ihres Landes herging. Karl der Grosse hatte Avaren und Slaven zu Paaren getrieben: sein Nachfolger hatte, wie Einhart berichtet, auf dem Frankfurter Reichstag 822 »von allen Ostslaven, nämlich den Obotriten, Sorben, Wiltzen, Beheimern, Marwanern, Prädenezentern und den Pannonien bewohnenden Avaren auf diesem Reichstag Gesandtschaften mit Geschenken zu empfangen«. Dass die Huldigungen nicht so bald wieder aufhörten, dafür sorgten schon die Befehlshaber in den Marken.

Das erste fremde Land, in welchem sich allmählich mehr und mehr Deutsche ansiedelten, lag an der Donau hinab. Auf friedlichen Handelswegen, so scheint es, gediehen hier schon frühzeitig zerstreute Ansiedelungen. Die deutschen Kaufleute baueten sich an den bekannten Handelsstellen, und wo die grossen und kleinen Flüsse in den Strom einmündeten, ihre Wohnhütten und Waarenhäuser. Die Slaven wohnten nicht gern an der fluthenden Wasserbreite, sondern lieber etwas entfernt davon, kamen aber herbei, um von den Händlern Zeuge, Schmucksachen und Geräthschaften gegen Vieh und Getreide einzutauschen.

Als Karl der Grosse seinen Eroberungszug nach Ungarn gemacht hatte, und der erschreckten Bevölkerung das Christenthum anbefohlen wurde, da war es die Kirche, welche im grossen Stil die Kolonisation in die Hand nahm. Von den Kaisern, Herzogen und Markgrafen liessen sich die Bischöfe in Passau, Salzburg, Freising, die Äbte in Krems-Münster, Altaich, Mondsee, Metten, Ötting und andern Klöstern bedeutende Landschenkungen in den Ländern der Slaven und Avaren machen. Alles eroberte Land wurde als Krongut angesehen, hin und wieder auch eine Erwerbung gemacht durch Ankäufe oder durch Abtretung von slavischen Grossen, welche für das Christenthum gewonnen waren. Dann kamen Mönche und Weltgeistliche mit Geräth, Saat und Vieh, baueten Kirchen und Klöster, und wo eine Kapelle stand, lag auch ein deutscher Bauernhof dabei, um den Geistlichen mit seinem Ingesinde zu ernähren. Jede Pfarrkirche aber wurde eine Burg, jedes Kloster eine Festung des Deutschthums. Gleichwie bei den Deutschen, als das Christenthum Eingang gefunden, dieses mit lateinischer Sprache verknüpft war, so verbreitete sich bei den Slaven mit dem Christenthum auch deutsche Sprache. Die Glaubensprediger wurden öfter ernstlich gefördert von Fürsten und Häuptlingen der Slaven, welche den Werth höherer Gesittung wohl erkannten. Schon im ersten Drittel des neunten Jahrhunderts konnte der Erzbischof von Salzburg, dessen Thätigkeit sich bis tief in Kärnthen und Pannonien hinein erstreckte, in Neitra, dem Sitz des Fürsten Privina, eine Kirche einweihen.

Dem Beispiele der Geistlichkeit folgte nach und nach der baierische Adel. Jüngere Söhne aus alten vermögenden Geschlechtern verschafften sich in Neulanden grossen Grundbesitz, sei es als Eigenthum oder als Lehen, boten auf den väterlichen Gütern junges Volk auf und zogen mit Ross und Reisigen in die Fremde, sich dort Burgen und Höfe zu bauen. Natürlich wählten die Deutschen mit Vorliebe die für Vertheidigung, Anbau und Handel bestgelegenen Plätze, wo ihnen aber keine zu dichte slavische Bevölkerung beschwerlich wurde. Da wurde Wald gerodet, Acker und Wiese angelegt, auch ein Obst- und Weingarten bepflanzt. Dass hier unter freie deutsche Bauern Land zum Anbau vertheilt worden, wird in den Schriften und Urkunden jener

Zeit nicht erwähnt. Grosse geschlossene Güter bildeten bei den baierischen Anbauern die Regel. Die Neusiedlung nahm überhaupt keinen geregelten Gang: wo ein Deutscher gerade hinkam, da war es ihm ein Leichtes, je nachdem er viele oder weniger Leute mitbrachte, viel oder wenig ungerodetes oder wüst liegendes Land zu erwerben.

So verbreitete sich schon im neunten Jahrhundert baierisches Volk — natürlich nur wie eingesprengt unter die Slaven und Avaren — über das Donauthal bis in die Gegend von Wien und hinauf Enns, Mur, Mürz und Leitha, dann die Raab entlang und rings um den Neusiedler- und den Plattensee, und eine Menge deutscher Höfe und Ortschaften blüheten auf. Es konnte nicht fehlen, dass bei diesem reichlichen Eindringen fremden und überlegenen Volks der Eingeborenen Ärger und Widerstand erwachte. Wo sie auf ihrem Eigenthum sitzen blieben, und das mochte wohl in den meisten Dörfern der Fall sein, konnten sie auch den Zehnten und Zinsen an die Kirchen und Klöster oder den Abgaben an einen benachbarten deutschen Grundherrn nicht entgehen. Noch unleidlicher als die Habsucht musste den Slaven der Stolz und die Überhebung der Deutschen werden. Ein mit Volkssagen gut bekannter Mönch von St. Gallen erzählt ein Geschichtchen davon. »Der grossherzige Karl war unwillig, dass man ihn veranlasst hatte, selbst gegen jene barbarischen Völker auszuziehen, da der erste Beste seiner Anführer ihm dazu hinreichend im Stande schien. Und mit Recht, wie ich durch die That eines meiner Landsleute beweisen werde. Es war ein Mann aus dem Thurgau, nach seinem Namen schon ein bedeutender Theil eines furchtbaren Heeres — er hiess nämlich Eishere — so gross gewachsen, dass man hätte glauben können, er sei vom Stamme Enaks, wenn die Entfernung von Zeit und Ort nicht so gross wäre. So oft er an den Thurfluss kam, wenn dieser durch Giessbäche angeschwollen war, und er nun sein gewaltiges Ross, ich will nicht sagen in die Strömung, aber auch gar nicht in das Wasser zu treiben vermochte, so nahm er es beim Zügel, zog es schwimmend nach sich, und sagte: »Beim Herrn Gallus, du sollst mir folgen, du magst wollen oder nicht«. Als Dieser also im Gefolge des Kaisers mitzog, mähete er die Böhemanen, Wilsen und Avaren wie das Gras auf der Wiese und spiesste sie wie Vögelchen auf seine Lanze. Siegreich nach Hause gekehrt, sagte er, wenn ihn die Müssiggänger fragten, wie es ihm im Wendenlande gefallen habe, ärgerlich darüber und voll Verachtung der Feinde: »Was soll ich mit diesen Kröten? Sieben oder acht oder auch neun von ihnen spiesste ich auf meine Lanze und trug sie hierhin und dorthin, weiss nicht, was sie dazu brummten; unnützer Weise haben der Herr König und wir uns gegen solche Würmer abgemüht«.

Die erste düstere Wolke, die sich gegen die Deutschen zusammen ballte, war das Aufsteigen des grossmährischen Reichs, das Werk von drei tüchtigen Herrschern, Moimir, Rastislaw, Swantopluk. Kaum fühlten die Slaven sich wieder, so setzten sie sofort einen kirchlichen und sprachlichen Kehraus gegen das deutsche Wesen in's Werk. Die beiden Brüder Methodius und Cyrillus, Griechen aus Thessalonich, waren nahe daran, die lateinische durch die slavische Kirchensprache zu ersetzen, was sofort das Slavische auch in den Schulen herrschend gemacht hätte. Durch den Eifer der deutschen Bischöfe und Äbte, durch die Kraft und Klugheit Kaiser Arnulfs wurde das Verderben noch einmal abgewehrt. Dann aber fielen die deutschen Kirchen und Ansiedelungen dem Magyarenfluch anheim. Mit dem Beginn des neuen Jahrhunderts begannen die dreissig schmachvollsten Jahre der europäischen Geschichte. Anfangs wies das deutsche Schwert verächtlich die schwärzlichen Unholde zurück, das Jahr 907 aber schlug den baierischen Stolz darnieder und brachte unsägliches Wehe. Noch erkennen wir in den kurzen Worten der Annalen das Entsetzen, welches die fürchterliche Niederlage einjagte. »Nicht zu ertragen mehr ist der Krieg der Baiern mit den Ungarn, ihr Herzog

Luitpold ist erschlagen und ihr abergläubischer Hochmuth, wenige Christen sind entkommen, todt liegen viele Bischöfe und Grafen«. So melden die allemannischen Annalen, und in den Korveyer lautet es kurz und grässlich: »Das Baiernvolk ist von den Ungarn fast vernichtet«.

Lange Zeit ist von der Ostmark keine Rede mehr, erst nach der grossen Niederlage der Magyaren durch Kaiser Otto erscheint sie wieder in Schriften. Die baierische Einwanderung fasste wieder Fuss, und schon zwanzig Jahre nach der Lechfeldschlacht werden dem Passauer Bischof grosse Besitzungen bei Krems und St. Pölten bestätigt. Ganz besonders war es Bischof Piligrim, der im letzten Drittel des zehnten Jahrhunderts mit Eifer und Erfolg Christenthum und deutsche Ansiedlung bis tief in Ungarn hinein beförderte.

Kaiser Otto des Grossen Bruder, der baierische Heinrich, entfaltete ein königliches Ansehen bis über die Raab hinaus und nach Kärnthen, Friaul und Istrien hinein. Die slavischen Fürsten liessen es sich etwas kosten, von deutschen Höfen Gemahlinnen heim zu führen, und in deren Gefolge kamen Ritter und Knechte, Mönche und Priester, Kaufleute und Handwerker, um im Lande sich nieder zu lassen. Als Kaiser Heinrich III. seine Kriegszüge nach Ungarn machte, die kärnthische Mark in die Steirer und Krainer Mark zertheilte, das Land bis zur March und Leitha aber mit dem deutschen Reiche vereinigte, und Luitpold von Babenberg zum Markgrafen einsetzte, da stieg fortan Macht und Volkszahl der Deutschen zusehends. Insbesondere war es das 1156 auch mit der Herzogskrone geschmückte Babenberger Haus, das fleissig deutsche Heimstätten auf Burgen und Höfen, in Städten und Dörfern erbaute. Damals erblühete dort ein fröhliches deutsches Leben, das zugleich in seiner Volksmischung so eigenartig, dass man davon wie von einem besonderen Reiche, von dem Öster-Reiche sprach.

Während also die baierische Strömung, weil das Schwert Karl des Grossen Bahn gebrochen hatte, schon frühzeitig und reichlich vor sich ging, setzte sich die sächsische später und langsamer in Bewegung, stockte wiederholt längere Zeit, nahm dann aber jedesmal mehr Tiefe und breitere Ausdehnung.

»Die Slaven«, sagte Helmold, »sind von Natur treulos und bösartig, und darum muss man sich vor ihnen hüten«. Damit ist die Stimmung bezeichnet, welche der Sachse wider den Slaven im Herzen trug. Uralt war der Hass zwischen den beiden Völkern; sie hatten zuviel von einander gelitten. Sobald sie sich stark genug glaubten, waren die Slaven plündernd und mordend in's Gebiet der Deutschen eingefallen. Diese vergalten es bei erster Gelegenheit. Mochten auch deutsche Glaubensboten und Kaufleute auf friedlichem Wege Ansiedlungen begründen, gewöhnlich entspann sich doch ein Krieg daraus. Nichts kränkte die Slaven mehr, als die Verachtung, die man ihnen an den Tag legte. Als der Dänenkönig Waldemar Rügen eroberte, »liess er das uralte Bild des Swantewit, welches von der ganzen Nation der Slaven verehrt wurde, hervorholen, demselben einen Strick um den Hals binden, und es vor den Augen der Slaven mitten durch das Heer schleifen, endlich es in Stücke hauen und in's Feuer werfen. Er zerstörte den Tempel sammt Allem, was darin war, und den reichen Schatz plünderte er«. Ein Slavenfürst, der sich missachtet sah, rief aus: »Werden wir denn für Hunde erklärt, so wollen wir auch tüchtig beissen!« War durch Siege oder Verträge eine Landschaft für die Sachsen gewonnen, so wurde die Bevölkerung alsbald gepeinigt durch »die unersättliche Habsucht der Sachsen, welche, obwohl sie vor den übrigen den Barbaren nahe wohnenden Völkern sich durch Kriegsmacht und Erfahrung auszeichneten, doch immer mehr danach trachteten, Tribute zu erlangen, als Gott dem Herrn Seelen zu gewinnen. Denn schon längst würde im Slavenlande das Ansehen des Christenthums und die Wirksamkeit der Priester bedeutend geworden sein, wäre die Habsucht der Sachsen nicht hindernd in den Weg getreten«.

Auch die Christenprediger wussten ihre Schafe wohl zu scheeren. Bei den Obotriten »war der bischöfliche, den Zehnten vertretende Zins gebräuchlich; er betrug von jedem Pfluge, der soviel wie zwei Ochsen oder ein Pferd war, ein Maß Getreide, vierzig Bund Flachs und zwölf Pfennig guten Geldes, dazu ein Pfennig, der dem Einsammler zukam«. So berichtet Helmold.

Es war wohl selbstverständlich, dass die Slaven sich wieder und wieder empörten und in Hast und Hitze darauf ausgingen, ihrer Landräuber und Aussauger »Leiber zum Dünger der Erde zu machen«. War der Krieg ausgebrochen, und kühlte sich der gegenseitige Hass ein Jahr um's andere in Blut und Brand, so thaten die Deutschen endlich den Schwur, sie wollten das Land reinmachen von dem schändlichen Volke. War dies geschehn und wieder in einer Gegend weit und breit die alte Bevölkerung erschlagen oder vertrieben, so wurden neue Ansiedler aus Deutschland herbeigeschafft.

Schon Karl der Grosse hatte an der Elbe die deutschen Schwerter blitzen lassen und Wilzen, Sorben und Czechen gelehrt sich zu beugen. In der Unglückszeit unter den Spätkarolingern machten sie mit den magyarischen Plünderern gemeinschaftliche Sache. König Heinrich I. nahm das Werk des grossen Karl wieder auf, unterwarf Obotriten, Haveller, Redarier und Daleminzier, die von der Elbe und Saale nach Osten hin wohnten, und drang siegreich in Böhmen ein. Vergebens erhoben die Slaven allgemeinen Aufstand. Otto der Grosse nahm sie noch schärfer auf's Korn. Er gründete die Bisthumssitze Oldenburg in Holstein, Havelberg, Brandenburg, Merseburg, Meissen, Zeiz, Posen, und stellte die alten Marken wieder her. Der Sachsen-Herzog Hermann Billung wie der Markgraf Gero wurden angewiesen, wie sie mit der Christenlehre auch das Deutschthum dem Lande einpflanzen sollten. Als die nachfolgenden Kaiser ihre Thätigkeit hauptsächlich dem Süden und Südosten zuwandten, gewannen die Slaven im Nordosten wieder Raum und Stärke, die deutschen Bisthümer verfielen, und anderthalb Jahrhunderte hatten die Feinde der Deutschen wieder die Oberhand. Dann aber kam die grosse Zeit der Hohenstaufen. Schon unter ihrem Vorläufer, Kaiser Lothar, erhoben die Sachsen wieder ihre siegreichen Waffen, und unaufhaltsam ging jetzt das Erobern, Besiedeln und Deutschmachen vor sich. Wesentliche Hülfe leisteten dabei die Prämonstratenser Mönche, als deren Stifter, der h. Norbert, zu Magdeburg Erzbischof geworden: zahlreich verbreiteten sich ihre Klöster als ebenso viele Pflanzgärten des Deutschthums. Auch Johanniter und Tempelherren blieben nicht aus, wo es wider Heiden zu streiten und zugleich Land zu erwerben gab. Namentlich im Brandenburgischen erbaueten ihrer Mehrere stattliche Burgen. Vorzüglich aber waren es drei Fürsten, die fort und fort die Slaven angriffen, zerstreuten und verdrängten. In Holstein war es Graf Adolf II., der Gründer von Lübeck, das ihm aber der rücksichtslose Heinrich der Löwe entriss. Dieser eroberte Mecklenburg und liess nicht nach, bis 1147 ein grosser Kriegszug gegen die Pommern zu Stande kam, der auch deren Land in deutschen Besitz und Anbau brachte. »Nur den Herzog«, erzählt Helmold, »fürchten sie, der mehr als alle Herzoge vor ihm, mehr selbst, als es der vielgefeierte Otto gethan, die Kraft der Slaven gebrochen und an ihre Gebisse den Zaum angelegt hat und sie lenkt, wohin er will. Er erklärt den Frieden und sie gehorchen; er befiehlt den Krieg und sie sagen: »da sind wir.« Noch in später Zeit hiess es in einem niedersächsischen Volkslied:

    Hinrik der Leuw und Albrecht de Bar,
    Dartho Frederik mit de rode Har,
    Dat würen drei Heeren,
    De kunden de Welt verkehren.

Städtereich wurde jetzt die Ostseeküste: Wismar, Ratzeburg, Rostock, Stralsund, Greifswald, Wolgast, Stettin entstanden. Nicht minder schaffte unterdessen Albrecht der Bär, welcher 1142 die sächsische Nordmark als selbständiges Fürstenthum erhielt und die alte vielumstrittene

Slavenfeste Brandenburg zu seinem Hauptsitze nahm, freien Raum, in welchem deutsche Bürgerschaften zu Stendal Salzwedel Havelberg Brandenburg Spandau Berlin und andere gedeihen konnten. Auch die Priegnitzmark östlich der Elbe und die Lausitz östlich der Saale, sowie der beste Theil des Havellandes wurden schon damals mit deutschen Burgen besetzt. Denn die jüngeren Söhne des sächsischen Adels beeilten sich, sobald wieder ein Neuland eröffnet wurde, mit ein paar treuen Knechten einzuwandern und Hof- und Kriegsdienste zu nehmen und zum Entgelt ein Burglehen mit Land zu erwerben.

Wichtiger noch als der Städte- und Burgenbau war die Besiedelung des platten Landes weit und breit mit deutschen Bauern. Helmold erzählt: »Weil das Land menschenleer war, so sandte der Nordelbinger Graf Adolf, dem Wagrien zu Theil wurde, Boten aus in alle Lande, nach Flandern und Holland, nach Utrecht und Westfalen, und liess alle die, welche um Land verlegen wären, auffordern, mit ihren Familien hin zu kommen: sie würden sehr gutes geräumiges fruchtbares, Fisch und Fleisch im Überfluss darbietendes Land und vortheilhafte Weiden erhalten. Den Holzaten und Sturmaren liess er sagen: »Habt Ihr nicht das Land der Slaven unterworfen und es mit dem Blute eurer Brüder und Väter erkauft? Warum kommt Ihr denn zuletzt, es in Besitz zu nehmen? Seid die Ersten, in das erwünschte Land hinüber zu wandern, und bewohnt es und nehmt Theil an den Genüssen desselben, da Euch das Beste davon gehört, weil Ihr es aus Feindeshand gerissen habt«. Diesem Aufrufe folgend, erhob sich eine unzählige Menge aus verschiedenen Völkern, und sie kamen mit ihren Familien und mit ihrer Habe in's Land der Wagiren zum Grafen Adolf, um das Land, das er ihnen versprochen hatte, in Besitz zu nehmen. Zuerst erhielten die Holzaten Wohnsitz an sehr sichern Orten im Westen bei Siegeberg am Travenafluss; auch das Gefilde von Zwentineveld und Alles, was sich vom Saulenbach bis nach Agrimesau und bis zum Plunersee erstreckte. Das Darguner Land bezogen die Westfalen, das Utiner die Holländer, Susle (Süssel) die Friesen. Das Pluner Land war noch unbewohnt. Oldenburg und Lutilenburg und die andern Küstengegenden gab er den Slaven zu beziehen, und diese wurden ihm zinspflichtig. So begannen die Einöden des Wagiren-Landes bewohnt zu werden und die Zahl der Bewohner derselben mehrte sich«.

Von Albrecht dem Bär heisst es ebenfalls bei Helmold: »Er wurde durch Gottes Gnade in der Ausdehnung seines Besitzthums auf das Umfassendste gefördert. Denn er unterjochte das ganze Land der Brizanen, der Stoderanen und vieler Völker, welche an der Havel und Elbe wohnten, und zügelte die Aufsässigen unter ihnen. Zuletzt, da die Slaven allmählich verschwanden, schickte er nach Utrecht und den Rheingegenden, ferner zu Denen, die am Ozean wohnen und von der Gewalt des Meeres zu leiden haben, nämlich zu den Holländern, Seeländern und Flämingern, und zog von dort gar viele Ansiedler herbei, die er in den Städten und Flecken der Slaven wohnen liess. Durch die herankommenden Fremdlinge wurden auch die Bisthümer Brandenburg und Havelberg sehr gehoben, weil die Kirchen sich mehrten und die Zehnten zu einem ungeheuren Ertrage wuchsen. Aber auch das südliche Elbufer begannen zu derselben Zeit die Holländer zu bewohnen; sie besassen von der Stadt Soltwedel an alles Sumpf- und Ackerland, nämlich das Balsemer und Marsiner Land mit vielen Städten und Flecken bis zum Böhmerwalde hin. Diese Länder sollen nämlich einst zur Zeit der Ottonen die Sachsen bewohnt haben, wie man das an alten Dämmen sehen kann, welche an den Elbufern im Sumpflande der Balsemer aufgeführt waren; als aber späterhin die Slaven die Oberhand gewannen, wurden die Sachsen erschlagen und das Land bis in unsere Zeit von den Slaven besessen. Jetzt aber sind, weil der Herr unserm Herzoge und den andern Fürsten Heil und Segen in reichem Maße spendet, die Slaven aller Orten vernichtet und verjagt; von den Gränzen des Ozeans sind unzählige starke Männer gekommen und haben das Gebiet der Slaven bezogen und Städte und Kirchen gebaut und haben zugenommen an Reichthum über alle Berechnung hinaus.«

Die Vertheilung des Landes zum Anbau geschah nun an Mönche, die ein Kloster, an Adlige, die eine Burg, oder an kundige Städter, die ein Dorf gründen wollten. Es stellten sich auch Unternehmer ein, welche die Sache geschäftsmäßig betrieben. Gewöhnlich wurden 30 bis 40 Hufen, jede zu 30 Morgen, ausgemessen und dem Unternehmer übergeben, damit er eine jede Hufe mit einer Bauernfamilie besetze. Er selbst behielt sich und seinen Erben ein paar Freihufen bevor und das Schulzenrecht, d. h. die niedere Gerichtsbarkeit, vermöge deren er die Aufsicht hatte, die Steuern beitrieb, und von den Gerichtsgefällen einen Theil für sich behielt. Jedem Bauer wurden ein paar Freijahre ausbedungen, nach deren Ablauf er sowohl den Zehnten an die Geistlichkeit als Erbzins an den Fürsten oder dessen Vasallen zu zahlen hatte. Das Wesentliche war, dass in diesen Neulanden ein hartarbeitendes, kerniges, aber freies und selbständiges Bauernvolk erwuchs, und dass auch die Städter sich selbst verwalteten nach Magdeburger oder Lübecker Recht, das auf freies uralt sächsisches Gemeinderecht zurück wiess.

Wahrscheinlich zogen mit den Baiern viele Schwaben und Allemannen, mit den Sachsen viele Thüringer und Franken. Denn in ihnen war ja der Wandertrieb ebenfalls regsam, und lieferten sie später genug Beweise davon. Ansiedlungen schwäbischer Herren mit Gefolge sind auch in Norddeutschland nachweisbar. Im deutschen Ritterorden waren natürlich mehr oder minder alle deutschen Stämme vertreten. Besonders häufig kehrt aber für die Ansiedler in allen Gegenden der Name Flandrer wieder. Es war das ein Spitzname für Umherziehende geworden, wie das auch das Sprüchwort andeutet: »das Mädchen ist aus Flandern, es wandert von einem zum andern.« Wohl aber scheinen die Niederländer und Friesen, die an den Mündungen der Flüsse wohnten, damals besonders vom Auswanderungstriebe ergriffen. Ihr Land mit seinen Mooren und Sümpfen bot nicht genug Raum für die nachwachsende Bevölkerung und litt unter den Sturmfluthen der Nordsee. Höchst wahrscheinlich entstand in jener Zeit in den Niederlanden das Lied, das in deutscher Übersetzung lautet: »Nach Ostland wollen wir reiten, nach Ostland wollen wir mit, wohl über die grünen Haiden, frisch über die Haiden, dort ist eine bessere Stätt.« Würde man aber einmal im Überblick alle Nachrichten haben, die je nach dem verschiedenen Ackerwerkzeug, nach dem Maß der Hufe, nach der Mundart, nach Tracht, Recht und Sitte, auf diese oder jene Gegend hinweisen, woher die Auswanderer zum Ostlande gekommen, so würde jeder Landstrich in Deutschland und den Niederlanden mehr oder minder vertreten sein. Das ganze Gepräge aber der Ansiedlung blieb im Nordosten sächsisch, im Südosten baierisch. Aus dem Franken- und Thüringerland ging dagegen die Auswanderung hauptsächlich das Mainthal hinauf, verbreitete sich durch die Oberpfalz und ganz Obersachsen, mischte sich hier mit baierischer, dort mit sächsischer Art, und setzte nach Böhmen und Schlesien über. Von einer planmäßigen Ansiedlung aber der Mitteldeutschen gibt es keine Nachrichten, Schlesien ausgenommen. Als Kaiser Friedrich I. in die Streitigkeiten der polnischen Königsfamilie als Schiedsrichter eingriff und einem ihrer Zweige, den Piasten, 1162 das schlesische Land, abgetrennt von der Krone Polen, zu eigenem Herzogthum verlieh, bestrebte sich dieses Fürstenhaus, deutsche Leute aus allen Gegenden herbei zu ziehen und anzusiedeln, und es war merkwürdig anzusehen, wie rasch die Menge der slavischen Städte ein schönes deutsches Aussehen bekam. Als nach dem Abzug der Mogolen weite Landstriche wüst lagen und menschenleer, waren Anbauer aus Deutschland doppelt willkommen.

Eigenthümliche Stellung nimmt in der deutschen Auswanderungsgeschichte Ungarn ein. Dass dieses Land Städte und besseren Anbau, dass seine Bevölkerung allmählich ein wenig Bildung gewann, ist vorzugsweise den Deutschen zu danken, welche später mit ihrem Blut und Schweiss Ungarn auch den Türken wieder abkämpfen und doch gerade dort eine Art Narren der Weltgeschichte spielen sollten. Der Passauer Bischof Pilgrim schrieb im Jahre 973 an den Pabst: »Als ich, vom Volke der Ungarn durch viele Bitten eingeladen, ihnen taugliche Leute von Mönchen, Kanonikern, Priestern und Geistlichen aller Grade entsandte, so gewährte die göttliche Gnade mir sogleich so reichliche Frucht, dass von den vornehmeren Ungarn beiderlei Geschlechts ungefähr fünftausend im katholischen Glauben unterwiesen und durch die h. Taufe Christo zugeführt wurden. Die Christen aber, welche die grössere Zahl des Volkes ausmachen und aus allen Welttheilen als Gefangene dorthin geschleppt sind, bringen ihre Kinder, die sie vorher nur heimlich dem Herrn weihen durften, jetzt um die Wette ohne Furcht zur Taufe und dürfen nach christlicher Weise Gotteshäuser erbauen.« Die grosse Zahl der gefangen gehaltenen Christen, von welcher der Bischof spricht, rührte wohl von deutschen Ansiedlungen her. Unter der Gunst des »Apostelkönigs«, des h. Stefan, und seiner Gemahlin einer baierischen Herzogstochter, verbreitete sich Christenthum und deutsche Kultur vom Hofe aus über das ganze Land. Vergebens erhoben die Magyaren, soviel ihrer noch heidnisch waren, die Waffen gegen die Eindringlinge. König Peter, welchen sie »Knecht der Deutschen« schalten, nahm 1140 Ungarn vom Kaiser zu Lehen und umgab sich mit deutschem Kriegsvolk. Wiederholt erschien der Kaiser an der Spitze eines Heeres, um die Thronstreitigkeiten in Ungarn zu schlichten. Das Gebiet vom Leithagebirg bis zur untern Raab wurde 1074 ihm abgetreten. Der Geschichtsschreiber Otto von Freising, der 1147 durch Ungarn kam, berichtet: Deutsche seien des Königs von Ungarn bestes Kriegsvolk, die Magyaren aber wohnten die warme Hälfte des Jahres noch unter Zelten und die andere Hälfte in armseligen Hütten aus Schilf und Rohr, ein hölzernes Haus sei bei ihnen etwas Seltenes.

Es war, als Otto von Freising nach Ungarn kam, gerade die Zeit, wo dessen Könige sich am eifrigsten um deutsche Kolonisation bemühten, insbesondere Geisa II., der von 1142 bis 1161, regierte, und seine drei Nachfolger. Schon waren weithinhallende Einladungen an Niedersachsen und Niederländer erlassen, nach Ungarn zu kommen und sich hier neue Heimstätten zu gründen. Das Land bedurfte einer besseren Bewirthschaftung, Magyaren erschienen nicht fähig dazu, und sehr verlockend war der Ertrag von Wein und Bergbau, welchen die Deutschen in's Werk setzen, sowie der Zins, welchen sie an den Kronschatz liefern sollten. Auch durfte sich der König darauf verlassen, dass die deutschen Bauern und Städter wachsam und streitgeübt sein würden, um Kumanen und Petschenegen, welche damals wie die räuberischen Kurden heutzutage lebten, zurückzuschlagen. Hatte doch Geisa auch sächsische Kriegsleute herbeigezogen. Zuerst wurden das herrliche Land, das im Schutze der Karpathen und an ihrem Fusse sich hinzieht, die sog. Zips, dann in Siebenbürgen die Thäler des Szamas und Alt (Aluta) von Deutschen bevölkert. Die Ansiedler zogen aus ihrer Heimath Verwandte und Nachbarn herbei, und die Auswanderer nach Ungarn mehrten sich mit jedem Jahrzehnt. Es waren Niedersachsen und Flandrer, Schlesier und Thüringer, Baiern und Tyroler. Als die Furcht vor den Mogolen geschwunden, langten kleine Heereszüge von deutschen Einwanderern an, um die Landstriche wieder zu bevölkern, die jene Unholde verheert hatten. Regel aber war hier, dass die deutschen Ansiedlungen auf Grund von festen Verträgen erfolgten, die ihre Rechte und Pflichten sicher und ihre nationale Freiheit und Selbstregierung ausser allen Zweifel stellten.

Auch der deutsche Ritterorden gedachte sich in Ungarn niederzulassen, dort galt es ja auch, wider die Heiden zu kämpfen, und nebenbei liess sich vielleicht ein selbständiges Ordensland gewinnen. Im Jahre 1211 verlieh König Andreas den Rittern den südöstlichsten Theil von Siebenbürgen, das Burzenland, ein wüst liegendes Gebiet, über welches die fremden Räuberhorden hereinbrauseten, und erweiterte später den Ordensbesitz bis zur Donau. Die Ritter aber, an ihrer Spitze der Grossmeister Hermann von Salza, strebten sich unabhängig zu machen, baueten statt der erlaubten hölzernen Burgen solche von Stein, und liessen weder die Geldwechsler des Königs noch die Zehnterheber des siebenbürgischen Bischofs über ihre Gränze. Zuletzt trugen sie dem Pabste das Land zu Lehen auf. Der regierende König suchte lange Zeit den Orden zur Anerkennung seiner Rechte zu bewegen, umsonst; endlich sammelte er seine Heeresmacht und vertrieb die stolzen Gäste.

Sie sollten eine glänzendere und zwar eine dauernde Stellung finden an der Ostsee. Die deutschen Handelsleute, die auf ihren kleinen Schiffen die Ostseeküste entlang und, wo sich guter Handel eröffnete, in die Häfen und Flüsse hinein fuhren, hatten im Jahre 1164 auch die Mündung der Düna »aufgesegelt«, wie es in alten Berichten heisst. Vierundzwanzig Jahre später wurde bereits der Apostel Lieflands, der Holsteiner Meinhard, zum Landesbischof geweiht. Als aber die Eingeborenen das christliche wie das deutsche Joch blutig abschüttelten, sammelte ein Bremer Domherr, Albert von Buxhövden, ein erlesenes Heer von Kreuzfahrern, setzte sich mit ihnen im Jahre 1200 an der Dünamündung fest, baute die starke Stadtfestung Riga, und zwang das Volk rings umher unter das Christenthum und unter deutsche Herrschaft. Um beides dauernd zu vertheidigen, gründete der ritterliche und staatskluge Domherr den Orden der Schwertbrüder, der in den nächsten zwanzig Jahren in Esthland wie in Liefland für sich Edelsitze mit Lehengütern und für die Kirche sichere Plätze zu Pfarrkirchen eroberte. Zur selben Zeit wüthete der Kampf im Lande der alten Preussen. Wie mit Bärentatzen schlugen diese um sich und zerbrachen die Schwerter der Ritter wie die Kreuze der Mönche. Alles vertilgend brachen sie über Pommern und Polen herein. Vergebens predigte der Pabst das Kreuz gegen die wilden Heiden. Da rief in grösster Noth auf Betreiben des Bischofs Christian von Oliva der polnische Herzog von Masovien den deutschen Orden aus Ungarn herbei, schenkte ihm das ganze Kulmer Land, und Kaiser Friedrich II. sicherte ihm alles Gebiet, das der Orden erobern würde, zu als »freies landesherrliches Eigenthum«. Im Jahre 1226 erschienen die ersten acht deutschen Ritter mit ihrem Komthur Hermann Balk, in den nächsten drei Jahren war die ganze Kriegsmacht des Ordens übergesiedelt. Länger als fünfzig Jahre, von 1230 bis 1283, währte nun der harte Kampf, jeder Fussbreit des Landes musste blutig erstritten werden, die grimmen Preussen verliessen keine ihrer Verschanzungen, so lange noch ein Mann darin aufrecht stand. Schwertbrüder und Deutschherren vereinigten sich, die Zisterzienser Mönche leisteten dem Christenthume Heldendienste, Kreuzfahrer aus Deutschland hörten nicht auf, sich anzuschliessen. Endlich war ganz Preussen erobert, und deutsche Kaufleute, Handwerker und Bauern aus Nieder- und Mitteldeutschland strömten herbei, das Land wieder zu bevölkern. Thorn, Kulm, Braunsberg, Heilsberg, Elbing, Königsberg und Memel blüheten auf in Preussen, Riga, Dorpat, Reval, Mitau in Lief- und Esthland, und die Bischöfe in Kulm, Pomesanien, Ermland, Samland, Riga fanden Muße und Mittel, Kirchen, Klöster und Schulen zu gründen. Die Deutschordensritter aber erbaueten ihrem Hochmeister das prangende Schloss zu Marienburg, auf dessen Zinnen das vom Kaiser verliehene Banner, der schwarze Adler im weissen Felde, flatterte. Gewiss ein Wahrzeichen der Unverwüstlichkeit deutscher Art, dass zur selben Zeit, als im Süden Italiens das glanzvollste Kaiserhaus von Deutschland erlosch, hier im höchsten Norden der Grundbau entstand, auf welchem sich das Fürstenhaus erheben sollte, das der Hohenstaufen Siegesglanz erneuerte.

Weil nun das Vordringen und Gewinnen der Deutschen an der ganzen Ostbreite und so lange Zeiten hindurch vor sich ging, musste es ihre Gemüther allmählich mit stolzem Selbstbewusstsein erfüllen. Ein Kraftgefühl regte sich wie bei einem Jüngling in der ersten Zeit, wenn er zum Manne wird. Den grössten Aufgaben durften sie fortan sich gewachsen glauben, aber um so mehr festete und härtete sich auch ihr Nationalcharakter in seinen hässlichen wie in seinen schönen Seiten.

In den soweit sich aus dehnenden Eroberungen im Osten stellte sich ein äusseres Gegengewicht her gegen die überlegene Kultur des romanischen Westens und Südens. Ohne das würde wohl unausbleiblich, wenn auch viel langsamer, das Loos, welchem Westgothen und Lombarden, Burgunder und gallische Franken unterlagen, auch das der Westdeutschen geworden sein, und eine eigentlich deutsche Bildung wäre immerdar schwächlich geblieben.

Zur Eigenthümlichkeit unseres Volkes gehört die anregende Mannigfaltigkeit der Stämme. Diese erhielt durch das Deutschmachen der slavischen Länder eine wesentliche Bereicherung. Da Slaven den Deutschen in so manchen Stücken verwandt, ging die Verschmelzung beider Nationen leichter von statten. Gewiss fanden die deutschen Ansiedler Gefallen an den hübschen vollbusigen Mädchen der Slaven; deutsche Frauen konnten ja nur in grosser Minderheit den Männern nachfolgen. So entstanden aus der Verehelichung beider Völker, verbunden mit der Landesnatur und den historischen Ereignissen, eine Reihe deutscher Spielarten. Wer möchte, um nur auf ein paar Beispiele hinzudeuten, aus dem deutschen Stammesgewebe vermissen das warme und muthige Herz des Oberpfälzers, das leichte fröhliche Blut des Schlesiers, die Gemüthlichkeit des Obersachsen, den trockenen gescheidten Witz des Märkers, die Behaglichkeit des Mecklenburgers, und die kernige Derbheit des Pommern!

Wie aber möchte wohl die Geschichte Deutschlands

sich gestaltet haben ohne den Staatssinn, der in den Ostmarken gross gezogen wurde, ohne die soldatische Härte und Gewohnheit des Gehorsams und Zusammenschlusses, womit freilich sich auch verband eine Neigung zum frischen Umsichgreifen und zum raschen Abstossen hinderlicher Bedenken? So viel grösser der poetische Reichthum der westlichen Stämme, so viel mehr bei den östlichen politischer Verstand, der ihnen zuletzt in Nordosten wie in Südosten die Führung der deutschen Geschichte in die Hände gab. So unverwüstlich die kriegerischen Kräfte sind, welche im deutschen Volke leben, so leicht fallen sie auseinander: hier im Osten wurden sie durch die Noth zusammen gehalten, hier blieben sie wachsam, frisch und rüstig. Deshalb gestalteten sich die neuen wie die alten Marken zu festen politischen Bildungen. Aus der baierischen Ostmark ging die östreichische Macht hervor. Die Mark Brandenburg und das preussische Ordensland gaben die Grundlage zum preussischen Staate, die Mark Meissen zum sächsischen. Als im Osten die Staaten sich ausdehnten, umschlangen sie nicht zerstreute Besitzungen, sondern in den benachbarten Marken ebenso viele kleine Staatskerne: so im Süden die Marken Kärnthen, Krain, Istrien mit Friaul, in der Mitte die Oberpfalz, die Lausitzen und Schlesien, im Norden die Neumark, Priegnitz, Uckermark u. s. w. In diesen Koloniallanden bereitete sich daher für immer ein fester Rückhalt gegen die Gefahren, welche den Deutschen von Mogolen, Türken, Russen und Franzosen drohten.

In den Ostmarken aber stand nicht blos beständig die grosse Kriegsschule offen, sondern es lernten dort Angehörige aller deutschen Stämme noch viel anderes Gute. Dort ging die Umwandlung des wüsten Landes zu menschlichen Wohnsitzen, zu Äckern, Wiesen und Gärten im Grossen und nach bestimmtem Plane vor sich. Dort wurden durch kunstreiche Wasserbauten die Sümpfe ausgetrocknet, die Wälder nach der Maßkette ausgerodet, neue Dörfer und Städte gleichwie auf dem Papier angelegt.

Waren damals für die Deutschen die Ostlande, was jetzt für die ganze Welt Amerika ist, so entging ihnen auch der Nutzen nicht, welcher in der Vervollkommnung der Werkzeuge, der gescheidteren Ausbeutung des Bodens, überhaupt in der grösseren erfinderischen Thätigkeit zu praktischen Zwecken lag.

Den grössten Vortheil erfuhren zunächst Handel und Gewerbe. Die Ansiedler hatten die Bedürfnisse der Heimath, man musste ihnen Kleidung, Betten, Geräthschaften und was sonst zur Einrichtung des Hauses gehörte, sowie manche bessere Speise nachführen; auch brauchten sie eingeschulte Pferde und Ochsen und zum Beginn der Wirthschaft Jung- und Kleinvieh. Die slavischen Völkerschaften aber, als sie einmal bessere Lebensausstattung kennen lernten, nahmen alles, was dazu gehörte, mit Begierde auf, wie das gewöhnlich sich ereignet, wenn nicht ganz rohe Völker die Erzeugnisse der Kultur erst kennen lernen.

Waffen zum Schutz und Angriff, Schmucksachen, Tuche, Leinen und andere Zeugstoffe, feinere Holz- und Lederwaaren, und besonders auch metallenes Geräthe aller Art waren gesuchte Artikel; namentlich Salz konnte nicht genug herbeigeschafft werden. Dagegen ergaben zur Einfuhr nach Deutschland die slavischen Länder wenig anderes als Sklaven, Pferde, Schlachtvieh, Seefisch und Wachs. Die Zollordnungen des neunten Jahrhunderts führen hauptsächlich solche Artikel auf. Schon Adam von Bremen legte um Mitte des eilften Jahrhunderts besonderes Gewicht auf das Pelzwerk, indem er von den heidnischen Preussen berichtete, was Helmold ihm mit denselben Worten nacherzählte: »Gold und Silber achten sie sehr gering. Überfluss haben sie an bei uns nicht vorkommenden Fellen, deren Duft unserer Welt das todbringende Gift der Hoffart eingeflösst hat. Jene freilich schätzen diese Felle nicht höher denn Mist, und damit, glaube ich, ist zugleich über uns, die wir mit allen rechten und unrechten Mitteln nach einem Marderfelle wie nach der höchsten Glückseligkeit trachten, das Urtheil gesprochen. Darum bieten sie für linnene Gewande, die wir Faldene nennen, die so kostbaren Marderfelle dar«. Also schon um die Mitte des zwölften Jahrhunderts ging ein lebhafter Handel bis zu den Preussen, und schon aus dem Anfang des zehnten Jahrhunderts haben wir eine Nachricht, dass Rosse, Sklaven und Wachs aus Russland den Deutschen durch slavische und jüdische Händler zugeführt wurden. Auch die deutsche Fischerei war schon frühzeitig im Betriebe. Helmold erzählt von der rügischen Küste: »Es traf sich vor einigen Jahren, dass dort des Fischhandels wegen eine sehr grosse Menge von Handelsleuten zusammen gekommen war. Im November nämlich, wenn der Wind stärker weht, werden daselbst viele Häringe gefangen, und den Kaufleuten steht dann der Zutritt frei, wenn sie vorher dem Landesgotte den gebührenden Zins dargebracht haben«. Durch Einnahme also von slavischen Ländern kamen die Deutschen in den dauernden und alleinigen Besitz eines ungeheuren Gebiets für die Ausfuhr ihrer Waaren. Was das heissen will, sehen wir heutzutage an den Anstrengungen, welche die Engländer es sich kosten lassen, ihre Ausfuhrgebiete zu behaupten und gegen andere Völker abzuschliessen. Ohne die Kolonisationsarbeit unter den Slaven wären unsere Städte, namentlich die Hanseaten, weit hinter ihrer mittelalterlichen Pracht und Macht zurückgeblieben. Statt immer nur Eigenhandel zu treiben, bei welchem der Kaufmann seine Waaren begleitete und selbst verkaufte oder vertauschte, wurde jetzt, wo deutsche Handelsstädte im Osten erblüheten, auch Handel im Auftrag (Kommissions- und Speditionshandel) möglich.

Gradezu unermesslich aber waren die Vortheile, welche der deutschen Volkswirthschaft im Ganzen und Grossen zuflossen. Nicht Gold- und Silberbergwerke gab es in den Neulanden anzubauen, jedoch reichlicher lohnte die Massenerzeugung und der Massenverkauf der deutschen Waare. Wohl mochte, als der Handelsverkehr mit Italien zu Ende des zwölften Jahrhunderts lebhafter wurde, auch Waare aus dem Morgenlande, Seide, Baumwolle, Spezereien und Gläser, von den Deutschen zu den Slaven gebracht werden: die Hauptlast aber ihrer Saumrosse und Schiffe bestand in den Erzeugnissen des einheimischen Gewerbefleisses. Fort und fort steigerte sich Arbeit und Verdienst in den deutschen Werkstätten, Meister und Gesellen bekamen höheren Lohn, und die Folge der gewinnreicheren Arbeit war steigender Wohlstand, feinere Lebensart in Wohnung, Kleidung, Geräthschaften, Nahrung, verbesserter Anbau des Bodens, Zunahme der Bevölkerung. Die Landwirthschaft hob sich, weil ihre Erzeugnisse in grösserer Menge verlangt und besser bezahlt wurden. Die Anzahl der Ehen wuchs im selben Verhältniss wie die Vermehrung der Häuser und Hütten in Städten und Dörfern. Wo aber des jungen Volkes zuviel wurde, da bot sich ungesucht der Abfluss in die weiten Kolonialländer. Kurzum, dass Deutschland im Mittelalter das volkreichste und wohlhabendste Land wurde, dass es dies blieb bis zum dreissigjährigen Kriege, dass es bis zur Reformationszeit viel weniger von Aufruhr und Zerstörung zu leiden hatte, als andere Länder, — dieser Segen war zum grossen Theil der Besiedelung des slavischen Ostens zu danken.

Auch eine geistige Rückwirkung übte die grosse Auswanderung nach den Neulanden auf die ganze Nation aus. Man stelle sich nur vor, wie solche Strömung der Menschen und Gedanken nach Osten fast durch vier Jahrhunderte fortdauerte, unterbrochen öfter durch die Kunde von schrecklichen Aufständen der Slaven, die rachedürstend mit Beil, Messer und Feuer über die deutschen Ansiedelungen hereinbrachen. Dann bangte und jammerte, wer dort Verwandte und Freunde hatte; dann machte sich junges Kriegsvolk auf, den Nothleidenden Hilfe zu bringen, und die Zurückbleibenden warteten kummervoll auf Nachrichten. In dem Deutschen steckt einmal bei aller Sesshaftigkeit und Behäbigkeit die Sehnsucht in die Ferne, die Wander- und Abenteuerlust, die Poesie des lustigen Landfahrens, — wie tief mussten diese Neigungen in jener langen Zeit einwurzeln! Und lesen wir die Märchen von der einsamen Wohnung im Walde, welche die Mordbrenner umschleichen, von schutzlosen Kindern, die in Räuberhände fallen, von Entführungen und Leiden schöner Mädchen in die Ferne, vom plötzlichen Aufsteigen einfacher Männer und ihrem grossen Gewinn an Land und Leuten durch Klugheit und Tapferkeit, und noch vieles Ähnliche, gewiss kamen Anklänge dazu aus den Neulanden herüber, wo deutsche friedliche Arbeit und slavische Wuth mit einander im Kampfe lagen.

Eine Schädigung freilich unsers Volkslebens blieb nicht aus. So viel feinere oder gröbere Ideen und Arbeitskräfte nach den weiten Eilanden abflossen, so viel fehlten in der Heimath. Die Ursache des geringen Fortschritts, welchen in Deutschland Literatur und Wissenschaft während der sächsischen, salischen und hohenstaufischen Kaiser machten, ist nicht zum geringsten Theil zu suchen in jenen langwierigen Ansiedlungsmühen, die Hand und Verstand gleichmäßig in Anspruch nahmen und zur Pflege geistiger Güter wenig Lust und Zeit übrig liessen. Als die Nation sich dem Slavenlande zukehrte, wendete sie den Rücken dem Kulturlande Frankreich zu, von welchem sie doch am meisten Lehre und Antrieb erhalten hatte. Ohne die niemals stockende Auswanderung nach dem Osten wäre es wahrscheinlich öfter zu Zusammenstössen mit den Westfranken gekommen. Die kriegerische Kraft hätte sich angehäuft und dann die gewohnten Strassen zum Westen hin eingeschlagen. So aber erlahmte selbst die lebendige friedliche Berührung mit den Westfranken, da die oben schon gerügten Thatsachen mitwirkten.

II. Kaiserliche Aufgabe des Deutschen Volks im Mittelalter.

Fast in allen öffentlichen Schriftstücken aus der Zeit der Merowinger und Karolinger bekundet sich, wie damals Staats- und Kirchengewalt sich gegenseitig förderten und in einander verzweigten. Der Staat schirmte die Kirche bei dem Vordringen und Festwurzeln des Christenthums unter den Germanen, und die Kirche half, damit das Wenige von öffentlicher Gewalt, welches der Germane gelten liess, sich allmählich verstärkte und verdichtete. Sie verstand sich dazu, den grössten Theil der Güter, welche sie so leicht und massenhaft von den jungen Christen gewonnen, dem Staatshaupt abzutreten, damit es seine Gefolgstreuen ausstatte, und blieb keineswegs der Aufgabe fremd, die darin bestand, Begriff und Bande der Gefolgstreue unvermerkt auf das ganze Volk auszudehnen, indem sie die Reichsangehörigen christlichen Gehorsam lehrte gegenüber der Obrigkeit. Alle Bewohner des Reichsgebiets wurden Unterthanen des Königs und der Bischöfe zugleich, umfangen von religiös-sittlichen wie von staatlichen Banden.

Wir sehen ferner in den Schriften jenes Zeitalters, dass noch aus der römischen Welt ein schwerer Rücklass in den Vorstellungen der Menschen zurückgeblieben, die Noth und Sorge nämlich, wie die bürgerliche Gesellschaft bestehen könne ohne den gewaltigen Quaderbau des Kaiserreichs. Insbesondere die christliche Priesterschaft stand unter diesem geistigen Banne, und von ihr ging er über auf ihre gelehrigen Schüler, die Fürsten und Lenker der Germanen.

Bei den ganz Europa erschütternden Eroberungen, welche in kurzer Zeitfrist Islam und Araber machten, traten zwei neue, zwei ächt semitische Ideen in die europäische Gedankenwelt ein: der Khalif als Beherrscher der Gläubigen und die Pflicht zur Verfolgung Andersgläubiger. Im Begriff des Gläubigen lag auch die Unterthanenpflicht; denn der Nachfolger des Propheten war der höchste weltliche und geistliche Fürst zugleich, und wer ihm nicht angehören wollte, den sollte er mit der Schärfe des Schwertes treffen, — Forderungen, wie sie für humane Freiheit und Bildung nicht unheilvoller sein konnten. Von zahllosen Würgern, welche der Islam ausgesendet, von wüthigen Slaven, von reckenhaften Nordgermanen war die Christenheit ringsum bekämpft und bedrängt; wer anders konnte ihr Held und Retter sein, als Einer, dem die ganze Stärke der weltlichen und geistlichen Macht zu Gebote stand?

Ein Viertes kam hinzu: Das Lehnswesen drang in die Gemüther ein, gleichwie in Amt und Besitz: alles Recht und Gut sollte im Wege der Gnade und des Dienstes von einer höhern Hand abstammen. Dieser Meinung und Gesinnung war es ganz entsprechend, sich eine höchste Spitze der Pyramide zu denken, von welcher herab sich Güter und Ämter vertheilten und immer tiefer und weiter verbreiteten durch zahllose Mittelglieder von den oberen bis in die untersten Volkskreise.

Dies waren im frühen Mittelalter die Ideen der Zeit, und nur aus ihnen heraus kann und darf man die Ereignisse verstehen und beurtheilen, das heisst, in ihrer geschichtlichen Nothwendigkeit sie begreifen, in ihrer geschichtlichen Wirkung sie würdigen.

Welche der beiden Gewalten sollte nun die andere in sich fassen und formen? Sollte die geistliche von der weltlichen beherrscht werden, oder die weltliche von der geistlichen? Wären beide von Anfang an feindlich oder nur getrennt sich gegenüber getreten, so lagen die Dinge viel klarer und einfacher. Weil sie aber vom Beginn an sich gegenseitig angehörten, blieb die Anhängerschaft der einen wie der andern bald im Steigen und bald im Abnehmen. In allen Ständen wurden Gemüth und Verstand bald mehr zur einen, bald mehr zur andern Macht hingezogen.

Als Karl der Grosse lebte, konnte die Antwort auf die Frage nicht zweifelhaft sein. Er war ein Cäsar, wie ihn der Welttheil seit Trajan nicht mehr gesehen: länger als ein Menschenalter hindurch hielt er, und fast eben so lange hielten seine beiden Vorfahren in ihren Händen die Fülle der Gewalt über die christlichen Völker des Abendlandes. Und standen sie nicht alle drei als Glaubenshelden wie als Heerführer in Kampfeswettern für den Bestand der Kirche? Mit ihrer Fürstenmacht verglichen war die geistliche nur ein milder Sonnenglanz neben der allherrschenden Sonne. Nicht die Kaiserkrönung verlieh der Weltherrschaft des fränkischen Königs Stempel und Gepräge, durch sie kam nur der Name zur Sache; denn im Kaisertitel lag nur die Anerkennung eines Rechts und einer Pflicht, die Jedermann als etwas Natürliches ansah.

Als etwas über anderthalb hundert Jahre später der grosse Otto die Empörer im Innern des Reichs gebändigt, als er Slaven, Dänen und Magyaren besiegt, als er auf einem Heereszug bis vor Paris die Aufständischen, welche seinen königlichen Schwager bekriegten, niedergeschlagen und den burgundischen Fürsten auf ihr Anrufen seinen Schiedsspruch verkündigt hatte, als dem Eroberer auch endlich Italien zu Füssen lag, da hiess es allgemein: »Seht, seht, es ist wieder ein Kaiser da!« Mehr als sechzig Jahre waren verflossen, seit Kaiser Arnulf gestorben, und all die Zeit her war die Cäsarenkrone nichts, als ein glänzender Schmuck machtloser Könige gewesen, und eben so lange hatte die Christenheit in Furcht, Noth und Wirrsal gestanden. Jetzt trug alle Welt Otto, dem grossen Heerführer und Staatsmann, die Kaiserkrone entgegen, und er nahm sie an im Bewusstsein seiner hehren Würde und zu noch stärkerer Hebung seines Ansehens, damit sein Wort und Schiedsspruch aller Orten um so grössere Macht, sein Aufruf um so gewissere Folge erhalte. Der wiederholte Aufruhr in Deutschland und die Entzweiung unter seinen nächsten Verwandten hatten eine furchtbare Lehre gegeben: eine höhere Idee musste seine und seiner Nachfolger Herrschaft mit einer erhabeneren Majestät umkleiden, als sie der deutsche Königsname gewähren konnte.

Eine tiefere Nöthigung lag in der Veränderung, die im Verhältniss der geistlichen zur weltlichen Macht eingetreten war. Beide trugen in ihrem innersten Wesen den Anspruch auf Oberherrschaft, die weltliche, weil sie die Wucht ihres Arms und Schwertes fühlte, die geistliche, weil sie feiner und edlerer Natur war, als die rohe Stärke. Hatte bis zum Tode Karl des Grossen das kaiserliche Szepter die Vorhand gehabt, so änderte sich das in dem trüben Wirrsal, welches die nächsten hundert Jahre erfüllte. Mit unverrückbarer Erbklugheit, mit feinen Listen verstand es der hohe Klerus, sich allmählich der weltlichen Regierung zu entziehen und Alles, was durch Priesterweihe geadelt war, zu einem festen Ringe zusammen zu schmieden, der sich ausser und über den Völkern hielt, diese aber zugleich in ein Verhältniss der Unterthänigkeit zur Kirche zu bringen, welches auch ohne Hülfe des Staates bestand. Die Zeitumstände waren dafür nur zu günstig gewesen: das fränkische Reich in Stücke zerrissen, die Völker ermattet, die Fürsten und Grossen im Kampf und Hader, Heiden und Muhamedaner drohend von allen Seiten, nirgends ein gewaltiger Heldengeist, der zu Kraft und Dauer mochte empor wachsen. Um die geistliche Macht so hoch zu erheben, war ihr steigender Land- und Güterbesitz noch der geringste Hebel gewesen, ergiebiger hatte gewirkt die Beherrschung der Schule, stärker die Kirchenzucht und die daraus hervorgehende Gerichtsbarkeit, durchschlagend das Aufsteigen des Pabstes an die Spitze einer gefügigen, reichen und fest geordneten Hierarchie.

Entschiedener Erfolg des Anspruchs auf herrschende Weltstellung und gräuliche sittliche Versunkenheit, beides war seitdem die Geschichte des Pabstthums gewesen. Schon Nikolaus I. war als allüberragendes Haupt der christlichen Kirche aufgetreten und die Stimme der Kirchenversammlungen war seitdem verstummt. Allein bald darauf wurde die päbstliche Krone in Rom selbst der Spielball sittenloser Weiber, und es kam so weit, dass im Jahre der Lechfeldschlacht den päbstlichen Thron ein sechszehnjähriger Jüngling bestieg, der alsbald seinen Palast zu einer schallenden Stätte der Gelage, Unzucht und Gotteslästerung machte und in der Trunkenheit sich nicht schämte, im Pferdestall einen Priester zu weihen. Und wie dieser Pabst Johann XII., so handelten die andern italienischen Kirchenhäupter. Fulbert, ein Zeitgenosse und selber ein Bischof, schrieb von ihnen: »Bischöfe darf ich sie nicht nennen, das hiesse die Religion selbst beschimpfen. Wahrlich, Tyrannen sind sie, die von grosser Kriegsschaar umgeben sich besser, als weltliche Fürsten, auf Krieg und Waffen verstehen, um den Frieden zu stören und Christenblut zu vergiessen. Mit blutigen Händen treten sie in's Gotteshaus und mordbefleckt nahen sie sich den heiligen Sakramenten.«

Von solcher Priesterschaft strömte in die christlichen Länder ein wahrer Pesthauch der Unsittlichkeit aus. König Otto I. war ein ernster religiöser Charakter: musste er nicht in seinem Gewissen sich aufgefordert fühlen, die Kirche Christi von so viel Schmach und Schande zu befreien? Doch das konnte er nur, wenn er als Nachfolger Karl des Grossen in Rom einzog. Und wenn er es nicht that, hatte er nicht selbst arge Dinge von Rom aus zu befahren? Wie schwere Sorgen und Mühen hatte ihm nicht schon der eine Mainzer Erzbischof Friedrich gemacht! Otto hatte seine Reichsgewalt zum grossen Theil auf die Bischöfe und Äbte gestützt, denen er Einfluss und Güter und Freiheiten in reichem Maße zu Theil werden liess, die hauptsächlich ihm seine hohe Stellung verdankten und seinen Hofhalt mit ihren grossen Einkünften, seine Kriege mit ihren wohlausgerüsteten Dienstmannen unterstützen mussten. Liess er die Dinge in Italien gewähren, leicht konnte sich etwas anzetteln, was die Bischöfe und Äbte daheim ungefügig und auf volle Unabhängigkeit begierig machte. Welch eine fürchterliche Waffe konnte nicht der Bannfluch werden, wenn ein frecher ausschweifender Jüngling ihn aussprechen durfte! Leiten, beherrschen, neugestalten konnte Otto diese Dinge nur dann, wenn er mit fester Hand das kaiserliche Szepter ergriff. Das mochten die Gründe sein, welche Otto I., der unter den deutschen Staatsmännern stets als einer der grössten zu verehren, endlich zum Entschluss bestimmten, Italien mit Rom und der Kaiserkrone zu erobern. Dass der religiöse Grund der wichtigste war, bekundet sich auch darin, was sein Zeitgenosse Widukind erzählt. »So oft er die Krone tragen muss, bereitet er sich, wie man für wahr versichert, stets durch Fasten vor.«

So entstand »das heilige römische Reich deutscher Nation.« Römisch blieb es, weil es im Glauben der Menschen nur eine Fortsetzung des Cäsarenreiches war, das eben so wohl auf der deutschen Nation beruhen konnte, gleich wie vordem römische Kaiser in Trier und Mailand ihren Thron hatten, und heilig wurde es genannt, weil es bei jeder Kaiserkrönung auf's Neue seine kirchliche Weihe erhielt. Es hiess aber, wer auf den königlichen Thron in Deutschland erhoben wurde, sofort König der Römer — rex Romanorum — und hatte die vollen Rechte des Imperiums, die päbstliche Krönung fügte nur den Titel Imperator hinzu. »Wen immer Deutschland sich zum König setzt, den empfängt unterthänig das reiche Rom«, sang ein Dichter jener Zeit. Mit dem Imperium aber war die ehemalige Kaiserherrschaft über die Länder des römischen Reichs, oder wie man es nannte, die Weltherrschaft — dominium mundi — verbunden. Was darin enthalten, beleuchtet eine Anekdote, die der Italiener Morena von Friedrich Barbarossa und zwei berühmten Rechtslehrern in Italien erzählt. »Als der Herr Kaiser einmal einher ritt auf einem seiner Rosse in Mitten der Herren Bulgarus und Martinus, wollte er von ihnen wissen, ob er von Rechtswegen der Herr der Welt sei? Und jener Herr Bulgarus antwortete, dass er nicht sei der Herr als Eigenthümer; Herr Martinus aber sagte, dass er der Herr sei. Und da liess der Kaiser, als er vom Rosse, auf welchem er sass, abgestiegen, es jenem Martinus zum Geschenke anbieten. Bulgarus aber, als er das hörte, sagte diese hübschen Worte: »das Pferd (equum) verlor ich, weil ich das Rechte (aequum) sagte, was nicht das Rechte war.« Kaiser Friedrich wollte also die Weltherrschaft nicht fahren lassen, obwohl sie nur ein Anspruch, eine Rechtsidee war, welcher in That und Wirklichkeit nur entsprach, dass der Kaiser König der Deutschen, sowie der Lombarden und Burgunder, ferner Lehnsherr der Könige von Böhmen und Polen, vorübergehend von Ungarn, Dänemark und nicht minder von England war, und dass ihm im Morgenlande der König von Armenien, der Fürst von Antiochia und andere Fürsten als ihrem Oberherrn huldigten. Die Mutter des Königs Richard Löwenherz fand in jenem Rechtsbegriff ein Mittel, ihren Sohn aus der Gefangenschaft zu erlösen, wie Roger de Hoved erzählt. »Richard, der König von England, als er von Heinrich, dem römischen Kaiser, gefangen gehalten wurde, legte, um dieser Gefangenschaft zu entgehen, nach dem Rathe seiner Mutter Alienor, die englische Krone nieder und übergab sie dem Kaiser als dem Herrn Aller und übertrug sie ihm mittels seines Hutes. Aber der Kaiser, wie es vorher beredet war, gab ihm sofort Angesichts der deutschen und englischen Grossen jenes Reich von England zurück, damit er es von seinetwegen in Gewahr habe für fünftausend Pfund Sterling, die alljährlich als Tribut zu zahlen, und übertrug es ihm mittels eines Doppelkreuzes von Golde.« Das Wesentliche aber, was in jener sogenannten Weltherrschaft lag und was die Kaiser stets festhielten, war ihr Recht und Amt als Schiedsrichter der Könige.

In ihrer kaiserlichen Aufgabe lag für Deutschlands Könige auch das höchst ehrenvolle, aber höchst mühselige und gefährliche Amt, als Schirmherr der Kirche und Wächter des päbstlichen Stuhls zu walten, seinen Inhaber, wo es nöthig, zurecht zu weisen und äussersten Falls dessen Amtsentsetzung durch Berufung von Synoden zu Stande zu bringen. Um Kaiser zu bleiben, mussten sie Herrscher bleiben in Italien und in des Pabstes Residenzstadt, und um nicht stets wieder Roms Mauern stürmen zu müssen, durften sie wohl Acht geben, dass Niemand, der ihnen feindselig, des Pabstes Thron besteige. Otto I. suchte das zu bewirken, indem er sich von den Römern verbürgen liess, ohne seine Einwilligung keinen Pabst zu wählen; Otto II. nahm selbst in Rom seinen Wohnsitz; Heinrich III. veranlasste eine Reihenfolge von deutschen Päbsten. Doch solche Schutzwehr konnte nur eine Zeit lang vorhalten. In Natur und Geschichte des Pabstthums lag unzähmbar ein Drängen, jede Fessel abzuwerfen als unwürdig seines heiligen Berufs und eben in diesem Beruf allezeit schärfer vorzudringen und seine Macht und Gewalt zu erheben und auszubreiten, bis sie alle Länder der Christenheit umfasste und deren Fürsten Heere und Rathsversammlungen lenkte wie gehorsame Diener. Erst dann, so verkündigten des Pabstes Bannerträger, könne der Nachfolger der Apostelfürsten die erhabensten Ideale des Christenthums aufpflanzen, dann erst die ganze Menschheit sittlichen, heiligen, beseligen. Mit dieser Macht also hatten die deutschen Könige fortan zu kämpfen, mit der gescheidtesten kühnsten und unangreifbarsten Macht. Sie mussten sich der tödtlichen Spitze des Bannfluches darbieten und durften die finstern Schrecken des Interdiktes nicht scheuen. Wie viele Römerzüge in einem halben Jahrtausend! Wie viel blutige Kriege in Italien, wo jede stärkere Heereskraft stets bereit war, dem Pabste wider die Fremden zu helfen! Wie schwere Bürgerkriege in Deutschland, da sich gar nicht hindern liess, dass nicht nur geistliche, sondern auch weltliche Fürsten des Pabstes Partei ergriffen! Der Kampf zwischen der geistlichen und weltlichen Macht war, wie gewöhnlich unter Verwandten, um so erbitterter, als sie einst geschwisterlich verbunden gewesen. Gar nicht abzuschätzen sind die schweren und unaufhörlichen Opfer an Blut und Gold, welche dies Verhängniss Deutschland gekostet hat. Der grösste Nachtheil aber lag darin, dass der König den Aufgaben, deren es genug im Innern des Reiches gab, nur zu häufig entzogen wurde.

Diese Kämpfe zu vermeiden, gab es nur zwei Mittel, entweder willenlos am Triumphwagen des Pabstes ziehen oder die deutsche Kirche von der römischen trennen. Das Eine hätten die Deutschen nimmermehr über sich vermocht, das Andere war ganz undenkbar in Zeiten, wo dem christlichen Glauben in Deutschland noch alle Fülle und Begeisterung der ersten Jugend inne wohnte. —

Sollte nun wohl für die Opfer und Leiden, welche die kaiserliche Aufgabe von den Deutschen forderte, ein Gewinn an geistigem, künstlerischem, wirthschaftlichem Leben einigermaßen Ersatz gewesen sein? Nährte sich dasselbe vielleicht durch die Römerzüge und die fast immer gespannten, freudigen oder peinigenden Beziehungen zum Pabst und zu Italien? Oder war die deutsche Nation nur das Schlachtopfer, das sich dem Heil der Christenheit darbrachte? Wir werden sehen.

Zuvörderst aber müssen wir einen Grundirrthum Derer, welche das Kaiserthum zum Sündenbock für viele Übel und Versäumnisse machen, bei Seite schieben. Jene legen nämlich an die deutsche Nation doch einen gar zu kleinen Maßstab an. Auch für die frühen Zeiten des Mittelalters schwebt sie ihnen vor gleichwie ein heutiger Nationalstaat, und nicht als eine lose Verbindung von mächtigen Stämmen, von denen jeder fast so gross war wie damals ein Königreich. Wie stand es denn im Mittelalter um nationale Einheit der andern europäischen Völker? Frankreich war noch weit davon entfernt trotz der geschickten Politik, welche die ersten Kapetinger, dann der grosse Staatsmann Abt Suger unter Ludwig VI., ferner Ludwig IX., die beiden Philipp, endlich Ludwig XI. festhielten. Italien konnte Byzantiner, Araber und Normannen nicht los werden, und es fehlte trotz des päbstlichen Mittelpunktes gar viel, dass nur Mittel- und Oberitalien sich zusammenschlossen. England durfte noch nicht daran denken, Schottland und Irland mit sich zu verbinden. Skandinavien blieb immerfort dreigetheilt. Das christliche Spanien vermochte sich trotz der Gegenwart der Mauren nur erst in schwachen Staatsbildungen wieder zu sammeln. Bei den Slaven aber schwollen kleine Reiche an und vergingen wieder wie Seifenblasen. Nur Deutschland machte eine Ausnahme, und erwägt man seine Ausdehnung, seine offene Lage, den vollständigen Mangel einer Centralstätte, und vergegenwärtigt sich dabei die Eigenart und Geschichte seiner Bevölkerung, in welche gerade der Trieb, in Sonderbildungen auseinander zu gehen, von jeher am stärksten und zur Zeit noch am wenigsten gebrochen war, so erscheint die deutsche Ausnahme als etwas ganz Ausserordentliches.

Wodurch aber kam sie zu Stande und wodurch erhielt sie sich sieben Jahrhunderte hindurch? Die Sache hat etwas Räthselhaftes; denn keine Mittel und Hebel, wie sie anderswo, wenn auch auf kleinen Gebieten, eine feste Staatseinheit zu Stande brachten, wollten in Deutschland verfangen.

Karl der Grosse hatte sein ganzes Reich durch eine allgemeine Beamtenregierung von Grafen, Bischöfen und Gewaltboten zu umklammern gesucht. Diese Einrichtung zerging vollständig: an allen Enden wurde sie durchbrochen, vom Nationalherzogthum, vom Lehnswesen, vom Unabhängigkeitssinn der Reichsfürsten. Schon im zehnten Jahrhundert war das Netzwerk einer solchen Beamtenregierung unerträglich, mehr noch, es war unverständlich geworden. Allein konnte der deutsche König nicht seine Lehnsleute durch's ganze Reich vertheilen, und durch sie einen lebendigen und unlöslichen Zusammenhalt schaffen? Da hätten es doch einige Tausende sein müssen, und Konrad II. that wirklich den ersten Schritt dazu. Allein das Unglück war, dass diese ritterlichen Gutsbesitzer, statt ihren Ausblick nur auf den König zu haben, auf ihrem Boden und in dessen Interesse fest wurzelten. Als Verrath an ihrem Lande wie an dessen Erbfürsten wäre es erschienen, hätten sie diese über des Königs Dienst vernachlässigen oder nur hintansetzen wollen. Denn in des Deutschen Eigenart liegt es einmal, in allen greifbaren und thatsächlichen Dingen den Sinn auf's Nächste oder auch das Kleinliche zu richten, damit man um so freier in's Weite und Allumfassende ausschweifen könne, wo es sich blos um Ideen handelt.

Jedoch durch Krongüter mit zahllosen Hausleuten, Hübnern, Jägern und Förstern hätte sich vielleicht ein immer treues und gewärtiges Heer von Königs-Unterthanen durch das ganze Reich hin ansiedeln lassen. Wohl, und es gab der Krongüter noch von der Karolinger Zeit her eine grosse Menge. Jedoch für das grosse Ziel fiel auch die noch so grosse Menge viel zu klein aus. Und wodurch sie mehren? Ungerechte Konfiskationen hätten allgemeinen Unwillen erregt, und zum Ankaufen in Masse fehlte es an Baarmitteln und anderm Entgeld.

Aber Reichsstädte und Reichsritter, diese hätten doch die allzeit Reichstreuen und durch sie die stählernen Reichsbande ergeben! Gewiß, und die Hohenstaufen thaten unter der Hand auch das Ihrige dazu. Allein deutsche Städte lassen sich nicht hervorzaubern wie die luftigen russischen Stadtgebilde der Kaiserin Katharina, und die Ideen des Ritters Franz von Sickingen leuchteten erst auf, als es viel zu spät geworden.

So blieb also dem König nur seine Hausmacht als wirksame Stütze. Mit der Kraft des eigenen und vielleicht auch noch eines benachbarten Stammes musste er die Stärke der anderen Stämme bekämpfen, wollte er die unaufhörlich nach Unabhängigkeit ringenden zusammen halten. Da aber dazu seine Macht niemals auf die Länge ausreichte, hätte er beständig auf allen Wegen der Politik verkehren müssen, um hier weltliche, dort geistliche Fürsten durch verwandtschaftliche, kirchliche, häusliche Vortheile sich zu verbinden, wie es Konrad I., Heinrich I. und Otto I. gethan. Ein mächtiges, unbestritten dauerndes Reichsgebäude wäre dabei nimmer zu Stande gekommen.

Wenn es aber dennoch Jahrhunderte hindurch unbestritten dauerte, so mussten tief liegende unzerreissbare Klammern vorhanden sein. Worin anders konnten sie bestehen, als in einer allgemeinen Überzeugung, das heilige römische Reich deutscher Nation lege, gleichwie es für ihre Angehörigen die höchste Ehre sei, so auch ihnen Allen die ernste Pflicht auf, sich danach zu halten und dazu zu thun, dass Deutschland stark bleibe, um jenes Amtes zu walten. Dieses Amt erschien wie eine göttliche Einrichtung, damit bis an's Ende der Tage auf Erden ein höchster Hort des Rechts und Friedens bestehe. Deshalb traten die deutschen Fürsten, sobald der Kaiserthron erledigt war, immer wieder zur Kaiserwahl zusammen, nicht auf äussern Antrieb — von aussen wäre nur Abhaltung und Zögerung gekommen —, sondern aus innerem Antrieb. Es regte sich mit dem nationalen auch etwas wie religiöses Gewissen. Das Amt eines Hortes des Rechts und Friedens auf Erden und eines Schirmers der Kirche Christi — ein solches Amt entsprach so ganz der Ehrliebe wie dem Gemüth der Deutschen, dass man hierin ihr mächtigstes Bindemittel erkennen muss. Gemeinsam war allen das Kaiserideal, dieses stand hoch über den Wünschen der Stämme, dieses war das Banner, auf das sie alle hin schaueten.

Das aber ist unserer grossen Kaiserepoche vornehmste Bedeutung, das ihre grösste Wohlthat, dass nationales Bewusstsein damals in die Sitten wie in die staatlichen und wirthschaftlichen Einrichtungen eindrang. Solche Denk- und Lebensgemeinschaft zu fördern, wirkte damals Vieles zusammen: Dichtung, Kunst und Religion, Ansiedlerthätigkeit mit Schwert und Pflug, Kaiser und Ritterschaft, Kriegszüge, und der Städter Gewerbe und Handelsreisen. Als Karl der Grosse die deutschen Stämme verknüpfte, gab es ja noch keine deutsche Nation, nicht einmal einen Namen dafür in der Zeit der sächsischen, fränkischen, schwäbischen Kaiser aber wuchsen die Stämme zu einem lebensvollen Volksganzen zusammen, in welchem sich eine Summe von nationalen Gefühlen, Überzeugungen und Anlagen bildete, die fortan sich vererbten und nicht mehr auszurotten waren.

Es musste also der Zug der deutschen Gedanken und Heere fort und fort hoch über die Alpen nach dem Süden gehen; denn ohne die Beherrschung Italiens wäre das Kaiserthum nur ein Wahngebilde gewesen. Das lenkte die Strömung des deutschen Lebens von der Westgränze ab, wo seiner Eigenart von jeher die grösste Gefahr drohete, die Gefahr der Verwälschung. Von der Römer- und Karolinger-Zeit her hatten die Deutschen eine Schwäche, eine weiche Empfänglichkeit für überrheinisches Wesen, wohl deshalb, weil darin sich germanischer Charakter gefällig mit romanischer Bildung gemischt hatte, und diese ihm dadurch fasslicher und zusagender wurde. Jedoch war die Kultur in Gallien nur eine abgeleitete; in Italien aber befanden sich die Deutschen im Lande ihres Ursprungs, und zwar kamen sie seit der Kaiserkrönung nicht mehr als Eroberer und als Räuber, sondern als zeitweilige Regierer des Landes, jedoch stets mit der Absicht, es bald wieder zu verlassen. Hier also konnte der germanische Geist mit romanischer Kultur eine freie Ehe eingehen, und was ihr entspross, durfte Italien und Deutschland erfreuen.

Deutsche sind den Bewohnern Ober- und Mittelitaliens geistig mehr verwandt, als den Franzosen. Wenn ein gebildeter Deutscher mit seinem Gastfreunde in Italien, nachdem sie sich gegenseitig hochschätzen gelernt und die erste

Fremdscheu überwunden ist, tiefere Gedanken und Gefühle austauscht, so sind Beide gewöhnlich verwundert, wie leicht sie einander verstehen. Denn Beide sind innerlich selbständige Naturen, deren Denken und Thun, wenn die Welt ihnen behagen soll, sich in persönlicher Freiheit bewegen muss, die daher auch in Staat und Gesellschaft, in Literatur und Kunst vielartige Gebilde schaffen. Bei dem Franzosen fühlt sich der Deutsche alsbald wie umfasst von leisen Banden, er muss einer Regel gehorchen; denn die Regel ist in Frankreich das halbe Leben und vermittelst der Regel strebt Alles zur Gleichmäßigkeit. Lässt sich der Deutsche mit französischem Wesen ein, so umschlingt es ihn, und die Gefahr des Verwälschens liegt ihm viel näher, als im Verkehr mit Italienern.

Deshalb pflegt die geistige Ehe des Deutschen mit dem Italiener fruchtbarer zu sein, als mit dem Franzosen oder Grossrussen. Der Grossrusse erhascht im Fluge die deutschen Gedanken, geht kräftig darauf ein und breitet sie auseinder, thut aber wenig vom Eigenen hinzu. Auch der Franzose plündert gern unter deutschen Geistesschätzen, benutzt das Erbeutete, macht es aber sofort netter, handlicher und allgemein verständlicher. Der Deutsche scheut zurück vor den phantastischen Einfällen des Russen, nimmt aber die hübschen Ideen des Franzosen an, ohne ihre glatte Härte zu überwinden. Anders italienischer und deutscher Geist: beide vermögen einander zu durchdringen, woraus für einen Jeden etwas Neues entsteht.

Der Deutsche kann am ersten in italienischer Schule gewisse Schwächen abstreifen. Sein Formensinn braucht beständig Nachhülfe, weil Seelenschönheit noch nicht Formenadel ist und Seelentiefe noch nicht künstlerisch ausgeprägte Ideenfülle. Leicht hängt sich seinem Kunstwerk etwas Schlotteriges, wenn nicht gar Fratzenhaftes an. Ebenso braucht das Strömende und das Ausschweifende in der deutschen Gedankenwelt und der Hang, sich bei dem Schaffen in das gar zu Kleinliche oder in das gar zu Allgemeine zu verlieren, eines Zügels, und diesen Zügel liess sich der Deutsche durch Keinen lieber anlegen, als durch die Anmuth in Kunst und Leben, wie wir sie von jeher in Italien gefunden und empfunden.

Nicht hoch genug ist der Werth anzuschlagen, der in den edleren Ansichten von schöner Geselligkeit und feiner Lebensart bestand, welche im Mittelalter die aus Italien Zurückkehrenden mitbrachten und in ihren Kreisen verbreiteten. Denn das wurde doch jedem Kriegs- oder Handelsmann, der in's wälsche Land kam, auch wenn der grösste Stolz ihm die Brust schwellte, gar zu deutlich, wie arm und nackt seine Heimath sich ausnahm im Vergleich mit Italien.

Auch in praktischen Dingen sind die Deutschen lernbegierige Schüler der Italiener gewesen, so in Handels- und Rechtsgeschäften, in Feld- und Gartenwirthschaft, in Staatskunst und Kanzleiwesen, in freistädtischer Bewegung und Verbündung. Gar Vieles, was der Deutsche in Staats- und Volkswirthschaft erstrebte, und was zu erreichen ihm vor lauter Gewissenhaftigkeit und Umständlichkeit schwer wurde, das sah er in Italien fertig und gefällig vor sich.

Hinwieder haben auch die Italiener nicht wenig den Deutschen zu verdanken. Wie schön verbindet sich im Dante italienischer Formensinn mit allforschendem deutschem Geiste! Je vertrauter man mit Dante's Werken, um so häufiger begegnet man darin deutschen Gedanken. Von da an, wo Kaiser Otto I. die Städte in Italien förderte, bis zum Tode Heinrich III., herrschte in Italien der deutsche Einfluss; dann trat der Gegenkampf ein. Jedoch die förderliche Einwirkung der Kaiser auf die Gesetzgebung hörte nicht auf, und noch zu Ende der Hohenstaufenzeit ging in Palermo vom Hofe Kaiser Friedrich II. die fröhliche Liederkunst aus mit dem glücklichen Bestreben, die italienische Volkssprache in ihr Recht einzusetzen gegenüber der lateinischen. Und so wenig auch die Beziehungen zwischen deutschen und italienischen Künstlern jener Zeit enthüllt worden, sicher ist doch wohl, dass die Letzteren durch Vorgang und Lehre der Deutschen in den Stand gesetzt wurden, die starren und plumpen Formen der Bildnerei zu überwinden und vom einförmigen Basilikenstil zum romanischen überzugehen.

Es sind aber noch viele andere Kulturergebnisse der kaiserlichen Aufgabe zu verdanken, die unserer Nation im Mittelalter oblag.

Wenn Jemand in seiner Jugend einmal an einem grossen edlen Werke begeistert mitgewirkt hat, so bleibt ihm davon ein Segen für sein ganzes Leben. Sieben Jahrhunderte lang sah und wusste unsere Nation, dass ihr König von den Völkern rings umher verehrt wurde als der Erste unter ihnen, als ihr Schiedsrichter, und der oberste Austheiler der Kronen und der Güter. Adam von Bremen, der im letzten Drittel des eilften Jahrhunderts schrieb, rühmte die Stämme der Deutschen, bei denen jetzt sowohl »die Hoheit des römischen Reichs, als auch des göttlichen Glaubens Verehrung in Kraft und Blüthe steht, durch Kirchen, Lehre und Tugend«. Gleichwie dieser Geistliche hier Christenthum und Reichshoheit als die zwei vornehmsten Güter der Nation betrachtete, so durchdrang auch den Bauer hinter dem Pfluge, den Wächter bei dem Zug der Saumrosse eine Ahnung, dass er zu einem grossen Volke gehöre, das an der Spitze der Weltgeschichte stehe. Musste das nicht bei Hoch und Gering eine Freudigkeit der Seele, eine Lust zu lernen und Herrliches darzustellen, und bei den bedeutenden Männern und Frauen einen Adel der Gesinnung erwecken, der sie zu hohen Werken begeisterte? War es denn ein zufälliges Zusammentreffen, dass von Widukind bis Otto von Freisingen eine solche Reihe von Geschichtsschreibern erwuchs? oder dass unsere Nation so weitgehende Kolonisationsarbeiten vollbrachte? oder dass die Hansestädte eine solche Weltstellung sich eroberten? Ohne dies Bewusstsein der nationalen Grösse und Hoheit würden die deutschen Stämme wohl ihre Zeit und Kräfte vergeudet haben, um sich gegenseitig in Schach zu halten. Und wohl darf man fragen, ob ohne jenen Drang in's Grosse, ohne jene Kampflust für Recht und Wahrheit, die mit der kaiserlichen Aufgabe sich in's Innerste der Nation einsenkten, die Reformation und die deutsche Literatur und Wissenschaft wären möglich gewesen? Was konnte mehr den Flug der Ideen in's Weite anlocken, was mehr zum Eindringen in die Höhen und Tiefen des Weltalls anspornen, als die beständige Nöthigung, nach allen Ländern auszuschauen, insbesondere nach den Bewegungen am päbstliche Sitze, im Klerus, in den Hochschulen und Mönchs- und Ritterorden? Was man die Universalität des deutschen Geistes nennt, das ist schon im Mittelalter genährt, befestigt, vorgebildet worden, das hat fortgewirkt bis in unsere Zeiten, und so wenig ohne cäsarische Ideen jener einzige Kaiser Friedrich II. zu denken, so wenig ohne jenen deutschen Gedankenkreis der einzige König Friedrich II.

Der grösste und wichtigste Erfolg aber, welcher der ganzen gebildeten Welt zu Gute kam, war die Rettung von Italien selbst vor der Herrschaft von Byzantinern wie Arabern, und die Rettung Europas vor der Übermacht des Pabst- und Priesterthums.

Als der Zusammenhang der antiken Welt zerriss, stellte sich das Morgenland mehr und mehr feindlich gegen das Abendland und wurde Italien, vorher das herrschende Mitglied zwischen Beiden, schwankend und hülflos. Byzantiner und Araber drängten von Osten heran. Jene hatten uralte Verbindungen in den italienischen Küstenstädten, diese kamen unversehens auf zahllosen Schiffen heran, landeten, plünderten, mordeten, setzten sich auch bei guter Gelegenheit fest. Allein Beide lernten allmählich das deutsche Schwert fürchten und wagten sich über Unteritalien nicht mehr hinaus. Hätten die deutschen Heerhaufen nicht in so regelmäßiger Folge Italien durchzogen, so wäre das schmal hingestreckte Land unrettbar entweder der arabischen Verwüstung anheim gefallen, oder in die greisenhafte und unfruchtbare Byzantiner Welt hineingezogen. Das Pabstthum selbst hätte flüchten müssen, wenn es nur ein wenig Selbständigkeit sich retten wollte. Wir aber würden nun vielleicht in ganz Italien, statt schöner Kreise voll Bildung und Anmuth, jetzt das etwas fratzenhafte Volk vorfinden, wie es sich überall findet, wo Araber in dichteren Schaaren sich mit europäischem Volke verschmolzen haben. Vorzugsweise deutsche Waffen haben den edlen Fruchtgarten Italiens geschirmt, bis er die gebildete Welt durch köstliche Früchte beglücken konnte.

Nicht zu unterschätzen war auch, dass von dem Zeitpunkte an, wo der grosse Otto seine Hand über das Pabstthum ausstreckte, in der sittlichen, wie in der politischen Welt eine leise Wendung zum Bessern eintrat. Zielloses Wirrsal, in welchem nur Habsucht und Unzucht gediehen, erfüllte die romanischen Länder, vornehmlich Rom und der päbstliche Hof waren der üppigste Lasterpfuhl, von denen ein Strom geistiger Verheerung ausging. Als der deutsche Kaiser in Rom einzog, ging ein reinerer sittlicher Hauch, eine Neigung zum Aufbauen, Gestalten und Festigen wieder durch die Welt. Schon dass wieder ein oberster Hort und Schirm des Rechts und Gesetzes unter den Völkern sich erhob, war, selbst wenn es nur bei der Idee blieb, ein grosser sittlicher Gewinn.

Noch eine Folgerung lässt sich nicht abweisen. Denken wir uns den Widerstand weg, welchen das Kaiserthum den Herrschaftsgelüsten der Päbste entgegen stellte, gab es dann in der ganzen europäischen Welt irgend eine Macht, die so stark, so wachsam, so rasch und rüstig zur That war, wie es Noth gethan hätte, um einen Wall zu bilden gegenüber den in sich gesammelten, rastlos wirkenden Kräften und Hebeln der kirchlichen Macht? Diese überzog ja alle Länder mit einer Verkettung und Gliederung gerade der gescheidtesten Köpfe, der rührigsten Arme. Diese kirchliche Macht erstrebte ein Gottesreich, dem sich jeder Besitzstand, jede Thätigkeit unterordnen und einfügen sollte.

Unvermeidlich wären die europäischen Völker dieser Theokratie verfallen, und damit geistige Freiheit und Wissenschaft wie mit einem grauen Leichentuche überdeckt worden. Auch die politische, kriegerische, wirthschaftliche Thätigkeit der Staaten hätte sich der geistlichen Oberleitung nicht entziehen können, und das Ergebniss wäre unfehlbar ein so klägliches gewesen, wie es die ungeheuren Anstrengungen der Kreuzzüge lieferten, welche die Päbste nicht blos fördern und berathen, sondern auch leiten und befehligen wollten. —

Seit Otto I. Kaiserkrönung verliefen über neunhundert Jahre, in welchen immerdar Europas Kaiserkrone über dem Haupte des deutschen Königs glänzte in alter Pracht und Würde; erst im dreissigjährigen Kriege sank sie darnieder. Jetzt giebt es in unserem Welttheil drei Kaiser und eine Kaiserin, jedoch nur der deutsche nimmt beinahe wieder eine Stellung ein, wie sie Lambert dem Kaiser Heinrich IV. beilegt, indem er erzählt: »Zwischen dem Herzog der Polen und dem der Böhmen war ein sehr heftiger Streit ausgebrochen. Deshalb berief sie der König nach Meissen, tadelte sie auf das Härteste und befahl ihnen unter Hinweisung auf seine Majestät, dass Jeder sich an seinem Gebiete genügen lasse und Keiner den Andern durch aussichtslose Angriffe reize, sonst werde Der, der zuerst die Waffen wider den Andern ergreife, ihn als Feind und Rächer kennen lernen«. Es ist die Folge der Lage und fast geeinigten Macht unseres Volkes, dass alte natürliche Verhältnisse wieder aufzuleben anfangen.

III. Gab es bei den Germanen Menschenopfer?

Wer einmal mit gangundgäben Geschichtsvorstellungen, die er für irrig hält, zu thun hatte, machte alsbald die Erfahrung, dass die schriftlichen Beweise viel leichter zu entkräften sind, als die Vorstellungen selbst, weil diese im Laufe der Zeit leicht den Charakter geheiligter Überlieferung annehmen, welche die Meisten sich nur mit Unwillen antasten lassen. In solchen Dingen muss schon das Anerkenntniss zufrieden stellen, dass man redlich und allseitig geforscht habe, und das werden auch, hoffe ich, die geneigten Leser mir zugestehen, wenn sie in Thatsachen und Folgerungen mir bis zum Schlusse Gehör geben.

Als Beweis der Wahrheitsliebe des Tacitus darf man wohl anführen, dass er seinem Lieblingsvolke, den Germanen, Menschenopfer Schuld gibt. Da er der Verderbtheit seiner römischen Landsleute ein germanisches Sittenbild gegenüber stellte, mag es ihm etwas schwer angekommen sein, was er in seinem neunten Kapitel der »Germania« schrieb: »Unter den Göttern verehren sie am meisten den Merkur, und sie halten es für Recht, ihm an gewissen Tagen auch Menschenopfer darzubringen«. Dergleichen

Gerüchte gingen damals umher, und Tacitus konnte die Sache nicht verschweigen.

Seitdem haben kirchliche Schriftsteller vom sechsten bis zum eilften Jahrhundert Vielerlei über Menschenopfer bei den Germanen berichtet, und noch spätere Mancherlei vermuthet. Vor etwa anderthalb hundert Jahren hat der Altonaer Hauptpastor Gottfried Schütze alles dies gesammelt und ein farbenreiches, und nach damaliger Art auch wissenschaftliches Werk über die blutigen Menschenopfer der Germanen ausgearbeitet. Da erfahren wir, wie der grässliche Brauch aus Syrien und Gallien zu den Germanen gekommen, — wie Diese der Sonne und dem Monde, Odin und Thor, Radegast und Swantewith und anderen Unholden Opfer gebracht, — wie die Druiden, von den Galliern vertrieben, zu unseren Vorfahren gewandert und zu grossem Ansehen gelangt sind, welche dreifache Rangordnung und welche Tracht sie hatten, und wie sich ihnen die weissagenden Frauen zugesellten, welche die Schlachtopfer zerfleischten, — wie die Germanen opferten bei Bäumen, Hainen, Quellen, Altären, Grabmälern, auf Anhöhen und zuletzt in Tempeln, — wie sie die Todgeweihten nahmen aus der Schaar der Verbrecher, der Könige, der vornehmsten Gefangenen, und zwar den hundertsten oder den zehnten Mann, wie besonders gern sie christliche Priester oder Kinder oder Knechte opferten, — und wie sich die Kranken, Greise und Wittwen selbst den Tod geben mussten. Wir werden belehrt, wie das Mordfest vor sich ging und die armen Menschen verbrannt oder ersäuft oder zu Tode gegeisselt oder zerhackt wurden, und wie die Eingeweide, Glieder, Köpfe und Füsse den Göttern geopfert, mit dem Blute aber die Zuschauer, die Heiligthümer und Götterbilder besprengt wurden, und wie ein Gastmahl, jedoch ohne Menschenfleisch, die heilige Handlung des Sühne- oder Bitt- oder Dank- oder Weissagungsopfers beschloss. Endlich erfahren wir auch, wie der abscheuliche Brauch und Glaube abgekommen, am spätesten bei den Sachsen, und zwar weil Diesen Christus als ein höchst dürftiger Gott erschienen. Der Norweger König Olaus aber habe zu seinem aufständischen blutgierigen Volke gesagt: »Da Ihr nun durchaus wollt, dass den Göttern geopfert werden soll, so will ich Euch ein gewaltiges Fest anrichten und zu Opfern nicht arme Sklaven und Verbrecher, sondern die Edelsten des ganzen Volkes erwählen«. Das habe endlich gefruchtet, da Niemand seine eigene Haut habe zu Markte tragen wollen.

Diese Ansichten des Hauptpastors Schütze gelten im Wesentlichen noch heutzutage, sind sogar hier und da noch ausgeschmückt worden. Wie aber, wenn alles dies eitel Fabelei und Unsinn wäre?

Der Zweifel wagt sich freilich noch selten und nur etwas scheu hervor. Gilt es doch fast allgemein für unumstösslich, dass Heidenthum und Menschenopfer innig verbunden gewesen, und dass im Alterthum nur Griechen und Römer sich über den blutigen Aberglauben ihrer frühesten Zeit emporgehoben.

Es ist aber die Frage, ob die Germanen wirklich Menschen opferten, in kulturhistorischer Beziehung von einschneidender Bedeutung. Nach dem Ja oder Nein, welches auf diese Frage fällt, müssen wir den Bildungsstand unserer Vorfahren für sehr niedrig, oder für viel höher halten, als gewöhnlich angenommen wird. Die Gesammtauffassung des germanischen Alterthums muss eine lichtere Farbe bekommen, wenn es darin keine Menschenopfer gab. Mögen wir daher mit voller Unbefangenheit die Gründe untersuchen, auf welche sich die gegentheilige Ansicht stützt. Sie sind ohnehin der Art, dass sie von selbst anreizen, sie näher zu prüfen.

Tacitus berichtet von den Germanen Folgendes: »Götter zwischen Mauern einzuschliessen oder unter irgend einer menschlichen Gestalt abzubilden, das halten sie der Grösse der Himmlischen nicht würdig. Haine und Wälder weihen sie, und benennen mit Götternamen jenes geheimnissvolle

Wesen, das sie blos im Schauer der Ehrfurcht wahrnehmen.« Dass Tacitus hierin recht unterrichtet war, beweist die übergrosse Mehrzahl der anderen ältesten Berichte, beweist die Leere der germanischen Wälder, als die Römer sich darin nach religiösen Gebäuden und Statuen umsahen.

Hat man aber jemals von förmlichen Menschenopfern bei einem Volke gehört, oder vielmehr, war solch ein blutiger Opferdienst überhaupt nur möglich bei einem Volke, das weder Götzenbilder noch Tempel hatte?

Es wäre doch ein seltener Widerspruch, wenn die Germanen, bei denen eine so reine und geistige Religion blühete, geglaubt hätten, es sei dem göttlichen Wesen wohlgefällig, wenn ihm das edelste Geschöpf zwischen Himmel und Erde geschlachtet werde. Und das wäre sogar öffentlich bei wiederkehrenden Festen geschehen? Wären die Germanen wirklich von so furchtbarem Wahne verblendet gewesen, so müsste doch ihr gesammtes Religionswesen ein anderes Gesicht tragen.

Sehen wir uns zunächst auf ihren sogenannten *Opferstätten* um, die zahlreich festgestellt sind. Da müssten sich neben der Menge von Thierknochen doch auch regelmäßig wenigstens ein paar Schädel und Gebeine von Menschen finden. So viel man aber danach gesucht und gegraben hat, sie wollten und wollen sich nirgends so, wie erwartet, zeigen. Doch an einem Orte fand sich etwas, dies ist der Lochenstein, der — gegen dreitausend Fuss hoch — im westlichen Süddeutschland eine ähnliche Stelle einnimmt wie der Brocken im Harze. Während man in Norddeutschland sagt: »Ich wollte, dass du auf dem Blocksberg sässest!«, heisst es hier: »Ich wollte, dass du auf der Lochen wärest!«, und die Hexen tanzten und buhlten mit den Teufeln auf der einen wie der andern Berghöhe. Neben dem sogenannten Opfersteine auf der Lochen lag unter der Rasendecke, wie O. Fraas jüngst nach sorgfältigen Erhebungen festgestellt hat[1],

---

[1] Correspondenzblatt der deutschen Gesellschaft für Anthropologie, Ethnologie und Urgeschichte. München 1882. XIII. Nr. 3.

bei zahllosen Knochen eine solche Menge von rohen Steinwerkzeugen der ältesten Zeit, sowie von fein gearbeiteten Eisen- und Bronzesachen aus der Römerzeit, dass man die Jahrhunderte, während welcher hier Feste gefeiert wurden, auf einige vor und ebenso viele nach Christus berechnen muss. Es fanden sich da Mahlsteine zum Kornzerreiben, um Mehl und Schrot für Brodbacken zu gewinnen, zu Tausenden Scherben von Töpfen, aus denen man einst Meth und Bier getrunken, und endlich die Knochen der Thiere, welche gebraten und verspeist wurden. Von diesen Knochen gehörten 40 Prozent dem Rinde, 26 dem Schaf und der Ziege, 17 dem Schweine, nur 8 dem Pferde, 4 dem Hirsch, 3 dem Hunde an, in die noch übrigen 2 Prozent theilten sich Auerochs, Elch, Biber, Reh, Schwan und — Mensch. Ein menschliches Schenkelbein war von Hieben zerhauen und ein Menschenschädel arg mitgenommen. Darf man nun wohl von diesem ganz verschwindend kleinen Antheil des Menschengebeins einen Beweis hernehmen, dass seine Besitzer einst geopfert worden? Liegt denn die Vermuthung nicht viel näher, dass in den fünf oder sieben Jahrhunderten auf dieser Stätte auch einmal ein paar Menschen bei einer Rauferei erschlagen oder wegen argen Frevels auf der Stelle bestraft worden sind?

Wir durchgehen nun die zahlreichen Bildwerke, die sich um die Antonins- und Trajanssäule winden, von denen nicht blos die erste, sondern, wie leicht darzuthun, auch die andere uns anschauliche Genrebilder aus dem Leben und Treiben der Germanen darstellen. Hätte es bei Diesen Menschenopfer gegeben, so würden wir unter den Bildwerken ihre Schilderung eben so sicher antreffen, wie die aufgespiessten Feindesköpfe auf germanischen Verschanzungen, die Peinigung der Gefangenen mit Feuer und Eisen durch die Weiber, die Selbstvergiftung der überwundenen Häuptlinge. Allein weder an der Trajans- noch an der Antoninssäule lässt sich das Geringste entdecken, was auf Menschenopfer hindeutet.

Wir wenden uns endlich zu den schriftlichen Quellen, die über die Germanenzeit Kunde geben. Es kommen hier vorzugsweise drei Arten in Betracht: erstens die Sagen, zweitens die Volksrechte und Gesetze, drittens die Lebensbeschreibungen der Glaubensboten.

I. In den Liedern und Sagen der älteren Edda, sowie im Beowulfs- und Waltarilied, im Ruodlieb, und dem Bruchstücke des Muspilli, sowie der Sage von Hildebrand und Hadubrand liegt vom sittlichen und religiösen Brauch und Glauben nicht wenig ausgebreitet vor uns. Trifft man aber nur eine einzige Andeutung von Menschenopfern darin? Keine einzige, nicht die leiseste.

II. Wo aber bei einem Volke ein so gräulicher Götterdienst Wurzel geschlagen, da wird dadurch — es kann nicht anders sein — das ganze öffentliche Leben verdüstert und verzerrt. Wir müssten also auch in Recht und Sitte und Verfassung der Germanen noch vielfach auf die Spuren solchen Opferdienstes stossen. Diese Spuren fehlen jedoch fast gänzlich, so reichlich auch die Aufzeichnungen sind, die wir von den alten Volksrechten besitzen. Mindestens müsste doch in den Gesetzen der Merowinger und Karolinger, die auf's Strengste den alten heidnischen Wahn und Brauch verfolgten, vor allem anderen wiederholt und ausdrücklich von Menschenopfern die Rede sein. Sie schweigen davon.

III. Jedenfalls würden, wenn solche Gräuel vorgekommen wären, die Glaubensboten, die zahlreich sich unter die heidnischen Germanen wagten, die blutige Feier selbst geschildert und ihres Sieges über den entsetzlichen Wahn sich gerühmt haben. Allein auch davon lesen wir nicht das Mindeste in den Lebensbeschreibungen dieser Missionäre, so sehr die Verfasser auch dem Glauben an Wunder und Seltsamkeiten sich zuneigen.

Bei solchem Stande der Dinge lässt sich die Anforderung nicht abweisen, dass das Wenige in den ältesten Gesetzen und Berichten, das man allenfalls auf Menschenopfer deuten könnte, erst wohl darauf zu prüfen ist, ob es sich nicht mit viel mehr Fug und Recht auch anders erklären lässt?

Wie nun? Wenn wir alle diese Stellen durchlesen, muss es da nicht auffallen, dass — ausgenommen jene einzige Angabe des Tacitus, es kämen bei den Germanen auch Menschenopfer vor, die ganz allgemein gehalten ist und auf gleicher Höhe steht mit seiner fabelhaften Erzählung vom Isisdienst und von der odysseischen Gründung der Asciburg, — dass mit dieser einzigen werthlosen Ausnahme alle die Stellen immer nur von Sachsen und Friesen handeln und nicht auch von anderen Stämmen auf deutschem Boden? Warum sollen nur Sachsen und Friesen solche Unheilssöhne gewesen sein? Zwar waren sie ihrer Härte und Wildheit wegen verschrieen, allein, da bei allen deutschen Stämmen in Denkungsart, Recht und Einrichtungen entschiedene Übereinstimmung herrschte, so wäre es geradezu unmöglich, dass eine so gräuliche Sitte, wie Menschenopfer, wenn sie bei Sachsen und Friesen wirklich bestand, blos auf Diese wäre beschränkt geblieben. Nun hatten die Römer ein paar Jahrhunderte lang mit Markomannen, Franken, Allemannen und Burgundern, mit West- und Ostgothen, Vandalen, Herulern, Rugiern und Gepiden zu thun. Es wanderten so viele Händler über den Rhein und die Donau ins Innere Germaniens, es kehrten so viele Kriegsgefangene, die dorthin geschleppt waren, zurück: irgend einmal müsste doch einer von ihnen einem feierlichen Menschenopfer beigewohnt und in der Heimath den begierig Horchenden davon erzählt haben, und diese Erzählung müsste dann in die Berichte der römischen und griechischen Geschichtschreiber eingeflossen sein. In all' diesen Berichten aber findet sich — eine noch zu erwähnende Stelle bei Prokop ausgenommen — wohl einmal eine allgemeine Andeutung, eine bestimmte klare Erzählung aber eben so wenig, als bei den nationalen Geschichtschreibern der Gothen, Franken, Sachsen, Angeln und Langobarden.

Doch prüfen wir nun die Stellen selbst, die angeblich von Menschenopfern bei Sachsen und Friesen berichten. Es sind zehn Stellen. Richthofen, der an Menschenopfer glaubt, hat Alles darüber in seinem vortrefflichen Werke über die alte Lex Saxonum sorgfältig gesammelt[1]. Prüfen wir die Berichte alle zehn nach der Reihe.

Den Hauptartikel enthält das Kapitular, welches Karl der Grosse im Jahre 877 für die sächsischen Lande erliess. Darin werden alle heidnischen Bräuche mit Strafe belegt. Diese sind nämlich das Gelübde, das zu heiligen Bäumen oder Hainen oder Quellen gemacht wurde, — das Verspeisen von etwas zu Ehren eines göttlichen Wesens, — das Wahrsagen und Zaubern, — der Vampyrglaube, — das Leichenverbrennen, — und da heisst es denn auch im neunten Artikel: »Wenn Jemand einen Menschen dem Teufel opfert (sacrificaverit) und als Opferthier (hostiam) nach Heidenweise den Dämonen dargebracht hat (obtulerit), soll er mit dem Tode bestraft werden[2]«. Hier könnte wirklich von Menschenopfern die Rede sein, wenn schon anderweit feststände, dass sie bei den Sachsen im Schwunge gewesen. Da aber dies nicht der Fall ist, müssen wir die mancherlei Anstösse bietende Stelle näher ansehen. Zuerst ist auffallend, dass dem Teufel geopfert wird, nicht Wodan oder Thor oder Saxnot: die Germanen waren ja keine Jeziden oder Teufelanbeter. Unter dem einen Teufel kann auch nicht der alten Götter Jeglicher verstanden sein: wäre das die Meinung, so würde es heissen »den Teufeln« (diabulis). In dem Zusatz aber gliedert sich der Teufel sofort in mehrere Dämonen aus: es ist also die eine Höllenmacht gemeint, die böse Geister zu Dienern hat. Mit dem sacrificare muss nicht gerade immer Tödten verbunden sein, es kann auch blos bedeuten das zum Opfer Weihen und

---

[1] Dr. Karl Freiherr von Richthofen: Zur lex Saxonum. Berlin 1868. Monum. Germ. Leg. tom. V, fasc. I, Hannover 1875.

[2] Si quis hominem diabulo sacrificaverit et in hostiam more paganorum daemonibus obtulerit, morte moriatur.

Hingeben. Vom Tödten ist auch in dem Artikel nicht die Rede, vielmehr macht der Zusatz deutlicher, was unter dem Opfern zu verstehen, dass nämlich nach heidnischer Weise ein Menschenleben den bösen Geistern überantwortet werde. Der Artikel will also nichts Anderes strafen, als das förmliche Verwünschen und Übergeben an die Unheilsmächte mit feierlichen Worten, ein Germanenbrauch, zu welchem das bekannte »der Teufel soll dich holen!« noch tagtäglichen Nachklang gibt. Die Härte der Strafe aber darf nicht auffallen; denn Todesstrafe soll nach dem ersten Artikel schon erleiden, wer sich aus Furcht vor der Taufe versteckt, und nach dem siebenten auch, wer eine Leiche verbrennt und die Knochen in Asche verwandelt; denn das Verbrennen der Weichtheile des Körpers blieb straflos.

Die andere Stelle ist aus dem Friesenrecht. Als im achten Jahrhundert die alten Volksgesetze der Friesen aufgeschrieben wurden, fand sich auch ein Zettel von Ulemar, einem früheren angesehenen Rechtsverständigen, und auf diesem Zettel lautet der Satz, welcher jetzt den Schluss des Friesenrechtes bildet, noch recht altgermanisch: »Wer ein Heilighaus (fanum) erbrochen und darin etwas von den Heiligthümern weggenommen hat, wird ans Wasser geführt und auf dem Sande, welchen die Fluth zu unterwässern pflegt, werden ihm die Ohren geschlitzt und er entmannt und den Göttern geopfert, deren Tempel er geschändet hat'«. Offenbar spricht dies Gesetz von keinem Menschenopfer, sondern von einer Strafe für Frevel am Heiligthum. Das immolare bestand eben, wie aus dem gleich anzuführenden Berichte Wulfram's zu ersehen, darin, dass der Frevler ins Meer geworfen wurde. Dass er aber auf dem trügerischen halbnassen Sande, also kurz vor Erleidung der Todesstrafe erst durch Ohrenschlitzen und Entmannen auf

---

[1] Qui fanum effregerit et ibi aliquid de sacris tulerit, ducitur ad mare et in sabulo, quod accessus maris operire solet, finduntur aures ejus et castratur et immolatur diis, quorum templa violavit.

die fürchterlichste Weise geschändet wird, zeigt nur, welchen Abscheu sein arges Verbrechen erregte. Er hatte ja die Heimathsgenossen frech verhöhnt und geschädigt, und wurde als gemeiner Feind, als ein Neiding und Raubwolf behandelt. Wir wenden uns nun zu Erlebnissen der Missionäre, jedoch sind ihre Erzählungen nicht von ihnen selbst, sondern erst nach ihrem Tode von Anderen aufgeschrieben. Ganz dasselbe, was das alte Friesengesetz aus der Heidenzeit besagt, nämlich die Bestrafung wegen Verbrechen am Heiligthum, kehrt in drei Lebensbeschreibungen von Glaubensboten wieder.

Von Bischof Wulfram von Sens, der unter den Friesen als Bekehrer gewirkt und 695 im französischen Kloster Fontanella gestorben, hat ein Klosterbruder nicht lange darauf eine Lebensbeschreibung verfasst. Darin wird Folgendes erzählt. Wulfram sah einmal einen Knaben zum Galgen führen, und ein andermal wurden Jünglinge, welche das Loos getroffen, ergriffen und ins Meer geworfen: beidemal braucht der Erzähler den Ausdruck, sie wären den Dämonen geopfert. Dass aber hier blos Rache für Frevel an Heiligthümern geübt wurden, geht sowohl aus dem eben hergesetzten Artikel des Friesenrechts und aus den herkömmlichen Verbrechensstrafen — Galgen oder Ertränken, — als aus einer Stelle in der von Alkuin herrührenden Lebensbeschreibung Willibrord's hervor, die ebenfalls Menschenopfer beweisen soll. Dieser Friedensapostel hatte nämlich um das Jahr 700 auf Helgoland Rinder schlachten lassen, die auf einer heiligen Stätte weideten, und eine dort springende Quelle, aus welcher man nur in stiller Ehrfurcht trinken durfte, zu einer öffentlichen redereichen Taufe benutzt. Gaukönig Radbod war ergrimmt darüber und liess drei Tage hinter einander je dreimal das Loos werfen, um Diejenigen zu erfahren und mit dem härtesten Tode zu bestrafen, welche an den Heiligthümern gefrevelt hatten.

Ferner sagt Rudolf von Fulda in einer Beschreibung

der Translation der Reliquien des heiligen Alexander: Die Sachsen hätten besonders Mercur verehrt und seien gewohnt gewesen, ihm an gewissen Tagen Menschenopfer darzubringen. Das ist wörtlich aus dem Tacitus genommen, kann also für sich selbst nichts beweisen.

Zwei andere Stellen, die eine in Lebuin's, die andere in Liudger's Lebensbeschreibung, deren jede erst im neunten Jahrhundert oder später noch geschrieben wurde, werden ebenfalls zum Beweise von Menschenopfern angeführt; sie sprechen aber nur von Gelübden und Opfern überhaupt, von Menschentödten ist darin nicht die Rede. Die eine Stelle berichtet von der grossen Versammlung der Sachsen 770 zu Marklo an der Weser, und da heisst es: »Die ganze Versammlung beeiferte sich zuerst der Voreltern Anordnungen zu befolgen, den Göttern nämlich Gelübde und Opfer bringend«. Herzog Widukind aber — dies ist die andere Stelle — hatte im Jahre 772 einen Theil der Friesen dazu gebracht, dass sie vom Christenthume abfielen »und bis an den Fleofluss hin den Göttern nach dem früheren Irrglauben opferten«.

Von einem grausamen Herkommen bei sächsischen Seeräubern, die an den gallischen Küsten heerten und raubten, berichtet zu Ende des fünften Jahrhunderts der Bischof von Clermont, Sidonius Apollinaris, der bekanntlich seine Erzählungen gern in einem rhetorisch blühenden Stil vortrug. »Ehe sie vom Festlande die Segel zur Heimath stellend aus der feindlichen Untiefe die beissenden Anker reissen, ist es der Rückkehrenden Sitte, von den zusammengeraubten Menschen den zehnten Mann durch gleiche und peinvolle Strafen, nach einem mehr traurigen als abergläubischen Brauch, zu tödten, und über die Schaar der Todgeweihten des Todes Unrecht durch des Looses Recht zu verstreuen. Unter solchen Gelübden wählen sie, zahlen sie mit Schlachtopfern. Und durch dergleichen Opfer (sacrificia) weniger gereinigt, als durch Heiligthumsschändung (sacrilegia) befleckt, halten die unheilvollen Mörder es für etwas Religiöses, von ihrer Menschenbeute lieber Qualen als Verkaufspreise zu erpressen«. Hätte Bischof Sidonius hier nicht das Wort »Opfer« gebraucht, um das Wortspiel von Sacrificium und Sacrilegium zu machen, würde kein Mensch an religiöses Menschenopfer denken. Denn wozu die armen Menschen zu Tode peinigen und zwar Jeden gleiche Qualen erdulden lassen? Offenbar ist hier nicht von Menschenopfern die Rede, sondern von einer gräulichen Art und Weise, die Zukunft zu erforschen, ob nämlich auf Heil zur Heimfahrt zu hoffen.

Ähnlich wird man auch die einzige Stelle verstehen müssen, die bestimmt von Menschenopfern redet. Pabst Gregor III. schreibt nämlich im Jahre 732 an Bonifacius: Dieser habe ihm gesagt, »es sei in jenen Ländern von Bedeutung, dass Einige von den Gläubigen den Heiden zum Opfern ihre Sklaven verkauften; das müsse jedenfalls abgestellt werden; denn es sei schändlich und verbrecherisch«. Sollten aber wirklich die neuen Christen einen so abscheulichen Brauch, wenn sie ihm selbst nicht mehr fröhnten, bei ihren Nachbarn begünstigt haben? Und warum kaufte man denn Fremde, da der eigenen Leibeigenen aller Orten genug waren? Wenn des Missionärs Zuträger nicht ihn oder er nicht selber sich getäuscht, so lief wohl die Sache darauf hinaus, dass selten einmal ein fremder Sklave gekauft und getödtet wurde, um aus seinem strömenden Blute eine Weissagung zu ziehen. Denn von solchem Aberglauben waren die Germanen allerdings tief umnachtet. Gleichwie bei den Römern ekelhaft in den Eingeweiden geschlachteter Thiere gewühlt wurde, um aus deren Verschlingungen in das Wirrsal der Zukunft hineinzublicken, so diente germanischen Weibern dazu das Ringeln und Quirlen von frischem Menschenblut im siedenden Kessel. Auch bei den Cimbern schon erschienen diese fürchterlichen Frauen, welche das Blut der Gefangenen in ihre Kessel laufen liessen.

Das sind nun alle Stellen in Quellenschriften, die bezeugen sollen, dass es bei den alten Sachsen und Friesen — und diese waren doch berüchtigt ihrer eisernen Herzen wegen — Menschenopfer gegeben. Ganz ähnlich ergibt bei den anderen und noch dazu äusserst wenigen Nachrichten, die von Menschenopfern der Germanen ausserhalb Deutschlands etwas enthalten, die Untersuchung sofort, dass entweder von Kriegsgefangenen die Rede ist, die aus Rache, oder weil man sie nicht länger ernähren konnte, erschlagen, — oder von Verbrechern, die bestraft wurden, — oder von Solchen, die freiwillig den Tod als Sühnopfer auf sich nahmen. Was wird nicht Alles noch heut zu Tage im Volke von Hexen, Wärwölfen und Vampyren erzählt, oder von Christenkinder schlachtenden Juden, oder von Hexenmeistern, die, um ihren Zauber zu vollbringen, des Blutes oder Fingers von einem unschuldigen Kinde bedürfen! Soll man also Prokop, der beständig sich auf der Anekdotenjagd befindet, Glauben beimessen, wenn er für Menschenopfer ausgibt, als christliche Franken in Italien gefangene Feindeskinder tödteten und in einen Fluss warfen »als des Krieges Erstlinge?« Oder muss man gleich an Opferfeier denken, wenn Jordanis schreibt: »Die Dankopfer für den Kriegsgott bestanden darin, dass die Kriegsgefangenen sterben mussten?« Wenn aber Dietmar von Merseburg blos vom Hörensagen von einer dänischen Opferfeier erzählt, die vor einem Jahrhundert alle neun Jahre auf Seeland stattgefunden hätte, und bei welcher 99 Menschen, 99 Pferde, 99 Hunde und 99 Habichte oder Hähne geschlachtet seien, und wenn Adam von Bremen dasselbe Mordfest alsdann nach Upsala verlegt, so kann man solche Nachrichten, welche der Erzähler selbst als bedenklich bezeichnet, eben so wohl auf sich beruhen lassen, als wenn der norwegische Chronist Snorro versichert: in den ältesten Zeiten seien in Skandinavien Menschenopfer nicht Brauch gewesen, erst unter König Domald habe man sie erfunden, um eine allgemeine Hungersnoth abzuwenden, weil erkannt worden, mit dem bisherigen Opfer eines wegen Übermastung halb tollen Stieres lasse sich bei Odin nichts mehr ausrichten.

Endlich ist auch wohl zu beachten, durch welche Männer hauptsächlich und zu welcher Zeit von Menschenopfern der Germanen gesprochen wurde. Es geschah in den ersten Jahrhunderten, nachdem sie Christen geworden, als noch immer etwas von ihren alten religiösen Gebräuchen wieder auftauchte. Um gegen diese um so grösseren Abscheu hervorzurufen, wurde ihnen die Sage von den blutigen Menschenopfern angehängt. Das thaten, und zwar im besten Glauben, die christlichen Priester. Dieselben Hände, welche eifrig die alten deutschen Sagen- und Heldenbücher, weil so viel lockendes Heidenthum darin, ins Feuer wandern liessen, waren auch geschäftig, in ihren Schriften von religiösen Gräueln der Germanen zu reden, — freilich stets nur im Allgemeinen, weil es eben nichts Näheres zu wissen gab.

Doch wir dürfen noch einen Schritt weiter gehen und fragen, ob es bei Germanen überhaupt Opfer gab, wie bei Semiten, Griechen und Römern?

Germanen hatten, worüber die neueren Forscher fast sämmtlich einverstanden sind, keinen Priesterstand, sondern gleichwie jeder Hausvater für seine Familie, so thaten Schultheissen, Richter, Grafen, Herzöge und Könige für das Volk alles das, was anderswo zu priesterlichem Amte gehörte, nämlich Festzüge sammeln, Hymnen anstimmen, und jeden andern religiösen Brauch ordnen. Wer in der öffentlichen Versammlung priesterliche Handlungen verrichtete, hiess einfach e-wart oder a-saga, Rechtssager oder Rechtswart, denn ewa bedeutete das gesammte Recht und Gesetz. Wo man aber keine Priester im Sinne der Alten kannte, da liegt der Zweifel nahe, ob es denn dort auch Opfer im Sinne der Alten gegeben?

Gewiss gab es Opfer, soweit sie nämlich in ehrfürchtigem Darbringen und Weihen und damit verbundenem Verzehren von Thieren und Früchten des Feldes bestanden, oder im Widmen von Holz- oder Wachsabbildungen geheilter Glieder oder Hausthiere, — jedoch in Bezug auf Opfer, deren Wesentliches Vernichtung von etwas Geschaffenem, ist die Frage zu verneinen.

Im Verhältniss zu semitischen Völkern, die sich ewig mit Opfern und Heiligthümern müheten, erschienen die Germanen als weltlich gesinnte Leute. Ja, man hätte das Volk, das in seinem tiefsten Wesen von Ehrfurcht vor dem Göttlichen und vom Glauben an Unsterblichkeit erfüllt und durchdrungen war, im Vergleich mit all' jenen Völkern ein irreligiöses nennen müssen; denn des Germanen religiöses Gefühl war ein wesentlich innerliches. Es war ihm weder Bedürfniss noch Gewohnheit, in bestimmten gottesdienstlichen Gebäuden und zu bestimmten Zeiten äussere religiöse Handlungen zu verrichten, sondern wenn sein übervolles Gemüth oder der Ernst des Augenblicks ihn drängte, da flehete er zu den göttlichen Wesen, wo er ging und stand. Er flehete zu ihnen und weihete sich ihnen im ahnungsvollen Grauen des Morgens, im mittäglichen Allschweigen der besonnten Flur, in feierlicher Abendstille, — oder wenn ihn das heilige Rauschen des Waldes oder die stürzende Fluth und des Wasserfalls Schäumen oder ernste hochragende Felsen zur Andacht stimmten, — oder wo sein Haus, sein Geschlecht, sein Volk sich feierlich versammelte, — oder wenn der Heerbann, schreiend und tosend, Alles mit sich fortreissend, in die Schlacht stürmte. Dass man die lichten Höhen bestieg, dass man dort die Hände faltete und über's Haupt emporhob oder sie zum Himmel ausstreckte, oder dass man bei Bestürzung, Trauer und Reue die Blicke zur Erde schlug, bei Dank- und Hoffnungsgefühl das frohe Antlitz emporrichtete, — diese natürlichen Geberden, in welchen halb unbewusst religiöses Ergriffensein sich kundgab, waren allen Germanen ebenso gemeinsam, wie allen Semiten die Gewohnheit, sich vor des Allerhöchsten unermesslicher Allgewalt niederzuwerfen, dass das Haupt den Boden schlug.

Wenn aber bei wichtigen Ereignissen des Hauses — bei Geburtsfesten und Namensgebung, bei Eheschliessung, bei Gutsübertragung an den Sohn, bei Bestattung eines Greises — die Hausbewohner sich mit Verwandten und Nachbarn versammelten, — oder wenn man je nach dem Wechsel der Jahreszeiten das erste Mal auszog zum Feld und Wald zu gemeinsamen Arbeiten, oder den letzten Erntewagen hereinholte, — oder wenn das gesammte Volk nach altem Herkommen sich schaarte zur Naturfeier am Sonnwendtage, oder zur Erinnerungsfeier an nationalen Gedächtnisstagen und bei den Hügeln edler Todten, oder zu des Landes Ordnung und Gericht, zu Berathungen und Verbindungen der Stämme, zur Heerfahrt gegen den Feind, — bei solchen Gelegenheiten suchte das innere Verlangen, der Götter Theilnahme, Schutz und Weihe zu erflehen, nach stärkerem Ausdruck. Nicht um die Familie oder die Gemeinde oder das Volk förmlich zu heiligen, nahm man feierliche Handlungen vor, sondern das lebendige religiöse Gefühl machte sich ganz von selbst um so mächtiger geltend, je gehobener die gemeinsame Stimmung war durch die Menge und Erregung der Versammelten, durch die Wichtigkeit dessen, was sie vornahmen, und durch die Ungewissheit des Ausgangs. Da vereinigte sich Alles zu feierlichen Umzügen, in denen man die Thiere, die zum gemeinsamen Festmahl dienen sollten, mit Grün und Blumen bekränzt, einherführte. Da wurden auf den Höhen Freudenfeuer angezündet, Heldendichtungen vorgetragen, Gesänge und Jubelruf angestimmt, und Reihentänze, Kampfspiele und Gelage beschlossen den Tag.

Von förmlichen Bitt- oder Sühn- oder Dankopfern war bei solcher Feierlichkeit keine Rede. Nennt man es Opfer, wenn man im gemeinsamen ehrfürchtigen Gedenken einer höheren Macht Speise und Trank geniesst, oder wenn der Bauer im stillen Gefühl des Dankes gegen den Segenspender bei Ernten etwas Obst an den Bäumen oder ein paar Aehren im Felde lässt, so übten die Germanen gar manchen Opferbrauch. Es brachten die Verwandten und Nachbarn zu ihren Festen Krüge voll Meth und Bier, Rinder, Ochsen, Schafe und Pferde, die den Göttern geweihet, geschlachtet und verzehrt wurden. Sie setzten auch vor ihre Hausthür oder an geheiligte Stellen Blumen oder abgehauenes Baumgrün, oder von Speise und Trank etwas für die Thiere des Waldes und des Feldes, vor Allem theilten sie Armen und Bedürftigen mit. Der Gedanke aber, der Gottheit zu gefallen dadurch, das man Erschaffenes vernichtet, wäre nach Geistesart der Germanen eine Thorheit gewesen.

Woher stammt überhaupt das Wort »Opfer«? Die Germanen hatten keinen Ausdruck dafür. Das Wort kam in die deutsche Sprache erst durch die Kirche, und gleichwie die Sprache anzeigt, dass Tempel, Altar, Kelch, Kanzel, Messe, Mette, Segen, Orgel, Pilger und andere kirchliche Ausdrücke aus der Fremde eingeführt sind, so verhielt es sich auch mit Wort und Sache des Opferns. Insofern es im Darbringen von Lebendigem oder Unlebendigem besteht, indem man es vernichtet, Blut umherspritzt, durch Feuer das Geweihte verzehren, die Erde das Ausgegossene trinken lässt, nöthigt keine einzige Stelle in den alten Gesetzen und Schriften dazu, gerade solche Art von Opfern bei Germanen anzunehmen.

Wäre dergleichen üblich gewesen, gewiss, es lebte heute noch in den Gebräuchen unseres Landvolkes fort; denn es ist beinahe nichts völlig untergegangen, was uns von religiösem Glauben und Aberglauben der Germanen zuverlässig berichtet worden.

Hätten Diese Bitt- und Sühn- und Dankopfer als herkömmliche feststehende Gebräuche gekannt, so würde in ihrer Sprache sich eine ganze Reihe Namen für Opfergebräuche und Opfergeräthe finden. Ihre Sprache schweigt aber davon, und vergebens werden im althochdeutschen Neihunga Opfer, wie bei Juden und Römern üblich, im Zepar oder Geziefer die Opferthiere, im noch erst fraglichen Worte »Gebütt« das Brandopfer von Herz, Lunge und Leber, was den Göttern gehören sollte, gesucht. Ulfilas kam in Verlegenheit, als er das jüdische Opferwesen ausdrücken sollte in gothischer Sprache. Er fand in dieser das Wort blotan, welches jede Art von religiöser Verehrung bedeutet, und übersetzte Gebet und Flehen zu Gott richtig mit Usbloteins, Gottesverehrung mit Blotinassus, und Gottesverehrer mit Guthblostreis. Für Altar aber konnte er, weil die Gothen keinen Altar kannten, nur das Wort Biuds, das heisst Platte oder Tisch, benutzen. Für die verschiedenen Arten der jüdischen Opfer fehlten ihm die Wörter gänzlich; für Räucheropfer nahm er daher das griechische Aroma an, Brandopfer übersetzte er mit Albrunst, das ist heiliger Brand, und um Opfer überhaupt auszudrücken, wusste er sich nicht anders zu helfen, als dass er dafür Sauths, das heisst Sud, anwendete. Nicht an einen Fleischsiedekessel dachte er dabei, denn dieser hätte doch zu sehr an das Zubereiten von Fleisch zum Essen erinnert, selbst vorausgesetzt, dass seine Gothen bei ihren Festen das Fleisch lieber gesotten als gebraten verspeist hätten, sondern, was ihm vorschwebte, war der Sud, welchen die wahrsagenden Weiber seines Volkes unter religiösen Sprüchen bereiteten, um je nach dem Wellen und Wogen der im Kessel treibenden gemeinen oder edlen Flüssigkeit zu weissagen.

So auffallend arm aber das Germanische an Ausdrücken für liturgische Gebräuche ist, so äusserst selten ist von Opfern, welche Menschen verrichten, in den Götter- und Heldensagen die Rede. Die ganze Hälfte der älteren Edda besteht in Dichtungen von mehr oder minder religiöser Art; eigentliche Opferhandlungen von Menschen werden aber kaum erwähnt, es sei denn, man wolle auch folgende Stellen, die in Odin's berühmtem Runenliede gleich hinter einander folgen, von Opfern im Sinne des Alten Testaments verstehen. Die eine Stelle lautet:

»Weisst Du, wie man (Runen) beten soll!

Weisst Du, wie man (Runen) opfern soll?«

Dies ist wohl so zu deuten, dass Gebet und Weihespruch in Runen aufgeschrieben sind und nun Opfern darin besteht, dass Stäbchen und Täfelchen mit den Runen in die Luft zerstreut oder in einen Fluss geworfen werden. Dann heisst es gleich, offenbar nur von Geschenken unter Menschen, etwas hausbacken:

»Besser ist, um nichts bitten,
Als zu viel opfern;
Immer erwartest du Vergeltung der Gaben.
Besser, nichts gesendet,
Als zu viel verschwendet.«

Was wird nicht heutzutage noch im Volke gefabelt von Blutsteinen, Opfersteinen, Spindelsteinen, Brückensteinen und wie ihre Namen weiter heissen. Sie stehen noch in Menge in Deutschland umher, und überall haftet daran die Sage, dass es bei ihnen nicht recht geheuer sei. In neuester Zeit hat man erst recht die fabelhaftesten Dinge von den Steinen verbreitet und Blutpfannen, Priester- und Richtersitze in den Vertiefungen und Rinnen gefunden, die sich auf die natürlichste Weise durch die Thätigkeit des Wassers und durch Verwitterung erklären.

Die Meinung aber der Germanen bei ihren mit Religion verknüpften Schmäusen und Gelagen wird uns durch einen schönen Brauch deutlicher, durch das Minnetrinken. Man trank Thors oder Wodans Minne oder eines anderen göttlichen Wesens, indem man bei dem Trinken voll Ehrfurcht ihrer gedachte. So trank man auch eines abwesenden oder verstorbenen Freundes Minne, wobei, wenn Mehrere beisammen waren, ein Spruch, ein Zuwinken und Anstossen mit den Bechern vorherging. Minnon, d. h. Lieben, ist ja eines Stammes mit Man, d. h. Denken; man trinkt des Freundes Minne, indem man auf sein Bild und Wesen die Kraft der Seele und Gedanken richtet. Gerade so dachte man ehrfürchtig des Gottes, indem man die Hände zu dem Mahl ausstreckte, das von dem ihm heiligen Thier, von Wodans Pferd oder Nerthus' Eber oder Freyas Hirsch oder der Erdenmutter geduldigen Rindern bereitet war. Geradeso isst man noch heutzutage Namenstagskuchen, Fastenbrezeln, Osterschinken, Martinsgänse zu Ehren eines Lebenden oder Gedachten. Wird doch auch schon im germanischen Alterthume von Götterbildern aus Mehlteig (consparsa farina) berichtet!

Wenn nun ein Römer, in welchem nur die Vorstellungen von Dem lebten, was bei ihm zu Hause Opfer hiess, von Schmäusen der Germanen und deren religiöser Weihe hörte und dann Einem von ihnen auseinandersetzte, was der Opferbegriff sei und ob sie den Brauch ebenfalls hätten, so antwortete der Germane wohl: »Ja, wir opfern auch«, setzte aber lächelnd hinzu: »jedoch nur, was gut schmeckt.« Neben den Knochen von Hirschen, Rehen und Ebern findet man daher an früheren Stätten religiöser Verehrung am häufigsten Schädel von Hausthieren, weil diese bei grossen Schmäusen am meisten ausgaben.

Wie in der That die eigentliche Opferhandlung höchst einfach darin bestand, dass man Speise und Trank einem göttlichen Wesen darbrachte und sodann — frohe und ernste Gedanken auf dasselbe gerichtet — zu sich nahm, erhellt noch deutlich aus der Frage in dem Wormser Beichtspiegel zu Ausgang des zehnten Jahrhunderts: »Bist Du, um zu beten, an einen anderen Ort gegangen, als zur Kirche, nämlich zu Felsen oder Quellen oder Scheidewegen, hast Du dort ein Licht angezündet, Brot hingebracht und dort gegessen?« Hätten die alten Deutschen andere Opferbräuche geübt, sie wären sicher in diesen Beichtspiegeln nicht vergessen worden. Wie in diesen, hiess es gerade so im Gesetze über der Sachsen Glauben: »Wer zu Quellen oder Bäumen oder Hainen ein Gelübde gethan, oder etwas nach heidnischer Weise dargebracht und zu Ehren der Götter gegessen hat, soll, wenn es ein Adeliger ist, 60, wenn ein Freier, 30, wenn ein Höriger, 15 Schilling büssen. Wenn sie nichts besitzen, wovon sie sofort zahlen, sollen sie der Kirche zum Dienst gegeben werden, bis diese Schillinge gezahlt sind.« Überall wissen die Strafgesetze von heidnischen Gebräuchen nichts zu verfolgen, als das Zusammentreffen von drei Dingen, nämlich: zu altheiliger Stätte gehen, auf ihr Licht oder Feuer machen, und etwas dort essen und trinken. Wenn aber die einzige Ausnahmestelle, die der Wormser Beichtspiegel normirt, davon spricht, dass man den Schicksalsschwestern etwas zur Speise hinstellte, so war das nur ein ähnlicher Aberglaube, wie wenn noch in späterer Zeit den Hausgeistern etwas in eine Ecke gesetzt wurde, nicht zu heidnischer Opferverrichtung, sondern zu wirklicher Labung.

Ein Opfer aber kannten die Germanen, ein hohes und herrliches, das Sühnopfer des eigenen Lebens durch hochherzigen Entschluss. Dem gottgläubigen und sinnenden Menschen liegt es nahe, Unheil als Unrechts Folge aufzufassen, und wenn das unselige Wesen nicht von der Schwelle weichen will, zu denken, dass eine grosse Schuld begangen und zu sühnen sei. Dann aber kann wohl in grossmüthigen Seelen der Gedanke keimen, die Schuld auf das eigene Haupt zu nehmen und sich zu opfern, damit die Geliebten wieder glücklich werden. Von solchen Sühnopfern, die freiwillig in den Tod gingen, um ihr Volk zu retten, sind uns Beispiele überliefert. In der nordischen Heimskringlasage heisst es sogar: in offener Volksversammlung sei in einer Zeit, als schwere Noth und Misswachs das Land bedrückte, beschlossen worden, der Edelste des Volkes, der König selbst, solle Unheil und Tod auf sein Haupt nehmen.

Möge man sich endlich doch gewöhnen, das germanische Alterthum nicht in der Weise aufzufassen, wie es den Glaubensboten und ihren Jüngern vorschwebte! Nicht die so oder so zu deutenden Worte dieser oder jener Stelle in den alten Schriften geben den Ausschlag, sondern der ganze grosse Zusammenhang der Kulturgeschichte.

IV. KÖNIG HEINRICH I. DEUTSCHE POLITIK.

Das deutsche Volk hat mehrmal Zeiten gehabt, wo seine Stämme und Glieder mit einander im wilden Kampfe lagen und fremde Politik und fremde Heere verwüstend und zerfleischend bis in's Innere drangen. Solche Zeiten der Verwirrung, der Noth und Schmach kamen jedesmal in unserer Geschichte, wenn eine bedeutende Reichs- und Kulturperiode endigte. Dann hatte ein neuer grosser Gedanke das Staats- und Volksleben umbildend durchdrungen, eine Bewegung, die im Übermaß ihrer Forderungen zuletzt den Bürgerkrieg hervorrief. Niemals aber waren die öffentlichen Zustände so verzweifelt, das Reichs- und Staatsrecht so zertrümmert, fremde Völker im Herzen Deutschlands so thätig in übermüthiger Zerstörung, als am Ende der Karolinger Zeit. Tiefer noch als während des Interregnums oder in der wilden Fehdezeit unter Kaiser Friedrich III. oder in den letzen Zeiten des dreissigjährigen Krieges, war damals die mörderische Axt in die Lebenswurzeln unsers Volkes eingedrungen und schneidend sass sie darin fest. Der Mann, der mit unsäglicher Arbeit und Geduld sie wieder herausbrachte, der die Volksglieder wieder zusammenschloss und mit frischer

Kraft und Gesundheit belebte, der Neubegründer Deutschlands war Heinrich I.

Wohl mag es sich geziemen, am Geburtsfeste des Königs[1], der wie ein rechter Hort und Segen für deutsche Kultur und Wissenschaft waltet, zurückzublicken auf den Fürsten, dessen Genie und Charaktergrösse einst in schlimmster Zeit eine feste Stätte gründete für die nationale Kultur. Nur in schwachen flüchtigen Umrissen vermag ich hier ein Bild seiner politischen Thätigkeit zu entwerfen: sie ganz und würdig zu zeichnen, bedürfte es solcher Meisterschaft in der staatsmännischen und historischen Kunst, wie sie öfter aus den Reihen dieser Akademie hervorstrahlte. —

Wir versetzen uns in jene Zeit vor tausend Jahren, wo das karolingische Reich aus romanischem und germanischem Staatswesen zusammengefügt war. Der romanische Staatsgedanke, einmal festgewurzelt, drängte seiner Natur nach, jede germanische Selbständigkeit niederzubrechen. Beide Prinzipien waren nur erst roh verbunden und traten gleich nach Karl dem Grossen mit einander in erbitterten Kampf. Weil nach romanischer Anschauung der Staat alles ausfüllen will, so wird auch jede Leistung vom Staate gefordert, — es zertheilt sich das Volk in Klassen, deren jede sich der öffentlichen Gewalt zu bemeistern sucht, um sie für ihren Sondervortheil auszubeuten. So stritten damals der Klerus und die weltlichen Königsvasallen um die Herrschaft, die ihren Güterbesitz vermehren sollte; dem Volke aber stand eine Mauer von erblich gewordenen Beamten gegenüber, welche die Gemeinfreien zu ihren hörigen Leuten herabdrückten. Auf der andern Seite empörte sich der germanische Unabhängigkeitssinn gegen den uniformirten Zwang einer von den Römern entlehnten Staatsordnung. Jeder Stamm drängte seinen mächtigsten und adligsten

---

[1] Am 28. November 1857 wurde diese Festrede am Geburtstage Maximilian II. von Baiern in einer glänzenden Versammlung der k. Akademie der Wissenschaften zu München gehalten.

Mann an seine Spitze als seinen Herzog und Bannerführer; selbstherrisch warf sich eine Menge von Grafen und Burgherren auf, welche ihre Benefizien und Ämter in Familienbesitz verwandelten. All diese Gegensätze, all diese wider einander kämpfenden Mächte sollten die schwachen Karolinger bewältigen, Prinzen, die sich selbst und ihr eigenes Haus nicht beherrschen konnten. Die meisten Nachkommen des grossen Karl krankten an der Kaiseridee, es erfüllten sie die erhabensten Vorstellungen von der Welthoheit ihres Hauses, und es fehlte ihnen ausser der Kühnheit fast jede Mannestugend.

So zerging die Krone Karl des Grossen, welche über den herrlichsten Ländern der Erde geleuchtet hatte, in zahlreiche funkelnde Splitter, und Zwietracht, Unheil und Zerrüttung war aller Orten. Die Herzoge lachten des Königs, und ihre Völker standen ihnen bei; die Grafen und Herren tummelten sich in endlosen Fehden; Bischöfe und Äbte rafften ungeheure Reichthümer zusammen, das Übermaß lockte die Raubsucht der weltlichen Grossen, Prälaten wurden geblendet und erschlagen, und die Kirchengüter ebenso verschmitzt als gründlich ausgeplündert. Vom Osten und Norden aber wälzten sich unheilvolle Wolken heran. Die erste Völkerwanderung war längst zum Stehen gekommen, jetzt schien eine zweite unter all den Slaven, Ungarn und Nordmannen zu gähren, furchtbar wie die erste, aber nur in Zerstörung. Es macht einen unheimlichen Eindruck, wenn zum Beispiel der Corveyer Annalist zum Jahre 907 nur die kurzen schrecklichen Worte notirt: »Der Baiern Volk ist von den Ungarn fast vertilgt«. Und ähnliche Noth kam fast alljährlich bald über diesen, bald über jenen Stamm. Doch den eingewurzelten Hang, sich eigenwillig zu geberden, aufzubrausen wo man sich dem Gesammtwillen unterwerfen sollte, dieses Nationalübel rottete kein Unglück aus. Ein Stamm nach dem andern litt und blutete, aber freiwillig einigten sie sich doch nicht. Es haben ja niemals die deutschen Völker alle von selbst sich gerne zusammen geschlossen. Nur wenn ein Mann von grösster Thatkraft und grösster Klugheit kam, und wenn diesen Starken und Schlauen besondere Umstände begünstigten, nur dann gelang eine feste dauernde Einigung.

Im Beginn des zehnten Jahrhunderts wollte nur ein mächtiger Stand entschieden ein geschlossenes Reich. Es war der Stand, welchen höhere Bildung und ein erhabenes Ziel damals über die Befangenheit in Stammesfeindschaft emporhob, — der Klerus. Nur durch eine starke Königsgewalt konnte er für die Kirche freie Bewegung gewinnen. Allein, — das Ideal der deutschen Prälaten war eben nur die karolingische Staatsordnung, möglichst nachgeahmt der kirchlichen Hierarchie, und diese Staatsordnung heischte eine wohlgegliederte Kette von höheren und niederen Beamten, duldete keine Volksherzoge, keine Autonomie der Stämme.

Dies karolingische Königthum wieder herzustellen, wurde hauptsächlich von den Häuptern des Klerus der Frankenherzog Konrad auf den Thron erhoben. Und er widmete sich seiner Aufgabe mit der Begeisterung und dem Heldenmuth eines Idealisten; denn ein solcher war König Konrad I. im edelsten deutschen Sinne des Wortes. Aber diesem Idealisten trat in Heinrich, dem jungen Sachsenherzog, ein so klarer fester Realist entgegen, als sich jemals einer mit klugem und männlichem Thun unserer Geschichte eingeprägt hat, ein Mann, der, nach seines Zeitgenossen Dietmar's Worten, es verstand, die Seinigen weise zu behandeln, dass sie ihn liebten wie ihren Freund und ihn ehrten wie ihren Herrn, seine Feinde aber schlau und mannhaft in den Grund zu bringen.

An dem geharnischten Widerstande Heinrich's und seiner Sachsen brach sich Konrad's Kraft, leidenschaftlich kämpfte er noch vier Jahre mit den andern Herzogen, da starb er an seinen Wunden. Sein Ideal lag zertrümmert, das Reich klaffte auf allen Seiten gräuelhaft aus einander, Konrad's eigenes Haus war dem Untergange nahe. Einen grossen Gewinn brachte dennoch sein heisses Ringen. Gleichwie in unserer Zeit all die jungen Männer, die seit 1830 für Deutschlands Einheit und Freiheit schwärmten und kämpften, nicht umsonst gelitten haben, gleichwie sie die edlen patriotischen Gedanken wach und rege erhielten, bis diese endlich zu Sieg und Triumph gelangten: so gab es in den Jahren 911 bis 920 in den deutschen Ländern keine Burg und kein Kloster mehr, in welchem nicht heftig die Rechte des Königs für und wider erörtert wurden. Durch seine stürmischen Angriffe auf die Herzoge hatte Konrad die Geister aufgestört, und in dem gährenden Durcheinander drang die Sehnsucht nach einer einigenden und rettenden Königsgewalt in die Herzen der Völker ein.

Dieser Gedanke hatte schon gesiegt, als nur erst die Frage keimte: kann denn nicht der sächsische oder baierische Herzog König werden? Denn bisher war die Reichskrone, gleichwie in unsern letzten Jahrhunderten nur östreichisch, so damals nur fränkisch gewesen: von dem Kernlande Franken waren die Eroberungen ausgegangen, welche die übrigen Stämme zu einem Reiche zusammen fügten. Jetzt dagegen kam es darauf an, wer die Einen mit den Andern rettete, — einerlei wessen Stammes Fürst er war. Die wetterwendischen Lothringer aber waren abgefallen, die Macht der Schwaben zertheilt, das Vermögen der Franken in den letzten Kämpfen aufgerieben. Nur die beiden Stämme, welche die Ostmarken zu schützen hatten, bildeten mit ihrem ganzen Gebiete ein einziges Herzogthum, gefestigt unter einem seit lange angestammten Fürstenhause, Baiern und Sachsen. Kein anderer Stamm hatte auch so tüchtige Fürsten, so klug und fest im Rathe und im Felde, als der baierische Arnulf und der sächsische Heinrich. Allein der Erstere war der Geistlichkeit, deren Güterreichthum er arg vermindert hatte, bis in den Tod verhasst. Es ist gar nicht zu sagen, wieviel klerikale Flüche auf diesen grossen Fürsten nieder hagelten, beinahe so viele, als auf Kaiser Ludwig den Baier. Ehe Arnulf aber sich Konrad unterwarf, war er lieber in's Elend gegangen zu den Ungarn. In Sachsen strömte noch am meisten frisch und unversehrt die germanische Kraft, vollgeeinigt unter einem siegreichen Fürsten, der in der letzten Zeit treu zum Könige gehalten hatte. Konrad, als er zum Tode darniederlag, überschaute mit dem Hellseherblicke, der wohl einmal dem Sterbenden sich eröffnet, die Lage des Reiches, Heinrich hatte ihn im Felde, er hatte ihn auch in seinem inneren geistigen Wesen besiegt. Konrad rief seinen Bruder und die fränkischen Grossen und sprach zu ihnen: »Geht hin zu Heinrich und bringt ihm die Reichskrone, — er wird ein wahrer König sein, — ohne ihn geht Ihr alle zu Grunde«.

Eine ernste Frage war es für Heinrich: Annehmen oder Ablehnen? Nie wurde einem König eine gewaltigere Aufgabe, er selbst und sein Haus und sein Stamm konnten daran verderben. Ein Reich sollte er übernehmen, auf welches sich von allen Seiten Feindesmassen heranwälzten, und dies Reich war zerrissen und empört in's Innerste hinein. Nach innen und nach aussen musste er es erst wieder erobern. Noch ein anderer, ein peinlicher Gedanke kam ihm. Fehlte denn nicht seiner Gewalt die innere weihende Kraft des Rechtes? Noch lebte ja ein Karolinger in Westfranken, und Heinrich selbst hatte einst, als er Hülfe gegen König Konrad brauchte, des Karolingers Erbrecht diesseits des Rheines verkündigt. Schwer drückte ihn jetzt diese Schuld. Mussten ihm nicht die Herzoge sagen: »Was hast denn Du, der Du ein Sachse und kein Nachkomme Karl's bist, für Rechte an unserm Lande? Haben dich die Franken zum Könige gemacht, so bist Du deshalb noch nicht unser Herr!«

Der Sachsenherzog wusste all die Gefahren, lange überlegte er: aber mit jenem natürlichen Scharfblicke, durch welchen er schon in seiner Jugend alterfahrene Männer in Staunen setzte, erkannte er auch, was geschehen konnte und was musste. Nicht das Erbe der Karolinger wollte er antreten, nicht durch blose Waffengewalt die

Königsrechte erobern, — eine neue Schöpfung auf andern Unterlagen stand vor seinem Geiste, ein Reich gegründet auf die gleichartige Nationalität der deutschen Völker, auf ihre gemeinsamen Vortheile und Interessen, daher auf Überzeugung und freie Wahl. Im Vertrauen auf Gott, der ihm dies grosse Werk auftrug, nahm er hochherzig und voll ruhigen Muthes die Krone an. Sofort aber trat er auch offen mit der Politik hervor, von welcher allein Heil zu erwarten.

Er zog nach Fritzlar, empfangen von der Liebe und Begeisterung des Volkes. Dort übertrugen der Heerbann und die Vornehmsten der Franken feierlich auf den Sachsenherzog das Königsamt. Heinrich war tief bewegt und verhiess ihnen, ein treuer König zu sein. Als aber der Erzbischof von Mainz, der Primas von Deutschland, vortrat, ihm mit Salbung und Diadem die Königsweihe zu ertheilen, da erklärte der Volkserwählte: »Nicht verachte ich die kirchliche Weihe, möge sie einem Würdigeren aufgehoben sein, — mir ist es genug, dass ich als der erste Sachse durch die Gnade Gottes und die Liebe des Volkes zum König erwählt bin«. Da horchte das Volk auf, und plötzlich hoben alle die Rechte zum Himmel und unermesslich war der Jubelruf: »Heil dem Könige Heinrich!«

Was war es, was damals zu Fritzlar wie eine plötzliche Erleuchtung alle durchdrang? — Im entscheidenden Augenblick entsagte der deutsche König dem romanischen Königthum.

Als nämlich auch in vordem römischen Landen die Herrschaft der Imperatoren auf die Merowinger überging, hatten sie deren Diadem und Majestät angenommen; unter den Karolingern war die Salbung, der byzantinische Pomp der Krönungsfeier und zuletzt der förmliche allgemeine Unterthaneneid hinzugekommen. Heinrich, der ja nicht mehr über Romanen herrschte, sondern über lauter Deutsche, wies die fremdartigen Königsehren zurück, — in seinen Worten liegt weder Spott noch geheimer Rückhalt, aber die offene Erklärung: er wolle ein König sein nur nach alter germanischer Weise. Auf der Stelle verstanden das die Heermänner, und sogleich brachten sie ihm mit Zuruf und Handaufheben die Huldigung nach nationaler Sitte.

So durchbrach Heinrich, gleich allen grossen Männern, mit einem Schritte das blos Scheinende und Unwesenhafte, das die Gemüther der Menschen befangen hielt, und stellte sich wieder auf den festen Boden des Wahrhaften und Wirklichen. Dieser Boden war die Selbstregierung der deutschen Völker, er war das Amt eines germanischen Reichshauptes, der sie vereinigte als oberster Heerkönig und als oberster Rechts- und Friedenskönig. Nur wenn Heinrich sich darauf beschränkte, konnte erreicht werden, was das Nächste und Dringendste: ein festes deutsches Staatswesen, das ringsum losgelöst vom karolingischen sich fühlte und selbst bestimmte als eigenes nationales Reich.

Denn hier lag der tiefste, der zündende Gedanke seiner Politik. Staatsrechtlich gab es ja noch kein Deutschland. Man kannte nur zweierlei, — entweder Sachsen, Baiern, Franken, Schwaben, Lothringer, jeder Stamm ein Reich für sich, oder ein karolingisches Weltreich, nachgebildet den überlieferten Ideen des römischen Imperiums, nachgebildet der Kirche, welche alle Völker umspannte, — dort das lebhafteste Stammes-Gefühl, hier die vollständigste Nichtachtung aller Nationalitäten. In unsern Zeiten, wo die deutschen Stämme als ein Volk eine jahrtausendalte Geschichte haben, wo ihr Verkehr auf den Reichs- und Bundestagen ebenso alt ist, müssen wir unsere Phantasie zwingen, um uns deutlich vorzustellen, was es hiess, in der damaligen Welt, wo noch kein Mensch von einem deutschen Lande, einem deutschen Volke sprach, den Gedanken eines Reichs entschieden durchzuführen, das die Nationalität gleichartiger Stämme umschliessen sollte.

Allerdings musste Heinrich jetzt brechen mit der Politik seines mächtigsten und treuesten Verbündeten, des Klerus: auf die Herzoge musste er sich stützen, und diese standen ihm feindlich gerüstet gegenüber. Konnte aber ein klarer besonnener Mann anders handeln? Die karolingische Politik des Klerus stellte ihm imperatorische Gewalt und Würde, stellte ihm die Oberherrschaft über die christliche Welt in Aussicht, — aber auch endlose Kämpfe, deren Ausgang im unglücklichen Falle unheilbare Auflösung des Reiches, bei glücklichen Erfolgen ein Unrecht war, welches der angebornen selbständigen Natur der deutschen Stämme angethan wurde. Gewiss, im selben Augenblicke, wo der König mit den Herzogen als anerkannten Mächten unterhandelte, wurde der Gehalt seiner Krone flüssig und zweifelhaft; denn sie alle erstrebten königliche Unabhängigkeit: — jedoch im selben Augenblicke trat wenigstens die Möglichkeit ein, ohne Bürgerkriege die deutschen Völker zu einem Ganzen zu verknüpfen. Mit Konrad hatten die Herzoge auf Tod und Leben gekämpft, er hatte sie auf den Richtblock und in's Elend geschickt, und ihre Völker dennoch seinem Willen nicht gebeugt. Mit Heinrich verständigten sie sich, sobald er in ihren Landen erschien; als letzte Waffe hatte er freilich ein tüchtiges Heer hinter sich. Der Klerus zwar nannte jetzt den König, der durch keine Salbung in den Kreis der Geweihten eingetreten war, »das Schwert ohne Griff«, — allein Heinrich wusste ganz allmählich recht fest das Königsschwert zu fassen, und die Geistlichkeit hatte bald Ursache, ihn als einen ächt religiösen König und als wahrhaften Schirmvogt der Kirche zu verehren. Im Volke ging später eine Sage: König Heinrich habe sich die Krone auf einer Stange vortragen lassen. Es wollte damit sagen: auf's Haupt habe er sie nicht gesetzt, aber besessen habe er die Macht der Krone doch!

Worin bestand denn nun die neue Reichsordnung, welche König Heinrich gründete? — Vergebens sehen wir uns nach ihren Artikeln um, desto zahlreicher begegnen uns Volkssagen. Wie um keinen andern König hat die Sage um Heinrich den Finkler ihr goldenes Netz gewoben; denn nur Thatsachen pflanzten sich fort von seinem wunderbar in's Volk greifenden Wirken, weder Gesetzbücher noch Reden und Briefe über seine politische Kunst, nur Thatsachen und Erfolge. Wenn wir aber die Reihenfolge dieser Thatsachen überdenken, tritt uns aus dem Dunkel jener frühen Zeit eine Politik entgegen so krystallklar, wie der Charakter des Mannes selbst, welchen alle Schriftsteller des Mittelalters mit fast typischer Treue zeichnen. Und wenn wir diese Thatsachen in die Mitte stellen zwischen dem, was bisher anerkanntes Staatsrecht des karolingischen Reiches war, und dem nächstfolgenden deutschen Reichsrecht, so erkennen wir, dass König Heinrich nicht blos, wie ihn Eichhorn nennt, ein militärisches, sondern ein reiches staatsorganisatorisches Genie war, auf welches die halbverborgenen Grundwurzeln des deutschen öffentlichen Rechtes zurücklaufen.

Heinrich's Reichsordnung war einfach und verständlich für Jedermann, noch mehr, sie war national, und Alle fanden ihren Vortheil dabei. Der König forderte und erhielt von jedem Herzoge die förmliche Übergabe seines Gebietes mit Städten und Burgen, mit Land und Leuten. Darauf aber bestätigte er einem Jeden den erblichen Besitz seines Herzogthums, indem er für den König die Rechte des Seniors oder obersten Lehns- und Gefolgsherrn vorbehielt. In beiden Beziehungen bekam jetzt Dasjenige die förmliche königliche Anerkennung, was sich durch die Macht der Sitten und Verhältnisse herangebildet hatte. Die Herzoge waren nicht mehr seine Generale und Minister, wie unter den Karolingern, sondern die gebornen Fürsten und Vorsteher ihrer Völker, die rechten Genossen des Königs, der im Reichshofe und auf dem Reichstage ihr Vorsitzender. Das Seniorat, oder wie es später hiess, das Lehnsherrnrecht war freilich, wie so vieles im deutschen Recht, kein streng juristisch abgemessenes Rechtsverhältniss: der Treueid aber verhinderte jederlei Angriff auf den König und verpflichtete zur Heeres- und Gerichtsfolge. Dagegen stand Heinrich davon ab, in der Herzoge Landen noch andere, als die

Fürsten und seine eigenen Dienstmannen, sich durch den Treueid zu verbinden, wonach die Karolinger stets trachteten, um sich Partei zu machen. Es stand jetzt fest: jeder Stamm regiert sich selbst unter seinem Erbherzog nach eigenem Recht und Herkommen, — der König aber hat in allen deutschen Landen die drei Gewalten des obersten Feldherrn, Richters und Schirmherrn dort, wo kein Näherer ist zu Heerbefehl, Gericht und Vormundschaft. Standen diese beiden Hauptsätze fest, war damit die deutliche Gränzlinie zwischen der karolingischen und deutschen Reichsverfassung gezogen: so floss daraus unmittelbar die Gewährleistung des Stammesprinzips auf der einen, des Reichsprinzips auf der andern Seite in all den reichen Gliederungen und Genossenschaften, in welchen sich im Mittelalter das öffentliche Leben bethätigte. Die Entscheidung in den Reichs- wie in den Landessachen musste nun in die Versammlung der Nächstbetheiligten fallen, nirgends mehr konnte der König imperatorisch eingreifen: jedes Recht aber und jeder Stand hatte in ihm seinen letzten Anker und jeder legitime Beschluss seinen Hort und Wächter. Das drückte das Mittelalter aus, wenn es das Königsamt Schirm und Schuld von Frieden und Gerechtigkeit (defensor et debitor pacis et justitiae) nannte.

Die deutschen Stämme nahmen, jeder einzeln, König Heinrich's Reichsordnung an. Schwieriger war es, die so lange feindseligen so zu verknüpfen, dass sie wie ein wohlgefügtes Reich harmonisch zusammenwirkten. Heinrich musste hierin erst wieder eine Übung, ein Herkommen schaffen, und dazu brauchte es Zeit und Vorsicht. Man bedenke wohl, Alles was heutzutage zur Festigkeit unseres neuen deutschen Reichs mithilft, — die Übereinstimmung aller Einsichtigen hoch und niedrig, die Sehnsucht aller patriotischen Gemüther, die allgemeinere Bildung, sodann der lebhafte Verkehr auf Eisenbahnen von den Alpen bis zur Nord- und Ostsee, der noch tausendmal raschere Flug der Ideen und Mittheilungen durch Presse und Telegraphen, — alles Dies war noch nicht vorhanden zu König Heinrich's Zeiten, wo die Waarenzüge auf Saumrossen noch langsam Wochen und Monate lang sich plagten, um durch unabsehliche Wälder und zahllose reissende Flüsse und Bäche durchzukommen. Gleichwohl verstand es König Heinrich, die hadernden Völker Deutschlands mit seinen Fäden zu umschlingen, die ganz in der Stille zu stählernen Klammern wurden. Nicht so leer war der Beiname des Finklers, den ihm die Nachwelt gab; es war ihr das Andenken an das planvolle Wirken dieses Königs geblieben, mit welchem er die Finken, die er wollte, sicher in sein Netz bekam. Wir verweilen insbesondere bei drei Zügen seiner innern Politik, der Stellung der Fürsten unter einander, der verschiedenen Gruppirung der Herzogthümer um das Reichshaupt, und dem Gebrauche, den der König von seinen Hoheitsrechten machte. Die Beweise freilich für alles dieses aus den Quellenschriften und Urkunden können nur längerer schriftlicher Ausführung vorbehalten werden[1].

Das karolingische Reich war zusammen erobert, dieser Ursprung hatte sich in seinem Staatsrechte wie in den Trennungsgelüsten der Stämme erhalten. König Heinrich wollte auf die freie Erkenntniss des Guten und Heilsamen, nicht blos auf sein persönlich verknüpfendes Herrscherrecht (Personalunion), sondern hauptsächlich auf die Bande eines allgemeinen Reichsrechts sein Gebäude gründen. Standen also bisher nur die Sachsen den Franken staatsrechtlich gleich, so stellte Heinrich auch die übrigen Stämme mit diesen auf gleichen Boden. Auf allen fünf Stämmen als auf gleichwerthen Gliedern ruhte das Reich. Diese gleichen Rechte und Ehren äusserten sich wie auf den Reichs- und Hoftagen, so am stärksten in der Königswahl.

---

[1] Vgl. »König Konrad I. und Herzog Heinrich von Sachsen, ein Beitrag zur deutschen Reichsgeschichte«, — Denkschrift der k. baier. Akademie der Wissenschaften. 1858.

Konrad und Heinrich waren nur von Franken und Sachsen gewählt, diese beiden Stämme stellten den König auf, welchen die andern anerkennen sollten: die Wahl Otto's wie seine Krönung vollzogen dagegen alle deutschen Stämme gleichmäßig. — Und welche bedeutungsvolle Krönungsfeier zu Aachen, fünf Wochen nach dem Tode Heinrich's! Woher auf einmal alle diese so charakteristischen Einzelheiten? Die Herzoge traten gewiss nicht auf plötzliche Verabredung zu dem Symbol der Erzämter zusammen, das so wirkungsvoll und allverständlich. Erkennen wir nicht auch hierin den klugen Vorbedacht König Heinrich's, der für seinen Nachfolger eine viel herrlichere und gewaltigere Stellung bereitet hatte, als er selbst antrat? — Unter den früheren Königen waren die Minister des Hauses zugleich Reichsminister gewesen, Heinrich gab ihre Ämter an Landesherzoge, selbst das Erzkanzleramt kam an die vornehmsten geistlichen Fürsten. Gleichmäßig sollten die Reichsfürsten mit dem Könige stehende Häupter in der Reichsregierung sein. Allerdings schwankte jetzt, das war die nothwendige Zugabe, die Krone auf dem Wahlrecht der Fürsten: jedoch die unendlich wichtigere Folge war, dass von einer Theilung des Reichs unter die Königserben nicht mehr die Rede sein konnte.

Gleichwohl durfte Heinrich nicht alle Stämme auf gleichem Fusse behandeln. Alle öffentlichen Dinge von einem Punkte aus leiten und zusammenfassen, — das war damals noch undenkbar. Aber so weit kannte man doch schon den weiten deutschen Landesboden, dass man einsah, sein Naturgepräge sei nicht Gleichförmigkeit, sondern ein Vielartiges. Meisterhaft ist in dieser Beziehung Heinrich's Politik. Nur durch eine Reihe von Verträgen konnte er die Herzogthümer als ebenso viele kleine Reiche, näher oder entfernter, um das Reichshaupt gruppiren. Weiter konnte er noch nicht vorschreiten. Auch achtete er die reiche Mannigfaltigkeit deutschen Lebens im Grossen wie im Kleinen zu sehr, um ihr nicht gerecht zu werden. Seine

Hauptmacht gründete also der König auf sein eigenes Land, Sachsen und Thüringen, hier blieb er Landesherzog und mit seinem Hause dem Volke durch alte Bande in Lieb und Leid verbunden. In Sachsen, wo er aller Mittel kundig und sicher war, erwartete er den Anprall der Ungarn, dort machte er seine grossen kulturgeschichtlichen Reformen. Die Franken aber hielt er durch Vertrauen und gute Dienste sich herzlich befreundet, damit die verbündete Macht der Sachsen und Franken stets auf dem Anstande blieb, das Reich zu bewachen und zu bewahren. Die fränkischen Herrschererinnerungen ehrte er durch das Grundgesetz, der König müsse in Sachen, die seine Person und sein Amt als König angehen, mit der Thronbesteigung fränkisches Recht annehmen. Aus dem ihm eng verbündeten Fürstenhause der Franken brachte er einen Zweig in das Pfalzgrafenthum von Lothringen, einen andern in das Herzogthum Schwaben, und kettete dadurch diese Länder um so mehr an sich. Den ehrgeizigen Lothringern, die sich so gern selbstherrlich geberdeten, liess er die Ehren eines besondern königlichen Reichs. Von keinem Stamme forderte er Opfer und Anstrengungen, als wo es unmittelbar dessen eigenes Beste erheischte. Wiederholt eilte er von den östlichen bis an die westlichen Gränzen des Reichs; niemals aber erschien er ohne Noth in den Gebieten der Herzoge, um keine Eifersucht aufzustören. Er liess die Fürsten der Schwaben und Baiern sogar ihre Stärke erproben in Kriegen und Bündnissen mit ihren nichtdeutschen Nachbarn, nur sorgte er, dass es nicht zum Schaden des Reichs geschehe.

Am vorsichtigsten musste Heinrich gegen Baiern auftreten. Hier hatte das Stammesgefühl am meisten Stolz und Schärfe. Denn die Baiern traten neben den Sachsen am mächtigsten und geschlossensten hervor, noch unter Ludwig dem Deutschen und Kaiser Arnulf war ihr Land das Hauptland gewesen, und ihr Herzog war ein so tüchtiger Fürst, dass ihn nicht blos sein eigener Stamm zum Könige wünschte. Diesen Mann gewann sich Heinrich ebenso durch die maßvolle

Gerechtigkeit dessen, was er forderte, als durch den hohen Adel, durch die sittliche Grösse seines eigenen Charakters. Herzog Arnulf von Baiern wurde öffentlich als Freund und Verbündeter des Königs geehrt, und dieser begnügte sich, dass der Herzog Heeresfolge leistete. Er liess ihn dagegen im Besitze des Kärnther Markenlandes bis zur Drau, und er bewilligte sogar, dass für Arnulfs Lebenszeit Baiern, aus dem allgemeinen deutschen Kirchenverbande losgelöst, auch in kirchlicher Beziehung lediglich unter seinen Fürsten gestellt wurde. So blieb der baierische Fürst stets Herr über alle Kräfte seines Landes, was auch um so räthlicher, da Baiern dem Stosse der Ungarn immer zuerst ausgesetzt war[1].

Wo aber, bei so grosser Freiheit der Herzogthümer, blieben die Mittel, blieb die Hoffnung, dass Deutschland jemals zu einem Ganzen zusammen wachse? Musste Heinrich nicht vorhersehen, dass den Zügeln des Reiches, wenn sie in minder kräftige Hände kamen, ein Theil nach dem andern wieder entschlüpfe? Die Gefahr war gross, — der weise König wirkte ihr durch Mittel entgegen, welche unscheinbar, aber unausbleiblich den Reichsverband in die deutschen Lande und Völker einsenkten.

Das erste Mittel war die entschiedene Ausübung seines Hoheitsrechtes, die Herzoge in ihrem Amte zu bestätigen, — im Grunde nur ein Recht von idealer Bedeutung, ge-

---

[1] Wem fällt nicht hierbei ein, dass Österreich heutzutage zu Deutschland eine ähnliche Stellung einnimmt, wie im zehnten Jahrhundert Baiern? Und welches deutsche Herz fühlt nicht, dass uns noch etwas fehlt, so lange wir zu Österreich so fremd stehen, wie zu jedem andern Lande? Ich meine keineswegs, die alten deutschen Provinzen Österreichs sollten in's deutsche Reich eintreten: das würde sie und uns nur wieder lähmen und hindern. Wohl aber ist eine nähere Einigung, ein geordneter parlamentarischer Verkehr möglich auf allen wirthschaftlichen und geistigen Gebieten, gleichwie in Bezug auf auswärtige Fragen. Das allein kann die Österreicher Deutschen, die jetzt von czechischer Hussitenwuth und magyarischem Zerstörungssinn niedergedrückt werden, zu ihrer rechtmäßigen Stellung wieder emporhelfen.

schickt benutzt gleichwohl eine Quelle der Machthoheit des Reichshauptes. Die Fürsten vererbten zwar ihr Herzogthum wie ein Familiengut, der König aber erschien als der Hort und Verkündiger des rechten Erbfolgers.

Sodann gewöhnte er die Herzoge durch wiederholte Reichstage, welche unter seinen nächsten Vorgängern selten geworden, an eine geordnete und gemeinsame Behandlung der Angelegenheiten des Reichs und an den Vorsitz des Reichshauptes.

Auf die Völker aber machte nichts stärkeren Eindruck, als die energische Handhabung des Landfriedens. Auf Heinrich's Drängen oder eignes Eingreifen wurden überall die Raubburgen niedergebrochen, die verderblichen Fehden gebändigt, die regelmäßigen Gerichtsversammlungen gefördert. Dadurch wurde die königliche Gewalt überall im Reiche sichtbar als die starke und wohlthätige Macht, welche Recht und Frieden schirmte.

Sorgfältig bewahrte Heinrich sodann den Grundbesitz des Königs, die reichen Krongüter, welche die Karolinger in ganz Deutschland zerstreut besassen. Kam also der König in eines Herzogs Land, so war er nicht blos Gast auf fremdem, sondern Herr auf seinem Eigenthum, und fand an den darauf angesiedelten ritterlichen Dienstmannen (Ministerialen) seine eigenen Leute vor. Im selben Grade, als später die Reichsgüter abhanden kamen, verlor auch der König an Ansehen im Reiche.

Eine vortreffliche Einrichtung waren auch die Pfalzgrafenämter. Gleichwie der König an seinem Hofe im Pfalzgrafen seinen Stellvertreter im Gerichte hatte, so ordnete er überall in den Herzogthümern Pfalzgrafen an, indem er dafür die bisherige Verwaltung der Reichsgüter zur Grundlage nahm. Denn sobald die Herzoge einmal in ihrem eigenen Recht und Gebiete für immer anerkannt waren, lag es nahe, dass der König selbst dort eine stehende Behörde einsetzte, um die Reichsgüter zu verwalten und über des Königs und Reichs Dienstmannen den Vorsitz zu führen. Der Pfalzgraf nahm dann auch Klagen an, wenn Bischöfe und Äbte oder freie Landsassen sich durch den Herzog beschwert fühlten. So hatte der König in den Pfalzgrafen beständige Wächter seines Rechtes im Reiche vertheilt, und Heinrich war so klug und gemäßigt, jedem Herzoge für's Erste nur einen Verwandten und im Lande selbst Begüterten zur Seite zu setzen.

Das wichtigste Mittel aber, Deutschland zusammen zu halten, war damals der Kirchenverband. Die Kirche erhob sich über den deutschen Völkern als ein erhabenes fest geschlossenes Tempeldach, welches sie alle gleichmäßig mit dem Könige, dem Schirmherrn der Kirche, vereinigte. Der König setzte die Bischöfe und Äbte ein, hielt mit ihnen Synoden zur Ausführung der Kirchenzucht, erhob von ihren Besitzungen ansehnliche Steuern, und übte das Schutz- und Aufsichtsrecht über die Bildungsanstalten wie über die Güter der Kirche. Dadurch erhielt der König eine überall im Reiche stets gegenwärtige Macht, welche um so eindringlicher wirkte, als sich mit ihr nicht nur der grosse Einfluss und Güterbesitz der Geistlichkeit, sondern auch Alles verband, was dem Menschen die Religion heilig macht und die Bildung werthvoll.

Die Kirche umschloss damals den besten Theil der grossen Machtmittel, welche in der höhern Bildung liegen. In ihren Dom- und Klosterschulen sammelte sich die junge geistige Blüthe des Landes, und die zahlreichen Missionäre unter den Slaven und nordischen Germanen wirkten als eben so viele Vorboten der deutschen Eroberung. Der Neubegründer des deutschen Reichs achtete auf nichts sorgfältiger, als auf sein Hoheitsrecht über die Kirche. Er zog auf seinen Synoden feste Gränzen zwischen der geistlichen und weltlichen Gewalt, vernichtete Bischofswahlen, die er nicht billigte, räumte dem Klerus nirgends eine herrschende Stellung in den Regierungsgeschäften ein, aber — er sicherte der Kirche ihr eigenes unantastbares Gebiet und stattete sie aus mit Gütern und Freiheiten und der vollen

Gewalt, ihren erhabenen Beruf zu erfüllen. Heinrich ging sogar noch einen Schritt hinaus über die damals schon gebräuchliche Befreiung der Kirchen und Klöster von der Heeres- und Gerichtsgewalt der Grafen. In der Verleihung der Grafenrechte über die Stadt Toul an den dortigen Bischof stellte er, freilich nur im fernen und schwankenden Lothringen, ein Beispiel auf, welches maßgebend wurde für seine Nachfolger und stärker, als irgend etwas Anderes, die Macht der Herzoge untergrub. —

Das Deutschland also, welches Heinrich gründete, war kein lockerer Staatenbund, kein fabelhaftes angelsächsisches Bretwaldathum, sondern ein Bundesstaat mit einem monarchischen Haupte und einer Verfassung, deren Rechte in den einzelnen Gliedern wohl befestigt waren. Die nächste Folge dieser inneren Politik, die Grosses erreichte, weil sie auf Grösseres verzichtete, war etwas Wunderbares. Die Blätter der Chroniken jener Zeit sind getränkt mit blutigen Gewaltthaten und Bürgerkriegen: für die Regierungsjahre Heinrichs sind sie rein davon. Schon die nächsten Nachkommen staunten über die tiefe Ruhe dieses innern Friedens, nicht genug können sie das Glück dieses himmlischen Geschenkes erheben. Das Reich war, wie der Biograph seines grossen Sohnes Bruno, der vortreffliche Ruotger, sich ausdrückt: begründet und beruhigt bis zum letzten Dorfe (imperium fundatum et ad unguem pacatum).

Doch nicht allein die Reichsgründung, noch Grösseres knüpfte das Volksgedächtniss an Heinrich des Finklers Namen, — eine soziale Umgestaltung. Stadtrecht und Ritterschaft sollten von ihm den Ursprung haben. In der That, Heinrich's kulturgeschichtliche Reformen nehmen einen Hauptplatz ein in seiner Politik. Den ersten Anstoss dazu gab das immer wiederkehrende Anstürmen der Barbaren. Diese Slaven und Ungarn, welche damals der Osten über Deutschland ausschüttete, waren nur furchtbar durch die rohe Massenwucht, nicht durch Kriegskunst, nicht durch geistige Kraft und Ausdauer. Wie ein heranstürzender Wogenschwall schleiften sie Menschen und Saaten, Häuser und Städte vom Boden fort[1]. Mit Völkern dieser Art können es auch kleinere aufnehmen, wenn ihr Widerstand festungsartig durchdacht und geschlossen ist. Heinrich setzte den Völkern des Ostens diese Festungen entgegen, stehende und bewegliche Festungen, die einen umwallte Städte, die andern geharnischte Reiterheere. Er war nicht der Schöpfer des Städte- und Ritterwesens, — kein Mann ist Schöpfer grosser sozialer Umwandlungen. Aber grosse Männer haben das eigene feine Gehör, dass sie die kommende Kulturströmung in den Volkstiefen rauschen hören, und sofort entschlossen helfen und schaffen sie, dass zu einer geordneten und wohlthätigen Einrichtung sich erhebe, was sich selbst überlassen erst langsam und stossweise aus Verworrenheit und Zerstörung sich hervor gearbeitet hätte.

So war damals die Zertheilung von Land und Volk unter Dienst- und Lehnsherren bereits überall im Gange. Die unausbleibliche Folge war, dass sich nirgends mehr Heerbannsmassen, die gleichmäßig bewaffnet und gleichmäßig geübt, in's Feld stellen liessen: das Übergewicht musste immer mehr den herrschaftlichen Reiterschaaren zu-

---

[1] Insbesondere die Magyaren kamen stets in zehnfacher Übermacht herangeritten: wohin man sah, rings im Felde flogen und zogen ihre schwärzlichen Schaaren. »Die Einen griffen an, die Andern lauerten. Schon aus der Ferne kam der tödtliche Pfeilhagel, sie stürmten an, flohen und schossen im Fortgalloppiren, griffen wüthender wieder an, flohen wieder und hatten im nächsten Augenblick ihren Feind umzingelt. Was half noch so tapfer Vorstossen in dies fliegende Gewoge von Reitern und Schützen, das sogleich sich theilte und sogleich sich wieder schloss! Das war keine Schlacht, sondern ein rastloses Jagen und Angreifen und unaufhörlicher Pfeilhagel: endlich musste doch die Schlachtordnung der zu Tode Gehetzten brechen, wenn nicht am ersten, doch am zweiten Tag, sicher am dritten Tag. Dann aber wurde athemlos verfolgt, erschlagen, vernichtet, so lange sich noch Leben im Blachfeld regte, und zerstört, verwüstet und verbrannt, was von menschlichem Werk sich brechen und sengen liess«. Vergl. F. v. Löher, Die Magyaren und andere Ungarn. Leipzig 1874.

fallen. Der altgermanische Heerbann, der bei uns durch allgemeine Wehrpflicht wieder in Pracht und Blüthe steht, selbstverständlich mit zeitgemäßer Änderung, liess sich im zehnten Jahrhundert nicht wieder beleben. Heinrich erkannte, dass der alte Heerbann verloren sei, er nahm mit, was noch davon zu brauchen war; jedoch seine ganze militärische Kraft und Kunst richtete er darauf, Reisige zu bewaffnen und rastlos sie in geschlossenen Haufen zu üben, dass sie rasch sich wenden und stellen konnten, um dem Feinde stets die Spitze zu bieten. Allen voran thaten es hierin seine eigenen Dienst- und Lehnsleute; der König spornte aber, wo und wie er konnte, auch die freien Heerbannsmänner an zu gleichen Rüstungen und Übungen, und bald zeigte er ihnen durch glänzende Erfolge den Werth der neuen Kriegskunst. Jetzt verwandelte sich die Gewohnheit, zu Fuss zu dienen, bei allen Vermöglicheren in den Ehrgeiz und die Sitte, aufzureiten, geharnischt mit zwei oder drei Knechten hinter sich.

Ähnlich verhält es sich mit dem Ruhme Heinrich's als Städtegründer. Mit der Zersetzung der Volksstämme und grossen Landgemeinden durch die Dienst- und Lehnseinrichtung, mit der Erbauung von Kirchen und Klöstern, mit der Zunahme von Handelsverkehr und Bildung mehrten und bevölkerten sich die Herrensitze, und in ihrem Schutze keimte städtisches Leben auf. Die so häufig wiederkehrende Ungarnnoth, die Fehden, welche sich im selben Grade steigerten, als die Herren mit reisigen Gefolgen sich mehrten, und hauptsächlich die Bedrückungen, welche die erblich werdenden Grafen sich gegen die freien Hofbesitzer erlaubten, — das waren die Ursachen, welche schon damals Mengen von freien Leuten in die Städte trieben und zugleich bewirkten, dass die Städte von Zeit zu Zeit ihre Befestigungen verstärkten. Das geschah damals überall in Deutschland, am wenigsten noch in Sachsen. König Heinrich griff vorzüglich hier, aber auch nach allen Seiten hin belebend ein. Städte bauen konnte er nur auf seinen eigenen und des Reichs Pfalzen, sowie in den eroberten slavischen Ländern; ständige Besatzungen konnte er ihnen nur zuweisen aus seinen eigenen Dienstleuten; auch nur diesen hatte er zu befehlen, ihre Gerichtstage und Jahresfeste in den Städten zu halten: sein Beispiel aber, sein Rath und Antrieb, seine Boten und Briefe gingen anfeuernd durch ganz Deutschland und förderten allwärts die gleiche Bewegung. Was bis dahin stückweise sich hier und da ansetzte, das geschah jetzt planmäßig, rascher, tüchtiger. Wenn daher die alten Chroniken nicht nur die städtischen Geschlechter und Freiheiten, sondern selbst eine so altgermanische Einrichtung, wie das Heergewedde, auf Heinrich den Finkler zurück leiten, so beweist das nur, wie an sein schöpferisches Walten gleich wie an einen Granitblock das Gedächtniss des Volkes anknüpfte.

Die westfälischen Freischöffen sagten: sie hätten ihr Gerichtsschwert von Karl dem Grossen, und die Herolde auf den Ritterspielen erzählten: König Heinrich sei der erste Turnierkönig gewesen. Beides war historisch unrichtig und hatte doch eine tiefe Bedeutung. Denn gleichwie Karl der Grosse sich mit vollem Rechte vor den Augen des Volkes immerdar erhob als der grosse Schöpfer der deutschen Staats- und Rechtsordnung, so König Heinrich als der grosse Förderer der sozialen Einrichtungen des Ritter- und Städtewesens.

Das also hielt das Volk im Mittelalter für seine grösste That, — der ruhig betrachtende Geschichtsforscher erkennt Heinrich's schwerstes und tüchtigstes Werk in der politischen Neubegründung Deutschlands, — seine Zeitgenossen aber priesen ihn am höchsten als den glänzenden Besieger der Raubhorden, die Europa vom Norden und Osten her bedrängten. Wir wenden uns damit zu seiner äusseren Politik, deren Erfolge rascher und mächtiger in's Licht traten, als die Ergebnisse des Strebens im Innern. Während er hier mit glücklichem Geschick an die Wurzeln und Keime des nationalen Staats- und Rechtswesens anknüpft, nirgendwo der natürlichen Entwicklung der Dinge vorgreift, jedoch wie ein ächter Staatsmann ihnen ohne Aufsehen die heilsame Richtung gibt, tritt er nach aussen auf als der Held und Retter seines Volkes, als der Lenker der europäischen Geschicke. Auch hier enthüllt uns kein Wort von ihm die Politik, welche er zu verfolgen gedachte, — die Thatsachen jedoch stehen da in so blanker schlüssiger Kette, dass nur der Gedanke möglich: ein beharrlicher Wille, der genau wusste, wohin und wie weit er gehen wollte, erzeugte und beherrschte diese Thatsachen.

Sobald der König Schwaben und Baiern wieder erworben hatte, wandte er seine Politik unausgesetzt dem Westen zu. Hier waren die Lothringer vom deutschen Reiche abgefallen, der König von Burgund mit Schwaben im Kriege, und hinter beiden stand der westfränkische König Karl, welcher als der letzte Karolinger Ansprüche auch auf das deutsche Erbe seines Geschlechtes erhob. Bei dem ersten Zusammentreffen mit Diesem verlangte Heinrich nur, dass der Karolinger ihn feierlich und förmlich als freien und gleichberechtigten König des ostfränkischen Reichs anerkenne. Dieser Gewinn war einen Feldzug werth. Der Karolinger gab förmlich seine Ansprüche auf Deutschland auf, und Heinrich erhielt eine völlig legitime Stellung gegen die deutschen Herzoge wie nach aussen. Er vor allen selbst hatte es nöthig, sich auf rechtlichem Wege von dem Karolinger zu scheiden, weil er sich einst mit ihm wider Recht und Pflicht eingelassen hatte.

Sofort aber wandte er nun fünf Jahre lang all seine tiefe Klugheit, all seine rastlose Thätigkeit darauf, Lothringen wieder zu gewinnen. Erst leise, dann kräftiger zog er die lothringischen Bischöfe zu sich herüber, ihrer vor allen suchte er sich zu versichern. Welche Stufenleiter zum Beispiel geht vom Koblenzer Konzil bis zur Einführung Wigfried's in Köln und zur Absetzung des Erwählten von Metz! Dann fasste er immer weiter Fuss als Schiedsrichter der Händel unter den lothringischen Grossen, nahm zwischen ihnen und den sich um die Oberherrschaft streitenden Königen stets eine solche Stellung, dass er der Meister blieb, einigte das ganze Land wieder unter einen Herzog, und brachte es, durch Unterhandlungen und Geschenke wie durch wiederholte ernste Waffengewalt, nach fünf Jahren endlich dahin, dass ganz Lothringen ihm wie eine reife Frucht zufiel. Die Lothringer ergaben sich dem deutschen Könige, der sofort Bedacht nahm, ihre Scheidung von Westfranken klar und scharf durchzuführen, wie dies alle Chroniken aus jenen Landen betonen. Das Ansehen des Reichs verstärkte er durch Familienbande, indem er seine kluge Tochter Gerberg mit dem lothringischen Herzoge vermählte. Zu gleicher Zeit stiftete Heinrich zwischen den fürstlichen Häusern von Burgund und Schwaben Frieden und Familienverbindung und willigte ein, dass ein kleiner Theil von Schwaben unter den König von Burgund kam. Dadurch wurde dieses Land dem deutschen Reiche zugewendet, sein König erschien, wenigstens für seinen deutschen Landestheil, als Vasall auf den Reichstagen Heinrich's und verehrte ihm die heilige Lanze.

Warum aber verwandte Heinrich so viele Mühen und Heereszüge auf Lothringen? Warum eilte er so oft von den slavischen Gränzen an den Rhein und die Maas, um dies Land zu behaupten, dessen ewige Händel und Abfallsgelüste seine Kräfte abzogen und dessen Herzog ihm stets ein unfügsamer Schwiegersohn blieb? Warum opferte er der burgundischen Verbindung sogar einen schwäbischen Landestheil? Heinrich hatte ja in den weiten Landen zwischen Rhein und Elbe genug Arbeit, genug Macht. Er sah tiefer. So lange die altberühmten Städte Köln, Aachen, Trier, Metz, so lange noch ein deutsches Dorf fremden Herrschern diente, krankte an dieser Wunde und dieser Schande ganz Deutschland. Noch mehr, verhindern musste er, dass zwischen Frankreich und Deutschland selbständige Reiche festwurzelten. Erst fünf Jahrhunderte später liessen dies die Deutschen zu, um bald darauf zu erfahren, dass

Frankreich durch Erwerb des grössten Theils des neuburgundischen Gebietes stark genug wurde, um sofort gegen Deutschland erfolgreichen Kampf zu beginnen.

Wohl aber verzichtete Heinrich auf weitere Eroberungen im früher karolingischen Westen und Süden. Die Ansprüche dazu hätte er am Ende aus seinem Königthum über das fränkische Hauptland herleiten können, als die Karolinger auch im Westen ausstarben. Allein Heinrich erstrebte auch hier nicht mehr, als er behaupten konnte. Er hütete sich auf die gefährlichen Bahnen auswärtigen Glanzes einzulenken, auf denen der Zusammenhalt seines eigenen Reichs wieder zerfliessen konnte. Wohl aber gewöhnte er die Könige und unabhängigen Fürsten in Frankreich und Italien, bei ihren Händeln sein schiedsrichterliches Ansehen anzurufen. Der Schwerpunkt des europäischen Staatensystems ruhete ohnehin wieder in Deutschland. Auf das glanzvolle Symbol dieses Verhältnisses, auf die Kaiserkrone, verzichtete Heinrich. Für ihn, der nur ein Auge hatte für das Wirkliche und Praktische, war die Kaiserkrone damals nur ein erhabener Schimmer ohne realen Kern. Der tüchtige Arnulf hatte sich im Ringen um die kaiserliche Gewalt abgemüht: Heinrich fehlte zum Glück jener deutsche Hang zum Idealen, der so viele unserer Könige gleich zu weltumspannenden Plänen fortriss, ehe sie noch im eigenen Lande festen Boden unter den Füssen hatten. König Heinrich mochte die Kräfte seines Volks nicht an Italien wagen, wo für ihn kein eigenes Land zu behaupten war. Sein Streben ging viel eher dahin, die deutsche Nationalität von romanischen Einflüssen zu befreien und auf sich selbst zu stellen.

Ein anderes Gebiet wies er den Deutschen zu, ihre Kräfte zu entfalten, die weitgedehnten slavischen Lande. Hier war zu erobern, zu kolonisiren, Land und Volk zu gewinnen für das Christenthum, für die Kultur, für Deutschland. Was im slavischen Osten von höherer Kultur festgewurzelt ist, das war hauptsächlich die langsam reifende Frucht deutschen Geistes und deutscher Arbeit. So oft auch im Mittelalter unter den Slaven im raschen Anschwellen grosse Reiche entstanden, welche den nationalen Rachekrieg begannen, immer zergingen sie wieder bei dem innern Mangel an geistiger Schöpferkraft und Ausdauer. Fragt uns Jemand, wo sind eure Kolonien?, so können wir antworten: Seht, fast das halbe Deutschland ist es, es ist erobert und deutsch geworden. König Heinrich aber gab einen mächtigen Antrieb dazu. Geordneter, massenhafter zogen unter ihm nach dem Osten hin diese Schaaren von deutschen Schwertwanderern, welche den Pflug hinter sich herführten. Immer hatte man bisher die slavischen Gränzvölker nur in vorübergehenden Kriegszügen gebeugt. Heinrich eröffnete den ruhelosen Kampf auf der ganzen slavischen Linie. Bei den schwächeren Völkern fing er an, dann ging er auf die stärkeren über, bis er zuletzt gemeinsam mit dem Baiernherzog auch Böhmen bezwang. Ein grimmiger Kampf, — Treffen folgte auf Treffen, Stadt auf Stadt wurde erstürmt, nichts half ein allgemeiner Aufstand der Slaven, die Männer wurden erschlagen, Frauen und Kinder in die Sklaverei verkauft, — man wollte ausrotten. Das that nicht blos Nationalhass, es war Nothwehr. Wollte man endlich der Ungarn Herr werden, so waren erst die Slaven zu bändigen; denn diese öffneten jedes Jahr den Ungarn die Wege nach Deutschland, und durch ihren Zutritt schwollen die Raubheere an, dass kein Widerstand mehr möglich. Heinrich setzte auch die Markeneinrichtung, so wie sie ehemals unter den Karolingern bestand, nicht mehr fort. Nach dieser war der Markgraf in einem ständigen Gebiete angesiedelt, das er, mit fast herzoglicher Gewalt ausgestattet, zu wahren hatte. Heinrich's Marken waren nicht blos auf Vertheidigung, sondern auch auf Eroberung angelegt. Seine Vertreter in den Gränzlanden waren seine Generale, welche er hierhin und dorthin sandte oder abberief, ausgezeichnete Feldherren, die Dietmars, Siegfriede und Meginwards, die in unaufhörlichen Kämpfen schrittweise vordrangen, jede Eroberung sofort durch Burgen befestigten, und durch das ganze Gränzland hin, während sie es in fortwährendem Belagerungszustande hielten, eine städtische und ritterliche Bevölkerung von Deutschen ansiedelten.

Noch aber war das schwerste Werk übrig, die Besiegung der Ungarn. Dies sicher und gründlich zu vollbringen, fasste Heinrich am ersten Tage seiner Regierung als Ziel und Krone seiner Politik in's Auge. Die Ungarn kamen bald nach seiner Erwählung, dann aber unterbrachen sie sechs Jahre lang ihre Gewohnheit, Deutschland mit jedem Frühjahre heimzusuchen. Höchst wahrscheinlich war dies der Erfolg von Heinrich's glücklichen Unterhandlungen mit ihnen. Freien Raum brauchte er erst, um die deutschen Kräfte wieder zu sammeln. Denn wie ein kluger Feldherr, der sich niemals zersplittert, that er immer nur das Nächste und Nöthigste, immer nur eines, dieses aber jedesmal mit ganzer Macht. Erst Schwaben und Baiern, — dann klare Scheidung vom karolingischen Reiche, — dann fester Ausbau der Reichsverfassung und Herstellung allgemeinen Landfriedens, — dann Wiedereroberung des linken Rheinufers. Als die Lothringer sich ihm zuletzt ergaben, und nun, nach Widukind's Bericht, alle Kriege im Innern des Reiches ruheten, ergossen sich die Ungarn wieder mit fürchterlicher Verheerung über ganz Deutschland. Offenbar hatte der König sich nicht wieder mit ihnen abfinden wollen, weil er sich nun stark genug glaubte, sie zu bestehen. Allein noch konnte er ihnen keine grosse Feldschlacht bieten, die Seinigen zerstreuten sich in wilder Angst, und Heinrich selbst lag krank darnieder. Da erkaufte er sich noch einmal Frieden auf neun Jahre mit schimpflichem Tribute, Frieden für ganz Deutschland.

Und wahrlich, diese Zeit nutzte er aus. Er rüstete, organisirte, baute Städte und Festungen, — es war wunderbar, wie viel Angriffs- und Vertheidigungsmittel dieser eine Mann hervorrief. Dann warf er sich zermalmend auf die slavischen Gränzvölker und benahm ihnen die Lust, nochmal die Verbündeten der Ungarn zu machen. Noch ehe die neun Jahre zu Ende, war er fertig, und jetzt weigerte er den Ungarn den Tribut. Sie kamen heran mit Toben und Wüthen, — da aber standen die Festungen, vor denen sich ihre Reiterschwärme zertheilen mussten, — da zog Heinrich heran mit eisenbedeckten Heersäulen, bei deren Anblick sie entsetzt aus einander stoben. Jetzt aber wetterte er hinter ihnen her. Wochenlang ging die wilde Jagd, und soweit sich die sächsischen und thüringischen Wälder strecken, erzählten noch Jahre lang die bleichenden Gebeine zwischen den Baumästen von der Rache der Deutschen an dem hässlichen Raubgesindel.

Zum erstenmale athmete Deutschland, athmete Europa wieder frei. Erst durch den grossen Sieg über die Ungarn war das deutsche Reich in seinem Bestande, seiner Ordnung und Ehre gesichert. Der König, welcher Deutschlands alte Rechnung mit den Ungarn siegreich austrug, hatte für sich und sein Haus die deutsche Krone verdient, — das Volk, an welchem sich das finstere unheilvolle Wogen brach, mit welchem der Osten die europäische Kultur bedrohte, war vom Genius Karl des Grossen wieder geweiht. Die Krieger erkannten, wo der Szepter der Weltherrschaft sei, und begrüssten auf dem Schlachtfelde, wie Widukind erzählt, nach römischer Soldatensitte als Imperator den Ungarnbesieger.

Zuletzt dachte der grosse König auch einmal gründlich abzurechnen mit den Dänen. Seit lange hatten sie sich in der alten Mark Schleswig und in Holstein festgesetzt, und auch ihnen halfen die Slaven, mit Feuer und Schwert in die Elblande einzufallen. Der Ruhm freilich, welchen der Sieg über die gefürchteten Nordmannen Heinrich in ganz Europa eintrug, war grösser, als die Mühe. Denn sobald der deutsche König das kleine freche Räubervolk einmal ernstlich im eigenen Lande angriff, liess es Hand ab vom deutschen Boden, unterwarf sich der Tributpflicht, und öffnete sich dem Christenthum und der Kultur, die ihm nur von Deutschland her zukamen. König Heinrich ergriff zugleich das einzige Mittel, die dänischen Übergriffe abzusperren, nämlich die Mark Schleswig durch angesiedeltes Kriegsvolk deutsch zu machen.

Noch ein Zug von des Königs nordischer Politik ist zu erwähnen. In England erkannte schon Heinrich das Volk, mit welchem eine möglichst enge Verbindung den Deutschen nur nützen könne. Um nicht einer einheimischen Fürstenfamilie den Vorrang und künftige Ansprüche einzuräumen, um gegen die Dänen auch ein englisches Bündniss benützen zu können, erbat er sich die Gemahlin für seinen Nachfolger von dem angelsächsischen Könige. Dieser, hocherfreut, schickte gleich zwei Prinzessinnen auf einmal nach Köln, damit man die schönste und beste auswähle. Die edle Editha wurde Otto's Gemahlin.

Nur ein halbes Menschenalter dauerte Heinrich's Reichsvorstandschaft. In verhältnissmäßig kurzer Zeit hatte er durch eine gescheidte Politik das Reich wieder geschaffen. Aus der Mitte seiner Feinde hatte er Deutschland herausgerissen, er that noch mehr, er stellte unser Volk fest und klar auf seinen eigenen Boden, dass es frei seinen innern Gesetzen folgen konnte. So leicht und sicher gelang es einem klugen und thatkräftigen Manne, die tüchtigen Kräfte im deutschen Volke zu einem machtvollen Reiche zu vereinigen. Der Erfolg war Frieden und Gedeihen unter Stämmen, welche vorher auf das Feindseligste mit einander haderten, der Erfolg war Macht und Sieg über alle äusseren Feinde. Dem geeinigten Deutschland konnte die Weltherrschaft nicht ausbleiben.

Neunhundert zwanzig Jahre sind es jetzt, seit Heinrich I. starb. Welche ungeheure Zeit voll Kämpfe und Grossthaten, voll Leiden und Schicksale unseres Volkes! Wahrlich, in diesem Volke steckt eine mächtige unverwüstliche Lebenskraft, dass es sich immer wieder zu neuer Macht und Ordnung erhob, um wieder ein Stück von der grossen Arbeit zu vollbringen, die ihm in der Kulturgeschichte der Völker zugefallen. Mehr als siebenhundert Jahre hat Heinrich's Werk gedauert, erst in den unseligen Zeiten des dreissigjährigen Krieges wurde das deutsche Reich bis auf den Grund erschüttert. Da schienen alle guten Sterne über unserm Volke unterzugehen, — nur einer stieg mit um so glänzenderem Lichte empor, — es war die deutsche Wissenschaft. Aus ihr, aus diesem unbezwinglichen Drange nach Wahrheit, welchen Gott in das Herz des deutschen Volks eingepflanzt hat, schöpfte es neue Stärke, um sich wieder zu sammeln und die schweren Wolken zu zerstreuen, mit welchen in den letzten beiden Jahrhunderten fremde Politik, falsche Staatskunst, und innerer Hader uns beluden.

Der erhabene Protektor dieser Akademie aber, der Schirmherr und ächte Freund deutscher Wissenschaft, welche jetzt wie ein erfrischender und befruchtender Strom in das gesammte Völkerleben hinein rauscht, — der Fürst, welcher mit hochherzigem Sinne an der sittlichen Kräftigung unseres Volks, an der Einigung seiner geistigen und materiellen Interessen arbeitet, — Er mag mit stillem Hochgefühl über die lange Reihe edler deutscher Fürsten und Könige bis auf Heinrich I. zurückblicken. Schon richtet die Geschichte ihm ein Denkmal auf, dessen Ehren um so herrlicher strahlen werden, je voller die Früchte seines königlichen Thuns reifen[1].

---

[1] Es gehört vielleicht die Bemerkung hierher, dass der Vortragende als literarisch-wissenschaftlicher Sekretär König Maximilian II. in dessen näherem Vertrauen stand.

V. HROTSVITH UND IHRE ZEIT.

Aus dem Beginn des Mittelalters möchte ich ein Lebensbild zeichnen, aus jener fern entlegenen Zeit. Eine Persönlichkeit aus den letzten Jahrhunderten schildert sich leichter, man braucht nur den Namen zu nennen, und sogleich entrollt sich im Geiste der Theilnehmenden ein stehender Hintergrund, auf welchem man mit fester Hand die Charaktere entwerfen kann. Dieser deutliche, lebensvolle, allen gleich gegenwärtige Hintergrund fehlt uns für jene frühe Zeit: dämmerig, in massigen, jedoch etwas fremdartigen Umrissen liegt sie weit von uns, gleichsam abgethan und beschlossen in den Geschichtsbüchern, unsere täglichen Gedanken leben nicht mehr dort. Anders verhält sich das bei gebildeten Engländern und Franzosen. Diese versetzen sich fast ebenso leicht in ihre frühere Geschichte, als sie über die Strasse in die nächste gothische Kirche gehen. Das ist wahrlich nicht Folge der Überlegenheit ihrer Geschichtsforschung, wohl aber ihrer Geschichtsliteratur. Sie besitzen eine Menge gefälliger, leicht verständlicher Geschichtswerke, die im ganzen Volke verbreitet sind. Deshalb knüpfen ihre Ideen lebhafter an die ältere Landesgeschichte an, diese stellt sich ihnen auch schön übersichtlich und einheitlich dar, während die deutsche Geschichte daher zieht wie ein weiter Strom mit tausend Inseln und eingestürzten Ufern. Schlimmer wirkt eine andere Thatsache. Bei uns ist die lebendige Überlieferung der Geschichte einmal gewaltsam zerrissen worden; das geschah vor drittehalbhundert Jahren, als die geistigen Gewitter, welche seit lange über Deutschland standen, sich entluden in jenem furchtbaren Bürgerkriege, in welchem ein ganzes Geschlecht in's Grab sank und ein neues aufwuchs in Hass und Verwilderung, das wenig mehr wusste von der ehemaligen Herrlichkeit, von dem Recht und der Geschichte seines Volks. So hoch thürmte sich der Schutt des dreissigjährigen Krieges, dass er zur Scheidewand wurde, welche noch jetzt dem grössten Theile unseres Volks verbirgt, was einst dahinter lebte und blühte. Nur die Schatzgräber der Wissenschaft steigen hinüber und öffnen auch dort wieder Quellen und Adern, aus welchen unserem nationalen Leben und Fortschritt mehr und mehr Kräftigung zufliesst.

Reiches gediegenes Golderz, das noch gehoben sein will, lagert auch in den Tiefen des zehnten Jahrhunderts. Es ist die Heldenzeit der deutschen Geschichte, das Zeitalter der hohen Ottonen, deren Ruhmesglanz über ganz Europa hinfiel, so breit und strahlend, als erhaben die Ziele waren, welche diese Kaiser sich setzten. Denn gleich Karl dem Grossen strebten sie nicht blos nach Weltherrschaft, sondern zugleich, dass die heilige Kraft des Christenthums die deutschen Völker durchdringe, und dass Deutschland erneuert und umgestaltet werde durch die aus dem Alterthum überlieferte Bildung. Dreierlei Kultur traf damals in Deutschland auf einander. Es ist die antike, welche sich abgelagert hat in der römischen Welt, — es ist der christliche Geist, welcher noch damit ringt, diese alte trümmerhafte Kulturlast neu zu beseelen, — als Drittes tritt hinzu und voll jugendlichen Lebens die germanische Naturkraft, die germanische Sitte, Staats- und Weltanschauung. Darin liegt der eigenthümliche starke Reiz, den jene Zeit ausübt, wenn man sich einmal näher damit beschäftigt. Wir sehen dort gleichsam in die erste Werkstätte der Grundgedanken hinein, welche die jetzige europäische Gesittung für immer von der antiken scheiden. Es ist ein wunderbares Keimen und Sprossen in den Gemüthern, hin und her fliegen die Blitze der neuen Kultur durch das germanische Urwaldsdunkel. Noch aber überwogt sie dieses tiefe Walddunkel, welches mit seiner Frische und Dämmerung ja noch das ganze mittelalterliche Leben überschattet. Wie wenn wir jetzt mitten in einem Walde einen hellen Landsitz bauen und ihn ausschmücken mit blühenden Gärten, mit Bildsäulen und Springbrunnen, aber ringsum weht und hallt noch der alte heilige Wald, und die würzige Laubfrische und das endlose Wogen und Rauschen der Baumwipfel dringt von allen Seiten hinein: — so baute sich die römisch-christliche Kultur damals ihre ersten Stätten in Deutschland.

Und aus dem weiten tiefen Walddunkel jener frühen Zeit glänzt uns entgegen ein einsamer lieblicher Stern, Hrotsvith, das sächsische Heldenmädchen mit der kindlich reinen andachtsvollen Seele, mit ihrer Begeisterung für Kunst und Wissenschaft, mit ihrem grossen Herzen für ihres Volkes Macht und Würde. Ein Heldenmädchen, — denn wer all sein Denken und Ringen setzt an ein hohes Ziel, der Denker und Dichter, der als ein Fackelträger seinen Zeitgenossen vorangeht, auch dessen Thun ist heldenhaft. Als vor bald vierhundert Jahren Johann Konrad Celtis in der Bücherei des Regensburger Klosters St. Emeram den einzigen Kodex entdeckte, der uns Hrotsvith's Werke erhalten hat, — dieses höchst werthvolle Denkmal ist auf der Münchner Hof- und Staats-Bibliothek, — da war alles erstaunt über diese Dichterin, welche tief im Norden lateinische Dramen und Epen schrieb, als geistige Nacht das christliche Europa zu bedecken schien und nur fern am Bosporus noch die letzte Leuchte der klassischen Künste und Wissenschaften langsam verglühte. Die entzückten

Gelehrten nannten die räthselhafte Dichterin im Nonnenschleier die Sappho des Nordens, die einen hielten sie für eine griechische, die anderen für eine sächsische Prinzessin. Schon der Name klang so anmuthig. Hrotsvith! Das konnte nur die weisse Rose heissen oder die Roth' und Weisse. Sie selbst aber nennt sich in einer ihrer Vorreden: Ego clamor validus Gandesheimensis — Ich der Gandersheimer mächtige Ruf, — und Jakob Grimm hat uns gezeigt, dass im Althochdeutschen Hrotsvith wirklich die mächtige Stimme bedeutet. Allein, wer vernimmt noch dieser Stimme Hallen? Längst ist sie wieder verschollen. Ihr Name ging von einer Literaturgeschichte in die andere, das war alles; nur die Geschichtsforscher schlugen nach in Hrotsvith's historischen Dichtungen. Erst die Franzosen begeisterten sich in unseren Tagen wieder für »cette merveille de l'Allemagne, cette gloire pour l'Europe entière«: Magnin, Villarceaux, Villemain, Philarète Chasle, Vignon Retif und Andere übersetzten und erläuterten ihre Schriften. Erst in der jüngsten Zeit haben wir endlich durch Barack's Verdienst eine zuverlässige Ausgabe von Hrotsvith's Werken erhalten, Dorer hat einige Bruchstücke und Bendixen hat die Dramen übersetzt, und zwar mit jenem liebevollen Verständniss, wie es sich für die Hrotsvith nicht sofort einstellt.

Es ist gar Vieles in ihren Werken, was uns anfangs stört und abschreckt. Man muss sich erst in ihr Zeitalter hineindenken, man muss sie erst aus ihren Runenstrichen, aus ihrem trockenen Latein verstehen lernen: dann aber labt sie wie ein frischer Bergquell, zu welchem man sich durch Dornen und Gestrüppe durchgearbeitet hat. Hrotsvith lässt sich nicht vergleichen mit einem der Modepoeten, in deren gallertartigem Wesen kaum ein paar eigene Lichtpünktchen schimmern neben den Sprachschätzen und Ideen, die ihnen die Tageswelle zuströmt. Diese Dichterin hat ihre eigenen festen Umrisse, sie geht herzhaft auf die Wirklichkeit der Dinge los; aber immer bewährt sie das feine Gehör für die geistige Musik, welche über dem

Thatsächlichen des Lebens schwebt. Noch mehr, ihre Werke bekunden, wie diese Jungfrau von so hohem energischem Geiste war, dass sie Theil nahm an all dem Wissen, Denken und Ringen, das die besten Männer ihrer Zeit erfüllte.

Suchen wir uns also dies Zeitalter näher zu bringen, dass wir einen Einblick in dasselbe erhalten. Wie sah es vor neunhundert Jahren in Sachsen aus? Etwa wie jetzt im Westen Nordamerika's, wo in die endlosen grünen Wälder und Prairien nur die hellgrauen Punkte zahlloser Farmen hineingesäet sind. Sachsen bestand aus Gehöften freier Bauern, von denen jeder noch Schild und Streitaxt neben seinem Heerde hängen hatte. Nur hier und da erblicken wir ein Kirchlein, ein Kloster, oder einen Herrensitz mit dürftigen Stadtanfängen. Im grünen Waldthal erhebt sich die erste und berühmteste Abtei im östlichen Sachsen, Gandersheim, das älteste Familienkloster des sächsisch kaiserlichen Hauses, bewohnt von Benediktinerinnen. Wir treten hinein und gehen, wenigstens in Gedanken, auf Hrotsvith's Zelle. Aber das ist ja das Studirzimmer eines Gelehrten! Da liegen der Boethius, der Martianus Capella, der tiefsinnige Scotus Erigena, daneben der Prudentius und Sedulius, religiöse Dichter, welche damals bewundert wurden, aber auch der Virgil und Ovid und Horaz, und es fehlen auch nicht deutsche Heldenlieder in's Lateinische übersetzt, und eine Menge von Legenden. Keines von den Büchern aber ist mehr gelesen, als der derbe Plautus und als Terenz, der feine Sittenspötter aus einer Zeit, wo die Römerwelt bereits in feinen Sitten und Genüssen glänzte und zugleich sich einem Abgrund der Nichtswürdigkeit näherte. Wie kommen diese alten Heiden in die geweihte Klosterzelle? Und nun sagt uns gar in einer ihrer Vorreden Hrotsvith selbst: »Viele gute Christen, und sie fühle sich selbst nicht ganz frei von dieser Schwäche, läsen lieber, als die heilige Schrift, die eitlen Heidenbücher, weil sie so viel feiner geschrieben seien. Und wenn man auch die übrigen verachte und den heiligen Blättern treu bleibe, des

Terenz Dichtungen lese man doch jeden Tag wieder, und während man sich ergötze an der süssen Rede, lerne das Herz allerlei schlechte Dinge«.

Wie reimt sich das Alles mit dem Nonnenschleier? Freilich an heutige Frauenklöster dürfen wir dabei nicht denken. Selten sind in diesen Meisterinnen des Stils, welche wie Gräfin Ida Hahn-Hahn aus dem Weltleben sich erst nach dem Treffen zurückziehen in die Einsamkeit. Ein Benediktinerkloster aber im zehnten Jahrhundert, — der stellt es sich noch etwa vor, welcher im Orient reiset und aus der Verwilderung und dem Raublärm ringsumher plötzlich eintritt in den kühlen Klosterfrieden, wo doch Leute wohnen, die wenigstens Griechisch lesen. Einen Schutzort vor Fehde und Gewalt, Orgelklang in der Kirche Tag und Nacht, Gastlichkeit für alle Reisenden, — nicht das allein boten im zehnten Jahrhundert die Klöster, sondern sie waren auch die Stätten höherer Bildung. Als ein Buch ein Landgut werth war, wo gab es da Bücher, wo Schulen, als hinter den Klostermauern? Wollte man Baumeister, Maler, Bildhauer, man suchte sie in den Klöstern, dorther nahmen die Fürsten ihre Räthe und Geheimschreiber. Denn wer sich damals dem Dienste des Geistes widmen wollte, der trat als Glied in die Bildungsanstalten der Kirche ein. Wo aber, als ringsumher alles nur noch von Säen und Pflügen, von Rossen und Falken sprach, eine solche Anzahl höher strebender Menschen zusammenlebte, da entstand von selbst der Sammelpunkt aller Deren, die feineren Verkehr suchten, und weiter, viel weiter, als die Klosterglocken hallten über die Waldwildniss, klangen von dorther die Lerchenlieder der jungen Kultur. Als die Klöster aufhörten, Bildungsheerde zu sein, als sie keine grosse soziale Aufgabe mehr zu erfüllen hatten, als Kunst und Wissenschaft selbständig ihre Wege gingen, da versiegte das Klosterleben, rettungslos, denn der eine seiner beiden Hauptnerven war zerschnitten. Wer heutzutage dem Geiste dienen will, der kann auch mitten in der Welt für gewaltige Ideen streiten und sich ihnen opfern mit allen Kräften seiner Seele; der grossen Kampfbühnen sind viele geöffnet.

Bei jener hervorragenden Stellung aber, welche im Beginne des Mittelalters die Klöster in Literatur und Gesellschaft einnahmen, erklärt es sich leicht, dass Fürsten so häufig in Klöstern Hof hielten, Königinnen dort ihren Witwensitz nahmen, und Äbtissinnen zur Reichsregentschaft berufen wurden. In den Klöstern brachten daher die edlen Töchter des Landes ihre erste Jugend zu und erhielten dort, wo so viel vom Hofleben einspielte, feinere Erziehung. Die schöne Erzählung, wie der junge Heinrich, der spätere grosse König, im Kloster Herford die junge Mathilde erblickt, die Letzte von Widukind's Geschlechte, wie sie da sitzt mit ihren Frauen, den Psalter in der Hand, umflossen von Anmuth und Hoheit, wie nichts seinem leidenschaftlichen Flehen widerstehen kann, und schon andern Tags er Mathilde mit seinen Rittern gleichsam entführt, jedoch mit Gutheissen ihrer Grossmutter-Äbtissin, — diese und manche andere Erzählung eröffnet uns einen Blick in das Innere der damaligen Klöster. Als Mathilde später als Königin Quedlinburg gründete, da wählte sie selbst für dieses Kloster, wie uns dessen Jahrbücher berichten, aus den höchsten Ständen die Jungfrauen aus, und auch Hrotsvith weiset in einer Vorrede an Kaiser Otto I. darauf hin, dass seiner Vorfahren eigene liebreiche Sorge die Töchter von Gandersheim versammelt habe. Gandersheim war erblüht unter der langjährigen Leitung seiner Stifterin, der Herzogin Oda; drei ihrer Töchter waren dort nach einander Äbtissinnen; wie hochgebildet diese Fürstentöchter waren, erkennen wir noch jetzt aus den lieblichen Elegien, welche ihr Bruder auf den Tod der Hathumod, der ältesten Schwester dichtete. Ihre Nachfolgerin, die Äbtissin Hrotsvith, war berühmt in den Wissenschaften und hinterliess von ihrer Hand ein ausgezeichnetes Buch über die Logik.

Auch unsere Hrotsvith war ohne Zweifel aus einem edlen sächsischen Geschlechte. Wir wissen zwar über ihr

Leben nur das Wenige, was sie selbst in ihren Vorreden
gelegentlich andeutet oder was sich aus dem Charakter
jeder einzelnen ihrer Dichtungen ergibt. Halten wir dies
aber zusammen mit kulturgeschichtlichen Nachrichten,
welche uns aus jener Zeit überliefert sind, so lässt sich
wohl ein Lebensbild der Hrotsvith gewinnen, das wenigstens
in den Hauptzügen richtig ist. Ihr Vaterhaus erhob sich
gewiss nicht weit von den Küsten der Nordsee. Denn
nichts steht und wallt in ihrer Phantasie machtvoller und
lebhafter, als das Meer mit seiner stillen gewaltigen Grösse
und den dunkeln Stürmen, und darüber die ewigen Sterne,
nach deren festem Lichtganz der Schiffer auf den wogenden Flächen wie manch anderes Menschenherz in Noth
und Zagen aufblickt. Nach dem Norden weisen auch in
Hrotsvith's Dichtungen die Winterbilder, die Frühlingslust,
die Freude an den stillen einsamen Forsten, die Schilderungen aus dem Leben der Fischer und Bauern. Schon
frühzeitig kam Hrotsvith nach Gandersheim. Die Vor-
steherin der dortigen Schule, Rikkardis, nahm sich ihrer
besonders an; Hrotsvith rühmt sie vor ihren anderen Leh-
rerinnen als die weiseste und liebevollste. Aus der Art und
Weise, wie unsere Dichterin sich wohl bekannt zeigt mit
den damaligen Gegenständen und Abtheilungen des Wissens,
lässt sich schliessen, dass auch in der Töchterschule zu
Gandersheim die Einrichtung den berühmten Dom- und
Klosterschulen nachgeahmt war. Die edelste Freundin und
Bildnerin aber fand Hrotsvith, als die kaiserliche Nichte
Gerberg, Tochter des Herzogs von Baiern, in's Kloster
kam. Sie war wenig jünger als Hrotsvith, stand jedoch an
Bildung bereits über ihr. Beide jungen Mädchen schlossen
sich innig an einander an, sie lasen zusammen die alten
Klassiker und übten sich, ein fliessendes Latein zu schrei-
ben. Denn die vornehmen Frauen jener Zeit sprachen und
schrieben die stolze Sprache der Römer und Gelehrten,
etwa wie jetzt die Damen Französisch.

Doch diese lateinische Bildung müssen wir uns näher

betrachten, um die Antriebe zu verstehen, unter welchen Hrotsvith dichtete. Wie stand damals die deutsche Kultur neben der antiken? Wie ein Dorf voll freier Männer neben einer Königsstadt voll stolzer Gebäude. Die Germanen hatten die alte Civilisation nicht auf einmal über den Haufen geworfen, sie waren nach und nach in dieselbe eingetreten, und noch über den Trümmern der römischen Städte schwebten die Ideen, deren Macht und Überlegenheit sich die Germanen beugen mussten. Noch hatten sich die letzten Schwärme der Völkerwanderung nicht gesetzt, als schon die geistige Rückströmung eintrat. Unter Karl dem Grossen langte sie endlich mit voller Stärke auch an den Ufern des Mittel- und Niederrheins an und trieb von da mächtige Wellen bis in das Innere von Deutschland.

Die Sachsen waren das letzte deutsche Volk, welches vom Streben nach feinerer Bildung erfasst wurde. Die eiserne Hand des grossen Karl hatte sie getauft, aber ihr hartes Innere war heidnisch geblieben. Jetzt waren hundert Jahre vergangen, jetzt war das starre trotzige Herz geschmolzen, und nun öffnete es sich mit der ganzen Stärke und Sehnsucht, die in ihm wohnte, der christlichen Heilslehre und Kultur. Wie am frischen klaren Morgen das belebende Licht in Herz und Adern dringt und mit ihm tausend anregende Gedanken: so waren der Sachsen geistige Sinne jetzt aufgethan. Eine neue ideale Welt erhob sich vor ihren Blicken als einzig des Verlangens werth. Glauben und Wissen, Religion und Bildung, das war alles eins und floss in einander. Wer tüchtig, wer strebend war, der reichte dem Andern die Hand in der Arbeit, Bildung und Christenthum zu verbreiten. Es war ein freudiges warmherziges Schaffen, doppelt belebt, weil zugleich das Nationalgefühl mächtig anschwoll. Die Ungarn, die langjährigen Bedränger Europa's, waren auf's Haupt geschlagen, in die weit geöffneten Lande der Dänen und all der slavischen Völker zogen siegreich die deutschen Eroberer, Glaubensboten und Ansiedler, des deutschen Königs Brautfahrt nach dem Süden hatte Rom und die Kaiserkrone gewonnen, selbst mit Konstantinopel, der üppigen Witwe Roms und Griechenlands, der Stadt, wo die Männer in prunkvollen langen Gewändern gingen und die Rhetoren nie ermüdeten in glänzender Sophistik, selbst mit Konstantinopel war man in Verbindung getreten. All des Guten, was die fremden Völker an Kunst und Wissen, an Gesetz und Gewerbe hatten, dessen dachte man selber froh zu werden. In der Literatur, in der Baukunst, in Handel und Bergbau, überall erwachte damals in Deutschland eine frischere Thätigkeit.

Deshalb, weil diese sittliche und soziale Erneuerung und Erhebung das Volk in seinem innersten Leben ergriff, deshalb stellte das zehnte Jahrhundert in Deutschland jene lange Reihe erhabener Frauen auf, welche ihrem Volke vorleuchteten in Religion, Wissenschaft und hoher Gesinnung. Denn immer, wo die Nation arbeitet in tiefer Erregung, da fühlen auch geistesmächtige Frauen in sich den Drang und das Recht, sichtbar mitzuwirken am grossen Werke, und treten auch nur wenige hervor aus der Stille des Hauses, die Gedanken und der Wille der übrigen wachsen doch empor in den Thaten der Männer.

So fühlte auch Hrotsvith sich angefeuert in ihrem Innern, der schöpferische Geist in ihr regte sich und sie fing an zu dichten. Welche Sprache aber bot sich ihr dar für ihre Dichtung? Lateinisch war die Weltsprache, gegen welche alle anderen Sprachen nur als Dialekte, als rohe Mundarten verschiedener Stämme erschienen. Lateinisch war die Kirchensprache, und wer der Kirche sich widmete, nahm diese Sprache als etwas Hohes und Edles an, als etwas, das sich von selbst verstand. Also wollte auch Hrotsvith klassisch dichten. Denn gegen die würdevolle Schönheit, gegen den gemessenen Tonfall der klassischen Sprache und gegen ihren herrlichen Inhalt, was bot ihr die Heimath anderes, als wild hinstürmende Volksgesänge voll ewiger Kämpfe, Zaubersprüche und riesiger Leidenschaften. Aber sieh, der gewaltige Geist dieser nationalen Dichtung, dem sie entfliehen wollte, bezwang sie noch im Fliehen und machte sie auch in fremder Sprache zu seiner Botin. Lateinische Dramen und Epen wollte sie dichten — und sie dachte nicht, dass das Nibelungenlied, welches im Volke noch wie ein mächtiger Strom unter der Decke fortrauschte, mit seinem Wellenschlage auch in ihrem Denken und Fühlen trieb. Dies, dass bei der bedeutendsten Dichterin des Zeitalters halb unbewusst und dennoch frisch und hell der nationale Geist aus allen ihren Dichtungen hervortönt, das macht sie für die Kulturgeschichte unvergleichlich anziehender, als für den Gang der Weltliteratur. Hrotsvith ist nichts, als ein Spross, als ein Abbild der grossen geistigen und staatlichen Umgestaltung, welche sich damals in Deutschland begab und welche für das ganze Mittelalter der granitne Unterbau wurde.

Die römisch-christliche Bildung hatte auf ihrem Wege zu den germanischen Völkern von diesen bereits vielfache Umwandlungen und Zusätze erfahren, fort und fort war ein gegenseitiges Zersetzen und Wechseln vor sich gegangen: Siegerin aber war bisher nur die antike Bildung geblieben. Die germanischen Stämme hatten sich in der Völkerwanderung in diese Kulturwelt hineingestürzt, sie waren in ihr verschwunden mit ihrer Sprache und mit dem besten Theil ihrer Nationalität. Wenn wir in den Volksgesetzen der Langobarden in Italien oder gar der Westgothen in Spanien und Gallien lesen, wie zerstückt und zerbrochen erscheint in ihnen germanischer Geist und germanische Sitte! Wie tief hatte sich schon der römische Staatsgedanke, das absolute geschlossene Herrscherthum, in das karolingische Staatswesen hineingebohrt! Mit demselben Siegergefühl trat jetzt die romanische Civilisation an die Deutschen heran, um auch sie in Zucht und Lehre zu nehmen und vollständig umzubilden. Auch die Deutschen sollten in Staat und Gesellschaft, in Religion, Sitte und Sprache romanisch werden. So weit gingen schon diese romanischen Forderungen, dass man zu Ende des achten Jahrhunderts am Rheine, auf einem

Frankfurter Konzil, ernstlich darüber verhandeln konnte, ob der Deutsche zu Gott auch in einer anderen Sprache beten dürfe, als in den drei Sprachen, in welchen die Inschrift über dem Kreuze Christi stand.

Allein am Ende zeigte es sich, dass der Schüler doch eine stärkere Natur war, als der Lehrmeister. Es waren nicht mehr vereinzelte Stämme, aufgelöst auf der Wanderung, deren die römische Civilisation leicht Herr wurde: jetzt traf sie zusammen mit frischen ungebrochenen Kernstämmen, welche noch massenhaft zusammensassen und aus der Luft und dem Boden ihrer Heimath die alte Nahrung zogen. Das fränkische Reich hatte ihnen die fremden Kulturstoffe während des siebten und achten Jahrhunderts zugeführt: nun aber, als ihnen diese fremde Bildung an's Leben griff, trat heftig ihr Widerstand ein. Das ganze neunte Jahrhundert, die Zeiten der Nachkommen Karl des Grossen, sind erfüllt von inneren Kämpfen und Widerkämpfen, von zahllosen Ansätzen zu neuen Bildungen, welchen gleich darauf wieder Zerstörung folgt. Es traten in Deutschland ganz dieselben Zustände ein, wie in all den Reichen, welche die Germanen in den ehemals römischen Landen gestiftet hatten: nach kurzer Blüthe eine Zeit der Verworrenheit, in welcher die sich feindlichen Stoffe sich gegenseitig zersetzen und auflösen. Jedoch das Ergebniss war in Deutschland nicht wie dort der Untergang der germanischen Kraft Sitte und Sprache, sondern aus der Verworrenheit bricht siegreich neues Leben in neuen organischen Bildungen hervor. König Heinrich I. war der grosse Friedensheld, der in die treibenden Massen wieder Licht, Ruhe und feste Ordnung brachte; unter Otto I. schiessen all die jungen Keime tausendfach in's Leben; in Otto II. und Otto III. gipfeln sich noch einmal die romanischen Ideen, und beide junge Kaiser gehen daran zu Grunde; unter der milden und doch tüchtigen Regierung Heinrich II. kommt dann die eigenthümliche Bildung des Zeitalters zur vollen ruhigen Gestaltung. In dieser Zeit, und sie ist die Hrotsvith's, —

denn diese wurde unter Heinrich I. geboren, durchlebte die Ottonenzeit, und starb wahrscheinlich erst unter Heinrich II. — wird das eigentliche Mittelalter geboren. Worin die Angelsachsen auf kleinem und entlegenem Gebiete vorangegangen, was die Franken Burgunder und Gothen in Gallien, Italien und Spanien umgewandelt hatte, das wiederholte sich jetzt machtvoller, aber in anderer Weise bei den Deutschen und tonangebend für das ganze mittlere Europa.

Nur einen Blick werfen wir hier auf die Gestaltung des öffentlichen Wesens. Die Idee und die Normen eines grossen geschlossenen Staatsganzen entnahmen die Deutschen der römischen Kaisergewalt. Ihr eigenes lockeres Staatswesen hätte niemals dies Prinzip hervorgebracht. Aber der ganze Inhalt, der innere Ausbau des Staatswesens war durchaus germanischer Natur. Das Verordnungsrecht der karolingischen Könige, das Recht der Kapitularien, wird wieder ausgestossen, selbständig gliedert sich aus das germanische Gewohnheitsrecht, und der Lehnsstaat nimmt bereits deutliche Formen an. Die Kampfwelt der germanischen ungeschlachten Recken verbleicht, ein neues Ritterthum, glänzend durch Waffenkunst und höfische Sitten, bildet sich heran in den Kreisen der ritterlichen Dienstmannen. Wo aber finden Diese den Grund und Anhalt für ihre gesellschaftliche Entwickelung? In der alten germanischen Hofgenossenschaft. Langsamer entstand das Städtewesen, es schloss sich anfangs an jene Hofverfassung an, dann aber bildete es seinen eigenen Kern heraus, die germanische freie Markgemeinde. Aus keinem Jahrhundert weiss gleichwohl die Rechtsgeschichte weniger, und dennoch war es dasjenige, in welchem die Staatseinrichtung des Mittelalters sich in der Stille gründete, wo das Zusammengehörige sich suchte und einigte und ordnete, die Zeit unbewussten Wachsthums.

Der damaligen Gestaltung des Staatswesens aber entspricht treffend der romanische Baustil, der zur selben Zeit in Deutschland entstand. In der karolingischen Periode hatten die Deutschen nur unbeholfene Versuche gemacht, ihre eigenen Gedanken in den fremden Formen und Gesetzen der Baukunst auszudrücken. Jetzt war auch in dieser Beziehung der germanische Geist der überlieferten technischen Mittel mächtig geworden. Die einförmige romanische Einheit herrscht vor in diesem Baustile, aber schon löst sie sich gruppenartig auf und in mannigfacher Gliederung; die runden Linien und Säulen und das flache Dach sind beibehalten, aber schon baut sich aus ihnen der hohe Dom empor. Im selben Bildungsgange, als sich aus dem Staate und der Gesellschaft des zehnten Jahrhunderts später das mittelalterliche vielgegliederte Lehnsgebäude erhob, erwuchs nothwendig aus dem romanischen Baustil der gothische.

Finden wir nicht ferner in dem Gange der Literatur dasselbe Bildungsgesetz? Der deutsche Heliand, jene edle und schöne und doch so wenig gekannte Dichtung, und Otfried's Evangelienbuch waren die erste deutsche Antwort, das erste laute Zeugniss der eigenen Dichterkraft gewesen, als die romanische Literatur in Deutschland eindrang. Es war noch zu früh, die Deutschen mussten erst vollständiger die klassische Literatur in sich aufnehmen, sich von ihr bilden und bereichern, ja unterwerfen lassen. Aber schon gibt sich in Dichtung und Geschichtschreibung, — und namentlich die letztere erblühte damals in Deutschland reichhaltig, — eine eigenthümliche nationale Frische und Anschauung zu erkennen. Auch die alten Heldengesänge, den Ruodlieb, den Walter von Aquitanien und wahrscheinlich auch die Nibelungen, übersetzte man in's Lateinische, man wollte in klassischer Sprache sich am nationalen Dichterhorte erfreuen, starken Wein haben im goldenen Becher. Aus dieser romanisch-deutschen Literatur des zehnten Jahrhunderts sprosste, gleichwie aus der romanischen Baukunst die gothische, der stolze Frühling unserer Ritterpoesie des Mittelalters.

Und endlich die innere Triebkraft, der fruchtbare Lebenskern, aus welchem alle diese Gestaltungen hervorbrachen? — Das war die gegenseitige mächtige Durchdringung des christlichen und des germanischen Geistes. Wenn man den eigenthümlichsten Charakterzug der Germanen nennen sollte, diejenige Natur, welche wie das Mark und das tiefe Feuer in allen Eigenschaften und Trieben dieser Volksstämme sitzt, ich glaube, man könnte nur sagen: es ist die Nothwendigkeit der inneren Selbstbestimmung. Nun, gerade diesen Charakter bedurfte, suchte das Christenthum. Nicht der orientalische Sklavensinn, nicht die romanische Gewohnheit der Unterwerfung unter die starre Form und Regel, Beides konnte dem Christenthume nicht genügen: zum ganzen Leben, zu voller Wahrheit und Blüthe kam es nur durch die unausgesetzte innere Mitthätigkeit des Menschen, durch jenes germanische starke Empfinden in allen Adern des Gemüths. Darum erblühete jetzt bei den Deutschen ein ächt christliches Leben, reiner, edler, als jemals vorher in den orientalischen und romanischen Ländern. Unter den Gräueln, welche in jener Zeit Rom und die italienischen Städte erfüllten, drohte auch das Pabstthum byzantinische Färbung anzunehmen: durch die deutschen Päbste wurde es würdevoll erneuert. Das Christenthum war in Deutschland nicht blos Glaubenssatz, nicht blos Kirche, es stand ihm hier auch keine antike selbstmächtige Bildung gegenüber, sondern es durchdrang bei diesem letztbekehrten Volke das ganze Dasein, es wurde häusliche und öffentliche Sitte, es wurde Kunst und Wissenschaft.

Wir überschauen also die Stoffe und Ideen, aus welchen Hrotsvith dichtete. Es ist eine ideale Stimmung, welche die ganze Welt freudig ansieht als eine Wiederspiegelung ihres göttlichen Inhalts. Die Schöpfung steht in heiliger Dämmerung, Wunder ist alles, was sich in ihr begibt, das Wässerchen, das dem Wanderer aus dem Felsen entgegenspringt, das Wild, dessen klagende Stimme er im Walde hört. Es ist das christliche Bewusstsein von der Offenbarung Gottes in der Welt, hier verstärkt durch einen Nachklang jenes germanischen Glaubens an die allwärts wesenhaften Götter. Zu den Resten altnordischer Naturandacht gesellt sich das Vertrauen auf den Zauber von Sprüchen und Gebeten, welche schützen vor den lauernden Unholden. — Auffällig tritt uns ferner in Hrotsvith's Dichtungen entgegen ein durstiger Erkenntnisstrieb. Das ganze Weltall mit all seinen Kräften möchte man in seinem Wissen umfangen; der reale Gehalt dieser Wissenschaft ist noch gering, und auch dies Wenige muss sich noch scholastisch abzirkeln lassen: aber die ungeduldige Sehnsucht, das Ganze zu umfassen, schafft sich geistige Arme, die Wissenschaft wird mystisch, jede Zahl, jeder Ton in der Musik wird Symbol der tieferen Gesetze und Harmonien im Weltall. — Bei alledem verleugnet sich niemals ein derb gesundes Erfassen der baaren Wirklichkeit: die Menschen ihrer Zeit mit ihren Leidenschaften und ihrer Rohheit treten leibhaft in die Dichtung ein. Es fehlt auch nicht an argen Possen und an lustigem Gelächter über die Menschenthorheit; ja unter die feierlichen Gebete und Gesänge drängt sich ungescheut so viel nackte Heidenlust, wie es unsere Nerven in der Poesie nicht mehr ertragen. —

Als Hrotsvith zuerst von jener quälenden Lust und Unruhe ergriffen wurde, welche zum Dichten treibt, suchte sie aus allen Winkeln ihres Klosters wunderbare Geschichten zusammen. »Ich war«, so erzählt sie später, »fast noch ein Kind und hatte in der Wissenschaft noch keine Fortschritte gemacht, allein ich wagte nicht, einem der Gelehrten zu eröffnen, was mich drängte, damit er mich nicht als noch zu ungebildet zurückschrecke. Da sass ich denn heimlich vor allen und gleichsam verstohlen, und der Schweiss rann mir und ich mühte mich ab, dichtend oder wieder ändernd, was ich schlecht gemacht hatte, es so gut zu machen, als ich konnte«. So schrieb sie in lateinischen Hexametern, — welche doppelt schwierig waren, weil nach damaliger Sitte jeder Vers am Ende mit seiner Mitte reimen musste, sogenannte leoninische Hexameter, — ihre Legenden. Sie war noch so jung, dass sie die Apokryphen von den Evangelien nicht zu unterscheiden wusste, wollte aber später, als sie ihres Irrthums belehrt wurde, ihre Arbeit nicht wieder ändern, weil ja jene Schriften dennoch wahr sein könnten.

In den meisten jener apokryphischen Schriften und Heiligengeschichten können wir noch nachlesen, wie Hrotsvith aus ihnen mit ängstlicher Scheu Zug für Zug wiedergibt. Allein was hat sie aus den schlichten Erzählungen gemacht! Welch ein Leben, wie ausgeprägten Charakter haucht sie den trockenen typischen Figuren ein! Das ist keine Legende mehr, es ist Roman. Im Kloster entdecken wir die Geburtsstätte des modernen Romans. Hrotsvith malt das Einzelne bis in's Kleinste hin, jeder Mensch, jeder Ort, jede Lage und Stimmung hat ein bestimmtes Wesen. Auch für die Eigenthümlichkeiten der verschiedenen Völker bewährt sie einen feinen Blick. Der Völkerverkehr am Hofe der Ottonen, die Ungarnschlachten, der niemals ruhende Krieg auf der weiten slavischen Gränze, — das blieb für ihre dichterische Anschauung ebenso wenig unbenutzt, als die Natur ihres eigenen Landes, die Sitten und Leidenschaften in den verschiedenen Ständen ihres Volkes, und der fortwährende Kampf, den das Christenthum noch mitten in Sachsen mit den störrischen Resten des Heidenthums führte. Hrotsvith weiss aber nicht blos das in die Sinnenwelt Tretende richtig zu zeichnen, sondern immer lässt sie uns auch einschauen in das innerliche Leben der Natur und der Menschen. Sie versetzt den Leser in Mitleidenschaft und entwickelt aus dem Charakter der Personen psychologisch Handlungen und Kämpfe. Dabei bricht überall die deutsche Empfindung durch. In der freudigen Schilderung und Beseelung der Landschaft ergeht sich das innigste Naturgefühl, und in den gemüthvollen Reden der Personen hört man unter dem lateinischen Gewande das warme Klopfen des deutschen Herzens. Zum Beispiel will ich hier nur eine Stelle aus dem Latein wörtlich übersetzen.

Der Gemahl der heiligen Anna ist durch die jüdische

Herbigkeit und Verfolgungssucht in die Wildniss getrieben, seine Familie hört nichts mehr von ihm. Da heisst es:

»Nun war er bald fünf Monate fort, und seine edle Gattin verzweifelte einsam, dass er noch lebe und gesund sei. Untröstlich weinte sie und wusste |sich keinen Trost auf Erden. Und diese Klagen strömte sie aus vor dem Herrn im tiefen Leide: »Lenker Israels, und der du allein den Menschen liebst, der du immer mit milder Huld erquickst die Leidenden, — warum wolltest du mir den theuren Genossen nehmen, neues Leid häufend zu meiner tiefen Kümmerniss, dass meinem Schoße die Knospe versagt blieb! Doch nun seufze ich von tieferer Schmerzenswunde, durch dies, dass ich gar nicht weiss, was meinen Herrn und Gemahl betroffen hat, den warmen Freund des Rechts. O glücklich wär ich, könnt ich nur wissen, ob der bittere Tod ihn plötzlich fortgerissen oder ob er noch trinkt von warmer Lebensluft. Ja, wenn ich das nur wüsste, nur dass ihn die dunkle Nacht des Todes bedeckt, dann dürfte ich nicht mehr sitzen und trauern, sondern das herrlichste Begräbniss müsste ich ihm ausrichten und den edlen Leib bestatten im würdigen Grabe«. So sprach sie und erhob die Augen. Da sangen mit süssem Laut in des Lorbeers Ästen zwei Vögel und mit weichen Flaumfedern wärmten sie ihre Jungen«. Da fühlt die Verlassene sich doppelt einsam auf der Welt und bricht in noch beredtere Klagen aus. So fühlt, so schildert nur eine deutsche Dichterin.

Die erste von Hrotsvith's poetischen Erzählungen behandelt die Marienlegende, wie wir sie auf den schönen Fenstern in der Aukirche dargestellt sehen. Unsere Benediktinerin zeigt uns die heilige Jungfrau vor ihrer Vermählung gleichsam in einem Klosterpensionat, wo sie mit ihren Freundinnen sitzt als die Reinste und Schönste von allen und die weissen Finger bewegt zwischen den purpurnen Stickereien. Überaus poetisch ist die Flucht nach Ägypten mit den Wundern in der Wildniss erzählt. Da kommen die wilden Thiere mit den zahmen und ziehen fröhlich spielend vor den Wanderern her, den Weg zu zeigen. Als Maria im kühlen Schatten einer Palme ruht und sich von den Früchten wünscht, Joseph aber ruft: Wasser sei viel nöthiger, — neigt auf das Geheiss des lächelnden Kindes die Palme ihre Wipfel und ergiesst sich aus ihren Wurzeln ein frischer Born. Die Dichtung vergleicht sich an Innigkeit und Klarheit der Zeichnung nur mit jenen lieblichen Bildern der alten Meister, auf denen die heilige Jungfrau mit dem Kinde unter Blumen sitzt und gleichsam ein innerer Glanz aus Grün und Kräutern hervorbricht. Nur der heilige Joseph kommt bei Hrotsvith schlecht weg, er ist ein alter Griesgram, der sich in seine Rolle gar nicht zu finden weiss. Als sie nach Bethlehem reiten und seine holde Genossin ihm erzählt, welche wunderbaren Gesichte vor ihr in der Luft stehen, ruft er ärgerlich: »Halt' dich doch nur recht fest, dass du nicht vom Pferde fällst, und sprich nicht solch dummes Zeug«. Offenbar hatte Hrotsvith diesen heiligen Joseph aus den halb geistlichen, halb lustigen Volksstücken entnommen, in denen man schon damals die heilige Geschichte sich vorführte.

Auch sonst erinnert nicht wenig in Hrotsvith's Erzählungen an ihre eigene nächste Umgebung. In einer entfaltet sich das Gefolgswesen um einen burgundischen Fürsten, der von seinem schlechten Weibe und ihrem geistlichen Buhlen ermordet wird. Die Erzählung von dem Heldenmuthe und Märtyrerthume des jungen Pelagius zu Cordova hatte sie aus dem Munde eines Augenzeugen entnommen, wahrscheinlich eines Gesandten aus Spanien; mit ungemeiner Lebhaftigkeit dachte sie sich dabei gleich in die Zustände und Örtlichkeiten in Spanien hinein, wo damals Christen und Mauren mit einander kämpften. In zwei Geschichten spielt der Vertrag mit dem Teufel die Hauptrolle. Das einemal ist Ehrgeiz, das anderemal Liebe die Leidenschaft, welche den Unglücklichen so weit bringt, dass er sich dem Höllenfürsten übergibt. Dieser wird dargestellt, wie sich damals das Volk seine alten Götter noch dachte, welche als Dämonen in den tiefen Wäldern hausen sollten. Der Vertrag wird des Nachts am Grabmale eines Heiden geschlossen, Satan sitzt zwischen seinen schwarzen Genossen, die in weissen Kleidern mit Fackeln in den Händen umherstehen. Hrotsvith war die erste, welche die unheimliche Sage vom Pakt mit der Hölle poetisch behandelte auf deutschem Boden, wo der dichtende Volksgeist sich ihrer bald bemächtigte und sie mit entsetzlicher Wahrheit umwandelte zur Faustsage von der Unruhqual des menschlichen Herzens und von den Abgründen, die es verbirgt. Bei Hrotsvith fällt das Hauptgewicht noch auf die Bekehrung, während die Sage in den späteren Bearbeitungen damit schliesst, dass Faust einfach vom Teufel geholt wird, und dabei bleibt's. Erst Goethe brachte als ächter Dichter wieder die Versöhnung, die innere Läuterung und Rettung des Faust hinzu. Naiver Weise aber lässt Hrotsvith den Bekehrten, als ihm die heilige Jungfrau schon Vergebung vom Herrn und die Seligkeit angekündigt hat, doch noch die angelegentliche Bitte stellen: zu schaffen, dass der Satan den schriftlichen Vertrag wieder hergebe, denn sonst könne er am jüngsten Gerichte seine Seele am Ende doch wieder fordern. Man wird dabei an die germanische Rechtsanschauung erinnert, dass der Mann selbst dem Teufel sein Wort halten müsse.

Hrotsvith's Legenden sind der erste Erguss einer jungen Seele, die nur erfüllt ist von schwärmerischer Andacht, von Glaubensmuth und sittlich schöner Reinheit. Das Wunderbare und Phantastische in den Heiligen- und Märtyrergeschichten übt auch für sie, wie auf ihr Zeitalter, einen unwiderstehlichen Reiz. Und doch, wie zeichnet sie ihre Gestalten schon so klar und sicher, wie hat jede ihrer Dichtungen gleich von Anfang an Maß und Haltung! Mit ein paar Strichen versetzt sie im Eingang ihrer Erzählungen den Leser in die rechte Örtlichkeit, Zeit und Stimmung, und obwohl sie sich gern zum Aussprechen erhabener

Betrachtungen hinreissen lässt und an anderen Stellen wieder auch etwas komische Kraft entwickelt, so stört doch nirgends ein Zug, nirgends ein Wort die epische Ruhe, die einheitliche Stimmung des Ganzen.

Während der Malzeit, wie es in den Klöstern mit erbaulichen Schriften Sitte war, wurden Hrotsvith's Legenden vorgelesen: die Moral darin war ja höchst erbaulich, wenn auch viel Lustiges und Lockendes heimlich zwischen durch lief. Auf Antrieb ihrer fürstlichen Freundin Gerberg, welche jetzt ihre Äbtissin geworden war, veröffentlichte die Dichterin ihre ersten fünf poetischen Erzählungen, und sicherlich hat mancher klassisch gebildete Abt sich damals verwundert, wie gut das sächsische Nönnchen dem Prudentius den religiösen Schmelz und dem Virgil den klaren festen Gang der Handlung abgelernt hatte.

Hrotsvith dichtete noch drei neue Erzählungen. Auffällig aber tritt in diesen ein neues Wesen auf: es ist Liebe und Wissensdrang. Hrotsvith hatte die Welt kennen gelernt, die Legende genügte ihr nicht mehr zum Gemälde der Leidenschaften, sie begann Dramen zu dichten.

Ihre ersten Stücke haben immer nur einen Inhalt: die ungestüme Liebe des Mannes wird besiegt durch die keusche Kraft in der Seele des Weibes. Hrotsvith selbst erklärt in der Vorrede: »Weil der Terenz so verführerisch, so habe ich mich entschlossen, ihn dichtend nachzuahmen, da andere ihn lesend ehren, — damit im selben Schauspiel, welches das schändliche Thun unsittlicher Frauen vorführt, ich die edle Keuschheit heiliger Jungfrauen feiere. Freilich werde ich dabei oft von heisser Röthe übergossen, weil solche Dichtung mich nöthigt, heillosen Liebeswahnsinn und das leider so süsse Zwiegespräch, das ich ja nicht einmal hören dürfte, dichtend durchzudenken und im Stile auszuprägen. Doch liesse ich das ängstlich aus und genügte meinem Vorsatze nicht, wie könnte ich dann ebenso sehr nach meiner Kraft die Reinen verherrlichen! Denn je verführerischer die Schmeichelworte der Liebe, um so grösser des himmlischen Helfers Ruhm und um so herrlicher der Sieg der Triumphirenden!« Hrotsvith wollte also die Lustspiele des Terenz durch ein christliches Schauspiel verdrängen. Eine ähnliche Absicht zog sich damals durch die ganze Literatur, selbst die jüdischen Makkabäerhelden verwandelten sich dabei in germanische Recken. Im Übrigen aber besteht die Nachahmung des Terenz bei Hrotsvith blos darin, dass sie hin und wieder an Szenenfolge und Ausdrücke in des römischen Dichters Lustspielen erinnert; sie hat ihn wohl studirt, bewegt sich aber überall frei und selbständig.

Der Nerv von Hrotsvith's Stücken pulsirt in ihrer eigenen Zeit: die hehre Macht des Christenthums siegt über das heidnische Wesen, dieses tritt auf in der Wildheit der Männer, jenes in der Verklärung der Frauen. Doch vielleicht verrathen uns ihre Stücke und Vorreden auch etwas Menschliches. Hatte auch sie, die in Gandersheim wie an einem Fürstenhofe lebte, wo die Ritter, die glänzenden Sieger über so viele Völker aus- und eingingen, hatte auch dieses reiche kühne Herz vielleicht durch ein Gefühl gelitten, vor dem nur ernste entschlossene Entsagung Ruhe gewährte? Und wollte sie im Klosterfrieden sich selbst wieder läutern und kräftigen, indem sie Goethe's Mittel brauchte, dichtend das Erlebte von sich loszulösen? Es klingt fast wie eine kleine Rache, wenn sie rühmt: »In ihren Stücken siege des Weibes Schwäche und unterliege der Männer Kraft in Verwirrung«, und wenn sie ihre Vorrede mit den Worten schliesst: »Man möge ihre Dramen loben oder tadeln, sie selbst habe Gewinn davon, denn durch ihr Dichten entgehe sie in Entsagung der gefährlichen Lust der Heiden«.

In der französischen Literaturgeschichte spielt eine Rolle das Kloster St. Cyr. Als der weiche Racine die herbe Kritik seiner Feinde nicht mehr ertragen konnte, führten die Pensionärinnen dieses Klosters, die Schützlinge der Frau von Maintenon, vor ihr und Ludwig XIV. und seinem Hofe

Racine's Tragödien auf. Leicht möglich bot schon siebenhundert Jahre früher das Kloster Gandersheim, so entschieden anders auch der Charakter der Zeit und der Personen, doch eine ähnliche Szene. Die jungen Fräulein, welche dort erzogen wurden, waren gewiss vor Freude und Unruhe ausser sich, wenn sie sich rüsteten, vor dem kaiserlichen Hofe Hrotsvith's Stücke darzustellen. Ihr Publikum hörte aus dem Latein, in welchem diese Dramen vorgetragen wurden, eher als wir jetzt heraus, was die Dichterin sagen wollte. Denn ihr Latein ist kein klassisches, sondern es sind deutsche Redensarten, wiedergegeben in lateinischen Worten. Um Hrotsvith's Stil nicht hölzern und trocken zu finden, müssen wir ihn zurück übersetzen in unsere Umgangssprache. Dann empfindet man sofort, welche Kraft und Gluth ihren oft nur zu kurzen Sätzen innewohnt. Im zehnten Jahrhundert suchte Jeder, der auf Bildung Anspruch machte, etwas Latein zu erhaschen, aber es war auch danach. Man wird dabei an die lateinische Verkehrsweise erinnert, wie sie noch vor nicht langer Zeit in Ungarn gebräuchlich war. Die todte Sprache wurde wieder flüssig, und man bildete Worte und Redensarten, vor denen sich jeder römische Redner und Dichter entsetzt hätte. Hrotsvith schreibt ein noch verhältnissmäßig reines Latein, welches von einem genauen Studium der Klassiker Zeugniss gibt.

Denken wir uns also in die grosse Klosterhalle hinein. Der Kaiser mit seinen Rittern und Gelehrten, die Nonnen und die adligen Frauen der Umgegend sitzen vor einer Bühne, welche höchst einfach durch Teppiche gebildet wird, in die Thüren und Fenster drängen sich Dienstleute und Volk. Prolog tritt auf und verkündet:

Hier werde die wunderbare Geschichte der christlichen Fürstin Drusiana gegeben und des edlen Jünglings Calimach, der noch ein Heide war, in Ephesus zur Zeit des heiligen Johannes, wie es geschrieben stehe in der apostolischen Geschichte des Abdias.

Erste Szene.
Calimach (tritt auf mit seinem Gefolge.)
Calimach. Nur wenige Worte, Freunde!
Freunde. Wir stehen Dir und schwatzen so viel du willst.
Calimach. Nehmt Ihr's nicht übel, möcht' ich, gingen wir derweil bei Seite.
Freunde. Was Dir gefällt, soll recht uns sein.
Calimach. Ganz insgeheim möcht' ich Euch sprechen, wo uns Keiner kommen oder stören kann.
Freunde. Alles was Dir beliebt.

Zweite Szene.
(Sie gehen beiseit.)
Calimach. Qualvoll leid' ich lange Zeit, nur euer Rath, so hoff' ich, kann meine Schmerzen lindern.
Freunde. Das versteht sich; was den einen trifft, das ist als wär's uns allen gleich geschehn, sei's auch was es will.
Calimach. Ach könntet Ihr durch Mitleid auch, was ich leide, theilend mir zertheilen.
Freunde. Heraus denn, was Dir ist, und thut es Noth, so theilen wir ehrlich, — wo nicht, so stärken wir Dir deinen Muth, der ja in Stücke geht.
Calimach. Ich liebe.
Freunde. Nun, was denn?
Calimach. O schön ist's, schön und köstlich.
Freunde. Das ist nicht einer, sind nicht alle, — das lehrt uns dein geliebt Atom nicht kennen.
Calimach. Ein Weib ist's.
Freunde. Was? Du liebst sie alle mit einander?
Calimach. Ja spottet nur, — es ist doch nur eine ganz allein.
Freunde. Sprichst Du von Jemand, muss es ein bestimmter Jemand sein. Drum, sollen wir deinen Umstand kennen, sag, was ist der Kern?

Calimach. Drusiana.

Freunde. Wie? — die Frau von unserm eigenen Fürsten Andronich?

Calimach. Wisst es denn, sie ist's.

Freunde. Ach Freund, da bist Du auf der falschen Fährte, — die ist Christin geworden.

Calimach. Was kümmert mich ihr Glaube! Kann ich nur ihre Liebe erringen.

Freunde. Das lässt Du wohl bleiben.

Calimach. Ihr traut mir nicht, warum?

Freunde. Das Ding ist Dir doch wohl zu schwer.

Calimach. Bin ich denn der erste, der ein Weib geliebt? Wie oft schon galt es: Wagen gewinnt.

Freunde. Hör', Bruder, die, für welche Du glühst, folgt des Johannes, des Christenlehrers Glauben und hat sich völlig Gott geweiht, so sehr dass sie schon längst des Gatten Lager meidet, des Andronich, und der ist doch ein ganzer Christ! Wie soll denn Die eingehen auf Dein wildes Spiel!

Calimach. O Trost hab' ich von Euch verlangt, und die Verzweiflung stosst Ihr mir in's Herz.

Freunde. Was hilft's zu bergen und zu trügen? Sollen wir Dir Schmeicheleien vorbringen und die Wahrheit verkaufen?

Calimach. So geht nur, lasst mich ohn' Hülf' und Rath. Zu ihr selbst will ich, in ihre Seele strömen der Liebe Gluth und Lust.

Freunde. Du fängst sie nicht.

Calimach. Dann will ich verderben.

Freunde. Man wird's erleben.

Dritte Szene.
(Gemach der Drusiana. Calimach tritt ein.)

Calimach. Zu Dir, Drusiana, sprech ich offen, o meines Herzens Heissgeliebte!

Drusiana. Du machst mich lachen und verwundern, Calimach, kommst Du mir her mit solchen feierlichen Reden.

Calimach. Du wunderst Dich?

Drusiana. Ja wahrlich sehr.

Calimach. Dass ich Dir erst von Liebe sprechen müsste?

Drusiana. Was denn von Liebe?

Calimach. Ach dies, dass ich unsäglich lieb' nur Dich.

Drusiana. Bist Du denn mein Verwandter? Oder zwingt ein anderes Gebot der Ehre Dich zu meiner Liebe?

Calimach. Ach dass Du so schön bist!

Drusiana. Dass — ich so schön bin?

Calimach. Ja, das ist es.

Drusiana. Was geht das Dich denn an?

Calimach. O Schmerz, noch wenig! Doch soll ich nimmer hoffen, dass einst von deiner Schönheit mir ein Hauch gehöre?

Drusiana. Jetzt fort mit Dir, fort Schandbube! Ich schäme mich, nur einen Augenblick mit Dir noch Worte zu mischen, denn Du bist voll, das weiss ich jetzt, voll Höllenlist.

Calimach. Meine Drusiana, verstoss' mich nicht. Meine ganze Seele hängt an Dir, sie lebt von deiner Liebe. Gewähre mir der Liebe Wonne.

Drusiana. Dein buhlend Wort, wie Windhauch fliegt es von mir ab, ein Abscheu ist mir deine Lüsternheit, ja ich verachte Dich ganz und gar.

Calimach. Soll ich Dir zürnen? Nein, denn dass auch Dir ein Mitgefühl in's Herz schleicht, erröthest Du vielleicht nur, mir zu gestehen.

Drusiana. Unwillen weckt mir deine Thorheit und nichts anderes!

Calimach. Du änderst noch, so hoff' ich, diesen Schluss!

Drusiana. Nein nimmermehr, darauf verlass' Dich.

Calimach. Und doch vielleicht?

Drusiana. O Verblendeter, Rasender! Was täuschest Du Dich! Was betrügst Du Dich mit eitlem Hoffen! Durch

welche Kraft, durch welchen Wahnsinn, denkst Du, wich
ich deiner Thorheit, — ich, die schon längst ein Gelübde
scheidet selbst von des Gatten keuschem Lager?

Calimach. Bei allen Göttern und Menschen! Ergibst
Du Dich nicht, nicht ruh'n will ich, nicht rasten, bis durch
List oder Gewalt Du mein bist. (ab.)

Vierte Szene.
Drusiana (allein).

Weh mir, weh! O Herr Jesu Christe, was half es nun,
dass ich gelobte, nur Dir allein zu weihen Leib und Seele,
da meine Schönheit diesen Rasenden bethört. Sieh, o Herr,
auf meine Angst, sieh, welche Qual ich leide. — Was soll
ich thun? was muss geschehn? Ich weiss es nicht. — Verrath'
ich ihn, bin ich die Schuld an blutiger Fehde, — und
will ich's hehlen, wie widersteh' ich seiner Teufelslist, bin
ich von Dir verlassen. — Herr, ruf' mich ab zu Dir, tilg'
mich vom Boden weg, dass nicht Verderben ich dem zarten
Jüngling bringe. (Sie stirbt.)

Man sieht schon aus diesem Bruchstücke, — und es
ist lange nicht das schönste in Hrotsvith's sechs Schauspielen,
— dass sie wohl dichterische Kraft genug hat, in
den engsten Rahmen weniger Worte ein gewaltiges Spiel
von Leidenschaften zu stellen. Wie ächt weiblich ist z. B. in
der Drusiana erst der heitere Spott, dann die ernstere Mahnung,
die sie dem Unglücklichen entgegenstellt, darauf ihre
eigene plötzliche Verwirrung, weil sie so schön sei, endlich
die ausbrechende Entrüstung, die sich zuletzt doch wieder
in das tiefste Mitleid verwandelt. Wie zart und geschickt
hat die Dichterin angedeutet, dass ihre Heldin, um gefährliche
Lockungen sich aus dem Herzen zu reissen, — denn
auch ihr war Calimach nicht gleichgültig geblieben, — nach
der Sitte ihrer Zeit zu einem strengen Mittel gegriffen und
von jedes Mannes Liebe sich geschieden hatte.

Während nun Drusiana von Angst und Liebe gefoltert den Tod herbeiruft, tritt ungesehen ihr Gemahl, der Fürst, herein; er ist vor Schmerz ausser sich, als er sie todt hinfallen sieht; besonders kränkt es ihn, dass Drusiana ihn nicht zum Vertrauten ihres Kummers gemacht hat. Der herbeigerufene Apostel Johannes, der die Familie bekehrt hat, tröstet ihn mit milden und erhabenen Worten. Drusiana wird in einem Grabgewölbe beigesetzt, und die Obhut desselben dem Haus- und Hofmeister Fortunat übergeben. Dieser Fortunat ist nun der finstere Dämon in dem Drama, gleichwie in so vielen deutschen Volksstücken der Charakter des falschen Freundes und teuflischen Rathgebers auftritt. Calimach's Leidenschaft ist durch den Tod der Geliebten nicht gelöscht, die Todte zieht ihn nach in's Grab, er besticht den Fortunat, dass er sie ihn noch einmal sehen lasse. Dieser stachelt seine Leidenschaft noch mehr an, sie erbrechen das Gewölbe, Fortunat zeigt ihm, wie Drusiana noch so frisch und schön, als ob sie lebe, und gibt ihm einen Rath, wie er von seiner Qual frei werde. Der Wahnsinnige fasst Drusiana in seine Arme, da fällt eine grosse Schlange zerfleischend über die Frevler her, und Calimach sieht einen Jüngling mit schrecklichem Antlitz, der ihm zuruft: »Stirb, wie du lebtest.« Jetzt kommen Johannes und Andronich, der Apostel erkennt in dem himmlischen Jüngling Christus, der ihm die Kraft gibt, Drusiana und Calimach zu erwecken, und dann wieder verschwindet. Andronich's Gemahlin und Calimach stehen wieder auf, der Letztere, von tiefster Reue ergriffen, begehrt Christ zu werden, Johannes tröstet den Umgewandelten mit den lieblichsten Worten. Auf Drusiana's Fürbitte erhält auch sie die Gnade, den Fortunat wieder zu erwecken. Dieser aber geräth in Wuth, als er hört, dass er Drusiana sein Leben verdanke und Calimach ein seliger Christ geworden. Da ruft er: lieber, als dass er sie alle vor seinen Augen rein und selig sähe, wolle er freiwillig von der Welt gehen. Er fällt wieder hin, die Schlangenbisse schwellen an und er wälzt sich röchelnd am Boden. Das Stück schliesst mit dem Hinweis: dass jeder Sünder durch wahre Buße Gnade finde, nur nicht der höllische Neid. —

Mit ihren Dramen hielt Hrotsvith lange schüchtern zurück. Nur ihre vertrauten Freundinnen wussten davon, und Diese hielten die Sache doch für zu gefährlich. Denn es war ja zu unerhört, dass eine sächsische Klosterfrau dem Terenz Schauspiele in seiner Sprache nachdichten wollte. Hrotsvith war, das erzählt sie selbst, nahe daran, die ganze Sache aufzugeben: da nahmen, wahrscheinlich auf Gerberg's Veranlassung, drei ausgezeichnete Gelehrte, wie sie am Hofe der Ottonen ja niemals fehlten, Einsicht von den Gandersheimer Stücken und sprachen freudig überrascht sofort und laut ihre Bewunderung aus. Jetzt trat Hrotsvith, — »wie ein Rohr sich beugend vor der Gunst und Bitte dieser Hochgeehrten« — öffentlich mit ihren Dramen hervor. Öfter spricht sie selbst davon, dass sie eine schaffende dichterische Kraft in sich hege; aber immer setzt sie voll kindlicher Demuth hinzu, diese himmlische Gabe sei ihr nur verliehen, damit sie dieselbe gebrauche zur Ehre Gottes und zum Heile der Menschen, denn durch eigenen Fleiss und Willen vermöge sie gar wenig. Den ersten Dramen folgten noch drei andere, in welchen sie sich freier gehen liess und von der Legende, welche sie ihren Stücken immer zu Grunde legt, häufiger abschweifte, um die Charaktere menschlicher zu entwickeln und die Handlung deutlicher und lebhafter vorzuführen.

Es ist nun schon öfter die Frage aufgeworfen, ob diese Stücke wirklich für die Bühne bestimmt waren? Sie stehen allerdings so auffallend und so einsam da in früher Zeit, dass die Thatsache ihrer Aufführung gar wenig in die Geschichte der dramatischen Entwickelung hineinpasst, wie sie gewöhnlich gegeben wird.

Der Zweifel gründet sich vor allem in dem Anstosse, ob solche Stücke, welche manche Szenen der bedenklichsten

Art enthalten, in einem Nonnenkloster dargestellt werden konnten. Nun, wenn eine Klosterfrau sie schreiben konnte, so werden auch wohl ihre Mitschwestern sich nicht entsetzt haben, sie anzusehen. Unsere Zeit kann sich nur nicht recht vorstellen, wie im Beginne des Mittelalters sich noch etwas von altgermanisch derber Lustigkeit und Offenheit mischte in die ehrlichste Andacht und Frömmigkeit. Man denkt nicht an jene Kapitularien, worin damals dem Volke wiederholt geboten wurde, es solle seine ausgelassenen heidnischen Spiele in den Kirchen und auf den Gräbern abstellen, und die Klosterfrauen sollten nicht mehr schreiben und sich zuschicken Winileodes, jene Mädchenlieder überlustigen Inhalts. Hrotsvith scheut sich gar nicht, das rohe Irdische darzustellen, aber auch über solche Szenen giesst sie noch den stillen Glanz ihrer eigenen reinen Seele. Immer steht bei ihr hinter all den Lastern und Possen ein religiöser Hintergrund, vor dessen Erhabenheit das menschliche Thun zusammen schwindet.

Bühnengerecht aber waren Hrotsvith's Stücke. Die sinnlich anschauliche Darstellung ist das Hauptgesetz darin. Was auf der Bühne vorzuführen unmöglich war, das lässt sie erzählen oder ersetzt es dadurch, dass sie eine verwandte Stimmung hervorruft. Um die Handlung in ihren Hauptheilen anschaulich zu machen, schafft sie Personen und Szenen, welche die alte Legende nicht kennt. Stände, Sitten und Gebräuche, Gespräche und Redensarten sind ihrer Umgebung angepasst. Treten neue Personen auf, so vergisst die Dichterin nie, dass sie noch besonders den Zuhörern genannt werden. Ebenso regelmässig wird die Zeitveränderung angedeutet, dagegen fast niemals der Orts- oder Trachten-Wechsel oder irgend anderes, was von selbst der Zuschauer auf der Bühne sah. Das alles würde uns zur Annahme nöthigen, dass Hrotsvith's Stücke für die Bühne geschrieben waren, wenn auch nicht sonst manche Einzelheiten in Wort und Ausdruck bezeugten, dass die Darsteller zum Publikum sprechen sollten.

Wäre aber auch nie eines von Hrotsvith's Stücken aufgeführt, sie würden dennoch das hochwichtige älteste Denkmal bleiben in der Geschichte des modernen Dramas. Sie zeigen uns bereits auf das Deutlichste jene Stoffe, welche uns, freilich für Jahrhunderte später, die Forschung im ältesten Drama der romanischen wie der germanischen Völker nachgewiesen hat. Es sind die Mysterien und Moralitäten oder die Feier religiöser Akte und Vorschriften durch szenische Darstellung; ferner die Posse, an welcher sich die Vornehmen nach der Tafel, und das Volk auf der Strasse und im Wirthshause belustigen; endlich die Versuche, heroische Vorgänge sich anschaulich vorzuführen. Bei Anknüpfung von Hrotsvith's Stücken an Einzelnes, was uns in Kapitularien, Volksgesetzen und Biographien berichtet ist, ergibt sich mancher Fingerzeig, die ersten Spuren solcher Art Schauspiele aus dem germanischen Alterthum herzuleiten. Eine Nonne im zehnten Jahrhundert aber wagte es, im Hinblick auf ein antikes Vorbild, aus Demjenigen, was zu ihrer Zeit an dramatischen Anfängen und Formen vorhanden war, ein Ganzes zu bilden und es zugleich in eine viel höhere Sphäre zu erheben. Ebenso hatte Hagius aus den rohen Aufführungen über den Gräbern, die bei dem Volke noch aus dem Alterthum her im Gange waren, Form und Antrieb genommen, um mit nicht unkünstlerischem Sinne das Wechselgespräch der Geschwister bei dem Tode Hathumod's, der ersten Äbtissin von Gandersheim, zu dichten.

Der Unterschied besteht also zwischen den ersten dramatischen Anfängen bei andern neueren Völkern und dem Drama der Hrotsvith, dass dieses nicht blos um so viel älter ist, sondern dass die Gandersheimerin es schon versucht, ihre verschiedenen Stoffe künstlerisch zu bewältigen, und durch eine höhere Idee, durch die religiöse Verklärung, ihren Stücken eine innere Einheit und Grundstimmung zu geben. Jedes ihrer Dramen aber hat seinen eigenthümlichen Charakter. Auffallend genug finden wir darin bereits

den Kern und Ausdruck fast all der verschiedenen Arten
der späteren dramatischen Literatur: das historische Drama,
das geistliche und das lehrhafte Schauspiel, die Posse, das
Drama der Liebe neben dem sentimentalen Familienstück,
auch die Verflechtung des Komischen mit dem Tragischen.
Mit derselben Freiheit der Gestaltung liess sie sich nicht
befangen von der strengen Einheit in Handlung, Zeit und
Ort, wie das antike Drama sie vorzeichnete, sondern ganz
wie im ältesten englischen Schauspiel, treffen wir schon
so viel früher bei Hrotsvith auf ein Gedränge von Szenen
und Handlungen, auf ein Verknüpfen verschiedener Orte
und Zeiten in einem und demselben Stücke. Ihr Drama
»Gallicanus« z. B. beginnt im Audienzsaal des Kaisers,
spielt darauf in den Gemächern der Prinzessin, dann auf
einem öffentlichen Platze in Rom, dann auf einem Schlachtfelde in Thrazien, wo uns der ganze Gang der Schlacht
vorgeführt wird; dann kehrt das Stück nach den Plätzen
und Palästen in Rom zurück, und erhält endlich in einem
zweiten Theile, der fünf und zwanzig Jahre später spielt,
seinen Abschluss. Ohne Zweifel hatte Hrotsvith für einen
solchen Szenenwechsel Vorbilder, wenn gleich noch sehr
rohe, in den dramatischen Aufführungen, an denen sich zu
ihrer Zeit das Volk noch ergötzte.

Einen besonderen Fleiss verwendet unsere Dichterin auf
Stellung und Tonweise der Worte. Ihre heimische Sprache
machte den Hauch und Klang gleichsam zur Seele der
Worte, sie vermählte das leise innige Gefühl ebenso wie
das bewegte Tosen der Leidenschaft mit dem körperlichen
Ton und Schall der Sprache, — Hrotsvith suchte dieser
Eigenart ihrer Muttersprache auch im Lateinischen gerecht
zu werden. Selbst ihre sämmtlichen Dramen und Vorreden
sind durchgereimt. Es ist dies freilich nur jene sogenannte
Reimprosa, in welcher man sich ehemals bemühte, die
Stücke, welche für den feierlichen Vortrag bestimmt waren,
auszuschmücken und satzweise in's Gehör fallen zu lassen.
Hrotsvith versucht nicht selten, schon ganz moderne Verse

zu bilden. In der alten Handschrift ihrer Werke sind die einzelnen Versglieder wohl markirt[1]. Auch im Alliteriren oder Anlauten sucht unsere Dichterin häufig durch die unmittelbar sinnliche Wirkung der Worte den Eindruck zu verstärken[2].

Warum wir von allem dem in unseren Literaturgeschichten so wenig vernehmen? Ja, warum hat Hrotsvith das Unglück, für uns eine Deutsche zu sein! — Doch vielleicht hatte sie gar keinen Einfluss auf die dramatische Kunst? Vielleicht verschwand sie wieder wie ein flüchtiges Meteor, das keine Spur hinterlässt? — Ich glaube eher, die verachtete Mönchsliteratur, und wie sie einwirkte auf die keimenden Literaturen der Völker in ihren nationalen Sprachen, diese Erscheinung ist noch lange nicht gründlich erforscht. Schon Andern ist es aufgefallen, dass hin und wieder eine Stelle im Shakespeare an Hrotsvith erinnert. Wir wissen nicht, ob die Werke der Nonne von Ganders-

---

[1] Z. B. Aus dem Dulcitius.
    Frustra sudamus
    In vanum laboramus
    Ecce vestimenta
    Virgineis corporibus inhaerent velut coria.

Aus dem Calimachus.
    Nam nimium confundor
    Cordetenus contristor
    Anxio
    Gemo
    Doleo super gravi impietate mea.

Aus dem Abraham.
    Fortunate Maria
    Laetare quia
    Non solum ut hactenus tui coaevi
    Sed etiam senio jam confecti
    Te adeunt
    Te ad amandum confluunt.

[2] Aus den Gesta Oddonis.
V. 582. Clausam carceris claustris servare cubilis.
V. 696. Alpibus accinctas altis intraverat oras.

heim, deren Gedicht vom Pelagius z. B. in Spanien berühmt wurde, auch nach England kamen, — wir können auch nicht mehr enträthseln, ob und was von ihren Dramen Shakespeare vorlag, vielleicht in Bruchstücken, welche hundertmal von Andern verändert waren, die sie für ihre Arbeiten benutzt hatten, — die Ähnlichkeit aber zwischen Shakespeare's Romeo und Julia und Hrotsvith's Calimachus kann nicht rein zufällig entstanden sein. In beiden Stücken sehen wir zuletzt in ein erbrochenes Grabgewölbe hinein: auf dem Grabe liegt eine schöne Frauenleiche, zu ihren Füssen zwei Männer todt um die Liebe jener Frau; herein treten hier der Apostel und der Fürst, dort der Eremit und der Prinz, beide Gruppen von denselben feierlichen Gedanken bewegt. Das ist schon merkwürdig, auffällig aber wird die Sache, wenn wir von beiden Stücken den Eingang vergleichen. Romeo tritt ganz so melancholisch, ganz so die Entdeckung seiner Liebe fürchtend auf, wie Calimach, durchaus in ähnlicher Weise fragen lustige, aber herzliche Freunde Beiden ihr Geheimniss ab. Romeo antwortet erst: »Ich liebe«, — dann: »Ich lieb ein Weib«, — dann: »Und die ich lieb, ist schön«, darauf kommt die Rede auf der Geliebten Keuschheitsgelübde, und endlich schliesst Romeo: »Und dies Gelübde ist Tod für Den, der liebt nur, weil er lebt«. Finden wir nicht einen ähnlichen Gedankengang, ja theilweise dieselben Worte in den ersten Szenen des Calimach?

Doch wir wenden uns zum letzten Lebensabschnitte der Dichterin. Die Zeit der Leidenschaften des Herzens liegt hinter ihr, jetzt ist sie nur erfüllt von den drei grossen Mächten des Trostes und der Stärke, — von Religion, Wissenschaft, Vaterland. In ihrem letzten Drama stellt sie in den Vordergrund die gewaltige Macht, welche die Erkenntniss der Weltallgesetze verleiht gegenüber allen irdischen Leiden und Lockungen, und schliesst mit einem hehren Siegesgesange über die Erhebung des endlichen Seins in das Unendliche.

In ihren letzten Stücken, — sie hatte deren Zahl, gegenüber der sechs des Terenz, auch auf sechs gebracht, — webte sie mit Vorliebe nicht blos Sentenzen und Sittensprüche ein, die von einem freien und edlen Geiste zeugen, sondern auch gelehrte Auseinandersetzungen, oder, um wieder ihren eigenen Ausdruck zu gebrauchen, »die Fäden und Flocken, welche sie von dem Gewande der Philosophie gepflückt hatte«. Fällt es nun heutzutage schon hart, den Gesängen und Gebeten und Märtyrergeschichten, wie sie Hrotsvith's Bühne darstellt, Geschmack abzugewinnen, so muss man sich vollends zwingen, bei ihren philosophischen Vorträgen nicht die Geduld zu verlieren. Bei diesen scheint die Erfahrung nicht Stich zu halten, dass, wer sich mit Hrotsvith's Dichtungen ernster beschäftigte, sich noch jedesmal durch einen seltsamen tieferen Reiz gefesselt fühlte, während sie langweilig erscheinen, wenn man sie nur obenhin ansieht. Jene Kathederweisheit aber, die sich über die grosse und kleine Welt, über deren Elemente und Gegensätze, über die Natur der Sphärenharmonie und der irdischen Musik, über die Dreieinheit und die vielen dunkeln Zahlenräthsel ergeht, kommt uns im Drama nie anders, als recht trocken vor. Und doch haben diese kleinen Bruchstücke Werth für uns. Sie zeigen, wie die Wissenschaft jener Zeit, wo die Gelehrten nicht blos Bücher schrieben, überall in die gebildeten Kreise eindrang. Auch in Hrotsvith arbeiteten fruchtbar jene Ideen, in welchen man in der ewigen Harmonie seiner Gesetze den Kosmos zu begreifen suchte, das grosse Weltall, dessen feste vorherbestimmte Gliederungen ebenso als eine unmittelbare Offenbarung Gottes erschienen, wie man die ganze antike Welt mit allen ihren Werken und Schriften betrachtete als eine Vorbedeutung der christlichen. Jenem grossen geistigen Strome, den man bei Bonaventura wie bei Dante nimmer ausschöpft, fliesst auch in der Hrotsvith ein Brünnlein zu. Sie aber wollte durch die Gelehrsamkeit, welche sie in ihren Dramen aufwandte, gewiss nicht blos glänzen, sondern den Stücken, in denen sie ihre höchste sittliche und religiöse Weltanschauung aussprach, eine grössere Tiefe und Stärke geben durch Voranstellung der Harmonie und Symbolik des Weltganzen.

Abgesehen aber von dem poetischen, religiösen und etwaigen philosophischen Gehalte bleiben uns Hrotsvith's Dichtungen besonders werthvoll als ein natürliches Spiegelbild ihrer Zeit. Sie führen uns in die damaligen Pfalzen und Burgen, Hof- und Gerichtssäle, in die Klosterschulen und Einsiedlerzellen, auf die Märkte und in die Wirthshäuser. Hrotsvith hatte, wie jeder ächte Dichter, einen hellen Blick für historische Vorgänge. Diese Gabe erkannten in ihr auch Gerberg und Erzbischof Wilhelm von Mainz. Mit dem letztgenannten, in Otto des Grossen späterer Zeit hochbedeutenden Manne stand unsere Dichterin im nahen Verkehr, ebenso mit vielen anderen berühmten Gelehrten. Denn auch über ihrer Stirne glänzte jetzt unzerstörbar der Dichterruhm. Der junge König Otto war jedesmal der Erste, der ihre neuen Gedichte lesen wollte. Kaum dem Knabenalter entwachsen, überraschte dieser feingebildete Prinz durch sein gescheidtes Urtheil, und seine liebe Hrotsvith durfte zu ihm wie eine ältere Freundin ein herzliches Wort sprechen, wenn er sie, wie sie sagte, mit seinen hellen Augen anblickte. Auf seinen Antrieb, dem Gerberg und Erzbischof Wilhelm auf das Lebhafteste zustimmten, begann Hrotsvith ein historisches Gedicht von ihres grossen Zeitgenossen, des Kaisers Otto, Thaten, welche jedes deutsche Herz damals mit Stolz und hohem Muthe erfüllten.

Es war keine leichte Arbeit, die sie unternahm. Sie sollte eine stürmische reich erfüllte Zeit von mehr als einem Menschenalter schildern, — denn sie schrieb dies etwa fünf Jahre vor Otto I. Tode, — und sie hatte nicht einmal schriftliche Quellen vor sich. Sie musste alle Thatsachen erst von Gerberg, von deren vertrautem Freunde dem Erzbischof Wilhelm, und von anderen Hof- und Kriegsmännern erfragen, und dann selbst erst Zeitfolge und Zusammenhang hineinbringen. In der Vorrede an Gerberg sagt sie: »Eine grosse Last habt Ihr mir auferlegt, dass ich des erhabenen Kaisers Thaten, welche ich nicht einmal im Anhören je könnte vollständig sammeln, in poetischer Form schildern soll. Welche Schwierigkeit bei dem mühevollen Fortarbeiten meiner Unkunde entgegenstand, könnt Ihr selbst ermessen; denn ich fand diese Thaten weder früher aufgeschrieben, noch konnte ich sie aus mündlichen Berichten klar und hinlänglich hervorlocken. Einem Wanderer vielmehr war ich gleich, der durch unbekannte weite Waldgründe gehen soll, wo von Schneelasten verhüllt ist aller Weg und Steg. Da irrt er ohne Führer und blos den Andeutungen folgend, die man obenhin ihm gab, bald auf Abwegen, bald stösst er wieder unvermuthet auf die Spur des rechten Pfades, bis er endlich im tiefen Walddickicht zu dem ersehnten Platze gelangt, wo er ruhen kann. Dort hält er ein und wagt nicht eher, weiter zu gehen, als bis Jemand herankommt, der ihn leitet, oder bis er eines Vorgängers Fussstapfen folgen kann. Gerade so habe auch ich, da ich ein weites Gebiet voll herrlicher Dinge betreten musste, es bei der Vielfältigkeit der königlichen Thaten wankend und schwankend mit grösster Mühe durchwandert. Jetzt bin ich überaus müde davon und schweige ruhend an der rechten Stelle, und gehe nicht weiter, um mich auch auf die Höhe der kaiserlichen Herrlichkeit zu begeben. Erst wenn ich von ausgezeichneten Erzählern durch vielberedte Darstellungen, welche vielleicht schon geschrieben sind oder doch wohl bald geschrieben werden müssen, wieder ermuthigt bin, dann werde ich vielleicht erlangen, wodurch mein bäurisch Wissen und Können etwas verschleiert wird«.

Die letzten Worte sind eine scharfe Mahnung an die vielen Schriftsteller am kaiserlichen Hofe, endlich in würdiger Weise die Geschichte des grossen Otto zu schreiben, wenigstens von da an, wo er den Kaiserthron bestieg und der ganzen Welt angehörte. Denn mit Unwillen musste es Hrotsvith erfüllen, dass noch Keiner daran gedacht hatte und sie, eine harmlos dichtende Frau, die erste war, welche ein solches Werk unternahm. Sie fühlte und erkannte die Grösse ihrer Zeit und deren ungeheure Aufgabe, ihre Seele hob sich im Hinblick auf die Thaten ihres Volkes, aber auch durch ihr Herz drang die bittere Erkenntniss, welche sie in den Worten ausspricht: »O welch ein ruhiges lachendes Zeitalter könnte dem Reiche unseres Volkes blühen, das Glück genug hat und von einem weisheitsvollen Könige regiert wird, wenn nur nicht des alten Dämons schlimme Tücke unseren heitern Frieden zerrisse mit tiefangelegtem Truge! Denn stehen wir siegreich auf den Waffen der Fremden, dann bricht unter den Unsrigen plötzlich wilder Streit aus, und der Bürgerkrieg schlägt dem treuen Volke mehr Wunden, als wenn noch so häufig Kriege mit mehreren Völkern zugleich zusammentreffen«. —

Hrotsvith's epische Dichtung lässt sich nicht vergleichen mit dem persischen Heldenbuche, das Firdusi im selben Jahrhundert dichtete. Sie hatte die Thaten ihrer Mitlebenden zu schildern zu einer Zeit, wo die Parteiungen, die so schrecklich gewüthet hatten, zwar beschwichtigt, aber die Kämpfer, welche in diesen Kriegen das Schwert der Empörung und der Rache geschwungen, noch nicht zur Ruhe gegangen waren. Und die Ersten, welche Hrotsvith's Buch lesen sollten, waren der Kaiser, Gerberg, der junge König Otto, Erzbischof Wilhelm, all die hohen kaiserlichen Verwandten und der ganze Hof! Nichts war ihr weniger erlaubt, als dichterisch frei zu gestalten und abzurunden, — sie musste reine Thatsachen geben. Allein wie konnte sie Alles sagen, ohne auf das Härteste anzustossen? Wie durfte sie unter den Augen Gerberg's all die wilden Empörungen und Ränke schildern, in welche sich deren Vater, Herzog Heinrich, im Kampfe mit seinem Bruder, dem Kaiser, gestürzt hatte, ohne dass sie ihre verehrteste Freundin auf's Tiefste verletzt hätte? Mit Lust aber zu schmeicheln und die Wahrheit zu verfälschen, dazu fühlte Hrotsvith viel zu ehrenhaft, dazu hielt sie sich selbst zu hoch. Blose Denkwürdigkeiten oder eine diplomatisch abgemessene Chronik in gereimten Hexametern wollte unsere Dichterin auch nicht schreiben, die Poesie sollte die Helden verherrlichen, die Gelehrten sollten wissen, dass Hrotsvith nicht blos die alten Schauspiele mit Nutzen gelesen. Also schlug sie mit ebenso viel Takt, als mit jenem wahrhaft historischen Sinne, der sich schon in ihren Dramen und Legenden kundgiebt, ihren eigenen Weg ein. Sie zeichnet weniger die Thatsachen, als die Charaktere, weniger den ursachlichen Zusammenhang der Ereignisse, als den grossartigen historischen Hintergrund, auf welchem sich alles Einzelne bewegte, die gewaltige weltgeschichtliche Strömung. Sie hält dem Kaiserhause den erhabenen Beruf vor, welchen es von Gott empfangen hat, und welchem all seine Mitglieder voll heiligen Ernstes dienen müssen, gleichwie sie selbst ihm dient mit ihren Gebeten. Daher ist in ihrer historischen Dichtung eine wohlthätige Ruhe und Klarheit, die nicht blos den Geschichtsforscher anmuthet, daher das psychologische Interesse, das sie für ihre Helden und deren Kämpfe und Leiden zu erwecken weiss.

Wie treffend zeichnet sie z. B. den Gegensatz zwischen des Kaisers beiden Gemahlinnen! Von der angelsächsischen Edith heisst es: »Ihr heiteres Antlitz voll lichter Reinheit erröthete, wenn herrliche Ehre die königliche Gestalt schmückte, und sie glänzte von Strahlen so lauterer Güte, dass in ihrer Heimath das ganze Volk sie für die beste aller Frauen erklärte, welche damals lebten. Sie stammte aber auch von heiligen Vorfahren, vom hochberühmten Märtyrer König Oswald«. — Ganz anders wird die Italienerin Adelheid geschildert. »Ihr, der Tochter des Königs Rothulf, gab den stolzen Namen der erlauchte Adel der Eltern, denn mit Recht hiess sie Adelheid. Auch sie war herrlich im Schmuck der königlichen Gestalt, und sorgfältig achtend auf ihre persönliche Erscheinung bei würdigen

Anlässen, entsprach sie im Handeln dem königlichen Adel. Ihr Geist war so sehr hervorleuchtend, dass sie vortrefflich ein Königreich regiert hätte«. — Mit ungemeiner Meisterschaft gibt Hrotsvith ein Bild vom Könige Heinrich I. Gerade das musste an ihm hervorgehoben werden, was sie von ihm sagt, nämlich: »Von wie grosser Güte er war, der Reiche an Macht und Ehre, und welch ein treuer König all seinen Völkern, und wie er hervorstrahlt durch hohe Verdienste über alle Könige seiner Zeit, das kann diese kleine schwache Dichtung, die so viele Mängel hat, nimmer würdig genug sagen. Denn unerbittlich war er den Gottlosen, doch freundlich den Gerechten, mit grösstem Eifer haltend auf Recht und Herkommen, jeglichem Verdienst seinen vollsten Lohn gewährend. Ihm hatte der König des Friedens, Christus, vom Himmel herab inneren Frieden gegeben durch all die Zeit seines Lebens«. — Ergreifend ist ihre Schilderung von seinem grossen Sohne Otto I. während des furchtbaren Bürgerkrieges, in welchem auf allen Seiten so viel verschuldet wurde. Hrotsvith sagt hier im Wesentlichen Folgendes: »Tüchtige Männer mögen einst all seine Kriege und Nöthe erzählen, ich bewohne die einsame stille Zelle und kann nur betrachten die himmlische Macht, welche dem Ringenden verleiht die edle Kunst der Dichtung, den König aber rettet aus tausend Gefahren. Denn als er umringt war von feindlichen Haufen und tief schmerzlich darüber litt, dass so viele der Seinigen ihn verliessen, und er selbst den wenigen Treuen nicht mehr wagte sein Leben zu vertrauen, sondern nur glaubte, der Tod stände ihm vor den Augen: da siegte er durch den Hort der himmlischen Hülfe wunderbar über die blutigen Haufen und grimmigen Ränke. Wenn er aber im Wogen des unheilvollen Kampfes hörte, dass seine Genossen tödtlich getroffen, dann rief er erschüttert im tiefsten Innern wie einst König David: »Sieh, o Herr, ich bin der Schuldige, ich verdiene deine Rache, — doch was thaten die Schuldlosen, dass auf sie die feindliche Gewalt presst!«

Doch seine Treuen wurden verschont, und die Feinde verdarben elend am selben Tage, wo sie sich vermaßen, sie wollten den gesalbten König in Fesseln werfen. Da freute er sich nicht, sondern trauerte über den Tod solcher Helden. Und als fröhlich seine siegreichen Genossen kamen und sein Gesicht bethaut sahen von Thränen, da sprachen sie tadelnd: nicht passe zur Siegesfeier die Trauer, denn Gottes Urtheil habe die gerechte Sache befreit von Noth und Trauer. Und sie nöthigten den König, sich zu mischen in den Jubel seines siegreichen Heeres; aber während sein Antlitz milde lächelte, herbergte er heimlich tiefe Trauer im Herzen und dankte aus innerstem Gemüthe dem Erlöser, dass er ihn seinen Feinden nicht zur Beute gegeben«.—

Doch für uns ruht das Hauptverdienst von Hrotsvith's historischer Dichtung in den geschichtlichen Thatsachen, welche sie mittheilt. Sie wusste viel mehr, als sie zu sagen für gut hielt: jedoch was sie gibt, ist noch immer viel und zuverlässig, und um so werthvoller, als wir es nur aus ihrem Werke schöpfen können. Deshalb weiss es jeder Geschichtsforscher wohl zu schätzen. Hrotsvith zeigt sich darin wie kein Anderer vertraut mit der inneren Geschichte des kaiserlichen Hauses, und sie bewährt zugleich, namentlich wo sie zwischen den Zeilen lesen lässt, eine politische Feinheit, welche einen lange geübten Blick in die Welthändel voraussetzt. Vielleicht spielte die geniale Frau auch etwas mit darin. Zu ihrer Zeit hatte ja die Königin-Witwe Mathilde von ihrem Klostersitze aus einmal die Regentschaft geführt, und bald kam jene Epoche, wo drei Frauen, die Kaiserinnen Adelheid und Theophanie und die Äbtissin von Quedlinburg, das Reich verwalteten.

An ihrem Lebensabend schrieb Hrotsvith noch die poetische Erzählung von der Gründung des Klosters Gandersheim. Um das Jahr 970 wurde das Kloster durch Feuer verwüstet, die Kirche lag in brandgeschwärzten Trümmern. Um sich über den traurigen Anblick zu erheben, aber auch, um der Welt und den Schwestern zu sagen, dass der böse

Feind nichts vermöge über die heilige Stätte, versetzt sich die Dichterin in die ersten Zeiten der Stiftung. Hier schildert sie umständlich und liebreich, wie eine ältere Schwester den jüngeren, die wunderbaren Geschichten, welche sich an den geliebten Wohnsitz knüpften. Einige Stellen erinnern noch an ihre frühere poetische Stärke. Diese historische Dichtung ist für den Geschichtsforscher nicht minder von vorzüglichem Werthe; denn Hrotsvith beschreibt auch die sächsische Zeit vor Heinrich I. und hat dazu sorgsam die Urkunden benutzt, welche über die erste Zeit ihres Klosters aufbewahrt wurden. —

Stellen wir zum Schluss Hrotsvith unserer Zeit gegenüber, so hält Einzelnes in ihren Werken den Vergleich aus mit dem Besten, dessen wir uns in der Poesie jetzt erfreuen: das Meiste aber erscheint dagegen nur als Anfänge, deren naive Kraft uns zwar überrascht, die aber, namentlich in den Dramen, noch nicht über die ersten rohen Umrisse hinausgehen. So weit aber der Abstand zwischen ihrer und der jetzigen Kunst, fast ebenso weit, davon geben uns Hrotsvith's Werke ein deutliches Zeugniss, ist der Abstand zwischen der damaligen Sitte und Bildung und der jetzigen. Ich meine damit nicht blos, dass jene Klosterwelt, in der Hrotsvith lebte, für uns untergegangen ist, und dass die dicke Luft der Zelle, welche auch über ihren Dichtungen liegt, für uns unerträglich geworden, — der Abstand liegt auch nicht blos darin, dass die Wissenschaft jetzt einen unendlich reicheren Inhalt gewonnen hat, und dass eben damit von der Vorsehung unserer Zeit auch die Aufgabe gesetzt ist, den Zwiespalt zwischen Wissen und Glauben durchzukämpfen, einen Zwiespalt, von dem Hrotsvith's Zeit auch nicht eine Ahnung hatte, — sondern es ist vor allem dies: Hrotsvith's Werke zeigen uns, wie ihr Zeitalter noch auf der Gränze des alten Germanenthums streift. Das zehnte Jahrhundert stellt, wie keine andere Zeit in Deutschland, eine leuchtende Fülle von christlichen Tugenden, eine Menge von Männern und Frauen auf, welche ebenso wahrhaft heilig lebten, als sie tüchtig wirkten in Staat und Gesellschaft, — aber mitten in diesen leuchtenden Verein stürzen noch, wie aus den Waldgründen damals Wölfe und Bären, so aus dem noch nicht verschlossenen Schooße des Heidenthums entsetzliche Gräuel, Wildheit und Rohheit. Die Sagenforschung unserer Tage hat gezeigt, wie viel noch jetzt von heidnischen Gebräuchen Sitten und Anschauungen sich in den unteren Volksklassen erhalten hat. Solche Wolken sinken langsam aus den oberen Schichten der Gesellschaft nieder, um noch lange Zeit am Boden zu haften, ehe sie ganz verschwinden. Zu Hrotsvith's Zeiten standen diese Wolken noch hoch. Man muss das wohl erwägen, um manches sonst Unbegreifliche in ihren Dichtungen zu erklären, um die nächstfolgenden Jahrhunderte zu verstehen, und einen Wegmesser zu haben für die lange Bahn, welche seitdem die Kultur zurückgelegt hat.

Daran knüpft sich ein anderer Vergleich. Wir sahen, wie im zehnten Jahrhundert sich Alles latinisirte. Die Folge war, dass die gebildete Welt völlig entwurzelt wurde im eigenen Volke. Dieses verlor seine nationale Literatur, und Jene konnte in der fremden Sprache keine neue lebenskräftige Literatur schaffen, der Geist versiegte hier und dort. Daher zeigt das folgende Jahrhundert fast nur geistige Öde und düsteres Bußleben. Aber langsam bauete unterdessen das Ritterthum an seiner staatlichen Gestaltung, keimte eine neue nationale Bildung heran: es folgten die Kreuzzüge, es folgte das erste goldene Zeitalter deutscher Kunst und Poesie. Im Ausgange des Mittelalters schneidet wieder, ganz wie im Beginne desselben, die wiederbelebte antike Kultur tief in unser Leben und Denken ein, es zeigte sich noch lebhafter die Wahlverwandtschaft zwischen dem klassischen Geiste des Alterthums und dem deutschen, nur die Vermählung des deutschen Szepters mit der römischen Kaiserkrone wurde nicht erneuert. Auch damals romanisirte sich wieder die gelehrte Welt mit allem Eifer, oder wie man es nannte, humanisirte sich, wiederum folgte auch im siebzehnten Jahrhundert, gerade wie früher im eilften, geistiger Stillstand und Sittenverwilderung. Dann aber erhielt unsere Nation zum zweiten Male ihre grossen Dichter und Denker. Wenn Diese aber nicht möglich waren ohne jenes zweite erobernde Eindringen der klassischen Kultur, dann werden wir auch würdigen, welches Verdienst Hrotsvith und ihre Mitstrebenden hatten für die Blüthezeit des Mittelalters, und wir werden den Werken unserer ältesten halbvergessenen Dichterin einen kleinen Lorbeerzweig nicht versagen.

Sie verdient ihn wohl um so mehr, wenn wir die deutsche Armuth an bedeutenden Schriftstellerinnen bemerken. Erst in der Zeit Friedrich des Grossen, wo seine Gemahlin eine verständige und seine Lieblingsschwester Wilhelmine sowie die Pfalzgräfin Elisabeth Charlotte eine witzige Feder führten, sehen wir eine Dichterin von hübschem Talent, die Karschin, auftreten. All die Jahrhunderte vorher trifft man höchst selten auf Frauen wie Pirkheimer's Schwester Charitas. Und unser Jahrhundert? Deutschland ist jetzt reich an Frauen, die in der Literatur, namentlich im Romane, glänzen. Allein soviel ihrer sind, Gedichte von solchem Gehalt, wie von der Droste-Hülshof, und so blitzende Einfälle, wie von der Rahel und Bettina, sind doch gar nicht so häufig. Und wo stecken denn die dramatischen Dichterinnen? Ich glaube, sie werden jetzt bald kommen: bisher hielt sie unsere schöne nationale Häuslichkeit zurück.

VI. Kulturhistorische Bedeutung unserer Städte.[1]

An feierlichen Tagen, an welche sich die Weihe und das Andenken der Jahrhunderte knüpft, blickt uns die Geschichte machtvoller und tiefer in die Augen. Dann ist es nicht blos Festjubel und Lebensfreude, was uns bewegt, sondern der eigentliche Inhalt des Tages ist der historische Gedanke. Vor unserm Geiste steht heute die lange Reihe hochgesinnter Fürsten, denen München bis zum heutigen Tage sein Bestes und sein Grösstes verdankt, — aus dem Mittelalter winkt uns die ganze herrliche Städtegeschichte Deutschlands herüber, — und die Gegenwart, in welcher München unter den deutschen Städten empor ragt wie eines der Gebirgshäupter über die tausend Höhen und Hügel, diese Gegenwart richtet an den Denker ihre ernsten Fragen. Stellen wir uns also die grossen Kulturgedanken klar, welche die Geschichte durchziehen wie die Metalladern unsere Berge, und ermessen wir daran, ob diese deutsche Stadt nur den Goldglanz eines reichen Spätherbstes oder wieder einen Weihetag feiert eines frischen weitaufblühenden Lebens.

---

[1] Festrede auf dem Rathhaus zu München am 28. September 1858 zur Feier des siebenhundertjährigen Stadtjubiläums.

VI. KULTURHISTORISCHE BEDEUTUNG UNSERER STÄDTE.

München beginnt spät und bescheiden, gleichwie zu gleicher Zeit zwei andere Grossstadtkeime, Wien und Berlin. Längst schon arbeiteten die Bürgerschaften in den altberühmten Bischofssitzen und Kaiserpfalzen daran, ein naturgemäßes städtisches Wesen hervorzubilden, als auf Münchens Gebiete sich erst ein deutliches Bild zeigt, — der Löwenherzog mit seinen Burgmannen, jener grosse Welfe, dessen rasche Hand sofort zur Gewaltthat machte, was sein weitblickender Verstand für zeitgemäß hielt. Das Verschütten der Salzquellen zu Oldesloe, das Niederreissen der Föhringer Salzbrücke war zur selben Zeit entscheidend für die städtische Bedeutung von Lübeck und München.

Warum aber waren der Welfe und die meisten andern Fürsten jener Zeit so eifrige Städtegründer? Weshalb füllten sich damals auch die älteren Städte täglich mit neuer Bürgermenge? Sie alle folgten einem kulturgeschichtlichen Zuge, der das städtebauende Zeitalter hervorrief. Das Lehnswesen hatte seinen Höhepunkt erreicht, es hatte Alles entwickelt, was an fruchtbaren Bildungskeimen in ihm lag, — jetzt wo es zu erstarren anfing, übernahm ein anderes Prinzip die Führung der Zeit, das genossenschaftliche oder Korporationsprinzip, welches fortan zahllose Verbände schuf der verschiedensten Stände und Parteien, am mächtigsten und dauerndsten die Eidgenossenschaften der Stadtbürger.

Schon bald nach den ersten Kreuzzügen begann die Wanderung der Mittelklassen in die Städte. Sie sahen dort die Freiheit der germanischen Landgemeinde wieder erstehen, welche auf dem offenen Lande unterging: das vor allem trieb sie in die Städte. Denn der Lehnsstaat hatte alle öffentliche Gewalt in sich aufgesogen und hatte sie zugleich vertheilt zum Familienerbe unter eine Gliederung von hohen und niederen Herren: dadurch wurden die freien Hofbesitzer nach und nach verwandelt in Schutz- und Gerichtshörige eines Erbherrn. Solchen Looses erwehrten sich die Bewohner der Städte, stark durch Gemeingeist, Waffenübung und Reichthum. Staatskluge Fürsten aber fanden in den Bürgerschaften das Gegengewicht wider fessellose Grafen und Bannerherren, und die reichen Einkünfte aus dem steigenden Gewerbs- und Handelsverkehr, sowie die Sicherheit, Bildung und Geselligkeit in den Städten kamen dem Fürsten wie dem ganzen Lande zu Gute. So geschah es, dass zur Zeit der Hohenstaufen auf allen Punkten und mit grosser Schnelligkeit sich lange Häuserreihen hinter Mauern und Thürmen erhoben, wo man bisher nur Adelsburgen Klöster und hörige Dörfer sah.

Damit war zunächst ein Damm gesetzt der Zersplitterung des Landes in immer mehr unabhängige Herrschaften, bei welcher das Feudalprinzip enden musste. Jedoch noch vollständiger verzehrte sich das Lehnswesen im Schooße der Bürgerschaften.

Alle Städte standen nämlich unter dem Grafenrechte eines Herrn, und ihre Bewohner zerfielen in verschiedene Klassen Freier und Höriger, von denen jede ihre eigenen Standesrechte und Richter hatte. Nun wurde die Klasse der sog. Schöffenbarfreien, welche noch ihre eigene unbelastete Hufe besassen, — Solche waren z. B. in München die Freimänner Peissenberger Püttriche Sendlinger Wilprechte u. s. w. — diese Grundfreien wurden der Kern, an welchen sich nach unten hin die weniger begünstigten Klassen ansetzten, und der nach oben hin wachsend alles Beschränkende abstiess. Es enstand in den Städten ein unaufhörliches Drängen und Arbeiten von unten nach oben, welches zur Folge hatte einerseits, dass die Städte sich aus der Herrschaft ihres obersten Grund- und Gerichtsherrn mehr oder minder losschälten, andererseits, dass ihre Bewohner sich verschmolzen zu einer einzigen freien und gleichberechtigten Bürgerschaft.

Charakteristisch trat auch der damaligen Gesellschaft der Stadtfrieden entgegen. Ruhige feste Inseln auf unsicherm Meere — so erschienen in jenen fehdeerfüllten Zeiten die Städte, jede als eine erweiterte zusammenhängende Burg, deren zahlreiche Besatzung sofort streitlustig auf Mauern und Zinnen stand, wenn des Thürmers Horn einen Feind ankündigte, — im Innern aber der weiten Stadtburg herrschte beständiger Frieden und streng geordneter Verkehr. Denn gleichwie, wer in ein Burgthor trat, sein Schwert in der Scheide lassen und das Hausrecht ehren musste, oder gleichwie auf einem Markte, so lange des Königs Handschuh, das Zeichen seiner bewaffneten Hand, ausgestreckt war, alle Fehde ruhte: so sollte auf dem Raume, den die Stadtmauern umschlossen, ein beständiger Burg- und Marktfrieden herrschen.

Das Weichbildrecht, — denn so hiess das Ganze von alten und neuen Einrichtungen, welche in dem Weichbilde einer Bürgerschaft, das ist in dem Rundbilde ihrer Stadtflur bestanden, — dies eigenthümlich städtische Recht übte einen Zauber aus, der zuletzt die mittelalterliche Welt umwandelte. Äusserlich waren auch die Städte nichts anderes, als kleine Gebietsherrschaften, welche selbstsüchtig nach möglichst viel Besitz und Vorrechten trachteten, — ihrem ganzen Wesen nach waren sie die Träger des neuen politischen Gedankens, dessen schöpferische Macht sich in den drei Forderungen zuspitzte: dass das Land nicht in lauter Fürstenthümer und Herrschaften zersplittert werde, dass die Bürger, herrenfrei an Leib und Gut, sich selbst regieren sollten, und dass ein Landfrieden herrsche ohne Fehden.

Die staatbildende Macht der Städte war entschieden die hervorragendste Seite ihrer Bedeutung. Daneben stand ihre volkswirthschaftliche und ihre geistige und nicht zuletzt ihre nationale Bedeutung.

In volkswirthschaftlicher Beziehung erhob sich in den Städten das bürgerliche Gewerbe, und schuf einen Besitz und Werth, der in Geld und beweglichem Gute bestand und jetzt einen neuen Faktor bildete neben dem bisher allein geltenden Grundbesitze. Folge davon war unter anderm die Ausbildung des Vertrags- und Handelsrechtes und die Annäherung an römisch-rechtliche Anschauungen.

In geistiger Beziehung wurden die Städte die Träger

der allgemeinen Kulturbewegung. Die Wissenschaften und Künste, die Poesie und Literatur verliessen ihre umfriedeten Stätten in Klöstern und Hofburgen, sammelten sich hinter den Stadtmauern und nahmen bürgerlichen Charakter an. Der städtische Geist wirkte weiter in den zahlreichen technischen Erfindungen, in dem Wiederaufblühen der antiken Bildung und der Stiftung der Universitäten, bis tief in die Reformationszeit hinein.

Was die Städte für nationale Einheit und Stärke thun sollten, das ergab sich erst in seiner ganzen Fülle in des Mittelalters zweiter Hälfte. Aber schon in der ersten, als das Ritterthum noch auf seiner Höhe stand, als die Städtebünde noch nicht wie glänzende Stahlketten die Stämme an einander banden, als sie erst anfingen, durch Handel Gewerbfleiss und Kolonien unser Volk gross und wohlhabend zu machen, trat ihr nationales Wirken segensreich aller Orten hervor. Denken wir nur an Eines. Wenn unsere Kaiser im heftigsten Kampfe standen mit der hierarchischen Macht, die den Bann auf ihre Häupter und blutigen Bürgerkrieg in ihre Länder schleuderte, dann war ächte Königstreue stets bei den Städten zu finden.

An all diesen städtischen Aufgaben nahm München lebhaften Antheil. Sein sehr markirt ausgebildetes Weichbildrecht theilte es andern baierischen Städten mit, und eifrig verkehrte es im italienischen und Donauhandel. München hatte nach dem Falle seines Gründers das seltene Glück, dass es fortwährend bei einem Fürstenhause blieb, in welchem es Erbpolitik wurde, die Städte zu fördern und sich treu zur Seite zu halten. Was andere Bürgerschaften sich mit den Waffen erkämpften, erhielt München als freie Gabe leicht von seinen Fürsten, und es ist nicht wenig merkwürdig, wie frühzeitig, klar und folgerichtig sich hier der damalige Städtegeist ausprägte, z. B. in den drei Bürgerkollegien, welche das stufenweise Aufsteigen der drei verschiedenen Klassen, der alten Schöffenbarfreien, der neuen Rathsgeschlechter, der Zunfthandwerker, bezeichnen, — in dem Rechte, dass kein Stadtrichter ohne der Bürger Rath und Willen zu bestellen sei, — in der unbeschränkten Freiheit der Bürgeraufnahme, — in der Freiheit der Bürger gegen alle und jede Pfändung, wodurch sie vor Fehdeangriff geschützt wurden, — ferner in einer stehenden Baubehörde, — sogar in einer allgemeinen Einkommensteuer, von welcher unter allen Bewohnern des Weichbildes nur die Hofbeamten frei waren. Bei solcher Gunst seiner Fürsten strebte München nicht nach Unabhängigkeit, es besass ja das Wesentliche der reichsstädtischen Freiheit. Seine Stellung ist darin eine ganz ähnliche, wie die der meisten Hansestädte.

Damit ist auch seine Haltung für den zweiten Abschnitt der Städtegeschichte bezeichnet, welcher ihre Blüthezeit umfasst und von der Mitte des dreizehnten bis zur Mitte des fünfzehnten Jahrhunderts reicht. Gleich nach Abgang der Hohenstaufen handelten die deutschen Städte im vollen Bewusstsein ihres Prinzips. Sie suchten ihre Eidgenossenschaft über die Stadtmauern auszudehnen, indem sie auswärts wohnende Grundbesitzer in den Bürgerverband aufnahmen, und sie verbündeten sich, um den Frieden ihres Weichbildes auf das ganze Reich zu übertragen. Ihre rheinischen, schwäbischen, und Hansebünde zogen sich durch die weiten deutschen Lande wie Reihen von mächtigen Bollwerken, um überall den Landfrieden und das Kaiserrecht zu stärken. Die baierischen Städte standen ordnend und helfend nur zu ihrem eigenen Lande und Herzoge; erst unter Kaiser Ludwig treten sie mitentscheidend in der Reichsgeschichte auf. Das vierzehnte Jahrhundert war das goldene Zeitalter unserer Städte, und in dieser Blüthezeit standen sie niemals höher an Macht und Glanz, an Fülle von Bürgern und Schätzen, als unter Kaiser Ludwig, dem Städtefreunde voll Rechtssinn und Milde.

Seine Hauptstadt München lag ihm besonders am Herzen. Er erklärte sich zum Schirmherrn ihrer Bewohner durch das ganze Reich hin, bestätigte auf das Ergiebigste ihre Freiheiten, sorgte dass Handel und Gewerbe ihnen Geld und Wohlleben brachten, erweiterte und befestigte die Stadt und schmückte sie aus, damit sie ein würdiger Kaisersitz werde. So freiete er auch unsern Marktplatz und gebot, dass kein Haus ihn fortan einenge, damit, wie der Kaiser sagte, der Münchner Marktplatz »dest lustsamer und dest schöner und dest gemachsamer sei Herren Bürgern Gästen und allen Leuten«. Das danken wir dem Kaiser noch heute, und das haben ihm all die schönen Frauen gedankt, welche jemals zur Sonnwendfeier ihre Tänze auf dem Marktplatze aufführten, oder aus dessen Fenstern herabschauten, wenn Fürsten und Ritter in ihren Helmbüschen auf diesen schönsten aller Turnierplätze rückten und die Lanzensplitter über den Fischbrunnen flogen.

Der Kaiser aber erfuhr auch die unerschütterliche Treue und Hülfe der Städte. Seine Kriege waren Prinzipienkämpfe, zwischen der feudalen und der bürgerlichen Partei. Landadel und Patrizier standen zu ihren ritterlich glänzenden Bannerführern, den österreichischen Herzogen, die Bürgerschaften zu ihrem hochherzigen Kaiser. Zweimal waren es hauptsächlich die Städte, welche die österreichische Macht danieder warfen, bei Gammelsdorf und bei Ampfing, und noch im vorigen Jahrhundert schauten die Münchner Bäcker mit stillem Stolze auf den Spruch an ihrem Zunfthäuschen im Thal, der also lautete:

> Bei Mühldorf da geschah die Schlacht,
> Unglück thät ob dem Kaiser schweben,
> Der Feind hätt ihn gar hart umgeben.
> Da solches die Bäckerknecht ersahn,
> Thäten sie sich dem Kaiser nahn,
> Trieben mit ihrer Gegenwehr
> Zurück das österreichisch Heer
> Und erretteten den Kaiser bald,
> Gewannen die Schlacht mit grosser Gewalt.
> Drauf der Kaiser ihnen mit Zier
> Den Adler setzet in ihr Panier.

Kaiser Ludwig's zweite harte Zeit begann, als von Avignon aus Bann und Interdikt Kaiser und Reich heimsuchten. Nie hatte an einem päbstlichen Spruche das Recht der Kirche weniger, nie grösseren Antheil die Politik französischer und einheimischer Reichsfeinde. Die Augen von ganz Europa richteten sich nach München, der Zuflucht verfolgter Denker. Was wird der Kaiser thun? Muss er nicht nachgeben? So fragte man aller Orten; denn wildes Parteigewühl umdrohete ihn, wohin er blickte. Ludwig widerstand: als so viele Fürsten von ihm abfielen, hoben die Städte ihre Schilde und Schwerter um so höher. Für sie war das Ende dieses Kampfes, dass die Patrizierherrschaft überall gebrochen wurde.

Seit Ludwig dem Baier fanden die Städte nie wieder einen kräftigen Anhalt am Kaiser und seitdem kämpften sie lässiger und in vereinzelten Bünden. Auch für München kamen trübe Zeiten. Jetzt erst tobten hier Zunftkämpfe als die Herzoge sich um seinen Besitz stritten, und ihnen gegenüber die Stadt sehr entschieden ihre Rechte behauptete. Noch ein zweites Jahrhundert aber bestand die Städtemacht blühend und ungebrochen: dann erst begann sie zu sinken, doch nur langsam und allmählich. Denn wie von den Eichen liess sich von den deutschen Städten sagen: zweihundert Jahre wuchsen sie, zweihundert Jahre standen sie, zweihundert Jahre vergingen sie. Der wehevolle dreissigjährige Krieg fällte endlich eine nach der andern, gleichwie in einem Trauerhause ein Licht nach dem andern auslöscht.

Man hat vielfach in den innern Kriegen und darin, dass bei Entdeckung der neuen Seewege der Welthandel Deutschland verliess, die Ursachen des Sinkens unserer Städte gesehen. Allein dehnten sich Holländer und Engländer nicht auf der See aus, bildeten sie sich nicht eine nationale Handelspolitik, während in ihrem Lande schwere Kriege wütheten? Was hinderte denn die Deutschen, ein Gleiches zu thun? Sie und die Italiener hatten ja noch den Vortheil der besten Flotten und Kapitalien. Der Schaden aber sass im Herzen unserer Städte selbst. Für sie war ihr politisches und soziales Lebensprinzip taub geworden, damit verloren sie die elastische Kraft, sich auszudehnen und Widerstand zu leisten, sie steckten ihre Kapitalien in Grundgüter und ihre Gedanken in Glaubensfragen. Was das städtische Leben immer wieder erfrischt und gekräftigt hatte, war der beständige Zufluss von strebsamen Leuten von aussen, und war innerhalb der Stadtmauern das beständige Ringen und Aufsteigen der niedern Kreise zur Mitherrschaft. Beides stockte jetzt: die Zünfte schlossen sich ab, die Stadtthore nahmen keine neuen Bürger mehr auf. Eine neue Kulturmacht umzingelte die Städte auf allen Seiten und untergrub und zerschnitt die Wurzeln, aus denen sie Leben und Gedeihen sogen: der moderne Staat. Und das war nothwendig und heilsam. Denn endlich musste man doch heraus aus den engen und kleinlichen Staatsbildungen des Mittelalters, von denen immer eine in die andere geschachtelt und das Ganze überwölbt war von den stets flüssigen und unbestimmten Gewalten der Kaiser und Könige. Nur grosse einheitliche und festgefugte Staaten, mit gleichem klaren Recht für alle Bewohner, mit allhin herrschender Ordnung, — nur sie konnten jetzt dem erweiterten Gesichtskreis entsprechen.

War das aber nicht dieselbe Idee, welche in unsern Städten zuerst gekeimt und grossgewachsen war? Nur in ganz andern Dimensionen verlangte sie jetzt sich zu bethätigen, und dem konnten die Städte ebenso wenig gerecht werden, als die souverainen Ritter von vier oder fünf Dörfern. Kleinstaaten im Reiche wollten die Städte bleiben, und sie blieben nichts, als Schattenbilder einer ruhmvollen Vergangenheit. Ihren geistigen Inhalt hatten sie ausgegeben, ihr Leib erstarrte, und Alles, was sie zuerst gepflegt, auch Soldheere und römisch Recht, wandte sich jetzt gegen sie. Der geistreiche Weltfahrer Äneas Sylvius konnte einst nicht genug rühmen, wie in den deutschen Städten alles so frei und stolz und freudig sei, und Friedrich der Grosse, der Hochmeister des modernen Staates, sprach voll Verachtung über die Gerichtssprüche »alberner Schöppen, Meister Gerber, Schuster und Schneider«. Er hatte Recht, im Staate, wie er sich einmal gestalten musste, war kein Raum mehr für die Städte des Mittelalters.

Jedoch wohl für die Städte der Neuzeit! Diese begannen eine völlig neue Periode, welche man als die dritte im weltgeschichtlichen Städteleben bezeichnen muss. In der antiken Welt machte die Stadt den Staat, — im Mittelalter waren die Städte mit Fürsten und Herren die Träger des Reiches, — im modernen Staate sind sie nichts, als lebensvollere Glieder desselben.

Wie einst der Lehnsstaat in der römisch-germanischen Welt, so konzentrirte zum zweitenmal der moderne Staat die gesammte öffentliche Gewalt. Jener hatte aus den trotzigen germanischen Gemeinden und Stämmen eine Reichseinheit zu schaffen, dieser ein viel kunstvolleres Ganzes aus der unendlich reicheren Mannigfaltigkeit von Kleinstaaten, Ständen und Korporationen. Weil nun die Herrschaft über alle Kräfte des Landes sich nach und nach am Hofe des Fürsten sammelte, um von dort aus Ordnung und Macht und erhöhtes Leben gleichmäßig über alle Landestheile zu ergiessen, so war die Folge, dass die Residenzstadt des Fürsten sich anfüllte mit bedeutenden Männern, mit Prachtgebäuden, Kunstsälen und Festlichkeiten. Geist und Sitte, Politik und Literatur strahlten nun von der Residenz über das ganze Land. Selbst sogenannte künstliche Städte empfingen durch diese nothwendige Wirksamkeit des modernen Staates eine natürliche und sichere Bedeutung. Man kann daher den ersten Abschnitt der neuen Städteperiode die Zeit der Residenzstädte nennen, in welcher vom deutschen Bürgerstande keine politische, jedoch eine hohe geistig sittliche That zu verzeichnen. Er setzt dem absoluten Staate die Macht sittlicher Ideen entgegen, er steigert unsere Literatur zu einem zweiten goldenen

Zeitalter, und treu bewahrt er den Hort deutscher Zucht und Sitte.

Die Herrschaft der Residenzen war indessen nur Vorläufer einer neuen Städtezeit. Ihr Anfang fällt noch in dieses Jahrhundert, als die Fortschritte in den Naturwissenschaften und im Völkerverkehr ihre weltweite Wirksamkeit begannen. Alsbald begab sich wieder eine allgemeine Wanderung in die Städte, freiwillig und in alle wohlgelegenen Erwerbsplätze, nicht blos in die Residenzen. Neue Gewerbe neue Menschen: was nicht arbeitet, geht rascher Zersetzung entgegen. Die Zeit der Grossstädte hat sich aufgethan, deren riesige Volksmassen noch immer im reissend schnellen Anwachsen begriffen sind. Täglich schütten die Eisenbahnen dort Tausende von Gästen aus, der Völkerverkehr wirft mit Ideen, Menschen und Waaren umher, als wären sie Staub im Wirbelwinde, und die Wunder der Industrie messen sich völkerweise auf Weltausstellungen. Wenn Reisende noch vor Kurzem sich Glück wünschten, dass sie am Fusse der Alpen angelangt durch den Telegraphen ihr Nachtlager in Italien bestellen konnten, fliegt jetzt der sprechende Funke durch die Ozeanstiefen zum neuen Welttheile.

Wohin diese fieberhafte Bewegung des Jahrhunderts, welche spätere Geschlechter vielleicht mit der Völkerwanderung auf eine Linie stellen werden, noch führen, welche dunkle Gefahren und Kämpfe sie noch heranwälzen wird, das lässt sich noch gar nicht absehen: die selbst mitten in den brausenden Wellen fahren, wissen am wenigsten, wohin die Strömung geht. Allein die Vorsehung kennt ihre Wege, und Eines können auch wir sehen, wenn wir nur die Augen nicht auf einen Punkt allein richten wollen, — nämlich: verglichen mit den beiden letzten Jahrhunderten ist in der grossen Masse des Volkes, wenigstens in Deutschland, Wachsen und Gedeihen. Glücklich das Land, dessen Städte reicher werden an Volk und Gütern, und dessen Dörfer nicht ärmer daran: das lässt sich vom deutschen, nicht von jedem Lande sagen. Eine andere Wahrnehmung ist nicht minder erfreulich. Die Städte verlangen keine politische Hoheit, keine Art von Monopol zurück, sie fügen sich organisch in die Ordnung des Staates, dem sie gerne die Justiz und das Recht der Aufsicht und Anordnung ihrer Verfassung einräumen. Daneben aber bricht sich die Erkenntniss Bahn in Wort und That: die Gemeinde sei als Persönlichkeit zu achten mit eigenem Haushalt und eigenen Anstalten, — dann werde ein gesundes Gemeingefühl den Staat in ernsten Gefahren wahrhaft kräftigen, und die Gemeinde löse schon in der Entstehung jene unheimlichen Schaaren auf, deren wilde Pläne in wüsten Urwäldern zerschellen sollten und nicht an den Grundfesten einer gesitteten historischen Gesellschaft.

Und endlich ein Resultat der letzten vier Jahrhunderte? Wenn ein Reichsbürger des sechszehnten Jahrhunderts, der einst mit Zorn und Schmerz sein stolzes Stadtwappen von den fürstlichen Fahnen verhüllt sah, jetzt in unsere Mitte träte, würde er nicht verwundert ausrufen: »Was sehe ich? Die ganze Welt ist bürgerlich geworden! Der moderne Staat hat die Städteherrschaft zerbrochen und dem Bürgerthum hat er die grösste Macht und Verbreitung gegeben!« In der That, überallhin dringen die Ideen, die Literatur, selbst die einfache Tracht und Sitte des Bürgerstandes, und gleichwie in der alten Welt jeder freie Mann zuletzt römischer Bürger wurde, so nennt der jetzige Staat alle seine Angehörigen seine Bürger. Warum sagt man denn nicht anstatt Staatsbürger Staatsbauer? Das Staatswesen war doch früher ein Bau, als eine Burg. Allein das Wort war nur das Zeichen, dass das ganze Land jetzt erst recht von den Städten aus sein Gepräge erhält. Die neue Zeit hat den Spruch vollzogen »Bürger und Bauer scheidet nichts als die Mauer«, allein auch ihre Mauern und Wälle werfen die ältesten Städte ab, und das kleinste Badedorf kann in kürzester Frist grossstädtische Art annehmen.

Aus dieser Lage der Dinge folgt aber auch, dass heutzutage, so vielfach charakteristisch sich der Bürgerstand auch noch unter den andern Ständen darstellt, die Städte gleichwohl keine einzige Idee mehr vertreten, die ihnen allein angehörte, weder staatlich, noch volkswirthschaftlich, noch in irgend einer andern kulturhistorischen Beziehung. Das Übergewicht der Grossstädte ist lediglich quantitativ, weil sich in ihnen die meisten geistigen Kräfte Staatsanstalten und Kapitalien zusammendrängen und aller Verkehr dort rascher treibt. Daraus ergibt sich zweierlei:

In politischen Dingen fällt in der Regel in den Grossstädten die erste Entscheidung, niemals kann sich das Land diesem Anstosse entziehen, — ob es aber auf die Länge ihm folgt oder widersteht und die Städte zurücknöthigt, das ist eine Frage der Zeit, der Interessen, und des ruhiger prüfenden schlichten Verstandes.

Dagegen dringt unwiderstehlich durch tausend Poren in's Land ein der Geschäftsverkehr der Grossstadt und nicht minder ihre Literatur, Sitte und Bildung. Denn es ist zu natürlich, dass wo hunderttausend Menschen auf einem Fleck zusammen agiren, schon ihr ewiges Geräusch die Umwohnenden zwingt, nach dorthin ihre Augen und ihre Gedanken zu öffnen. —

Betrachten wir nun zum Schluss unsere Jubiläumsstadt in der Neuzeit. Sie ging in dieselbe ein unter der sorgsamen Pflege ihrer Fürsten. Nie erlitt München den tiefen Fall so vieler andern Reichs- und Hansestädte, und gleichwie sein Name seit der ältesten Zeit unverändert feststand, so dauerte auch seine freistädtische Verfassung ohne Bruch und Wechsel bis in das neunzehnte Jahrhundert hinein; erst 1792 erhielt München zu seinen Wahl-Beamten einen kurfürstlichen Oberrichter. Dies in seiner Art seltene Beispiel in der deutschen Städtegeschichte war nur möglich bei ruhig verständigem Sinn der Bürger und bei Rechtsachtung der Fürsten. Die Letztern alle, von Sigmund und Albrecht V. an, wetteiferten, ihre Haupt- und Residenzstadt mit Pallästen Kirchen und neuen Strassen zu schmücken, ihre Bevölkerung an Zahl und Reichthum zu steigern und sie zu einem Mittelpunkt höherer geistiger Interessen zu machen. Keiner aber führte den Gedanken des modernen Staates so thatkräftig durch, als der tiefblickende tapfere Kurfürst Maximilian I. Unter ihm richteten sich zum zweitenmal die Blicke der ganzen Welt nach München, wo dieser grosse Fürst als die Säule stand, welche die Sache der katholischen Kirche und des Kaisers und Reichs in Deutschland empor hielt. Seiner Fürsorge und klugen Politik war es zu danken, dass das neubefestigte München von den Verheerungen des Krieges verhältnissmäßig wenig betroffen wurde. Die Zahl der Gewerbtreibenden sank freilich um ein Drittel, nur die Bierbrauer nicht, welche damals ihre Hopfenstangen zwischen den Häusern im blühendsten Stadttheile, in der Sendlinger Strasse, stehen hatten. Mit einer wahren Herzenstreue aber hielten all diese Zeit hindurch die Münchener zu ihren Fürsten, und sie dürfen aus voller Seele Antheil nehmen an der Gedenkfeier, welche heute unser Gebirgsvolk begeht auf dem Felde der Sendlinger Mordschlacht.

Den Eintritt Münchens in die Reihe der Grossstädte bezeichnet die Aufhebung seiner städtischen Selbständigkeit, und diese Stadt, welche eine vierhundertjährige Verfassung ihr eigen nannte, musste bald darauf selbst die nackte französische Munizipalverfassung versuchen. Man überzeugte sich jedoch frühzeitig, dass eine solche Nichtigkeit der Gemeinde weder der nationalen Sitte und Rechtsanschauung, noch dem wahren Interesse des Staates entspreche. Zu gleicher Zeit aber begann Münchens glänzende königliche Zeit, während ihre Zwillingsschwester Lübeck, einst die Kronenspenderin an der Ostsee, noch im Witwenschleier trauert und ihr siebenhundertjähriges Jubiläum nicht feiert. Wahrlich, wenige Städte in der Welt hatten wie München nach einander drei solche Könige und Neugründer.

König Maximilian I., dessen Standbild noch jetzt keinen Tag der frischen Kränze entbehrt, schaffte München physisch und geistig Licht und Luft und erhob es zu einer wahren

Hauptstadt seines Landes, des ganzen Landes, an der alle Stämme und alle Konfessionen gleichmäßig Antheil haben. Zufällig ist es gewiss nicht, dass unter den Bürgermeistern seit 1818 nur einer und von so vielen tausend Bürgern und Beamten hier nur ein Bruchtheil geborne Münchner sind. Darum weiss auch jeder Baier, der auf einer Reise hierher sein Herz erfreut an der jungen strahlenden Grösse seiner Hauptstadt, dass sie ein Besitz sei und ein Spiegelbild des ganzen Königreichs. — König Ludwig I. erhob München zu einer Weltstadt der Kunst, welche zahllose Meisterwerke schuf und weckende Strahlen aussandte bis ins letzte Städtchen an der Seeküste. Wenn wir erhobenen Hauptes durch die weiten lichten Hallen der allgemeinen deutschen und historischen Kunstausstellung wandern und mit Stolz den Antheil ermessen, den München an dieser Vollblüthe hat, umwogen uns da nicht all die machtvollen Ideen, welche von diesen Kunstwerken aus sich wie treibende fruchtbare Keime in's Herz der Nation senkten? — Und was dürfen wir nicht von der nächsten Gegenwart hoffen, wo zu der Reihe königlicher Wohlthaten, welche jedes Haus in München erquickt, jetzt eben mit ihren lichtgrünen Schlusshöhen die Maximiliansstrasse hinzutritt! Ist Einer unter uns, vor dessen Geiste nicht schon der ganze volle Segen stand, der mit jedem Jahre wachsend dem königlichen Thun des erhabenen Herrn entspriesst, zu dem wir alle ehrfurchtsvoll in tiefsinniger Dankbarkeit aufblicken? In einer Zeit, wo Arbeit und Fleiss nicht mehr genügen, ein Volk wie den Einzelnen vorwärts zu bringen, wo vielmehr viele Kenntnisse und schöpferisch Geschick hinzutreten müssen, da sehen wir neben der umfassendsten Sorge für Ackerbau und Gewerbe, für Handel und Industrie, und neben jeder edlen Kunst auch energisch die Wissenschaften gefördert, welche sich durch die Volksadern ergiessen anregend und stärkend wie frische Bergströme. Unsere Gewerbeausstellung zeigte schöne Erfolge der Verbindung von Kenntnissen, Geschmack und erfinderischer Kraft, —

und ein Festzug wie der gestrige, voll so viel Glanz und Grösse, voll so viel ächt historischen und künstlerischen Sinnes, voll so herzlichen Ausdrucks der Liebe für das erhabene Königshaus, ein solcher Festzug war zur Zeit eben nur hier möglich.

Aus so froher Gegenwart darf München zuversichtlich in die Zukunft hinein blicken. Keiner, der nur ein paar Grossstädte näher angesehen hat, wird sagen: diese Stadt hat sich schon ausgewachsen. Vielmehr wenn wir uns erinnern, dass München vor jetzt fünfzig Jahren nicht viel über 40,000 Einwohner hatte und jetzt nahe 140,000, und wenn wir ferner das Gedränge der Thatsachen hier und anderswo überschauen: dann wird wohl die Ansicht nicht zu kühn sein, dass, wenn München an dieser Stätte sein achthundertjähriges Jubiläum feiert, man eine einzige grosse Stadt überschauen wird vom Gasteig bis zu den Sendlinger Anhöhen[1]. Dann werden auch die bürgerlichen Gewerbe ihre rechte freigenossenschaftliche Form wieder gefunden haben: steigt doch in unserer Zeit aus der alten nationalen Staats- und Rechtsanschauung so Vieles wieder hervor, was an frühere Einrichtungen erinnert, nur geläutert durch verständige Grundsätze. Auch die alten Handelsstrassen, welche einst in unsern Städten ihre Reichthümer ablagerten, fangen an sich wieder zu beleben. Jetzt wo im Orient die Völkerzersetzung und die europäische Herrschaft rasch um sich greifen, und selbst das chinesische Reich der Starrheit aufgebrochen wird, jetzt wo die Alpen, über deren lange Kette vor anderthalbhundert Jahren erst die zweite Fahrstrasse entstand, sich an mehreren Stellen zugleich den Eisenbahnen öffnen müssen, — jetzt winkt auch den süddeutschen Städten wieder eine reiche Zukunft. In dieser Gegend, wo einst Regensburg, Ulm, Augsburg, Nürnberg die Bannerherren des Handels waren, wird zweifelsohne

---

[1] Dieser Ausspruch erregte Lächeln und Kopfschütteln: jetzt, nach noch nicht dreissig Jahren, bezweifelt Niemand mehr die Richtigkeit.

ein grosser mächtiger Handels- und Industrie-Sitz wieder entstehen. Wird München, bald ein Zentralpunkt der Eisenbahnen nach allen vier Weltgegenden, wird es sich überflügeln lassen? Müssen sich nicht in Menge noch hier die genialen Grosshändler und Industriellen sammeln, welche sich ebenso sehr bemühen, von der stürmenden Wasserkraft der Isar jeden Tropfen in Goldperlen auszumünzen, als die kernige Arbeitskraft im Volke tausendfach anzuregen? Vor Allem aber dürfen wir darauf vertrauen, dass auch die Grossstadt München den deutschen Bürgersinn, die schlichte ächte Religiösität, die heitere Lebenslust, und die alte Münchner Treue für ihre Könige bewahren werde, wodurch — nächst Gottes Hülfe und der Pflege ihrer Fürsten — diese Stadt sich im Mittelalter eine so würdige, in der Gegenwart eine so glanzvolle zukunftreiche Stellung erworben hat.

VII. Der letzte Normanne.

Es kommt nicht selten in alten Geschlechtern vor, dass ein später Sprössling erscheint, der einem Urahn so ähnlich ist in Gestalt und Aussehen und Manieren, als wäre er ihm aus den Augen geschnitten. So sollte auch die Normandie im letzten Jahrhunderte des Mittelalters noch einen Helden erblicken, der ganz wie in grauer Vorzeit ein germanischer Seekönig eines Tages sein Schiff bemannte, Gefolge, Waffen und Proviant hineinschaffte und von dannen segelte, um in fernen unbekannten Meeren sich ein fabelhaftes Königreich zu erobern.

Die Fahrt ging nach den kanarischen Inseln. Im Alterthum hatten sie den Ruhm als Sitz der Glückseligkeit, und seitdem verlor sich Name und Ruf der glückseligen Inseln nimmermehr. Allein man hatte den Weg dahin verloren, sie waren hinter den dunstigen Schleiern der See verschwunden, und blieben in der Menschen Vorstellung umgeben von allerlei düsteren Schrecknissen und Gefahren. Erst um die Mitte des vierzehnten Jahrhunderts fing man von ihnen zu reden an als von den »wieder gefundenen Inseln«, und seitdem verbreitete sich immer weiter die Kunde, wie dort Alles so köstlich und wunderbar sei, und wie immer mehr Schiffe hinsegelten, die goldwerthes

Drachenblut holten und schöne starke Menschen, die sich als Sklaven rascher verkauften, als die besten Araber-Rosse. Habe doch auch der Pabst schon einen Grafen zum Könige dieser Insel gesalbt, welchem die Eroberung nur nicht habe glücken wollen.

Davon war nun viel Redens auch auf dem Grainviller Schlosse in der Normandie, wo man allerlei Bücher von Geschichten und wissenswerthen Dingen hatte, und ein paar Geistliche, der Franziskaner Peter Bontier und der Weltpriester Johann Leverrier, dem Burgherrn oft aus den Chroniken von den berühmten Thaten seiner Vorfahren, den alten Normannen, vorlasen. Johann von Bethencourt, Ritter und Kammerherr König Karl VI. von Frankreich, stammte aus dem ältesten Adel des Landes und besass die Baronie Grainville la Taincturiere, die zwischen Rouen und dem Meere liegt, mit noch anderen Ortschaften, Schlössern, Mühlen und Höfen. Der Gedanke an die glückseligen Inseln, die da frei und schimmernd draussen im Meere lagen, wollte ihm nicht wieder aus dem Sinne, er sann und dachte darüber nach, bis er zuletzt den Seinigen den Entschluss eröffnete: er wolle hin, das Inselvolk zu Christen und sich selbst einen grossen Namen und Stand in der Welt machen. Thatendurst, Erwerbslust, religiöser Eifer, wie das damals noch von den Kreuzzügen her in den Menschen nachglomm, hatten an diesem Entschlusse gleichen Antheil, vielleicht auch etwas Bethencourt's Gemahlin. Herr Johann hatte, während er schon über die Vierzig war, eine sehr junge schöne Dame geheiratet aus dem Hause der du Fayel in der Champagne, die entweder seinen Ehrgeiz stachelte oder ihm sonst im Hause Verdruss machte.

Nun wurde zu Verwandten und Freunden gesendet, und mehrere Edelleute, wie Peter du Plessis, Wilhelm d'Allemaigne, d'Andrac, Raimund von Leneden, Johann le Courtois, auch drei Neffen Bethencourt's sagten zu, die Fahrt mitzumachen. Die beiden Geistlichen freuten sich schon auf das Bekehren und Taufen der wilden Heiden.

Festere Aussicht gewann das Unternehmen, als der kühne und vielgescheidte Gadifer de la Salle, ein reicher Herr, erklärte, er mache mit. Der Dritte, welcher mit seinem Degen und Namen der Sache besonders Vorschub leistete, war Berthin von Berneval, ebenfalls wie Gadifer ein Normanne. Die Herren verkauften und verpfändeten Höfe und Güter, Bethencourt selbst seine ganze Herrschaft, um Geld zu schaffen. Man rüstete in La Rochelle ein Schiff aus, warb Matrosen an, die schon über See gewesen, und hatte auch das Glück, zwei Kanarier zu Dollmetschen zu bekommen, die unter den Namen Alonso und Isabella getauft waren.

Am 1. Mai 1402 stach das Schiff in See mit nahe zweihundert Mann Kriegsvolk und achtzig Matrosen. Diese normännische Eroberungsfahrt gehört nun zu den anziehendsten, die es in der ganzen Geschichte der geographischen Entdeckungen gibt, sowohl durch die Leute, die sie ausführen, als weil der Schauplatz und seine Bewohner sich so eigenthümlich auszeichnen. Auch ist das Unternehmen eines der frühesten der Art, von welchem überhaupt die Rede ist: man denke, gleich zu Anfang des fünfzehnten Jahrhunderts. Endlich, und das ist kein geringer Vorzug, haben wir darüber einen anschaulichen ausführlichen und ziemlich genauen Bericht. Es haben nämlich eben jene beiden geistlichen Gefolgsleute Bethencourt's, Bontier und Leverrier, ein Tagebuch geführt, das uns erhalten, im siebzehnten Jahrhunderte auch gedruckt worden, jedoch Wenigen bekannt ist[1]. Berichtigende Zusätze erhalten wir durch einen sehr gebildeten und wissbegierigen Franziskaner, Abraham Galimb, der zweihundert Jahre später die Greise unter den Eingebornen ausfragte, was ihnen von ihren Eltern und Grosseltern über die Eroberung der Inseln überliefert worden, und ihre Erzählungen sorgsam zusammen-

---

[1] Histoire de la première descouverte et conquestes des Canaries. Paris, 1630.

hielt mit den Nachrichten, welche er in alten Schriften fand. Sein Buch ist zwar erst vor sechsundzwanzig Jahren auf Teneriffa gedruckt worden, jedoch in Bibliotheken noch seltener zu finden, als das Tagebuch der beiden Geistlichen.

Bethencourt kam mit Schiff und Leuten nach mancherlei Fährlichkeiten nach Cadix. Hier wurde er von italienischen und englischen Kaufleuten, die das Ihrige auf dem Meere verloren hatten, beschuldigt, er treibe Seeraub und habe schon drei Schiffe ausgeplündert. Man nahm ihn fest, und er musste nach Sevilla. Während er sich dort vor des Königs Rathe glücklich vertheidigte, entstand unter seinem Schiffsvolke Meuterei; denn Berthin von Berneval konnte Herrn Gadifer nicht ausstehen, und da der eine Theil der Leute aus der Gascogne und Nachbarschaft war, die Normannen aber treu zu ihrem Landsmanne Gadifer hielten, so wurde es Berthin nicht schwer, die Gascogner aufzuhetzen. Sie bestiegen den Mastkorb und schleuderten ihre Lanzen auf Gadifer, und nur mit grosser Mühe liess sich der Aufruhr beschwichtigen. Vom Kriegsvolke verschwanden über hundert Mann, und auch ein Drittel der Matrosen verliess das Schiff und sagte: es führe zu wenig Lebensmittel, und sie hätten keine Lust, zu verhungern. Die junge Frau von Bethencourt aber, die ihr Gemahl mitgenommen, hatte das wilde Leben auf dem Schiffe bereits übersatt, und der Gemahl musste sie in Cadix zurücklassen. Er aber beeilte sich, aufs Meer zu kommen, und gewann nach einigem Warten so günstigen Wind, dass schon in fünf Tagen — es war im Juli 1402 — die kanarischen Inseln in Sicht kamen. Vorsichtig segelten die Abenteurer nicht gleich eine grössere, sondern erst die kleine Insel Graciosa an, die ganz in der Nähe von Lanzarote liegt, und liessen, da sie guten Hafen fanden, den Anker fallen.

Hier sah man nun Lanzarote vor sich liegen, auf der Seite nach Westen hin mit hohem Küstenrande, auf der andern Seite eben und leicht zugänglich. Die Insel erschien so gross wie Rhodus und von ähnlicher Gestalt.

Bethencourt fuhr zuerst hinüber mit ausgesuchter Mannschaft, stieg an's Land, und als er einen Haufen der Inselbewohner sah, die sich seinen Leuten widersetzen wollten, fiel er ungestüm darüber her: Jene aber flohen ins Innere des Landes.

Bethencourt folgte ihnen. Es erschienen Gerstenfelder, herrliche Weiden, Brunnen und Zisternen voll Wasser. Dann zeigten sich Wohnungen mit Steinmauern und ganz engen Eingängen, in der Ferne auch etwas wie befestigte Anhöhen. Gar gern hätte Bethencourt einige Eingeborne aufgegriffen, aber keiner liess sich mehr blicken. Entsetzliches hatten sie schon von den Fremden erfahren. Diese waren öfter gelandet, hatten die Männer mit Geschossen erlegt, Frauen und Kinder und Verwundete in ihre Schiffe geschleppt. Wie hätten die Eingebornen sich ihrer erwehren sollen! Die Räuber erschienen plötzlich, wo Niemand eines Überfalles gewärtig. Diese waren bewaffnet mit Schwert und Armbrust, mit Schild und Lanze: Jene hatten nur Steinwürfe und hölzerne Spiesse. Die fortgesetzten Menschenjagden hatten die Insel entvölkert: die Normannen glaubten später, dass Lanzarote bei ihrer Ankunft nur noch dreihundert streitbare Männer besessen habe.

Mit leeren Händen kam Bethencourt zu seinen Gefährten zurück und berief Gadifer, Berneval und alle Edelleute zum Kriegsrathe. Man kam überein, mit gesammter Macht auf Lanzarote zu landen und die Insel nicht wieder zu verlassen, als bis ihre Einwohner erschienen. So geschah es, und die Franzosen beeilten sich, ein Lager aufzuwerfen und zu befestigen. Da merkten die Eingebornen wohl, dass Jene nicht gewöhnliche Räuber seien, auf deren baldiges Wiederwegziehen sie zu hoffen hätten, und hielt ihr König Wadarfia es für räthlich, sich mit den Fremdlingen friedlich zu benehmen. Er sendete Botschafter aus den Bergen, wo er sich aufhielt, und verlangte Waffenstillstand und ein Gespräch mit dem Anführer. Ein Ort wurde dazu bestimmt, und da erschien der Fürst mit seinem Gefolge vor Bethencourt und seinen vornehmsten Offizieren. Die Lanzaroter gingen beinahe ohne Unterkleider, aber alle trugen wallendes Haar und Mäntel von weichen Thierhäuten, die bis an die Kniekehle gingen und am Saume Stickerei zeigten. Den Bart hatten sie in eine Spitze gezogen, und auf dem Kopfe eine Art grosse Haube mit drei Federn über der Stirne. Es waren stattliche Männer und ihre Frauen noch viel schöner. Diese benahmen sich sehr schamhaft und gingen in Mäntel gehüllt, die auf der Erde schleppten, und trugen statt der Hauben gefärbte Stirnbinden. Der König aber hatte eine Art Bischofsmütze auf, geschmückt mit Meermuscheln.

Wir nennen hier die Ureinwohner der kanarischen Inseln Wandschen, denn so oder Gwandschen, nicht mit dem halbindianischen Worte und Klange »Guanchen«, muss das spanische »Guanches« oder, wie Andere schrieben, »Guanxes« ausgesprochen werden, weil dies spanische *gu* unserem *w* und dies spanische *ch* unserem *dsch* entspricht. Wandschen aber, oder mit der spanischen Endung Wandsches, war der Name, welchen die Eingebornen sich selbst beilegten. Auf Teneriffa jedoch nannten sie sich Windschen. Wess Stammes sie jedoch waren, darüber kann man nicht mehr in Zweifel sein, wenn man ihre Körper- und Schädelbildung, ihre weissröthliche Gesichtsfarbe, ihr glattes blondes oder braunes Haar, ihre Tracht und Gewohnheit, ihre religiöse Anschauung, ihre Verehrung der Frauen, die Reinheit ihrer Sitten, das Stolze, Freie und Hochgemuthe ihres Charakters, die Löwenkühnheit gegen den Angreifer und den schonenden Edelmuth gegen den Wehrlosen, insbesondere auch ihr Staatswesen und ihre Rechtsbräuche und Kriegsführung mit Allem vergleicht, was wir von germanischem Wesen wissen. Denn bei keinem anderen Volke, als den Germanen, finden sich in all dem die ganz gleichen und unverkennbaren Grundzüge. Die Sprache der Wandschen aber ist zum grössten Theile noch nicht enträthselt. Offenbar enthält sie eine Mischung von germanischen und berberischen Wörtern und Wortstämmen. Entweder lebten diese Wandschen lange Zeit auf dem afrikanischen Festlande unter Berbern: dann könnten wir, wofür auch sonst Manches spricht, nur schliessen, es seien Vandālen oder Vandilen — die Aussprache Vandālen ist unrichtig — ihre Vorfahren gewesen. Wenn aber West-Gothen aus Spanien herüber kamen, so fanden sie bei Besetzung der kanarischen Inseln eine berberische Bevölkerung vor, mit welcher sie sich vermischten. Letzteres könnte aber auch nicht minder bei Vandālen der Fall gewesen sein[1].

Als nun die Normannen im Juli 1402 auf Lanzarote landeten, fanden sie die Wandschen dieser Insel in zwei Parteien getheilt. Die Einen wollten kämpfen für ihre Freiheit auf Tod und Leben, die Anderen hielten es für klüger, mit den mächtigen Fremden, welche offenbar auf der Insel bleiben wollten, sich auf guten Fuss zu stellen. Das Haupt der friedlichen Partei war der König Wadarfia, der Führer der Gegner sein Blutsverwandter Asche. Der König schloss nun mit Bethencourt ein Schutz- und Trutzbündniss. Man gelobte einander Frieden und Freundschaft, und insbesondere verbürgten sich die französischen Offiziere, die Verbündeten wider Jedermann zu schützen und zu vertheidigen, der ihnen Übles anthun wollte. Nun wurden die Wandschen gleich zutraulich und fröhlichen Muthes, sie kamen und sprangen in's Lager hinein. Als die Franzosen anfingen, von Stein, Holz und Lehm eine kleine Festung zu bauen, halfen sie ihnen dabei, und Alles, was man ihnen sagte, thaten sie gern. Insbesondere hatten sie ihr Gefallen an Bethencourt; denn bei aller Klugheit war der ritterliche Herr doch freundlich und leutselig von Herzen. Nun konnten auch die beiden Geistlichen zu den Wandschen reden von der Schönheit und Würde der christlichen

---

[1] Die Germanen auf den kanarischen Inseln von Franz v. Löher. Allgemeine Zeitung 1876, Beilagen No. 56 bis 118. Los Germanos en las islas Canarias por Franz von Löher. Madrid (1877). Imprenta central á cargo de V. Saiz.

Religion, und was sie ihnen von deren Grundsätzen sagten, fand eine gute Statt.

Die Gegner Wadarfia's aber mussten ihren Groll noch verbergen. Um so lebhafter erinnerten sie sich, was vor dreissig Jahren mit seiner Mutter vor sich gegangen. Damals, etwa um das Jahr 1370, war der portugiesische Admiral Martin Ruiz von Avendanjo durch Sturm bis zu den kanarischen Inseln verschlagen und auf Lanzarote ans Land gestiegen. Die Wandschen, zu jener Zeit noch selten beunruhigt von Europäern, nahmen ihn liebreich auf und brachten Fleisch, Milch und Käse, um seine Leute zu erquicken. Den Admiral aber führten sie in das Haus ihres Königs Zonzamas, dass er es sich wohl sein lasse. Der portugiesische Herr blieb dort geraume Zeit, denn die schöne Königin Fayna gefiel ihm zu sehr und er ihr. Aus ihrem heimlichen Liebesbunde entspross eine Tochter, Iko, die viel weisser und schöner wurde, als die anderen Frauen. Als sie erwachsen war, vermählte sich Iko mit Wanaram, dem Bruder des regierenden Königs, und ihr Sohn war eben Wadarfia. Als nun Wanaram nach des Bruders Tode den königlichen Schmuck anlegte, entstand wilde Parteiung unter den Wandschen. Die Einen hielten zu ihm und seinem Sohne als dem rechtmäßigen Thronerben, die Anderen aber riefen: Iko sei nicht vom fürstlichen Blute des Landes, eines Fremden Tochter sei sie und nicht des Königs Zonzamas. Die Sache kam endlich zum Entscheid in offener Volksversammlung, und dieser lautete dahin, man wolle das Gottesurtheil anrufen. Die Königin solle mit drei ihrer Dienerinnen in Zonzamas Hause in einem Gemache verschlossen und dieses ganz voll Rauch erfüllt werden: ersticke sie daran, so sei sie eine Fremde, überlebe sie es, sei ihre königliche Abstammung dargethan. Also geschah es. Die drei Mädchen, die für ihre Gebieterin in den Tod gehen wollten, fanden sich, man verschloss alle Vier in dem Gemache, und dann wurde ihnen wieder und wieder eingefeuert. Es hatte sich aber vorher eine Alte an Iko herangemacht und ihr heimlich einen Schwamm voll Wasser zugesteckt. Diesen nahm, wenn neue Rauchwolken heranwirbelten, die Schlaue an den Mund und sog den Athem heraus. Als man nun das Gemach aufschloss, lagen die drei armen Mädchen todt am Boden, Iko aber trat lebend hervor und wurde empfangen mit Freudengeschrei und grossen Ehren, ihr Sohn Wadarfia aber als Königserbe anerkannt.

Als Bethencourt seine Festung — er nannte sie Rubicon — aufgebaut sah und auf der ganzen Insel Frieden und Ordnung herrschte, liess er Berthin von Berneval als Befehlshaber zurück, fuhr mit Gadifer hinüber nach der nächstgelegenen grossen Insel und suchte und fand dort einen guten Hafen. Dieser hiess Valtarhays (Walterhaus?), der Insel aber gaben sie den Namen »Gut Abenteuer«, das ist Forte aventure. Die Bewohner hatten sich in grossen Haufen versammelt, und die Franzosen ersahen mit einigem Zagen, wie diese Wandschen an Zahl und Leibesstärke, auch an Bewaffnung viel furchtbarer seien, als die auf Lanzarote. Erst in der Nacht stiessen Gadifer und Raimund von Leneden mit einer Kriegsschaar ans Land und marschirten eilends bis auf einen Berg, von welchem ein Fluss herniederströmte. Die Wandschen jedoch hatten sich zurückgezogen und liessen nichts mehr von sich sehen, obgleich die Franzosen noch eine ganze Woche am Strande blieben. Kein Theil wollte angreifen, jeder fürchtete Hinterhalt. Als die Offiziere der Franzosen nun davon sprachen, ein befestigtes Lager einzurichten, da weigerte sich das Schiffsvolk, länger an der Küste zu bleiben, und fing an zu meutern.

Nun kamen Alle wieder in Rubicon auf der anderen Insel zusammen, und da war guter Rath theuer. Ein Vierteljahr waren sie jetzt auf den Inseln und gar wenig hatten sie vor sich gebracht. Die Einsicht war gekommen, dass es mit dem Erobern doch nicht so leicht gehe. Bethencourt musste sich entschliessen, hülfeflehend irgend einen König aufzusuchen, folglich auch dessen Oberherrschaft anzuerkennen. Zerronnen war der schöne Traum vom freien Insel-Königreiche. Was die Franzosen noch mehr verdross, der König, auf dessen Beistand allein sie rechnen konnten, war nicht der ihrige, sondern der spanische. Vergebens hatte man in Frankreich alle guten Freunde in Bewegung gesetzt, um vom französischen Hofe die nöthige Unterstützung zu erlangen. Nicht die geringste Aussicht eröffnete sich dort.

So fuhr denn Bethencourt im Oktober auf dem Schiffe, welches sie hergebracht, und mit jenen Matrosen, die tobend nach Hause verlangten, nach Spanien, und liess Gadifer, den er zu seinem Statthalter ernannte, nur das grosse Boot zurück. Dieser aber gab all seine reiche Habe her, damit um so eher Mannschaft, Proviant und Waffen herbeigeschafft würden.

Vielleicht hatte Niemand hochfliegendere Hoffnungen gehegt, als Berthin von Berneval, ein Mann aus vornehmer Familie, und Keiner war erbitterter über das Fehlschlagen. Nun machte er im Stillen seinen Plan, wie er zu Geld und Gewinn komme, und zettelte eine Verschwörung mit den Gascognern an. Sie verbanden sich durch einen heimlichen Eid, sie wollten wider Jedermann zusammenhalten und wollten vierzig der stattlichsten Wandschen auf das erste beste Schiff schleppen, sie nach Europa bringen und für zweitausend Francs verkaufen. Denn, so sagte Berneval seinen Mitverschwornen, das viele Geld, welches er in dieser verunglückten Unternehmung stecken habe, müsse er wieder herausschlagen. Bald darauf kamen zwei spanische Schiffe, um Handel zu treiben, je nach Umständen auch der gewinnreichen Menschenjagd auf den Inseln zu obliegen. Der Kapitän des einen ging gern auf Bernevals Vorhaben ein.

Gadifer, nichts ahnend, fuhr in seinem Boote mit zehn Mann nach der kleinen Insel, die zwischen Fortaventura und Lanzarote liegt, um Seehunde zu schlagen, welche dort in grosser Menge sich auf dem breiten Rande zu sonnen pflegten. Ihre Felle gaben treffliches Schuhzeug ab. Jetzt stiegen Spanier in Lanzarote ans Land und suchten, wie das Brauch war, hier aus einem Hinterhalte, dort im plötzlichen Überfalle Eingeborne zu fassen. Da die Wandschen nach Rubicon schickten und den versprochenen Beistand verlangten, schwur ihnen Berneval hoch und theuer, er wolle sie beschützen mit seinem Blut und Leben. Ja, er werde zu den Spaniern gehen und sie zwingen, von ihrem Beginnen abzulassen, und thäten sie es nicht, so würden sie von ihm oder er von ihnen erschlagen. Dann marschirte er mit seinen Verschwornen und den Dollmetschen nach der Ortschaft Grossalden, wo er einige der Vornehmsten antraf. Auf sein freundliches Ersuchen erschien auch König Wadarfia mit Gefolge, so dass vierundzwanzig Wandschen beisammen waren. Berneval gab ihnen ein Festmahl, und nach dem Schmause sagte er ihnen, sie möchten nur ruhig schlafen, er wache für sie. Als sie nun der Ruhe pflegten, wurden sie verrätherisch überfallen, rasch gefesselt und fortgeschleppt nach der Küste. Nur einer Namens Avago entkam. Jetzt aber, als er die ganze Schändlichkeit erkannte, ergrimmte Wadarfia, zerbrach die Fesseln, warf seine drei Wächter zurück und entfloh. Ein Gascogner wollte folgen, da kehrte der König um und versetzte ihm einen Schlag, dass keiner mehr nach ihm zu greifen wagte. Es war das sechste Mal, dass er sich aus den Händen von Sklavenjägern befreien musste. Die Zweiundzwanzig aber überlieferte Berneval den Spaniern.

Darauf liess er die Festung ausplündern, indem er schrie, Alles gehöre ihm, und hängen solle, wer etwas da lasse. Am Abende kam er wieder und überlieferte die Französinnen, die in der Festung waren, seinen spanischen Spiessgesellen vom Schiffe. Diese schleppten sie trotz ihres Wehrens an den Strand, und man hörte in der Nacht weithin ihre Hilferufe. Als anderen Tages die beiden Geistlichen nebst Peter du Plessis und Wilhelm l'Allemaigne zu dem spanischen Schiffe fuhren und um Himmels willen baten, Berneval möchte ihnen doch die Dollmetschin Isabella da lassen, und unverrichteter Sache schon wieder abfuhren, da stürzten die Spanier das Mädchen ins Meer, dass es ihnen nachschwimme. Zwölf von den Gascognern aber, deren Geständnisse Berneval fürchtete, trieb er aus dem Schiffe, und da sie anders sich nicht helfen konnten, nahmen sie das Boot, welches Gadifer von der Seehundsinsel um Lebensmittel gesendet hatte, und fuhren hinüber nach dem afrikanischen Festlande. In der hohen Brandung, welche dort an die Küsten donnert, kenterte das Boot. Zehn kamen um, und die Zwei, die sich durch Schwimmen retteten, wurden von den Berbern ergriffen und zu Sklaven gemacht. Unsägliche Frevel geschahen damals von Freibeutern. War dieses Volk in fernen Landen, so fielen nieder die von Kindheit an gewohnten Schranken von Gesetz und Zucht, und das Raubthier, das im rohen Menschen nur gebändigt liegt, brach unaufhaltsam hervor.

Gadifer war auf der Seehundsinsel mit seinen Leuten in grosse Noth gerathen. Da sein Boot verloren gegangen, konnte man nichts zu ihm bringen, und es war schon so weit, dass seine Leute, weil die Insel kein Trinkwasser darbot, Nachts Tücher ausspannten, um am Morgen den Thau auszuringen. Hätte sich der Kapitän des zweiten spanischen Schiffes ihrer nicht erbarmt, so wären sie verschmachtet. Als Gadifer nun in das ausgeräumte Fort zurückkam, gerieth er ausser sich über die Verwüstung. Was nicht niet- und nagelfest, war fortgeschleppt, selbst ein Vorrath von Bogensehnen, und man musste ein altes Kabel zerspleissen, um Bogen bespannen zu können. Denn nichts fürchteten die Wandschen mehr, als den Bogenschuss, der aus Hinterhalt und Ferne den Mann niederwirft.

Die Wandschen waren empört über so viele Schmach und Niederträchtigkeit, die das fremde Volk gegen sie und unter einander verübte. Die heiligsten Zusicherungen, auf welche sie wie auf Felsen gebaut hatten, waren wie Dunst und Nebel zerflossen. Hatten diese Naturkinder früher gelauscht auf die himmlischen Lehren von Gottes Herrlichkeit in der Höhe und von Frieden und Nächstenliebe unter den Menschen auf Erden, so sagten sie jetzt: wie kann Deren Religion gut sein, die sich unter einander verrathen? Jetzt hielten auch sie nimmer sich gebunden an ihr Wort. Hier und dort wurden Franzosen überfallen und verwundet. Eines Tages blieb ihrer eine ganze Schaar auf dem Platze, unter ihnen ein Bethencourt. Gadifer verlangte, man solle die Thäter ihm bringen. Da es nicht geschah, liess er ausrufen, er würde Alles erschlagen, wenn man die Frevler nicht ausliefere, welche den Vertrag gebrochen. Niemand erschien.

Da stellte sich eines Tages Asche, des Fürsten Verwandter, bei Gadifer ein und verhandelte mit ihm vertrauensvoll, wie man dem öffentlichen Elende ein Ende mache. Er wusste sich so zu benehmen, dass er des Normannen ganzes Vertrauen gewann. Asche wälzte einen doppelten Plan in seinem Herzen. Er hatte eingesehen, dass nur Krieg bis auf's Messer seines Volkes Freiheit rette, dass aber der Fürst, dessen gutmüthige Schwäche sie in solche Noth gebracht, niemals zu den Mitteln greifen werde, die allein noch helfen konnten. Asche beschloss daher, den König zu stürzen, sich selbst auf den Thron zu schwingen, und dazu sollte ihm Gadifer helfen: dann aber wollte er mit der letzten Kraft seines Volkes über die lasterhaften Fremdlinge herfallen und sie vertilgen alle mit einander.

Ein paar Tage später, als Asche im besten Einverständnisse von Gadifer geschieden war, schickte er seinen Neffen, eben jenen Alfons, welchen Bethencourt aus Frankreich als seinen Dollmetsch mitgenommen. Dieser überbrachte Gadifer: der König hasse den Oheim tödtlich und sei die Ursache alles Blutvergiessens; so lange Wadarfia lebe, höre die Noth und Unruhe nicht auf; wenn Gadifer wolle, werde es sich schon machen lassen, dass er mit leichter Mühe den König und alle die Todtschläger in seine Gewalt bekomme. Mit Freuden ging Gadifer darauf ein und liess erwiedern, Asche solle die Sache nur fleissig betreiben und ihn Tag und Stunde wissen lassen. Alfons blieb nun fortwährend bei den Franzosen, um sie sicher zu machen, und zugleich unter der Hand auszukundschaften, wie man die Festung überrumpeln und der sehr schwachen Besatzung, die noch darin war, den Garaus machen könne. Asche zettelte unterdessen seine heimliche Verschwörung an.

Als diese nun im Gange war, schickte er Botschaft nach Rubicon: Gadifer solle eilends sich aufmachen, der König sei auf einem seiner Schlösser im Dorfe bei Aratif und mit ihm seien Fünfzig. Sofort nahm Gadifer zwanzig seiner besten Leute und marschirte mit ihnen — es war gerade der Vorabend von St.-Katharina, am 24. November 1402 — die ganze Nacht, bis er bei Tagesgrauen anlangte, wo sie in einem Hause versammelt waren und Rath hielten. Als er sie aber überfallen wollte, standen Schildwachen da, die Lärm machten, und die Franzosen wurden blutig zurückgeworfen, hielten sich aber in der Nähe. Siegesfroh traten nun fünf der Tapfersten von denen, welche französisches Blut vergossen hatten, vor das Haus, ihren Feinden ins Gesicht zu schauen. Zwei davon fielen von Pfeilen und einer vom Degen durchbohrt, und über ihre Leiber hinweg stürmten die Franzosen in's Haus und bemächtigten sich seiner Insassen, so viele ihrer noch lebten. Da erklärte Asche, der unter ihnen war, Diese da hätten keinen Franzosen erschlagen, und auf seine Fürsprache wurden sie ihm frei übergeben. Nur den König und noch Einen Namens Alby liess Gadifer fesseln und sofort hinaus und bis zu der Stelle führen, wo seine Mannschaft getödtet ward. Man fand die Leichname noch daselbst eingescharrt. Zornerfüllt befahl er, Alby niederzuhauen. Jedoch König Wadarfia trat vor und erklärte: Alby sei nicht schuldig, er biete sein eigenes Haupt zum Pfande, dass man es nicht anders finden werde, als er sage. Gadifer erwiederte, er nehme das Pfand an, der König solle sich hüten, es werde die Sache genau untersucht werden. Wadarfia versprach sogar, er wolle des Friedens wegen alle die stellen, welche Franzosen erschlagen hätten. Darauf wurde er zur Festung gebracht, und da er ein paar Tage später seine Fesseln abstreifte, so legte man ihm andere an, die so eng waren, dass sie ins Fleisch schnitten.

Bald darauf kam Asche nach Rubicon und verhandelte mit Gadifer darüber, dass er König werde und dass er dann mit allen seinen Anhängern sich taufen lasse. Als der alte König ihn erblickte, sah er ihn an mit der Miene tiefster Verachtung und rief dann: Fore tronc quevé. »C'est à dire — setzt der französische Chronist hinzu — traistre mauvais«. Wirklich, wenn man die dritte Silbe zu den beiden ersten zieht und die letzten beiden Silben getrennt liest, klingt es ganz, wie etwa im Gothischen »Verräther, geht weg!« gelautet haben würde: Foretron get wegs! Den Franzosen, die den Ausruf des gefesselten Königs vernahmen, erschien er so merkwürdig, dass sie ihn aufzeichneten, natürlich blos nach ihrem Gehöre.

Asche legte nun die königliche Tracht an. Da man in Rubicon Gerste verlangte, so liess er eine grosse Menge zusammenbringen und vor Gadifers Leuten in dem alten Thurme niederlegen, welchen, wie man sagte, einst Lanzelot Maloisel gebaut hatte. Darauf erschienen Sieben von seinem Gefolge in Rubicon mit dem Auftrage, man solle Leute schicken, die Gerste zu holen. Als Diese sich nun auf den Weg machten, kam ihnen Asche mit vierundzwanzig Mann entgegen, begrüsste sie auf das Freundlichste und kehrte dann mit ihnen um, sie nach Lanzelots Thurme zu geleiten. Das fiel den Franzosen auf. Sie wurden vorsichtig, hielten sich stets dicht beisammen und gaben Acht darauf, dass die Wandschen zertheilt gingen. Nur Wilhelm von Andrac ging sorglos mit den Wandschen, hatte auch kein Arg darin, als diese mit ihm hinter den Andern zurückblieben. Auf einmal sah er sich niedergerissen und blutete aus dreizehn Wunden, und wären auf sein Geschrei nicht seine Landsleute hergerannt und hätten ihn herausgehauen, so wäre er ganz verloren gewesen. In der Nacht darauf brach König Wadarfia aus dem Gefängnisse aus und erreichte, Fesseln und Kette mit sich schleppend, glücklich seinen Hof. Sofort liess er Asche ergreifen, steinigen, verbrennen. Die Franzosen aber, die in Lanzelots Thurme waren, nahmen einen armen Kanarier, schlugen ihm das Haupt ab und stellten es auf einer Höhe aus, aufgesteckt auf so hoher Stange, dass man es sehr weit sehen konnte.

Damit war nun der allgemeine Krieg entbrannt. Ein Theil der Franzosen bewachte die Festung, ein anderer war beständig auf der Menschenjagd. Sie fingen auch so viele Frauen und Kinder, dass die übrigen vor Furcht sich in Höhlen versteckten. Die Gefangenen wurden, wo und wie man konnte, zu Gelde gemacht. Aber die Rache der Wandschen säumte nicht. Mörderisch führten sie den Krieg. Ihre Steinwürfe sausten daher und zerschmetterten Schild und Arm und Bein, und ihre Lanzen und Wurfspiesse, wenn die hölzerne Spitze auch nur im Feuer gehärtet war, stiessen doch tiefe Löcher. Es dauerte nicht lange, so sah Gadifer seine besten Leute am Boden todt oder verwundet. Nahrungsmittel waren immer schwieriger zu erlangen. Die Geistlichen mussten das Fastengebot aufheben; es gab nichts mehr als Fisch und Fleisch; Brot und Wein waren nur noch Erinnerung. Die Kleider zerrissen, und die ganze Besatzung der Festung ging in Lumpen und schlief des Nachts auf hartem Boden; denn jede Nacht musste man sich des Anstürmens der Wandschen versehen.

Gadifer gerieth in Verzweiflung. Bethencourt war bald seit Jahr und Tag fort und liess nichts von sich hören. Sonst kamen und gingen Schiffe, jetzt wollte sich seit vielen Monaten kein Segel mehr blicken lassen. Man hatte kein Schiff, kein Boot. Es blieb kein Ausweg, als dahin zu trachten, wie man alle Wehrhaften auf der Insel erschlage, die Frauen und Kinder taufe und mit ihnen lebe, bis Erlösung erscheine. Wie aber sollte sich dies Werk vollbringen! Die Wandschen traten immer stärker und grimmiger auf, die Festung gab nur noch schwachen Rückhalt. Der einzige Trost war ein religiöser. Was die Geistlichen den Wandschen von Christus, seinem wohlthätigen Wandel auf Erden und seinen göttlichen Lehren erzählten, erschien ihnen so schön und rührend, dass sie im tiefsten Gemüte davon ergriffen wurden. Zu Pfingsten zählte man bereits mehr als achtzig Getaufte.

Als die Noth am höchsten gestiegen war und die Franzosen schon den nahen Tag berechneten, an welchem die schwache Festung dem Feinde in die Hände falle und es dann aus sei mit ihnen allen, tauchte — es war im August 1403 — ein Segel am Horizonte auf. Wirklich, es war ein Schiff, welches Bethencourt sendete, und brachte dem Kriegsvolke an 50 Mann Verstärkung, dazu Lebensmittel Zeug und Waffen und einen Brief an Gadifer, der ihn von Allem in Kenntniss setzte, wie es seinem Waffenbruder ergangen.

Seit Bethencourt im Herbste des Jahres vorher nach Spanien gekommen, hatte er anfangs Unglück gehabt. Seine Gemahlin traf er zwar noch in Cadix, konnte auch die Meuterer vom Bord in's Gefängniss liefern: als er aber weiter fahren wollte nach Sevilla, scheiterte das Schiff an der Küste und ging verloren mit seiner werthvollen Ladung, und Gadifer kam um all das Seinige, was darauf war. In Sevilla fand Bethencourt grosse Hilfe an seinem Oheim von Mutterseite, dem Admiral von Frankreich, Robert von Bracquemont, der sich in Spanien mit einer reichen Erbin verheiratet hatte. Dieser Oheim hatte ihm bereits Geld vorgestreckt und liess auch seine Herrschaft in der Normandie verwalten, die ihm dafür verpfändet worden. Bracquemont und seine einflussreichen spanischen Verwandten thaten bei Hofe und in der Stadt ihr Möglichstes, Bethencourt's Sache zu bessern. Sie wussten auch den Prinzen Ferdinand von Aragon und insbesondere dessen Gemahlin Katilina dafür zu begeistern. Bethencourt selbst aber konnte so schön, klar und herzlich reden, sein ganzes

Auftreten war eben so offen und gewinnend, als sein Unternehmen als eine wahre Blüte ritterlichen Thuns und Begehrens erschien. Auch schmeichelte es den Spaniern nicht wenig, dass ein französischer Herr diese glückseligen Inseln, die vielberühmten, die er schon halb wollte erobert haben, vom spanischen Königsthron wollte zu Lehen empfangen. Der König sagte Bethencourt die freundlichsten Dinge, dass er so weit hergekommen, um sich glänzenden Ruhm zu erwerben.

Während sich in Sevilla die Dinge so schön anliessen, lief in Cadix das Schiff ein, auf welchem Berneval mit den geraubten Wandschen sich befand. Allein es erschien auch Gadifers Herold, der Berneval und seine Spiessgesellen als Verräther ergreifen und fesseln liess, damit ihnen der Prozess gemacht werde. Bethencourt war entsetzt, als er von den Schändlichkeiten hörte, die er so wenig als Gadifer dem Berneval nur von ferne zugetraut hätte. Allein er durfte den königlichen Hof noch nicht verlassen, und so geschah es, dass der Schiffskapitän mit den Kanariern fortsegelte und sie in Aragon verkaufte. Berneval aber wusste sich zu vertheidigen und kam mit der Schande davon. Es war ja in jenen Zeiten äusserst schwierig, Frevel, die an ferner Küste begangen waren, durch europäische Gerichte zu bestrafen.

Bethencourt erreichte mit der Zeit in Sevilla Alles, was er nur wünschte. Feierlich wurde er von Heinrich III. von Kastilien belehnt mit dem Königreiche der kanarischen Inseln, so weit er sie nur erobern könne, und erhielt ausser all den Herrschaftsrechten, die einem Fürsten zustanden, ausdrücklich noch drei Privilegien zugesichert, die sich als treffliche Finanzquellen ausbeuten liessen. Erstens konnte er Geld münzen, so viel er wollte. Zweitens durfte fortan Niemand auf den Inseln landen, als wer die Befugniss bei ihm nachgesucht, das heisst bezahlt hatte. Drittens gehörte ihm von allen Waaren, die von den Inseln nach Spanien gingen, der fünfte Theil des Werthes, ein Ausgangszoll von bedeutender Höhe. Dies alles wurde im Sommer 1403 durch Heroldsrufe in den Strassen von Sevilla und den meisten Städten des Reichs bekannt gemacht und Urkunde darüber ausgestellt.

Ausserdem wiess der König 20.000 Maravedis an zur besseren Ausrüstung. Dieses Geld liess Bethencourt durch einen Landsmann, Enguerrand de la Bossiere, erheben: man sagte aber, der grösste Theil des Geldes sei von Enguerrand nicht zu den Zwecken verwendet, wofür es bestimmt worden. Auch das Boot, welches zu dem gescheiterten Schiffe gehört hatte, verkaufte er und steckte das Geld ein. Dieser selbe Enguerrand, so scheint es, stand in besonderer Gunst bei der jungen Frau von Bethencourt. Er geleitete sie heim nach Frankreich und zwar mit fürstlichem Aufwande. Vergebens hatte ihr Gemahl so lange gehofft, ihr in seinem neuen Königreiche den Thron zu errichten. Sie mochte die Ehren einer kanarischen Königin lieber auf ihrem Grainviller Schlosse geniessen, als sich den Gefahren und Mühseligkeiten aussetzen, welche die Eroberung der Inseln noch kosten musste.

Auf diese Eroberung richtete nun Bethencourt sein ganzes Sinnen und Trachten. Seinem beredten Worte, seiner betriebsamen Schlauheit gelang es, sich vom Könige neue Hilfsmittel zu verschaffen. Während er ein grosses Schiff ausrüstete, konnte er ein kleineres im August an Gadifer abschicken. Er schrieb ihm dabei, wie ihn Berneval's Schändlichkeiten empört hätten. »Allein, vielgeliebter Bruder und Freund, man muss Vieles im Leben ertragen, das Vergangene vergessen und stets das Beste daraus machen, wie man kann«. Er rieth dazu, jetzt mit dem gesendeten Schiffe, das ihm zur Verfügung stehe, die anderen Inseln zu besuchen, damit man wisse, wie es anzufangen, dass man sich ihrer bemeistere. Der König von Kastilien werde, damit die Eroberung gelinge, die reichlichsten Mittel gewähren.

Das Alles gefiel Gadifer sehr wohl, nicht aber, was Bethencourt weiter schrieb, dass er nämlich mit all den

Inseln sich habe belehnen lassen. Also mit allen, nicht eine einzige hatte er für seinen Waffenbruder übriggelassen, für ihn, der doch das Unternehmen in Gemeinschaft mit Bethencourt gewagt und gerüstet hatte auf gleiche Gefahr und gleichen Gewinn. Dergleichen hatte Gadifer doch nimmermehr erwartet, und er war darüber so niedergeschlagen, dass seine Gefährten, die fröhlich waren ob der Errettung aus Noth und Trübsal, sich unter einander fragten, was in der Welt denn nur dem Hauptmanne widerfahren sei, dass er so finster aussehe?

Noch ein anderer Vorfall gab den Bewohnern der Festung auf Lanzarote nicht wenig zu sprechen. Eines Morgens gewahrte man bei der Insel Graciosa einen dunklen Punkt. Siehe da, es war dasselbe Boot, welches fast ein Jahr vorher die zwölf Gascogner genommen hatten, um darin nach Afrika zu fahren. Das Boot war leer; was aus der Bemannung geworden, hörte man erst später. Nachdem es von den Wellen aus solcher Ferne hergetrieben, war es auf demselben Platze zum Stehen gekommen, von dem es die Gascogner geraubt hatten. Das schien allen höchst wunderbar, und sie nahmen es als ein Vorzeichen grosser und glücklicher Dinge.

Gadifer erkundigte sich näher bei dem Schiffskapitän, wie es mit Bethencourt und seinen Plänen wirklich stehe. Dieser aber konnte auf sein Forschen und Fragen nur antworten: »Ich weiss nichts Anderes, als dass bei dem Könige Herr von Bethencourt hoch in Gnaden steht und dass er in Kurzem hier sein wird. Frau von Bethencourt hat er nach der Normandie geleiten lassen, und ich vermuthe, dass sie jetzt dort ist. Es ist aber schon ein gut Stück Zeit, dass ich von Spanien absegelte, und er beeilte sich sehr, uns zu schicken, damit wir um so bälder zurückkehrten; denn er ist ganz ärgerlich darüber, dass er nicht hier ist. Ganz gewiss wird er bald kommen, und man darf nicht unterlassen, das Beste zu thun, was man kann, so lange bis er da ist«.

Das war allerdings auch das einzig Räthliche, und da auch der Schiffskapitän es eilig hatte, von den Inseln Häute, Talg, Datteln, werthvolle Orseille zum Färben und das noch kostbarere Drachenblut zu sammeln und in Spanien auf den Markt zu bringen, — denn so hatte es Bethencourt befohlen, — so liess Gadifer das Schiff ausrüsten, um den grössten Theil seiner Mannschaft aufzunehmen. Ausser Dollmetschen schiffte er auch gefangene Wandschen ein; denn diese waren begierig auf Kampf und neue Dinge.

Die Rundreise ging zuerst nach Fuerteventura. Wieder wurde bei Nachtzeit gelandet, und sobald es hell wurde, stiegen Gadifer und Remmonet de Leneden, von 35 Mann begleitet, einen hohen Berg hinan, um die Insel zu überschauen. Als sie aber auf halber Höhe waren, wollten die Bogenschützen, die jüngst von Spanien gekommen, nicht weiter, und Gadifer musste mit Wenigen allein hinauf und wieder hinab an's Meer, um die Gegend auszukundschaften. Später trafen Alle bei einem Flusse zusammen, der aus einer Schlucht hervorströmte, die nur ein paar Lanzen breit war. Das Wasser schoss mit solcher Gewalt daher und sein Bette war so glitschig, dass es allerlei Künste bedurfte, um hinüberzukommen. Am Ende der Schlucht aber nahm sie ein Palmenthal auf von hehrer Schönheit. Wohl achthundert Dattelbäume standen da in prächtigen Gruppen, sie stiegen so schlank und gerade wie Mastbäume zum blauen Äther, herrlich grünend und über und über mit Datteln behangen. Der Boden aber war wie ein grüner Teppich, durchglänzt von silbernen murmelnden Bächen. In diesem wundervollen Palmenthale hielten die Abenteurer süsse Rast, verzehrten ihr Mahl, und konnten sich da, ruhend im kühlen Schatten, in angenehmen Träumen ergehen, wie köstlich es sich auf diesen schönen Inseln leben lasse. Wären sie nur erst gewonnen! Bis man dahin gelangte, gab es noch harte Arbeit, noch viel Blut und Schweiss zu vergiessen.

Als sie vom anstrengenden Marsche sich ausgeruht

hatten und das Thal hinauf und bis zum Ende gingen, eröffnete sich der Blick auf die jenseitige Küste, die in langer Linie daher lief. Hier schickte Gadifer drei Mann voraus, die auf Weiber trafen und Jagd auf sie machten. Eines wurde ergriffen; zwei andere, das eine mit dem Kinde an der Brust, hatten sich in eine Höhle geflüchtet, und als die Männer sich nahten, erdrosselte jenes den Säugling, entweder damit das Kind sie durch Schreien nicht verrathen oder dass es nicht in Gefangenschaft kommen sollte. Gadifer kam sodann mit eilf Mann hinterdrein und sah in der Ebene ein wild verwachsenes Waldstück vor sich. Er liess seine Leute eine lange Kette bilden, um den Platz zu umzingeln, weil er vermuthete, es seien Eingeborne darin. Auf der andern Seite kamen die Spanier heran, die zurückgeblieben waren. Diese stiessen auf ein halbes hundert Wandschen, und die Männer kamen ihnen freundlich entgegen und spassten mit ihnen, bis sich Frauen und Kinder entfernt hatten. Dann entstand ein kurzes Gefecht, auf das Hilfegeschrei rannten die Franzosen herbei, die Wandschen stoben aus einander und in die Weite. Eifrig setzte man ihnen nach und schoss im Laufen hinter ihnen her. Gadifer gerieth auf dieser heissen Jagd bis in die Berge hinein und kam den Wandschen, als es dunkel wurde, so nahe, dass er mit ihnen sprechen konnte. Wie es scheint, riefen sie ihn an, um ihn zu foppen. Er hatte nicht wenig zu thun, bis sich im tiefen Dunkel die Seinigen wieder sammelten, und als sie alle todtmüde auf dem Schiffe wieder beisammen waren, hatte ihnen die grosse Jagd nicht mehr als vier Frauen eingebracht. Gadifer aber sah ein, dass auf die Spanier kein Verlass sei, und dass er mit ernsten Unternehmungen warten müsse, bis Bethencourt bessere Mannschaft bringe.

Die Reise ging nun nach Gran Canaria, und als sie in früher Morgenszeit dort in den guten Hafen einliefen, der zwischen Telde und Argonnes liegt, standen da an fünfhundert Wandschen am Ufer und sprachen sie an. Sobald man ihnen zurief, Niemand solle Leides geschehen, schwammen gleich mehr als zwanzig herbei und schwangen sich an Bord. Sie brachten Feigen und Drachenblut und nahmen dafür Fischhaken und kleine Messer und was sie nur an altem Eisenzeug bekommen konnten. Das Drachenblut allein war gut zweihundert Golddukaten werth und die ganze Gegengabe nicht zwei Francs. Als nun das Schiff sich dem Lande näherte, geriethen sie am Ufer hart aneinander, und das Gefecht dauerte eine geraume Zeit. Wahrscheinlich wollten die Einen die Fremden angreifen, die Andern aber mit ihnen friedlich Handel treiben. Als es am Gestade wieder ruhig wurde, stürzten sich von Neuem Wandschen in's Meer und brachten Sachen zum Handel. So dauerte der freundschaftliche Verkehr zwei Tage, jedoch durften die Fremdlinge nicht in's Land. Gadifer hatte seinen Dollmetsch Peter, einen Kanarier, zum Könige geschickt, der fünf Stunden von da wohnte. Da Peter aber zur bestimmten Stunde nicht zurück war, wollten die Schiffsleute nicht länger auf ihn warten, sondern fuhren etwa vier Stunden weiter die Küste entlang. Als sie hier aber Wasser einnehmen wollten, trieben die Wandschen sie wieder zurück und entrissen ihnen ihre Waffen und Schilde. Es blieb den Franzosen und Spaniern nichts übrig, als ohne Wasser wieder von dannen zu segeln.

Da gewahrten sie einen Kanarier, welcher dem Schiffe nachschwamm, und als er näher kam, sie auf Kastilianisch anrief. Sie liessen ihn an Bord kommen, und er erzählte: er sei ein freier Mann von Geburt und aus der Ortschaft Niginiwada, wo vor 22 Jahren ein Schiff mit 36 Spaniern gescheitert sei. Dreizehn von ihnen seien noch lebendig an's Ufer geworfen worden, der König habe ihnen Freiheit und Frieden geschenkt, und sie hätten sieben Jahre lang in der Ortschaft ruhig gewohnt. Man habe sie nur die dreizehn Brüder genannt. Diese hätten ihn bekehrt, getauft, wobei sie ihm statt Tifetan, wie er ursprünglich geheissen, den Namen Peter beigelegt. Noch viele Andere hätten sie in den Geheimnissen der christlichen Religion unterrichtet und sich sehr viele Mühe damit gegeben. Es seien aber Biskayer und Andalusier gekommen und hätten Krieg angefangen, einige Wandschen getödtet, andere fortgeschleppt. Da sei der Verdacht entstanden, Jene wären durch die dreizehn Kastilianer hergerufen worden, und da habe man Diese getödtet. Einer von ihnen habe ihm die Schrift gegeben, die er seit jener Zeit in dem Säckchen auf dem Leibe getragen, um sie, wenn wieder ein Schiff an die Küste komme, abzuliefern.

In der Schrift aber, als man sie getrocknet hatte und lesen konnte, stand Folgendes: »Am 5. Juli 1382 segelte das Schiff des Franz Lopez von Sevilla aus dem Hafen von St.-Lucar in Galizien, wurde durch schrecklichen Sturm an die Westküste von Gran Canaria verschlagen, wo von 36 Mann Besatzung nur wir dreizehn gerettet wurden: Andreas Suarez, Johann Romero, Andreas Galindo u. s. w. An der Mündung der Schlucht Niginiwada wurden wir von den Eingebornen ergriffen und in's Land gebracht vor den König, und, während wir Misshandlungen fürchteten, speiste er uns mit gebratenem Fleische, Honig und Mehl von gerösteter Gerste. Er gab uns die Freiheit und verbot bei Strafe all seinen Lehnsleuten, uns zu beleidigen oder zu belästigen.

Es ist ein Volk, fromm gutherzig und gehorsam seinem Könige. Denn sobald sie seinen Willen gehört, fehlten sie nicht dagegen, und gaben uns liebreich viele Ziegen, um sie aufzuziehen, wie sie es machen, und viele Gerste zur Saat.

Männer und Frauen gehen gekleidet in weiche Häute, und die Hemden sind noch weicher aus Palmenstoff. Sie rühmen sich, goldgelbes Haar zu besitzen.

Die Volkszahl ist gross auf dieser Insel. Der Adeligen sind viele, und vor Allen ausgezeichnet durch die Trachten, und sie arbeiten niemals, denn das ist eine Schande für sie, und so bezahlen sie Andere, die für sie säen und ihre Heerden hüten, und so unterhält jeder eine grosse

Zahl von Hirten und von Leuten für seine Ackerbaugeschäfte.

Sie haben viel Regierung in ihrem Staatswesen, die sie Fayacanes nennen, die gleichwie Statthalter sind, die auch das Recht haben, einen Theil der Früchte einzunehmen, die sie jährlich zahlen. Sie werden bestellt durch den König, um junge Burschen und Mädchen zu vermählen und die Verbrechen zu bestrafen, indem sie den Übelthätern das Leben nehmen, die auf ihren Befehl in's Meer oder unter die Steine geworfen werden. Und da sie rechtlich sind in ihren Strafen, so leben sie alle ruhig und friedlich.

Es ist ein sehr kriegerisches Volk, und es kommt bei ihnen nicht vor, gegen die Wahrhaftigkeit zu fehlen oder Verrath zu begehen, weil sie darin sehr empfindlich sind, ausserdem es streng bestrafen.

Wir haben einige Knaben in der christlichen Lehre unterrichtet und Kastilianisch zu sprechen, ohne dass sie verstehen, was sie sagen. Einige haben wir getauft im Geheimen und haben das verhehlt, weil wir alle Gefahr laufen. Insbesondere einen Knaben von acht Jahren oder so ungefähr, der Neigung bekam, uns zu dienen, genannt Tifetan im Kanarischen, behalten wir in unserer Gesellschaft und haben ihn getauft und Peter genannt. Wir hoffen zu Gott dem Herrn, dass er ein guter Christ sein wird. Alle auf dieser Insel waren es, weil ihre Eingebornen gelehrig und geneigt sind zu guten Sitten, in dem, was sie als gut erkennen, und im Wohlthun an Schwachen. Die göttliche Majestät wolle uns gnädig sein und uns zu unserer Heimat Spanien bringen, um unter Christen zu sterben.

Eilf Jahre sind es, dass wir in Gran Canaria wohnen, dreizehn Spanier, in unserer Freiheit und schon einheimisch. Nun haben die Kanarier uns genommen und in Gemeinschaft mit uns sieben Spanier, einen aus Guypuzcoa und drei aus Sevilla, die sie zu Gefangenen machten in dem Kriege, den sie eben geführt haben gegen jene Leute in diesem Jahre 1393, und sie halten uns in einem Gefängnisse unter der Erde: ich weiss nicht, was mit uns geschehen wird.

Wir haben gehört, dass viele Eingeborne dieser Insel die Gefangenen für Spanien, die Jene auf anderen Inseln sammelten, weggenommen haben, und dass auf dieser, obgleich sie einen Thurm bauten, die Tapferkeit der Kanarier sie von der Insel vertrieb. Und so schifften sich ein, die es konnten, obgleich sich ihrer nicht mehr sammelten, als ihrer Sieben, obgleich viele Kanarier todt geblieben. Daher geht es jetzt mit unserem Leben zu Ende, denn die Kanarier sind sehr streng und vollziehen ihre Strafen unverbrüchlich. Blos Peter, der Kanarier, bringt uns den Unterhalt und steht uns bei. Gott der Herr sei mit uns, Amen«.

So endet dieses Testament der dreizehn gefangenen Kastilianer auf Gran Canaria, die drittfrüheste Urkunde[1], die wir über die Zustände der Wandschen besitzen, und zugleich eine der werthvollsten. Was aus den Dreizehn geworden, wurde niemals bekannt. Ohne Zweifel mussten sie es mit dem Tode büssen, dass Einige von ihnen oder sie alle Anlass gegeben zur Herkunft von Menschenjägern, von denen die Wandschen viel Übles erfuhren.

Wir wenden uns zu Gadifer's Entdeckungsfahrt zurück, die eilf Jahre nach der Hinrichtung der Dreizehn auf Gran Canaria stattfatte.

Von dieser Insel, deren Bewohner sich räuberischer Fremdlinge so trefflich zu erwehren wussten, segelten unsere Abenteurer nach Ferro, umfuhren diese zweitkleinste der Kanaren, und wendeten sich dann zurück nach Teneriffa. Sie wussten bereits, wie stolz, stark und wachsam dort die Wandschen seien, und wagten gar keine Landung, sondern hielten sich zu der kleinsten Insel Gomera, die bloss durch eine Strasse von zwei Stunden Breite von Teneriffa getrennt ist. Hier hatten die Bewohner am Strande

---

[1] Sie findet sich bei Castillo und anderen späteren Schriftstellern auf Canaria, die aus Archiven schöpften.

Wachtfeuer angezündet. Ein Mann und drei Frauen liessen sich dabei überraschen, wurden überfallen, gefesselt, weggeschleppt. Als man aber am anderen Morgen Wasser einnehmen wollte, warfen sich die Wandschen den Fremdlingen entgegen, trieben sie zurück, und trotz aller Anstrengung musste auch hier darauf verzichtet werden, Wasser zu bekommen.

Nun wurde die Fahrt auf Palma gerichtet. Ein heftiger Sturm aber trieb das Schiff zurück, und da hielt seine Besatzung es für's Beste, vor Ferro Anker zu werfen. Man blieb auf der Insel wohl einen Monat hindurch. Der öde Strand war fast eine Stunde breit, dahinter aber erhob sich prachtvoller Gebirgswald, wo es wohl hunderttausend Fichten gab, die meisten so stark, dass zwei Männer den Stamm nicht umspannen konnten. Dabei rauschte es überall von kühlen Bergwässern, und der Wachteln war eine ungeheure Menge. Auch fanden sich Schweine, Ziegen und Schafe genug, die Beute an Menschen aber bestand blos in vier Frauen und einem Kinde; denn die Bewohner waren beständig auf der Flucht und liessen sich nicht blicken. Man hatte auch Niemand, der ihre Mundart verstand. Ihrer waren zudem nicht viele mehr, denn fast jedes Jahr hatten auf Ferro Menschenjagden stattgefunden, noch im Jahre vorher sollten von hier an vierhundert Gefangene fortgeführt worden sein.

Von nun an fuhr Gadifer immerfort zwischen den Inseln umher und liess untersuchen, wo man bequem an's Land konnte und wo es Wasser gab. Gelandet wurde nirgends mehr, es sei denn, dass ein Boot anlegte, um rasch Wasser einzunehmen oder ein paar Ziegen und Schweine wegzufangen. Davon aber hatte man sich zur Genüge überzeugt, dass all die kanarischen Inseln sehr gesund, sehr fruchtbar, sehr anmuthig zum Wohnen seien und dass sie dem glücklichen Eroberer ein herrliches Einkommen abwerfen würden. Gadifer hatte auf dieser dreimonatlichen Entdeckungsfahrt mit Gefangenen, Drachenblut, Häuten,

Rauchfleisch, Datteln, Talg und anderen Landeserzeugnissen, die erhandelt oder geraubt worden, gute Geschäfte gemacht, und reich beladen ging das Schiff nach Spanien zurück.

Die Besatzung der Festung Rubicon war die Zeit über nicht müssig gewesen. Die Mannschaft hatte fleissig der Menschenjagd obgelegen, und die Zahl der Gefangenen war über hundert gestiegen, es hatte aber auch eine Menge Todte gegeben. Ohne in bewaffneten Haufen konnten die Eingebornen ihr Vieh nicht weiden, ihre Äcker nicht bestellen. Ihre Frauen und Kinder durften sich nicht blicken lassen. Hier und dort lagen Feinde verborgen, von denen sie überfallen oder erschossen wurden. Viele Familien wussten sich gar nicht mehr zu helfen, und eine nach der anderen kam zur Festung, um sich taufen zu lassen und Frieden zu erwerben. Man meinte, dass Wenige mehr am Leben wären, welche die Taufe nicht empfangen, insbesondere nicht Krieger, die noch gefährlich werden könnten.

Im Februar des folgenden Jahres kam endlich Bethencourt zurück, und da alle Welt ihn gern hatte und er eine stattliche Mannschaft nebst Schusszeug und andern Waffen, so wie Wein und Brot und Kleidung zur Genüge mit sich brachte, so gab es in Rubicon Freude und Jubel ohne Ende. Auch die getauften Kanarier kamen herbei und setzten sich, um ihre Verehrung zu bezeigen, vor ihm auf den Boden nieder: dies war, wie sie sagten, das Zeichen, dass sie vollständig sich in seine Gnade stellten.

Die Nachricht, dass Bethencourt wieder da und zwar mit viel grösserer Macht als zuvor, war für König Wadarfia ein Todesstreich. Noch drei Tage vertheidigte er sich in seiner besten Festung, da musste er mit dem Reste seiner Leute, es waren nur noch neunzehn bei ihm, sich ergeben, und man fand in dem Platze grosse Vorräthe von Gerste Rauchfleisch und anderen Lebensmitteln. Der gefangene König verlangte, man solle ihn zu Bethencourt führen, und als es geschah, setzte er sich nieder und sagte: »Ich erkläre mich für besiegt und befehle mich in des Herrn von

Bethencourt Gnade«. Zugleich erklärte Wadarfia, er und sein ganzes Haus wollten Christen werden. Da gingen Bethencourt und Gadifer zur Seite und unterredeten sich, und vor Freude weinend fielen sie einander um den Hals und küssten sich. Nun gehörte Lanzarote ihnen.

Am 20. Februar 1404, einem Aschermittwoch, wurde Wadarfia mit den Seinigen feierlich getauft, sein Pathe war Bethencourt, und fortan hiess er Ludwig. Alle Zeit seines Lebens blieb er den Franzosen treu verbündet und leistete ihnen grosse Dienste. Nach des Königs Taufe kam nun einer nach dem andern, vornehm und gering, herbei, sich ebenfalls taufen zu lassen, und die ganze Insel war nunmehr blos von Christen bewohnt.

Die beiden Geistlichen, welche der religiöse Bethencourt stets hoch in Ehren hielt, machten ihm nun auch die Freude, dass sie einen Katechismus ausarbeiteten, »als ein paar Kleriker, die tüchtig genug und ihr Bestes thaten,« — »gemäß dem geringen Wissen, das ihnen Gott gegeben«.

In diesem ganz kurzen Abrisse des alten und neuen Testaments, der zehn Gebote und der Sakramente kamen hin und wieder wunderliche Dinge vor. Eva, die Mutter aller Lebendigen, nannte Gott der Herr Virago d. h. Frau aus meiner Seite. Nach dem Sündenfalle trafen die Schlange drei Flüche, Eva zwei, Adam einer. Die Arche musste Erzvater Noah »aus viereckigen polirten Hölzern machen, und in- und auswendig mit Betun (Bitumen?) bestreichen: denn dieses Betun ist ein Pech so stark und zäh, dass man zwei Stücke, die damit zusammengepasst und verbunden sind, durch keine Kunst wieder aus einander bringen kann, es sei denn durch das natürliche Blut der Frauenblüthe, und man findet es schwimmen auf den grossen Seen Indiens«. Der Katechismus legte viel Gewicht darauf, ob das Brot bei Christi Abendmahl gesäuert oder ungesäuert gewesen, begnügte sich aber von Christi Leben zu sagen: »Es gibt viele Sachen, die er sagte und that, die voll so grosser

Geheimnisse sind, dass Keiner sie verstehen kann, wenn er nicht ein sehr grosser Geistlicher ist«.

Während aber Bethencourt alle Ursache hatte, zufrieden zu sein mit der Redlichkeit und Glaubenszuversicht seiner neuen Unterthanen, bekam er einen schweren Stand mit Gadifer. Dieser warf ihm in tiefer Entrüstung vor, wie er es über sich vermocht habe, sich belehnen zu lassen mit all den Inseln und als alleiniger Herr ausrufen zu lassen auf den Strassen, ohne an ihn, seinen Waffenbruder, zu denken, der an Arbeit und Kosten gleichen Antheil und auch gleichen Gewinn habe. Gadifer verlangte, er müsse ihm einige Inseln abtreten. Bethencourt dagegen berief sich darauf, dass von seinem Schlosse Grainville der ganze Plan ausgegangen; dass er von dort nach La Rochelle, wo er Gadifer getroffen, mit voller Mannschaft und Ausrüstung gekommen; dass die Inseln, die Gadifer verlange, noch nicht erobert worden; dass sein Freund später mit ihm werde zufrieden sein. Gadifer aber erklärte, er wolle mit der ganzen Geschichte nichts mehr zu thun haben und zurück nach Frankreich. Bethencourt hatte die grösste Noth mit dem Gefährten, und um ihn zu besänftigen und seine Gedanken auf andere Wege zu leiten, wurde nun eifrig geredet und verhandelt von Eroberungen auf dem afrikanischen Festlande.

Dort waren weite herrliche Landstriche, bewohnt von einem Volke, das ganz unkriegerisch, ohne Waffen und ohne Hülfe sei, während man den Kanariern jeden Fuss breit Bodens erst lang abkämpfen müsse. Wie viel Blut und Kosten und Mühen habe nicht Lanzarote allein erheischt, und doch habe es auf der Insel nicht mehr als 300 streitbare Männer gegeben! In Afrika hoffe man dagegen mit den Leuten bald fertig zu werden. Man brauche ja nur an einer passenden Küstenstelle ein Fort zu bauen, das sich halten lasse, dann den umwohnenden Völkerschaften Tribut auferlegen, darauf den Weg sich eröffnen zum Goldflusse, endlich in Handelsverbindung zu treten mit dem viehreichen Lande des Priesters Johann. Bei den afrikanischen Eroberungen könnten dann Gadifers Wünsche glänzend erfüllt werden; denn das stand fest, die Länder sollten nicht mehr vom spanischen, sondern vom französischen Könige zu Lehen genommen, nur von ihm Hülfe erbeten werden. Eifrig wurde das Buch eines spanischen Bettelmönches studirt, der in den nordwestlichen Ländern Afrika's weit umhergekommen und in seinen Berichten Wahres und Falsches unter einander mischte.

Allein alle diese Pläne und Entwürfe erschienen doch gar zu windig, und so sass man in Ärger und Unthätigkeit auf Lanzarote, bis auch die Lebensmittel, die bei der Gefangennehmung Königs Wadarfia erobert waren, auf die Neige gingen und das Fasten wieder in Aussicht stand. Die beiden Anführer versöhnten sich noch einmal: mit ganzer Kraft und Macht wollten sie erst Fuerteventura erobern.

Im April 1404 schifften sie dort ihre Mannschaften aus und gingen sofort daran, zwei Lager aufzuschlagen und möglichst zu befestigen. Gadifer wählte eine Stelle am Meere, die bei den Eingebornen Valtarhays genannt wurde, Bethencourt ging eine Stunde weiter in's Land und legte dort ein Lager an, dem er den Namen Richeroque (Reichenfels) gab. Fleissig wurden nun Streifzüge in's Innere angestellt, und die Wandschen, welche sich fangen liessen, brachte man gleich nach Lanzarote, um sie bei erster Gelegenheit zu Gelde zu machen. Die Bewohner der Insel aber waren tapfer und auf ihrer Hut, sie waren gross von Gestalt und wollten vom Christenthume nichts wissen. Um sie zur Ergebung zu zwingen, zerstörte man ihnen die Wasserleitungen und Zisternen, die sie zur Ernährung der Heerden durchaus nöthig hatten, und um sich gegen ihre Angriffe zu behaupten, wurden die Lager in Festungen umgebaut, was wohl drei Monate in Anspruch nahm.

Da jedoch die Geschäfte schlecht gingen, die Sklavenjagd sowohl als die Eroberung, so brach die alte Misshelligkeit zwischen den beiden Anführern wieder hervor. Die

Herren sassen jeder in seiner Festung und schrieben sich bitterböse Briefe. Einmal kam ein Schreiben von Gadifer, das blos die Worte enthielt: »Werdet Ihr dorthin kommen, kommen, kommen?« Bethencourts Herold trug die Antwort zurück: »Werdet Ihr dort Euch einfinden, einfinden, einfinden?« Es fehlte nicht viel, so hätten sie sich geschlagen, und so standen die Dinge zwei Wochen lang, wie man zu sagen pflegt, auf Spitze und Knopf.

Da rüstete Bethencourt sein Schiff, um es mit der besten Mannschaft nach Gran Canaria zu schicken. Gadifer wollte nicht dahinten bleiben und erklärte sich bereit, den Befehl zu übernehmen. Am 25. Juli fuhren sie ab, hatten aber schweren Sturm, und eines Tages meinten sie zwei Sonnen am Himmel zu erblicken. Endlich kamen sie bis vor Telde, allein der Wind wehte scharf vom Lande, und man hatte harte Nachtarbeit. Gadifer wagte daher nicht, zu landen, fuhr an der Küste weiter bis Argynegy, und dort blieb das Schiff eilf Tage liegen. Dort fand sich Peter der Kanarier wieder ein, der bei Gadifers erstem Besuche zurückgelassen war, und es erschienen auch der Sohn des Königs Artamy und eine grosse Menge Wandschen, die rasch und ungescheut wie das vorige Mal auf das Schiff kamen. Als sie aber sahen, wie wenig Leute darin, machten sie heimlich ihren Anschlag. Peter erklärte den Gästen, er wolle sie an einen guten Wasserplatz bringen, und um ihnen allen Argwohn zu benehmen, trieb er Schwäne herbei, die man ihnen zum Geschenke mache. Gadifer sendete nun das grosse Boot an die bezeichnete Wasserstelle, und, um es in der Brandung festzuhalten, wurde ein Seil ausgeworfen, dessen eines Ende die Wandschen am Ufer und dessen anderes die Leute im Boote hielten. Während man nun Wasser in die Fässer füllte, sprangen auf einmal Andere aus einem Hinterhalte, sausend schlugen ihre Wurfsteine ein, jeder Franzose hatte sofort seine Wunde. Zwei Ruder, drei Wasserfässer, ein Kabel wurden ihnen entrissen, und schon sprangen die Wandschen in's

Wasser, das Boot selbst zu kapern. Während aber Mehrere darin sich hatten zu Boden fallen lassen und nicht wagten, die Köpfe zu erheben, griff Hannibal, Gadifers Bastard, so schwer verwundet er auch war, zu einem Ruder, schlug den Angriff ab, und mit Hilfe einiger Bethencourt'scher Edelleute, die ihre Schilde vorhielten, gelang es, das Boot endlich in's tiefere Wasser zu bringen. Aber Alle darin waren verwundet und zerschlagen. Nun kamen vom Schiffe andere Mannschaften, retteten das Boot, und eilten dann zurück zum Gestade und schossen auf die Wandschen. Diese aber wussten sich trefflich der Schilde zu bedienen, die sie im vorigen Jahre den Spaniern entrissen hatten, und da man ihnen auch mit Schiessen wenig oder nichts anhaben konnte, so fuhr Gadifer wieder nach Telde, und als er hier noch zwei Tage, ohne etwas ausrichten zu können, verloren hatte, kehrte er missmuthig nach Fuerteventura zurück.

Als er hier an's Land ging, traf er auf Kastilianer, die in einem Hinterhalte lagen, und erfuhr, sie seien von einem Schiffe, welches der König mit reichlichem Proviant für Bethencourt geschickt habe. Sie hatten vor wenigen Tagen gesehen, wie vierzig Wandschen auf zehn Spanier gestossen und, obwohl freundlich angesprochen, sich auf sie stürzten und sie in die Flucht jagten. Gadifer sprach nun den neu angelangten Schiffskapitän und hörte von ihm viel Rühmens über Bethencourt und wie hoch dieser in des Königs Gnade stehe. Da sagte er: »Nun, der Herr von Bethencourt hat nicht Alles allein gethan, und hätten nicht andere Leute gesorgt, so wäre man noch nicht so weit«. Und noch mehr stiess er im Ärger gegen Bethencourt hervor, was Diesem überbracht wurde. Bethencourt stellte ihn zur Rede, warum er ihm Gut und Ehre antaste, dessen habe er sich zu ihm nicht versehen. Gadifer antwortete gereizt, er wolle nicht länger für nichts und wieder nichts sich opfern, und verlangte noch einmal Abtretung von Inseln. Da aber Bethencourt sich wieder auf den

Lehenseid berief, den er für Alle geleistet, so kam es zu heftigem Wortwechsel, und kurze Zeit darauf segelten Beide nach Spanien, jeder in besonderem Schiffe. Bethencourt wollte nämlich dabei sein, wenn Gadifer gegen ihn in Sevilla auftrete.

Am spanischen Königssitz aber hatte Dieser sehr wenige, Jener sehr viele Freunde, in der Stadt wie am Hofe. Alle Welt kannte und liebte den frohherzigen und tapferen Mann, der Spanien so viel Ehre und seinen Kaufleuten so viel Nutzen brachte. Gadifer erkannte bald, dass er gegen Bethencourt nicht aufkomme, und kehrte nach Frankreich zurück. Die Sevillaner Bürger aber konnten Bethencourt nicht genug feiern, und er erhielt Gold und Silber, Waffen und Proviant, so viel er nur wollte. Klüger geworden, sorgte er jetzt dafür, dass statt des kurzen schriftlichen Nachweises, mit welchem er sich früher begnügt hatte, ihm jetzt Lehensbrief und Privilegien prächtig mit grossem königlichen Siegel in einer Urkunde ausgefertigt wurden, in welcher Alles genau enthalten war. Dann eilte er, so rasch er nur konnte, nach den Inseln zurück; denn er fürchtete, Hannibal, Andrac, und die anderen Anhänger Gadifers könnten ihm arge Dinge anstiften.

Gadifers natürlicher Sohn, der tapfere Hannibal, Andrac und Andere ihrer nächsten Freunde hatten die Zeit, während Bethencourt abwesend war, benützt, Valtarhays zu einer haltbaren Festung auszubauen. Kern und Hauptstück solcher Kastelle war der Thurm, der aus dickem Mauer- oder Holzwerke aufgeführt wurde, und zwar so hoch, dass seine Warte, oben mit einer Brustwehr versehen, zum Luginsland diente, gleichwie der Thurm selbst zur letzten Zuflucht. An diesen Thurm lehnte die Burg oder das Schloss, bestehend aus mehreren grösseren Häusern oder Bautheilen, welche Kammern der Offiziere und den besten Theil von Waffen und Proviant enthielten. Rings umher standen Bretterhütten und die Häuschen der Soldaten und Werkleute so wie der Gefangenen. Anfangs war die Festung blos vom hölzernen Schutzringe umgeben, einer Palissadenwand, welche man durch hohe starke Pfähle bildete, die, oben zugespitzt, dicht neben einander in den Boden eingerammt, meist auch durch Flechtwerk verbunden wurden. An der Pfahlwand ging rings ein Graben hinunter, über welchem vor dem Einlassthore ein paar bewegliche Balken oder Baumstämme lagen, die man wegheben konnte. Verbesserte sich nach und nach die Festung, so wurde statt der Übergangsbalken eine Zugbrücke angelegt, die Pfahlwand durch eine Mauer mit Wach- und Schiessthürmchen ersetzt, die Palissadenlinie aber weiter vorgeschoben, wohl auch im grösseren Umkreise weiter draussen wiederholt. Denn solche Pfahlwände erhöhten die Sicherheit des Kastells ungemein, weil das Überklettern eben so schwer und langwierig war, als das Umhauen oder Ausreissen der dicken Pfähle.

Bethencourt landete, als er von der zweiten spanischen Reise zurückkehrte, gleich auf Fuerteventura, wo der Weg in einer Stunde bis auf den Bergabhang führte, an welchem er bei reichlicher Bachquelle sein Richeroque erbaut hatte. Über dem Hafen und der Landestelle aber erhob sich ein blühendes Gestade, und weil der Ort so schön und anmuthig war, nannte man ihn Gartenhafen. Der religiöse Bethencourt hatte hier eine Kapelle errichtet, Gott anzuflehen um günstige Fahrt bei der Abreise, ihm zu danken nach glücklicher Rückkehr. Am Strande legte er einstweilen seine Ladung an Proviant, Schuss- und anderem Zeug nieder, während die Schiffsmannschaft den Platz unter ihren Augen behielt.

Dann erschien der Ritter vor Valtarhays. Die Festung öffnete ihm sogleich das Thor, und die Offiziere empfingen ihn mit schuldiger Ehrerbietung. Natürlich war Hannibals erste Frage: »Was ist aus meinem Herrn geworden?« »Er ist nach Frankreich, in seine Heimath«, erwiderte Bethencourt. — »Dann gehe ich auch hin!« fuhr Hannibal auf. — »So Gott will, geleite ich Euch, wenn mein Werk vollbracht ist«, war die Antwort. — »Aber warum hat er nicht geschrieben? Warum lässt er uns nichts von sich wissen?« — Bethencourt konnte nur sagen: »Ich denke, dass mein Herold einen Brief von ihm haben wird«.

So war es auch, und während Hannibal seinen Brief las, horchte und sah sich Bethencourt in der Festung um. Er bemerkte genug, was ihn daran mahnte, sofort Alles aufzubieten, damit er Herr bleibe auf Valtarhays. Er begab sich daher alsbald nach Richeroque. Auch hier sollte er nichts Gutes erfahren. Der treffliche Zustand der Dinge, in welchem er die Insel verlassen, hatte sich in's scharfe Gegentheil verkehrt. Bei seiner Abreise erschienen die Wandschen ganz beruhigt. Sie hatten sich darin ergeben, dass die fremden Gäste im Lande blieben, auch eine Art Oberherrschaft Bethencourts mochten sie zugestehen. Es schien sich damals Alles so friedlich anzulassen, dass man an die Wiederherstellung der im Kriege zerstörten Wasserleitungen und Zisternen denken konnte; denn ohne künstliche Wasserbehälter konnte die grosse Menge von Ziegen, Schafen und Schweinen nicht bestehen, die wild oder gehütet auf der Insel umherschweiften. Der König von Lanzarote, Wadarfia, war selbst herübergekommen, damit unter seiner Leitung und Aufsicht die Wasserwerke wieder hergestellt würden. Es wurde fleissig und mit Erfolg daran gearbeitet, während Bethencourt in Spanien verweilte. Jetzt aber fand er das ganze Volk in stürmischer und feindseliger Bewegung und ihre Kriegsleute beständig auf dem Marsche. Augenscheinlich gingen sie darauf aus, die hochmüthigen und habsüchtigen Fremdlinge zu vertreiben oder zu vertilgen. Sie wollten Friedensbruch und Beleidigung rächen, die Jene sich hatten zu Schulden kommen lassen.

Am selben Tage, als Bethencourt in Richeroque eintraf, hatte man einen Streifzug mit fünfzehn Mann veranstaltet. Die Truppe ward plötzlich von den Wandschen überfallen, sechs Mann blieben todt auf dem Platze, und die Übrigen waren verwundet und zerschlagen, alle todtmüde, und mussten dem Himmel danken, als sie die schützende Festung wieder erreichten.

Bethencourt sah trübe Wolken heranziehen. Zunächst sammelte er all seine Mannschaft, die er irgend glaubte in Richeroque entbehren zu können, und marschirte eilends nach Valtarhays, um diese Festung selbst unter Kommando zu nehmen. Die klugen Wandschen aber, die aller Orten aus Verstecken umherlugten, wussten auf der Stelle, wie sehr jetzt die Widerstandsfähigkeit von Richeroque gemindert war. Ihre Späher hatten mit einem Blicke berechnet, wie viele bewaffnete Europäer noch auf der Insel übrig und wie viele Bethencourt neu hinzugebracht hatte.

Kaum war er von Richeroque ausgezogen, so wurde es in der ganzen Umgegend lebendig von fröhlichen Kriegern. Die Festung wurde umzingelt, angegriffen, erstürmt, die gesammte Besatzung erschlagen, Alles verwüstet und zerstört. Als Richeroque in Asche und Trümmern lag, eilten die Siegesfrohen nach dem Hafen bei den Gärten, überwältigten auch hier die Wachmannschaft, schlugen Fässer und Päcke auf und schleppten fort, was sie brauchen konnten: Kleidungsstücke und Lebensmittel, Waffen und alles was von Eisen war.

Dieser Unglückstag — es war der 7. Oktober 1405 — brachte für Bethencourt furchtbaren Verlust. Seine Festung war in den Grund gerissen, sein Ansehen lag zu Boden: der Feind jubelte, seiner Stärke sich bewusst. Von Allem, was der Lehnsfürst so reichlich aus Spanien mitgebracht, war nichts mehr vorhanden, als das Schiff und der grösste Theil der Mannschaft. Wohl ermaß er die ganze Schwierigkeit, die es kosten würde, Fuerteventura jetzt noch zu erobern, allein sein altes Normannenherz verzagte nicht, sein erfinderischer Geist schaffte Hülfe.

Fuerteventura, nur etwa vier Stunden von Lanzarote entfernt und doppelt so gross, lockte gar sehr als das schönste und reichste Besitzthum. Die Insel war damals ganz bedeckt von blühenden Blumen und Gesträuchen:

weit über die lichten Ebenen und bis auf die dunklen Berghöhen, mit denen die Insel hie und da besetzt ist, zog sich der farbige duftige Teppich, durchschnitten von sechs hellen Strömen, von denen drei nach Westen und drei nach Osten flossen. An den Ufern dieser Ströme gab es dichte Haine von Bäumen, die, nach ihren Blättern zu schliessen, eine Art grosser Erica waren, jedoch ein schönes weisses Harz ausschwitzten. Die Wandschen nannten diese Stellen Tarhays (Theerhäuser?). Dann gab es Bäume, die eine vortreffliche Arznei ergaben im milchigen Balsam. Noch mehr verwunderten sich die Franzosen über die regelmäßig geformten Euphorbien, aus deren dicken Fettblättern, sobald man sie ritzte, gleich der Milchsaft rings auf den Boden spritzte. Es fanden sich aber auch Dattelpalmen, Öl- und Mastix- und noch viele andere Bäume. Was aber am meisten in die Augen stach, das war die Menge Orseille, jener kostbare Färbestoff, der auf der ganzen Welt nicht vorzüglicher zu finden.

Man konnte Fuerteventura auch die Insel der Ziegen nennen: denn diese Thiere trieben sich, zahm oder wild, aller Orten so zahlreich umher, dass, wie die beiden Geistlichen berechneten, man jedes Jahr an 60,000 Stück hätte wegnehmen können. Und diese Ziegen trugen alle so schönes Vliess und eine solche Fettmenge, dass eine jede an Talg und Leder allein einen Werth hatte von 30 bis 40 Frcs., nach jetziger Berechnung von 3 bis 400.

Auch in den Häusern der Eingebornen gab es Nahrung genug. Diese verstanden nicht blos, ihr Fleisch wohlschmeckend zu kochen und zu braten und auf Handmühlen die leicht geröstete Gerste zu Schrotmehl zu mahlen, sondern sie bereiteten auch aus Ziegenmilch ganz ausgezeichneten Käse, bewahrten in irdenen Töpfen grosse Vorräthe von Butter, und wussten das fette Fleisch so trefflich zu räuchern, dass es inwendig saftig blieb; und man in ganz Frankreich kein Rauchfleisch gefunden hätte, das so gut schmeckte. Freilich roch es von dem vielen Fleische, das im Rauche hing, in den Häusern gar übel, zumal diese Häuser grösstentheils fest gemauert waren und nur einen engen Eingang hatten.

Die Wohnungen standen aber auf Fuerteventura nicht so zerstreut, wie auf Lanzarote, und bildeten grössere Ortschaften. Bei den Dörfern und Höfen gab es auch Gebäude zu gottesdienstlichen Versammlungen. Diese waren rund und sehr stark von Steinen gebaut, eingeschlossen von zwei Mauern, zwischen denen man zu der engen Pforte kam. Noch lieber aber gingen die Wandschen, wenn sie zu Gott beten wollten, an den sie als den Einzigen, unsichtbar Allgegenwärtigen glaubten, auf die Berge. Dort erhoben sie die Hände zum Himmel und gossen aus irdenen Schüsseln Milch aus zum Opfer. Sie hatten auch Festungen gebaut, die ungemein stark waren und schwer zu nehmen. Die Insel schied sich nämlich in zwei Reiche, die fast beständig mit einander im Kriege lagen. In dem einen hatte das Haus der Gise, im anderen das der Yose die fürstliche Herrschaft. Trotzdem eine Mauer, die von Steinblöcken aufgeführt war, an einer sandigen Stelle quer durch die Insel lief und beide Reiche trennte, fand sich dennoch immer wieder Anlass zu Fehden.

Streitbarer Männer gab es etwa dreitausend. Diese waren von grosser Stärke, dabei so behende, dass die Franzosen es anfangs für ganz unmöglich hielten, einen von ihnen lebendig zu greifen und festzuhalten. Dabei war es ein warmherziges, fröhliches und tapferes Volk, das nichts lieber that, als tanzen und singen. Zum Singen schlugen sie mit Händeklatschen und Fussstampfen den Takt, und es lautete gar schön und regelmäßig. Auch zum Tanzen machten sie solche Begleitung, und die Umstehenden sangen im Takte dazu. Noch mehr Zeit wurde mit Leibesübungen verbracht. Hoch über die Lanzen zu springen, die Andere wagrecht emporhielten, mit der Lanze jeden Punkt zu treffen, von den höchsten Bäumen durch den Steinwurf jeden Ast herabzuschmettern, dergleichen war ihre Lust und Freude. Da ihre Küsten sehr fischreich, so lagen sie auch gern dem Fischfange ob und zwar nicht blos mit Haken und Netzen, sondern sie liebten es, sich in's Wasser zu stürzen und mit den Fischen zu kämpfen, indem sie dieselben mit Stöcken erschlugen oder betäubten. Die in all diesen Spielen die Ersten und in der Schlacht die Herzhaftesten wie die Geschicktesten waren, erhielten einen Ehrennamen, der hoch geachtet wurde.

Mit diesem Volke hatte Bethencourt nun einen Krieg auf Tod und Leben zu führen. Entschlossen nahm er ihn auf, sicherte für alle Fälle den Rückzug in sein Fort Valtarhays, und zog in das Feld mit aller Mannschaft, die er von der Besatzung entbehren konnte. Gefecht folgte auf Gefecht. Die Wandschen kämpften muthvoll und beharrlich. Europäische Kriegskunst und Schusswaffe entschied in der Regel gegen sie. Namentlich an zwei Tagen konnten sich ihre Feinde des Sieges und der Menge der Erschlagenen rühmen. Die Eingebornen aber traten immer grimmiger auf. Sie erliessen ein allgemeines Aufgebot: Jeder musste in's Feld, der älter war als achtzehn Jahre. Längst hatten sie eingesehen, dass sie nur auf freier Bahn durch ihre erdrückende Masse und durch die gewaltige Schwungkraft ihrer Glieder den schwer bewaffneten Gegnern etwas anhaben konnten. Sie zertheilten sich desshalb nicht in ihre Festungen, sondern liessen diese, so stark sie waren, ohne Besatzung.

Bethencourt sah mit schwerem Herzen, wie seine Leute sich in den fortwährenden Kämpfen aufrieben. Nach dreiwöchentlichen Gefechten musste er sich gestehen, dass dieser Feind sich nicht in Schlachten besiegen, sondern nur durch fortwährende Streifzüge und Überfälle erschöpfen lasse, dass aber dazu seine eigenen Leute nicht genügten. Er änderte sein System.

Am 1. November erschien er wieder in Richeroque und liess die zerstörten Werke so rasch und so haltbar, als es sich in der Eile thun liess, wieder aufbauen. Hülfe aber, ausgiebige Hülfe, sowohl bei dem Festungsbaue wie für den Krieg verschaffte er sich erfinderisch aus Lanzarote. Kanarier besiegte man nur durch Kanarier. Desshalb musste König Wadarfia nach Lanzarote mit dem Befehle, alle Waffenfähigen auszuheben und nach Fuerteventura zu führen. Der treue Fürst fuhr hinüber und schickte alsbald die Botschaft: »Seine wehrhaften Leute brennten sämmtlich auf Kampf und Krieg, man solle Zeug schicken, sie zu bekleiden und auszurüsten, insbesondere Sehnen und Pfeilspitzen; denn das Schiessen gefalle ihnen gar zu gut, und jeder Mann wolle Pfeil und Bogen haben«.

Bethencourt hatte für seine neuen Unterthanen drüben auf Lanzarote gethan, was sein Herz wie sein Verstand ihm eingaben. Er behandelte sie redlich und treuherzig und litt nicht, dass ihnen Unrecht geschehe. Dafür waren sie dankbar von Herzen, und jetzt wollten sie zeigen, was sie für ihn vermöchten. Unschätzbar war die Hülfe dieser braven, gelehrigen und starken Krieger. Sie fochten wie Löwen, waren im Dauerlaufe nicht zu ermüden, und machten dabei Sätze und Sprünge, vor denen Spanier und Franzosen sich entsetzten. Eine grosse Menge von Wadarfia's Leuten liess ihr Leben auf dem Schlachtfelde für ihren neuen König und Herrn Bethencourt.

Diese behenden Krieger von Lanzarote waren nun auch im Stande, Gefangene zu machen im Gefechte und Überfalle. Sobald aber wiederum Gefesselte in die Festungen eingebracht wurden, suchte man sie gleich hinüber nach der anderen Insel zu schaffen, wo sie Weg und Steg nicht kannten. Hannibal, Andrac und andere von Gadifers alten Anhängern wollten noch immer eine Partei für sich bilden und ihren Erwerb für sich allein haben. Bethencourt liess sich viel gefallen, um Streit zu vermeiden und sie bei gutem Muthe zu erhalten. Er pflegte zu sagen: »Man braucht nicht Alles zu thun, was man wohl dürfte, sondern man muss beständig an sich halten und die Ehre höher schätzen, als den Nutzen«. Als er aber durch den Zuzug aus Lanzarote sich so verstärkt sah, dass seine Macht gegen Hannibals Anhänger stand wie zehn gegen eins, erschien eines Tages sein Lieutenant Johann Lecourtois in Valtarhays und forderte an dreissig Gefangene, die Jene an diesem Orte zusammengebracht hatten. Da man sie nicht gutwillig abtreten wollte, erinnerte er an den Eid, mit welchem Hannibal und Andrac seinem Herrn zum Gehorsame verbunden seien, und führte nach heftigem Wortwechsel die Gefangenen mit Gewalt von dannen. Nun wollten sie in Valtarhays wenigstens die gefangenen Weiber behalten. Allein Lieutenant Johann kam nochmals, erbrach die Wohnungen der Weiber und zog mit ihnen ab; denn Bethencourt hatte angeordnet: wie Gefahr und Wunden, so sei auch der Erwerb im Kriege gemeinsam, und niemand erhalte mehr, als was er nach Recht und Billigkeit fordern könne. Diesen Antheil aber wollte er Gadifers Leuten gönnen, so feindselig und ungeberdig sie auch sich anstellten.

Nun gingen die Streifzüge, die man aus den Festungen bald nach dieser, bald nach jener Gegend der Insel anstellte, unaufhörlich fort. Weil die Wandschen wehrlosen Kindern nichts zu Leid thaten, so liess man diese die Heerden vor der Festung hüten, richtete sie aber zugleich ab zum Späherdienste. Auch wurden Hunde gebraucht, welche die Verstecke auswitterten, in denen Feinde lagen.

Einmal kam es in einer Ortschaft zum Gefechte, in welchem zehn Wandschen fielen, unter ihnen ein Riese von neun Fuss. Bethencourt hatte befohlen, den Gewaltigen, wenn es irgend angehe, lebendig zu fangen. Jedoch die den Zug mitgemacht, erklärten einstimmig, der Riese habe so furchtbar um sich gehauen, dass sie alle wären Kinder des Todes gewesen, hätte man ihn nicht erschossen.

Je mehr sich der Krieg in die Länge zog, desto eifriger gingen die Europäer darauf aus, Gefangene zu machen. Da sie dabei der Scharfsinn der flinken Lanzaroten unterstützte, die unermüdlich Berg und Thal auskundschafteten, so gelang es immer häufiger, an dem einen Orte Weiber und Kinder wegzufangen, am anderen eine kleine Schaar von Kriegern zu überraschen. Stiess man auf grössere Streithaufen, so schloss sich Alles sofort zum festen Keile zusammen, der eilends, indem man sich immer dicht beisammen hielt, rückwärts trachtete. Auf dem Rückwege waren sie gewöhnlich links und rechts vom Feinde umschwärmt, die Einen fürchteten die Pfeilschüsse, die Anderen die Steinwürfe, welche, durch die Luft daher sausend, so sicher trafen wie Pfeile vom grössten Kaliber. Thaten sich endlich die ersehnten Thore der Festung auf, so zog man hinein mit blutigen Köpfen. Selbst von gelungenen Streifzügen kehrte selten ein Offizier heim, ohne dass ein Theil seiner Leute zerschunden und zerschlagen.

Der Wandschen Unglück war, dass sie nicht gelernt hatten, ein beständiges Kriegsheer zu bilden und zu unterhalten. Sie eilten, wenn eine neue Frevelthat des Feindes sie aufregte, stürmisch herbei von ihren Höfen und Ortschaften, dann war Alles Feuer und Flamme, dann erhob sich der Heldenmuth zu den höchsten Thaten. War aber diese Kriegsfahrt zu Ende, so war kein Halten mehr. Hier ein Edler mit seinem Gefolge, dort eine Bauernschaft zog ab und davon und wollte auf kein Kommando mehr hören. Nicht weniger störend, als diese Gewohnheit des Eigenwillens wirkten altererbte Feindschaften, die nimmer ruhten, besonders zwischen den beiden Reichen auf der Insel. Eine kleinere Macht, die wohlbewehrt stets auf dem Platze blieb, die unaufhörlich Schläge versetzte, planvoll, wohlberechnet, musste unfehlbar nach einiger Zeit den Vortheil über die Eingebornen gewinnen. Bei diesen aber stellte sich zuletzt eben so unausbleiblich das Bewusstsein der Schwäche und Verwirrung ein.

Dann aber machte sich ein anderes Gefühl schmerzlich geltend. Die Wandschen führten ein schönes Familienleben. Eltern und Kinder, Geschwister und Blutsverwandte hingen auf das Innigste zusammen. Erbarmen musste es die Männer, sie niederschlagen in tiefstem Gemüthe, wenn Woche auf

Woche, Monat auf Monat ihre armen Frauen und Kleinen hungernd und zitternd in Höhlen und feuchten Erdlöchern kauerten, wenn ihrer immer mehr fortgeschleppt wurden in die Sklaverei und auf Nimmerwiedersehen.

In die erweichten Seelen fiel es dann wie milder Thau und Segen, was sie hörten von den himmlischen Lehren Christi. Landsleute, die ihre Fesseln zerbrochen hatten oder die Bethencourt klüglich zur Heimath entliess, wurden nicht mehr getödtet, sondern fanden mit ihren Erzählungen und Vorstellungen eine gute Statt. Sie schilderten, wie Bethencourt Diejenigen gut und treu behandle und ihnen all ihren Grundbesitz lasse und verbürge, die ihn als ihren König auf Erden und den Gottessohn als Herrn im Himmel anerkennen wollten.

Insbesondere waren es die Gemüther der Frauen, die zuerst sich der evangelischen Lehre öffneten und mit eindringlichem Worte auf ihre Männer und Söhne, Väter und Brüder einwirkten. Frauen von hervorragender Kraft des Herzens und Verstandes standen bei den Wandschen allezeit in grossem Ansehen, und man lauschte gern auf ihre Rathschläge. So wird von Fuerteventura berichtet, dass dort zwei prophetische Frauen hoch verehrt wurden. Zu der Einen, welche Tibiabin hiess, kamen Könige und Häuptlinge, damit sie ihre Streitigkeiten und Händel schlichte. Ihre Tochter Tamonante aber pflegte die gottesdienstlichen Gebräuche zu ordnen. Ihre Landsleute glaubten, der weissagende und friedengebietende Geist sei beiden Frauen vom Himmel eingegeben. Einst hatten sie prophezeit, es werde ein gewisses Volk über's Meer kommen und ihrem Volke sagen, was es zu thun habe: jetzt ermahnten sie mit feuriger Rede, dass man von Bethencourt Frieden und Christenthum annehmen solle.

So wiederholte sich auf Fuerteventura derselbe Hergang der Dinge wie auf Lanzarote. Zu Anfang wehrten die Eingebornen der Ankömmlinge Landung und Angriffe ab. Wenn sie aber in Gefechten die neue Macht und

Überlegenheit kennen gelernt und erfuhren, die fremden Gäste wollten nichts weiter, als dass man in Frieden und Freundschaft mit ihnen trete, so willigten sie ein und erlaubten, sich bei ihnen anzusiedeln und eine Burg zu bauen. Darauf störten Übermuth und Treulosigkeit der Europäer sie zu wildem Hass und Vertilgungskriege auf. Hatte nun das rastlose Kämpfen und Verfolgen ein paar Monate gedauert, so machten sich unausbleiblich die Verluste geltend, welche des Volkes Wohlstand und der Familien Glück erlitten. Endlich gewann die friedliche Neigung die Oberhand: sie ergaben sich.

Zuerst war es König Yose, der mit seinem Volke Rath hielt, wie man Frieden erwerben könne. Der Beschluss der Versammlung war, es solle ein Bote an Bethencourt abgehen und um Waffenstillstand und Unterhandlung bitten. Bethencourt nahm den Boten mit den freundlichsten Versprechungen auf und sendete ihn in Begleitung seines Dollmetsch, des Kanariers Alfons, zurück. Diesen wollten die Wandschen, die über Alles, was er ihnen sagte, erfreut waren, bei sich behalten, damit er sie zu seinem Herrn führe. Als aber Alfons erklärte, er habe keinen Befehl dazu und müsse auf der Stelle zurück, übergaben sie ihm ein Geschenk für Bethencourt, das aus einer Frucht von wunderbar lieblichem Geruche bestand, und liessen ihn in Sicherheit heimgeleiten.

Nun wurden die Unterhandlungen rasch zum erwünschten Ende geführt. Wie auf Lanzarote erhielten König und Häuptlinge ihre Besitzungen als ihr festes Erbe zugesichert. Zuerst erschien Yose mit 42 Gefolgsleuten und nahm mit ihnen am 18. Januar 1405 die Taufe, in welcher er den Namen Ludwig erhielt. Als Gise, der andere König, für gewiss hörte, was verlangt und was verbürgt werde, kam er am 25. desselben Monats mit 47 Gefährten; alle wurden getauft und ihr König Alfons genannt. Nun erschien, gleichwie es auf Lanzarote geschehen, eine kleine Schaar nach der andern in Valtarhays,

wo Bethencourt Hof hielt, liess sich taufen und erkannte
ihn an als Herrn und König, bis zuletzt auch Diejenigen,
die am entferntesten wohnten, Christen geworden.

Und sie wurden gute Christen. Es war, als wenn sie
heimlich sich danach gesehnt hätten, als entspräche die
christliche Lehre ihrer Vorstellung von Gott und Unsterblichkeit und vom Gewissen, welches die Menschen Gutes
und Böses unterscheiden lehrt. Ihre Kinder brachten sie
gleich nach der Geburt zur Kapelle in Valtarhays, und die
Eltern kamen gern mit, um noch mehr vom Christenthume
zu hören. Es schien in ihnen aufzugehen wie das Saatkorn
in feuchtwarmer Fruchterde.

Bethencourt hielt streng darauf, dass man seine neuen
Unterthanen auf Fuerteventura liebreich behandelte, und
als er nun Alles wieder in Frieden und Ordnung sah, da
beorderte er die beiden Könige mit ihrem Gefolge zu sich,
und in ihrer und seiner Offiziere Versammlung stellte er
den vielgetreuen Johann Lecourtois vor als Statthalter
während seiner Abwesenheit. Schon wieder wollte er nach
Europa, nachdem kaum ein paar Monate verflossen waren,
seit er zuletzt von Spanien zurückgekehrt. Wie es scheint,
verzehrte ihn Sehnsucht und Unruhe um seine junge Frau
in der Heimath. Auch wollte der Ritter sich dort, da er
nun zwei der Inseln erobert hatte, zeigen im Glanze seiner
kanarischen Herrlichkeit. Desshalb nahm er auch vier
Wandschen mit, drei Männer und eine Frau, und von allen
Naturschätzen des Landes eine schöne Sammlung. Kluge
Berechnung lief freilich überall mit unter. Bethencourt
dachte von seinen Landsleuten aus der Normandie so rasch
und so viele als möglich herüber zu holen, um ihrer Gesellschaft sich zu erfreuen, durch ihre Ansiedlung die Einkünfte der Inseln zu verzehnfachen, den Spaniern aber ein
französisches Gegengewicht zu schaffen.

Am 31. Januar 1405 ging Bethencourt unter Segel. Der
Abschied war voll Thränen. Er weinte vor Freude, dass
er endlich die geliebte Heimath wieder sehen sollte, und die

Zurückbleibenden, und ganz besonders die Wandschen, weinten vor Trauer, dass sie ihn verlieren sollten; denn alle hatten sie ihn sehr lieb. Von Gadifers Anhängern nahm er diejenigen mit, die sich am störrigsten gezeigt hatten, während Hannibal und Andrac es nicht über sich gewannen, das an Gewinn und Abenteuern reiche Leben schon aufzugeben.

Die Fahrt ging diesmal geraden Weges nach der Normandie, und nach 21 Tagen lief das Schiff ein in den Hafen von Harfleur. Da gab es gleich einen kleinen Auflauf, um den König der Kanarier zu erblicken. Bethencourt aber blieb nur zwei Nächte in Harfleur und eilte, seine Stadt und sein Schloss Grainville wieder zu sehen. Zufällig war gerade sein spanischer Oheim da, der Admiral Bracquemont, dem Bethencourt seine normannischen Herrschaften in Pfandnutzung übergeben hatte, jedoch unter dem Vorbehalte, ihm davon jährlich eine bestimmte Summe zu entrichten. Als der Admiral hörte, wer da heranziehe, rannte er ihm entgegen, und sie trafen einander auf dem Marktplatze zu Grainville und fielen sich in die Arme. Sofort begann das Herbeiströmen aus Stadt und Umgegend: Verwandte, Freunde, Bekannte kamen von nah und fern geritten und gefahren mit ihren Damen. Die ganze Normandie gerieth in Bewegung. Alles wollte den berühmten Ritter schauen und begrüssen, der seinen Degen mit Kronen und Kränzen eines Fürstenthumes geschmückt hatte, das er in fernen Meeren eroberte unter wunderbaren Thaten und schrecklichen Mühen und Gefahren. Seit drei Jahren hatte man auf den normannischen Schlössern fast nur von Bethencourts Abenteuern gesprochen, seine Frau und Berneval hatten genug davon erzählt, und er selbst hatte es an Briefen in die Heimath nicht fehlen lassen. Die er aber am liebsten gesehen hätte, musste er erst holen lassen: seine Gemahlin verweilte auf dem Schlosse Bethencourt. Als sie nun mit seinem Bruder Rainald gekommen, da war das Grainviller Schloss von Gästen überfüllt und kein Aufhören mit Festen und mit Freuden und Ehren für den Schlossherrn.

Dieser machte seiner Gemahlin die allerschönsten Geschenke von den Merkwürdigkeiten seiner Inseln, und stellte ihr die Kanarier vor, die ihn begleitet hatten. Sie waren so stattlich, dass sie wohl auch ihr gefallen mussten, allein — in deren fernes Land zu ziehen, dazu spürte sie nicht die mindeste Neigung. Um so grössere Lust bezeigten dazu eine Menge Herren, wie sein Verwandter Richard von Grainville, ferner Johann von Bouille, Johann du Plessy und mehrere andere Edelleute. Bethencourt hatte verlauten lassen, dass er noch viel grössere Eroberungen machen und so viele Normannen, als nur immer wollten, nach den Inseln mitnehmen könne. Auch der dicke Herr Ytasse von Erneville, eines der vornehmsten Häupter der Normandie, wollte mit, aber Bethencourt sagte ihm: »Lieber Vetter, diese Mühe möchte ich Euch nicht machen, ich brauche leichtfüssigere Leute«. Ganz besonders war es ihm lieb, dass unter Diesen seine Vettern waren: Maciot, Heinrich und Wilhelm von Bethencourt; denn da er bei seinem Alter die Hoffnung auf Leibeserben aufgab, so sollten diese Vettern der Bethencourts alten Namen und ruhmreiches Geschlecht auf seinen Inseln fortpflanzen.

Er liess nun öffentlich Folgendes verkünden: »Ich will hinführen Leute von jeglichem Gewerke, das man nur nennen oder denken kann, und wenn sie dort sind, so finden sie sich zweifellos in einem schönen Lande, wo sie behaglich leben können und ohne grosse Arbeit. Sie sollen auch Land genug haben, um es zu bestellen, wenn sie sich die Mühe geben wollen. Es giebt ja in der Normandie genug Handwerksleute, die keinen Fussbreit Landes besitzen und sehr mühselig leben. Wollen sie mit mir gehen, so verspreche ich, für sie alles Beste zu thun, was ich kann, mehr als für Andere, die dorthin auswandern, und viel mehr als für die Eingebornen des Landes selbst, die Christen geworden sind«. Da sah man jeden Tag zehn oder zwölf, auch wohl dreissig Leute kommen, die nach den Inseln fragten und hin wollten, Eheleute und Andere, die sich dort erst zu verheirathen gedachten. Sie gingen mit ohne Lohn, einige wollten sich auch unterwegs selbst beköstigen. Bethencourts Neffe Maciot, zu welchem er besonderes Vertrauen gefasst, besorgte das Geschäft der Auswahl. Er nahm Leute von allen Beschäftigungen, wenn sie sauber und geschickt waren, auch achtzig Kriegsknechte, von denen dreiundzwanzig ihre Frauen mitnahmen.

Als man nun Leute genug hatte, kaufte Bethencourt noch ein Schiff, das seinem Onkel, dem Admiral, gehörte, und bestimmte den 1. Mai als den Tag, wo er Abschied nehme in Grainville, und den 6., wo er zu Harfleur in See steche. Nun füllten sich noch ein Mal die Säle des Schlosses mit seinen Verwandten und den vornehmsten Herren und Damen aus der Normandie, und die glanzvollen Abschiedsfeste dauerten drei Tage lang. Dann reiste Bethencourt nach Harfleur und kam mit gutem Winde bis nach seinem Inselkönigreiche.

Hier sollte diesmal eine Landung stattfinden, wie sie einem heimkehrenden Fürsten geziemte. Fahnen und Banner wurden entrollt, Alle mussten sich in ihren besten Staat werfen und sahen gar prächtig aus. Bethencourt hatte einem Jeden einen Überwurf verehrt, und die sechs Edelleute seines Hofes trugen am Wams glänzende silberne Bleche, die Zeichen ihrer Hofämter. Auch viele Andere hatten auf eigene Kosten ähnlichen Silberschmuck angelegt. Schon von Weitem sah man, wie auf Lanzarote die Eingebornen an's Ufer strömten und in freudiger Hast und Bewegung waren. Sie umarmten sich, sprangen in die Höhe und stiessen einander vor Lust, und man hörte die Lebehochs erschallen, mit welchen sie in ihrer Sprache ihren wiederkehrenden König begrüssten. Von beiden Schiffen aber erschallten Trompeten und Hörner, Tamburins, Harfen, Geigen und Oboen und machten eine Musik, »dass man Gottes Donner nicht gehört hätte«. Die am Ufer waren darüber ganz erstaunt, besonders die Kanarier, denn so etwas hatten sie in ihrem Leben nicht vernommen. Bethencourt selbst hatte nicht daran gedacht, mehr Spielleute mitzunehmen, als sich für einen fürstlichen Hofhalt ziemte. Unter den Auswanderern aber waren mehrere junge Leute, die ihre Instrumente mitgenommen und nun einander im Musikmachen überboten. So geschah die Landung unter festlichen Klängen und Jubelgeschrei, und die Kanarier warfen sich nieder zum Zeichen, dass sie mit Leib und Gut ihrem Herrn und Könige gehörten. Bethencourt aber grüsste sie alle auf's Herzlichste, besonders ihren alten König Wadarfia, der ebenfalls erschienen war.

Bald darauf kamen auch Lecourtois, Hannibal und noch fünf Herren von Fuerteventura herüber, ihres Oberhauptes Ankunft geziemend zu verherrlichen. »Wie steht es drüben?« fragte Bethencourt, und Lecourtois antwortete: »Herr, Alles geht gut und wird tagtäglich noch besser. Ihr könnt es dreist glauben, alle Eure Unterthanen werden gute Christen; denn sie machen einen guten Anfang und sind fröhlich ob Eurer Ankunft, wie es niemals Leute mehr sein könnten. Die beiden Könige wollten mit mir fahren, allein ich sagte ihnen: Ihr würdet doch bald kommen, und ich kehrte ohne Euch nicht zurück«. — »Das sollt Ihr auch nicht«, sagte Bethencourt, »will's Gott, gehen wir gleich morgen«.

Die vielen Herren und Leute aber, die aus der Normandie gekommen, waren ganz erstaunt, was die Kanarier für Leute seien und wie sie sich trügen, die Männer blos in fliegendem Mantel und die Frauen in langen schleppenden Röcken, alles von weich gegerbten Häuten und hübsch genäht und gesteppt. Auch das Land schien gar herrlich und schön zu sein, und je mehr die Ankömmlinge sich umschauten, desto mehr gefiel ihnen die zauberische Helligkeit, in der alle Dinge erschienen, die Menge der Blumen und Blüthen von einer Grösse und strahlenden Farbe, wie sie niemals Ähnliches gesehen, und die angenehme Frische der Luft, die in Duft und Wohlgerüchen schwamm und in welcher es so leicht sich athmete, als wäre man schon im Himmel. Sie kosteten auch die Datteln und andere Früchte des Landes, die ihnen vortrefflich schmeckten, und so viel sie auch assen, spürten sie nichts Unangenehmes davon. Da waren Alle über die Maßen fröhlich, dass sie da waren, und überzeugt, dass sich hier gut leben lasse. Man sagte ihnen aber, auf Fuerteventura sei es noch schöner.

Dorthin fuhr nun Bethencourt mit ihnen allen, und bei der Landung strömte auch hier alles Volk zusammen und wusste sich vor Lust und Vergnügen nicht zu fassen, »sie flogen alle vor Freude«. Die beiden Könige redeten Bethencourt an als ihren fürstlichen Herrn, und er bezeigte ihnen dafür die grösste Ehre. In ihrem Geleite zog er hinauf nach Richeroque, das er zu seiner Freude trefflich ausgebaut und verstärkt fand; denn Lecourtois hatte damit nicht gefeiert. Bei Tafel liessen die Spielleute sich hören, und die beiden Könige vergassen das Essen darüber, in solches Vergnügen versetzte sie die Musik. Auch der prangende Hofstaat Bethencourts machte ihnen Vergnügen. Mehr als Fünfzig trugen ihren Überwurf bedeckt mit Gold und Silber, und der Eine wollte es stets noch glänzender haben als der Andere, besonders die Söhne aus den Familien der Lehensleute zu Bethencourt und Grainville, die sich als Angehörige des Hauses ihres Herrn betrachteten.

Die kanarischen Könige meinten: wäre Bethencourt gleich das erste Mal so aufgetreten, so wären sie früher besiegt worden, und jetzt würden andere Inseln nur leichtes Spiel machen. Dasselbe hatte auch Hannibal gleich gesagt, als er die neue Macht aus der Normandie erblickte, und da Bethencourt jetzt erklärte, er werde einen Zug nach Gran Canaria unternehmen, rief Hannibal: »Ich denke dort meine Suppe einzubrocken und gute Beute zu machen, ich bin ja schon da gewesen, und es ist kein so schweres Ding, als man meint«. — »Ha! Das ist es wohl«, sagte Bethencourt, »es ist ein schweres Ding. Ich weiss, dass es dort an zehntausend Adelige gibt, das ist wohl ein schweres

Ding, und wir sind ihrer nicht mächtig. Wohl aber denke ich das Land kennen zu lernen und auszuforschen, wo es gute Landestellen und Wege gibt. Dann wird einmal, will's Gott, irgend woher ein tüchtiger Fürst kommen und es erobern. Ihr, Lecourtois, müsst mit mir fahren, meinen Vetter Maciot lasse ich hier, damit er Land und Leute kennen lernt; denn ich will ihn nicht wieder mitnehmen nach Frankreich, damit mein Name und Geschlecht im Lande bleibe«. Da sagte Lecourtois: »Will's Gott, Herr, kehre ich mit Euch nach Frankreich zurück, ich bin ein schlechter Ehemann, seit fünf Jahren habe ich meine Frau nicht gesehen«. Die Wahrheit zu sagen, setzt der Bericht über das Tischgespräch hinzu, er scheerte sich wenig darum.

Andern Tages hielt Bethencourt seinen Einzug in Valtarhays, und da wurde zu Ehren des Tages ein kanarisches Kind getauft, dem er als Pathe seinen Namen Johann beilegte. Die Kapelle in der Festung aber stattete er jetzt herrlich aus. Er hatte Messgewänder, ein prachtvolles Messbuch und blitzendes Kirchengeräthe mitgebracht, dazu ein Bildniss Unserer lieben Frau, welches auf den Inseln dem Hause und Namen der Bethencourts eine Weihe geben sollte. Es wurde verkündigt, dass die Kirche fortan heisse: »Zu Unserer lieben Frau von Bethencourt«. Sein Hauskaplan aber, Johann Leverrier, wurde der erste Pfarrer.

Vier Monate verweilte Bethencourt sorgend und ordnend auf den beiden Inseln. Inzwischen war ein drittes Schiff mit Verstärkungen angelangt, welches ihm der König von Spanien schickte. Nun wurde gerüstet zu grosser Kriegsfahrt, alle neuen Mannschaften mussten mit, dazu noch viele erprobte Leute, die schon einen Zug mitgemacht hatten: Franzosen, Spanier und Wandschen. Die Rüstung sollte Gran Canaria gelten: da aber Bethencourt jetzt ein so stattliches Geschwader beisammen hatte und der Wind nach Afrika hinwehte, so wurden die alten Pläne wieder lebendig, die er einst mit Gadifer so eifrig besprochen hatte. Die afrikanische Küste lag ja nur achtzehn Stunden entfernt, und noch jüngst waren Matrosen, die in der Berberei gewesen, herübergekommen und hatten erzählt, wie gefahrlos man in dieses Land eindringen könnte.

Bethencourt fuhr also in Gottes Namen nach dem Festlande, und alle drei Schiffe erreichten die Küste in der Gegend, welche später bei den Spaniern los Medanos hiess, nicht weit vom Hafen und Cap Bojador. Alles stieg an's Land und begab sich sofort an's Werk, Menschen und Habe zu ergreifen. Die entsetzten Bewohner des Landes stoben in alle Weiten. Sie hatten solchen Einfalles sich nimmer versehen und waren ein unkriegerisches Hirtenvolk, das nichts besass, als seine Heerden. Bei der hastigen Flucht liessen sie Pferde, Rinder, Schafe und mehr als 3000 Kameele auf den Weiden zurück, all dieses Vieh wurde erbeutet, ausserdem, ohne einen Mann zu verlieren, eine Menge Menschen erschlagen. Siebzig jeden Alters und Geschlechtes fing man lebendig und schleppte sie auf die Schiffe. Mehr aber liess sich nicht beschaffen. Bei jedem neuen Streifzuge, der in's Innere, zuletzt bis zehn Stunden von der Küste, angestellt wurde, drängte sich die Überzeugung auf, das Land sei weit und breit eine Leere. Vieh und Menschen waren verschwunden, tief hinein in die Wüsten. Nicht das Mindeste gab es mehr zu rauben. Was hätte es nun genützt, ein Fort zu bauen und Besatzung hineinzulegen, da ringsumher kein Volk lebte, das man hätte beherrschen und besteuern können?

Bethencourt gab desshalb, nachdem das Geschwader gut acht Tage lang vor der Küste verweilt hatte, Befehl, Alles solle sich wieder einschiffen und die Schiffe sollten auf Gran Canaria steuern, die Ortschaft Argwinewy dort sei Sammelplatz. So begaben sich Alle wieder auf's Meer, und weil man für die vielen Kameele keinen Platz in den Schiffen hatte, so wurden sie geschlachtet und gehäutet, ein Theil aber wurde mitgenommen und auf Lanzarote und Fuerteventura angesiedelt, wo sie gediehen und noch heutzutage gute Dienste thun. Die siebzig Berber aber wurden später nach Spanien gebracht, und auf den Sklavenmärkten ausgestellt sammt vielen Wandschen, deren man sich in der Stille durch Gewalt oder Betrug noch bemächtigen konnte.

Auf der Rückfahrt vom Festlande wurde das Geschwader von einem Sturme erfasst, welcher es zerstreute und die Segel hierhin und dorthin abtrieb. Das Hauptschiff war das erste, welches vor Gran Canaria erschien und die Menschenjagd gegen die Bewohner eröffnete. Da sich der Fang aber nicht ergiebig erwies, so suchte Bethencourt bei dem Könige der Gegend um eine Unterredung nach. Sie wurde gewährt. Wiederholt kamen sie zusammen und verhandelten friedlich.

Unterdessen segelte auch das Schiff heran, auf welchem Lecourtois, Hannibal und mehrere der vornehmsten Offiziere sich befanden. Sie waren nach Fuerteventura verschlagen gewesen. Diese Herren schienen nicht wenig stolz darauf, dass sie in Afrika so tief in's gefürchtete Sarazenen-Land eingedrungen, und während sie davon prahlten und sprachen, rief Wilhelm von Auberbose, ein Normanne: »Gebt mir zwanzig Mann guter Leute, und ich marschire euch durch die ganze Insel Gran Canaria, und es soll mir Keiner etwas anhaben, trotz ihrer zehntausend Adeligen«. In solchem Übermuthe fingen sie an zu scharmützeln mit den Kanariern, während Bethencourt es gern vermieden hätte. Er hoffte noch immer auf friedlichem Wege so weit zu kommen, dass ihm gestattet würde, die Insel näher kennen zu lernen; dann wollte er mit ihren Bewohnern regelmäßigen Verkehr anknüpfen, vielleicht liessen sie ihn sogar eine Burg errichten als Stützpunkt für Handel und christliche Belehrung. Denn das konnte er sich ja nicht verhehlen, er hatte auf den kanarischen Inseln im Ganzen genommen wenig durch seine Waffen und desto mehr durch kluges Unterhandeln und liebreichen Verkehr gewonnen. Doch die Herren liessen sich nicht halten.

Eines Tages landeten 45 Edelleute und Andere, unter ihnen insbesondere die alten Anhänger Gadifers, bei Argwinewy in zwei Booten, warfen die Eingebornen rasch zurück und verfolgten sie, Auberbosc Allen voran, bis tief in's Land hinein. Als sich keine Kanarier mehr blicken liessen, traten sie lachend ausser Schlachtordnung und zerstreuten sich. Vielleicht hatten die Wandschen nichts Anderes gewollt. Sobald sie aus ihren Verstecken bemerkten, wie der feindliche Haufen sich gelockert habe, waren sie im Nu wieder beisammen und griffen an. Nun wendete sich das Blatt. Die Europäer wurden in die Flucht geschlagen, nach der Küste zurück ging die blutige Jagd, die Kanarier immer den Weichenden hart auf den Fersen. Hier fiel einer, dort einer, die Offiziere zuerst. Verfolger und Verfolgte kamen fast gleichzeitig auf den Strand und stürzten nach den Booten. Eines wurde von den Wandschen erobert und Alles darin niedergemacht, das andere konnte eben noch auf's Meer entweichen.

Auch Bethencourt war, als blutige Entscheidung unvermeidlich geworden, mit all seiner Macht gelandet und in guter Ordnung und grösster Vorsicht in's Land hinein marschirt. Aber schon flog der Lärmruf der Wandschen von einem Hofe zum anderen. Bald stürmten sie von allen Seiten wilden Laufes daher und warfen sich mit Ungestüm auf den Feind, ihr König, der Arteme, Allen voran, anfeuernd durch Zuruf und Beispiel. Bethencourt hielt den wüthenden Andrang eine Zeitlang aus, eine grosse Menge Wandschen, auch der König, fielen. Ihrer kamen aber immer mehr, es waren zuletzt mehr als tausend. Bethencourt zog sich zurück, so rasch er konnte, aber so fest er auch die Seinigen zusammenhielt und Angriff auf Angriff abwehrte, er musste manchen Braven lassen; denn die Steinwürfe schlugen ein mit rasender Gewalt, und die Wurfspiesse bohrten sich in die Leiber, dass die Spitze auf der anderen Seite wieder hervorsah.

Nicht gar viele Franzosen und Spanier sollten diesen Unglückstag überleben. Unter den Todten lagen Hannibal, Wilhelm von Andrac, Wilhelm von Auberbosc, Gottfried von Auzonville und Andere, die einst zu Gadifers Partei gehört, aber auch Johann Lecourtois, Wilhelm d'Allemaigne, Gerhard von Sombray und andere Vielgetreue Bethencourts kehrten nimmer zurück. Es waren die besten Männer, ein Verlust, der unersetzlich.

Unter dem Schleier der Nacht liess Bethencourt Alles einschiffen und verliess schweren Herzens die unheilvolle Küste. Beide Schiffe segelten nach Palma. Hier wurde ihm in seiner Betrübniss ein erfreulicher Anblick. Vor der Küste lag das dritte Schiff, das man schon halb verloren gegeben. Es war vom Sturme nach Palma gejagt, und die Mannschaft hatte, sobald der Anker fassen konnte, sich alsbald an ihr Geschäft gemacht, Menschen und was sonst mitnehmenswerth, zu rauben. Die Bewohner aber hatten sich tapfer zur Wehre gesetzt, und es war bereits viel Blut geflossen. Bethencourt verfolgte ein höheres Ziel, die Eroberung der Insel. Mit all seiner Mannschaft, die er noch übrig hatte, zog er den Wandschen entgegen und lieferte ihnen mehrere Gefechte. Gegen fünf Europäer, die erschlagen wurden, rechnete man über hundert Wandschen, welche fielen. Sechs Wochen lang versuchte Bethencourt sein Bestes. Allein er kannte Palma nicht. Es gab da hohes Waldgebirge, Höhen von fünftausend bis neunthalbtausend Fuss, dazwischen tiefe Schluchten. Dorthin wagte Niemand, den Bewohnern zu folgen. So füllten sich die Zwischendecke der Schiffe mit Verwundeten, jedoch nicht mit Gefangenen. Bethencourt erkannte zuletzt, dass auch Palma nimmer sein werde, und segelte wieder ab nach Fuerteventura.

Es schien, als sollte er auf dieser Fahrt sich nur Schimpf und Schaden holen. Das eigentliche Ziel des afrikanischen Zuges war nicht erreicht, auf Gran Canaria hatte man die beste Kraft gelassen, und nun entschwand auch alle Hoffnung auf Palma. Als Bethencourt unterwegs Gran Canaria wieder liegen sah, wo er so bittere Niederlage erlitten hatte, wallte sein ritterliches Blut auf, und er wollte es wenigstens versuchen, ob er die Scharte nicht wieder auswetze. Wiederum erschien er vor der Küste und wollte landen. Aber siehe da, wiederum eilten die Wächter an's Ufer, das Rufen und schrillende Pfeifen flog längs der Küste hin, wieder strömten die Wandschen herbei und mehrten sich zusehends zu kampfbegierigen Haufen. Vor ihrer Menge musste ihm wohl der Muth vergehen, denn von Leuten, die wirklich noch heil und gesund, standen nicht mehr viele auf seinen Verdecken. Es wurde also weiter gefahren, bis man in Fuerteventura anlangte. Von dieser Zeit an hiess die Insel, die so gewaltige Stärke jedem Angriffe entgegensetzte, »das grosse Kanarien«, obwohl sie eigentlich nur sieben Quadratmeilen mehr an Oberfläche besass, als Fuerteventura. Damals konnte sich ja noch Keiner eine rechte Vorstellung machen, wie gross die eine und andere dieser Inseln sei.

Da sich auf Landeroberung nicht mehr rechnen liess, so trat die schwere Aufgabe an Bethencourt heran, wie er seinen Heimathsgenossen, die er aus der Normandie hergebracht, Land und Besitz schaffen wolle. Auf Lanzarote und Fuerteventura hatten sich längst schon Franzosen und Spanier festgesetzt: es waren ihrer bereits an vierzig Herren von vornehmer Abkunft, besonders Spanier, die viel Geld in Bethencourts Unternehmung stecken hatten. Diese sahen mit gierigem Neide auf die schönen Besitzungen der Wandschen. Am liebsten hätten sie das ganze Volk aus seinem Erbe vertrieben und in die Sklaverei verkauft. Aus Rechtsgefühl wie aus Klugheit musste Bethencourt die Eingebornen schützen, insbesondere ihre Fürsten und Häuptlinge. Sie zur Verzweiflung treiben, konnte gefährlich werden. Um so weniger mochten die spanischen Herren, die bereits im Besitze waren, den nachgekommenen Franzosen einen Fussbreit einräumen.

Diese aber verlangten ihren Antheil und pochten darauf, was Bethencourt in der Normandie öffentlich verheissen und kundgemacht hatte.

Es meldeten sich aber noch Andere, die von ihm Befriedigung ihrer Ansprüche heischten. Was war nicht Alles von den Reichthümern der Inseln erzählt und gefabelt! Jeder Kriegs- und Ruderknecht hatte sich in goldenen Träumen gewiegt. Gleichwie heutzutage bei Fahrten nach dem hohen Norden, um Robben und Wallrosse zu schlagen und Wallfische zu harpuniren, Kapitän, Steuerleute und Matrosen, Rheder und wer sonst Geld dazu hergibt, einen Vertrag mit einander errichten, nach welchem Jeder seinen Antheil am vollen Gewinne zu fordern berechtigt ist, und gleichwie dieser Antheil einem Jeden berechnet wird, je nachdem er viel oder wenig Geld oder Arbeit zu der Unternehmung beigesteuert hat: nicht anders kamen im fünfzehnten und sechszehnten Jahrhunderte die Fahrten zu Stande, die auf Entdeckung und Besitznahme neuer Länder unternommen wurden. Es waren Raubfahrten, ihr Ziel Beute an Gold und Silber oder an Waare, die hohen Preis hatte, vor Allem an Menschen, die man von den Küsten wegfing. Nun aber hatte gerade die letzte Fahrt Bethencourts, zu welcher er so viele Leute in Bewegung gesetzt hatte, gar wenig eingebracht, es seien denn Verluste, Wunden und Quetschungen. Da gab es Streit und Ärger ohne Ende. Ansiedlungen und Unternehmungen in weiter Ferne sind immer mit Täuschungen verbunden, aber gerade dann springt die Habsucht in den Menschen auf wie ein gieriger Wolf. Keiner konnte die Augen, noch weniger die Hände voll bekommen.

Bestürmt von Anforderungen und lauten und stillen Vorwürfen erwog Bethencourt, wie er sich mit einem Schlage werthvolles Neuland und Sklaven in Menge verschaffe. Gadifer hatte ihm berichtet, wie Ferro so schön und fruchtbar sei, und der Widerstand der Eingebornen auf dieser kleinsten Insel wenig zu fürchten. Es wurde Befehl gegeben, zwei Schiffe zu neuer Kriegsfahrt auszurüsten. Ferro sollte für alle Verluste entschädigen.

Auf dem Wege nach Ferro aber wollte Bethencourt

Gomera wenigstens anlaufen. Gadifer war auf dieser kleinen Insel übel behandelt worden, Bethencourt fand sich ganz anders angemuthet von dem prachtvollen Felsberge, der, mit grünschimmerndem Walde übergossen, aus blauen Fluten aufsteigt zu gewaltiger Höhe. Hier öffnete sich den Schiffen der schönste Hafen, der auf den Inseln anzutreffen, ein tief hineingehendes Becken mit stillem Gewässer und zwei Eingängen. Als die beiden Segel vor die Küste traten, war die ganze Gegend still und leer, kein Mensch liess sich blicken. Bethencourt fürchtete eine Arglist, stieg vorsichtig an's Land und marschirte in geschlossenen Reihen behutsam etwas weiter. Da sah man die Eingebornen friedlich herankommen, sie schienen nicht so gross von Gestalt wie auf Lanzarote, waren jedoch ähnlich gekleidet. Ihre Waffen bestanden nicht blos in Lanze und Wurfspiess, sondern sie trugen auch Schwerter und kleine Schilde und einige sogar die Armbrust. Alle zeigten ein fröhliches Gesicht und nicht die geringste Feindseligkeit. Bethencourt hielt seine Leute in fester Schlachtordnung und spähte überall umher, allein er konnte nichts Verdächtiges bemerken, und überzeugte sich endlich, dass die Wandschen nichts Arges im Schilde führten. Es traten sogar ein paar von ihnen heran und sprachen spanisch, und mit herzlichem Benehmen brachten sie Wasser, Speise und was sonst die Insel hervorbrachte, und wenn die Gäste etwas verlangten, so thaten sie es auf der Stelle. Da beruhigte sich Bethencourt vollends, und als er nun das frische schattige Waldgrün und die Schönheit des Landes wahrnahm, wurde ihm fröhlich zu Muthe und er blieb mit seinen Leuten ein paar Tage dort, und Alle hatten ihr Vergnügen.

Nun hörte er auch, woher die Eingebornen ihre Armbrüste, Schilde und Schwerter und ihr bischen Spanisch hätten. Das rührte noch von Ferdinand de Castro her, welcher vor dreissig Jahren sich bei ihnen eine Zeitlang aufhielt und auch einen Priester da liess, der mehrere taufte. Ihr König Amalwig war gestorben, und die Insel wieder in vier Gefolgschaften zerfallen, deren Häuptlinge christliche Vornamen führten. Einer hiess Ferdinand von Aberbequeye, der zweite Ferdinand Almabozege, der dritte Peter Halhagal und der vierte Masege Kontsche. Dieser Umstand war Bethencourt günstig. Denn da die vier Gaue Mulawa, Agana, Ipalan und Orone, denen die vier Häuptlinge vorstanden, beständig mit einander haderten, so machten sich die Meisten gar nichts daraus, mit Bethencourt einen Vertrag zu errichten, worin sie ihm eine gewisse Oberherrschaft zugestanden. Er aber war sehr gern damit zufrieden; denn nur diese kleine Waldgebirgsinsel mit Krieg und Gewalt zu unterjochen, dazu hätten seine Kräfte längst nicht ausgereicht. Ihr Wald- und Felsgebirge stieg drohend in die Höhe, in den tiefen Windungen seiner Spalten und Schluchten wären im Nu die Bewohner verschwunden und sein Kriegsvolk verloren gewesen. Ohnehin war dieses so sehr zusammen geschmolzen, dass er ohne Kummer die schwachen Fähnlein nicht ansehen konnte.

Die Bewohner von Gomera waren es auch gern zufrieden, dass mehrere Franzosen bei ihnen blieben, und Bethencourt denselben Land zur Ansiedelung zutheilte. Ihm selbst kam der Gedanke, wenn er noch einmal seine Heimath wieder gesehen, wolle er bei den freundlichen Leuten auf der herrlichen Inselhöhe, umrauscht von dem prachtvollen Walde, ein Schloss bauen, um für immer da zu wohnen Angesichts des ewigen Meeres.

Eine kleine Besatzung blieb auf Gomera. Gefangene von hier fortzuführen, war unmöglich. Auf dem ganz nahen Teneriffa versuchte man keine Landung; denn es war gar nicht daran zu denken, es mit der Stärke und Wildheit der Bewohner aufzunehmen. Bethencourt musste also sein Beutebedürfniss auf Ferro beschränken. Er landete dort in der Gegend, die bei den Eingebornen Tacoronte, und in einem Hafen, der Iramase hiess. Da er sehr vorsichtig, sehr friedlich auftrat, so stellte sich bald ein freundliches Verhältniss zu den Eingebornen her. Sie nahmen die fremden Gäste mit in ihre Häuser und gaben ihnen von allem, was sie hatten.

Auch diese Insel gefiel den Franzosen und Spaniern vorzüglich. Nächst Gomera war sie wohl die üppigste an Kraut und Blumen und wogender Waldung, und die zahlreichen Heerden schienen hier fetter, als irgendwo sonst. Die Bevölkerung aber war weicher und friedsamer Art und vergnügte sich, ausser an Tänzen und Liedern, an grossen Schmausereien, zu denen besonders Schafe die saftigsten Braten lieferten. Wenn die Wandschen auf Ferro ihre Volksversammlungen hatten, ladeten sie sich einander zu Watatiboes, d. h. zu Festessen ein. Dann wurden gemästete Schafe geschlachtet, zwei oder drei, die zubaques, d. h. besonders dick und fett waren. Diese wurden gehäutet und ausgenommen, darauf vollständig wie sie waren gebraten, und dann setzten sich die Männer im Kreis umher und plauderten, und standen nicht eher wieder auf, als bis alles verzehrt war. Ihr Brod aber bestand nur aus dem Mehl der Farrenwurzel, Getreide hatten sie nicht. Wohl aber zeigte sich, dass die Eingebornen es verstanden, aus kirschartigen Beeren eine Art Wein zu bereiten.

Da sie sehr brüderlich gesinnt waren, so lebten immer mehrere Familien unter einem Dache. Die Häuser waren deshalb sehr gross. Sie bestanden aus Wänden von Stein, die jedoch ohne Kalk gemauert waren, und auf welchen oben Balken schräg eingesetzt wurden, die in der Höhe zusammen liefen und mit Reisig und Farrenkraut bedeckt ein Dach bildeten, das sich über einen weiten Raum ausdehnte. Lagerstätten bildeten sie sich aus allerlei Streu, bedeckt mit weichen Häuten. Die Hausthüren aber waren eng und niedrig.

Die Bewohner von Ferro hatten ein einziges königliches Geschlecht und keinen eigentlichen Adelsstand. Alle waren an Geburt und Recht einander gleich: die Unterscheidung machte blos das grössere oder geringere Vermögen. Die lange kanarische Lanze führte man auch auf Ferro beständig in der Hand, aber sie hatte hier gewöhnlich keine Spitze. Es war eine fein geglättete Stange, drei Finger dick und drei Ellen lang, die sie mit Butter einölten, damit sie eine schöne gelbe Farbe bekam. Sie brauchten diese Lanzen als Waffen, mehr aber um über die Felsen und Schluchten zu springen, von denen die Insel in der Mitte angefüllt ist. Geschah eine feindliche Landung an ihrer Küste, so zogen sie sich zurück in die Sicherheit ihres dunklen Waldgebirges. Man wollte noch später in ihrem Charakter etwas Weiches und Schwermüthiges, in ihren Liedern stets einen Klageton vernehmen.

Während Bethencourt und seine Gefährten sich auf der Insel umsahen, erregte nichts mehr ihr Erstaunen, als der Wunderbaum, Garö genannt, der nicht weit von der Ortschaft Amoko stand. Es war eine Art Linde von ganz ungewöhnlicher Ausdehnung. Sie war gegen vierzig Ellen hoch, und der Stamm hatte einen Umfang von zwölf Ellen und einen Durchmesser von vier. Die ungeheuren Äste dehnten sich, etwa eine Lanze hoch, weit und breit über den Boden hin. Der Riesenbaum stand auf der Höhe einer Felsenbreite wie eine gewaltige dunkelgrüne Wolke, und das Wunderbarste war, dass aus seinem Blättermeere fast beständig in leisen Tröpfchen Wasser niederfiel. Die ganze Umgegend, die Tigulahe hiess, lebte von diesem Wasser, denn auf Ferro waren die Quellen sehr sparsam. Nicht weit vom Stamme hatte man deshalb zwei grosse Zisternen eingemauert, deren jede zwanzig Fuss im Quadrat und eine Tiefe von sechszehn Ellen hatte. In der oberen Zisterne sammelte sich das Wasser zuerst, um sich zu reinigen, und dann floss es ab in die niedrigere, aus welcher Vieh und Menschen schöpften.

Man glaubte lange Zeit, das Wasser steige in dem Baume aus verborgener Felsenquelle herauf, oder es bilde sich in seinen Blättern und werde aus diesen destillirt. Auf jeder kanarischen Insel ist aber Ähnliches zu beobachten. Wenn die Dünste aus dem Meere aufsteigen und zu Waldungen und Hainen an der Küste gelangen, wenn auch ziemlich hoch über der See, so zerfliessen sie zwischen den Bäumen, und deren Blätter fangen an, sich mit Nässe zu sättigen und feine Wassertröpfchen zu entlassen. Nun stand jener Wunderbaum auf Ferro am Ende eines Thales, das von ihm in einer Länge von anderthalb Stunden zum Meere niederging. Die Thalwände bildeten einen ausgebrannten Krater, und zwischen diesen Wänden zogen die Dünste und Wolken in dem Thale hinauf, bis sie in dem Baume, der durch seine ungeheure Grösse einen kleinen Hain ausmachte, zerflossen und in Wasserstaub von den Blättern niederfielen.

Als die Franzosen und Spanier Alles gesehen, was auf Ferro schön und begehrenswerth, die Bevölkerung aber so sanft und liebenswürdig blieb, so liess sich die Habgier und Rohheit nicht mehr im Zügel halten. Die Eingebornen sahen sich schlecht behandelt, verschwanden in Wald und Schluchten und wollten nicht wieder hervor. Da entschloss sich Bethencourt, um die Sache kurz zu machen, zu einem niederträchtigen Mittel.

Er hatte vom spanischen Könige einen Dollmetsch bekommen Namens Oscheron, der aus Gomera stammte. Diesen sendete er zu Armitsche, dem Könige auf Ferro, damit er ihn dazu bringe, mit seinem Volke vor Bethencourt zu erscheinen. Oscheron benützte eine alte Prophezeiung, welche bei den Wandschen auf Ferro noch lebendig war. Vor vielen Jahren hatte unter ihnen ein weissagender Mann, Jone, gelebt, der sterbend seine Landsleute an sein Lager rief und ihnen sagte: es werde in weissen Häusern das göttliche Wesen über's Meer kommen, das sollten sie wohl empfangen, es werde ihnen Gutes thun: das werde geschehen, wenn sein Leib verzehrt und seine Knochen zu Asche geworden. Da die Wandschen viel auf seine Prophezeiungen gaben, so hatten sie ihn in einer besonderen Höhle bestattet, damit sich seine Reste unvermischt erhielten. Auf diese Weissagung kam nun Oscheron zurück und stellte den Bewohnern Ferro's vor: offenbar seien die Schiffe mit den weissen Segeln die weissen Häuser, die Jone auf dem Meere schwimmen gesehen, und Bethencourt sei Derjenige, den ihnen Gott sende, damit sie Gutes von ihm empfingen. Dergleichen war früher niemals erhört worden und machte tiefen Eindruck. Sie gingen hin an den Ort, wo Jone bestattet war, und da richtig sein Leib zu Erde und seine Knochen zu Asche geworden, so glaubten sie, und Armitsche machte sich mit Hundert und eilf auf, vor Bethencourt zu erscheinen. Ohnehin hatten jetzt die beiden Schiffe lange genug drohend vor der Küste gelegen. Kein Eingeborner durfte sich blicken lassen, ohne Angriff zu erwarten. Gern wollten sich die Bedrängten nun gütlich vertragen, Oscheron gab ja die Versicherung, dass ihnen kein Leid widerfahre.

Welche grausame Täuschung erwartete die Wehrlosen, als sie in's Lager gekommen! Im Nu waren sie umzingelt, ergriffen und in die Boote und auf die Schiffe geschleppt. Bethencourt behielt den König und dreissig Andere, die Übrigen wurden unter die Theilnehmer des Zuges vertheilt nach Beuterecht. Der Rest der Bevölkerung, welcher hungernd in den Wäldern sich verbarg, war nun nicht mehr zu fürchten. Bethencourt vertheilte die Insel unter hundert und zwanzig Familien aus der Normandie, welche meist dem Arbeiterstande angehörten, und liess ihnen den Biscayer Lazarus mit einigem Kriegsvolke zurück als Befehlshaber.

Nach der Rückkehr nahm Bethencourt seinen Sitz in Valtarhays, und da er jetzt die Eroberungspläne aufgeben musste, so verfasste er ein Gesetzbuch, in welchem er Alles anordnete und feststellte, wie es fortan auf den vier Inseln seiner Herrschaft sein und bleiben sollte.

Der schwierigste Theil war die Landvertheilung. Wohlbedächtig brachte er sie endlich in einer Art und Weise zu Stande, dass er glaubte, nun sei allen Ansprüchen nach Recht und Billigkeit genügt. König Wadarfia erhielt in der Mitte der Insel den besten Landsitz, den es auf Lanzarote gab, mit dreihundert Acker Saat- und Waldland ringsumher.

Jeder der beiden Könige auf Fuerteventura bekam vierhundert Acker. Die festen Orte der Besiegten aber wurden, ganz wie es bei anderen normannischen Eroberungen Brauch war, in Besitz und Hut von französischen oder spanischen Edelleuten gestellt, und ihnen Lehensleute und Hörige zugewiesen. Jeder dieser Barone hatte mehr Grundeigenthum, als selbst die eingebornen Fürsten. Ihre Unterthanen mussten sämmtlich, wie es scheint, Hörigkeitspflichten auf sich nehmen.

Für jede der beiden grössern Inseln bestellte Bethencourt zwei Richter, die unter seinem, des Königs oder seines Statthalters Vorsitze einen Lehens- und Rechtshof bildeten, in welchem die Edelleute Sitz und Stimme und die Rechtserfahrenen unter ihnen das erste Wort hatten. Als das Recht aber, nach welchem man zu leben und zu richten hatte, wurden die alten guten Rechtsgewohnheiten der Normandie eingeführt, die man damals in ihrer Heimat eben anfing in Schriften aufzuzeichnen. Dieses Rechtsherkommen der Normandie bestand aber im Wesentlichen im germanischen Recht, und dieses kam nun, in Schriftsätzen abgefasst, zu den Nachkommen von Germanen zurück, die ein Jahrtausend lang abgeschieden von aller Welt gelebt hatten.

Was nun die Steuern betraf, so suchte der alte Normanne seine Eroberung möglichst nutzreich zu machen. Erstens behielt er sich allein vor das werthvollste Erzeugniss der Inseln, das überall gleich in Geld umzusetzen war, die Orseille. Diese wuchs wild umher, aber Niemand durfte fortan sie einsammeln, Niemand sie fortan verkaufen, es sei denn, dass der Landesherr, natürlich gegen hohe Bezahlung, die Genehmigung ertheilte. Zweitens musste man als Steuer jährlich dem Landesherrn von allem Zuwachse oder Erwerb den fünften Theil abgeben oder dessen Werth, also z. B. das fünfte Scheffel, die fünfte Ziege, das fünfte Lamm, den fünften Theil des Kaufzinses von Wachs, Honig, Holz u. s. w. Von diesem Fünftel sollte die nächsten fünf Jahre hindurch ein Fünftel dazu dienen, in Fuerteventura wie in Lanzarote eine schöne Kirche und andere Bauten aufzuführen. Die beiden Pfarrer aber sollten, bis mehr Geistliche im Dienste der Kirche angestellt seien, nicht den Zehnten, sondern nur ein Dreissigstel von allem Erwerbe geniessen, da von der grossen Bevölkerung auch durch das Dreissigstel genug zusammenkam. Seinen geliebten Landsleuten aus der Normandie aber schenkte Bethencourt Steuerfreiheit auf neun Jahre.

Sodann konnte der Gesetzgeber nicht genug ermahnen, die Kirche in Ehren zu halten, die Eingebornen gut zu behandeln und für deren christliche Belehrung zu sorgen, unter einander aber Frieden und Billigkeit walten zu lassen. »Habt Frieden unter einander, und Alles wird gut gehen«, damit schloss das Gesetzbuch.

Als Bethencourt damit fertig geworden, war der Spätherbst und damit die Zeit der Windstille auf dem Meere herangekommen, und nun konnte er es nicht über sich gewinnen, nicht mehr an Gran Canaria zu denken. Die Niederlagen, die er dort erlitten, wurmten ihn in tiefster Seele. Einen Versuch wollte er doch noch wagen. Mit ausgesuchter Mannschaft, die ebenso behende als tapfer, fuhr er rasch hinüber, näherte sich bei Nachtzeit der Insel und stieg bei Gando, wo die hügelige Gegend Deckung bot, rasch an's Land. Seine Offiziere hatten Befehl, wohl auszuschauen, damit auf der Stelle geschehe, was heilsam sei. Die wachsamen Kanarier aber, noch erbittert über die Angriffe und ihres Königs Tod, hatten bald die Landung ihres Feindes bemerkt und liessen in grösster Stille von einem Hofe zum anderen die Botschaft ergehen. In tiefem Stillschweigen sammelten sie sich, und als sie sich stark genug hielten, stürmten sie plötzlich unter fürchterlichem Schreien und Pfeifen heran. Da sie von mehreren Seiten zugleich kamen, so war Bethencourts Schlachtordnung bald erschüttert, seine Leute todt oder verwundet. Rascher als er gekommen, wendete er sich zu den Schiffen zurück, und wäre seine Mannschaft nicht so erfahren, er selbst nicht so klug und tapfer gewesen, nicht ein Einziger hätte den Strand wieder erreicht.

Auf das Äusserste niedergeschlagen kehrte Bethencourt nach seinen Inseln zurück. Sah er, wie fast all seine Kriegsleute, welche zu der Fahrt auserlesen, gar übel mitgenommen waren, so wallten Zorn und Scham gleich mächtig in ihm auf, und was auch seine Offiziere und Beamten versuchten, um ihn zu erheitern, nichts wollte verfangen. Nur der eine Gedanke gab noch etwas Trost, noch einmal nach Europa zu gehen, um von Pabst und Königen und von all seinen Verwandten eine so grosse Kriegsmacht zu erlangen, dass die Kanarier daran glauben sollten. Diesen Gedanken verfolgte er hartnäckig. Freilich, da er nicht mehr die alte Rüstigkeit in den Gliedern fühlte, hing sich der andere Gedanke daran, möglicher Weise könne die Rückkehr ihm nicht mehr beschieden sein.

Er bestellte also Maciot zu seinem Statthalter und trat ihm ein Fünftel der Landessteuern ab. Dann ritt er mit ihm und seinem vertrauten Baumeister Johann le Masson und anderen Bauleuten und Handwerkern die beiden Inseln Lanzarote und Fuerteventura auf und ab, und an jeder Stelle, wo es ihm passend schien, wurde erörtert und bestimmt, was da gebaut und eingerichtet werden sollte. Auch begleiteten ihn drei Dollmetsche, damit er mit den Eingebornen viel verkehren könne. Jedoch gab es auch Mehrere, welche die Landessprache schon gelernt hatten; die Spanier wollten sogar finden, dass sie der kastilianischen sehr ähnlich sei.

Nach dieser Rundreise begab sich Bethencourt nach Richeroque und liess am 15. November einen öffentlichen Aufruf ergehen: wer noch etwas mit ihm zu verhandeln habe, solle binnen vier Wochen dort erscheinen, denn am 15. des nächsten Monats werde er abreisen. Inzwischen liess er Orseille, so viel man nur finden konnte, einsammeln und damit, so wie mit Häuten, Rauchfleisch, Talg und vielen

Menschen, die er auf die Sklavenmärkte schicken wollte, endlich mit Allem, was die Inseln nur Merkwürdiges und Werthvolles ergaben, und so viel er nur bekommen konnte, seine Schiffe befrachten. Auch hatte er sich ausbedungen, dass man, wenn er nicht alsbald wiederkehre, nach einem halben Jahre und so fort jedes halbe Jahr ein Schiff mit seinen Einkünften und mit Nachrichten von den Inseln ihm in die normännische Heimat zusende. Ausserdem sollte noch ein Schiff ihm bald nachfolgen, mit Orseille beladen.

Zwei Tage vor dem bestimmten Tage der Abreise erschienen auf seine Ladung in Richeroque die drei Könige, alle Beamten, Offiziere und Edelleute, sowie auch die vornehmsten Maurer und Zimmermeister. Es waren gegen zweihundert Personen beisammen; von Gomera aber und auch von Ferro war Niemand erschienen. Nachdem sie alle auf's Beste von Bethencourt bewirthet waren, bestieg er nach der Tafel einen hochgestellten Armsessel und hielt eine ergreifende Rede, worin er die hauptsächlichsten seiner Anordnungen einschärfte, Maciot als seinen Stellvertreter vorstellte, und auf das Eindringlichste zu Frieden und Eintracht mahnte, so wie zur guten Behandlung der Eingebornen.

Als er nun scheiden wollte, da waren Alle tief betrübt; denn weil er ein so biederer, fröhlicher und gemüthvoller Mensch war, so hatten sie ihn sehr lieb, und viele Augen wurden nass. Bethencourt selbst war so ergriffen, dass er nicht sprechen konnte; jedes Mal wenn er sprechen, ja nur Lebewohl sagen wollte, versagte ihm die Stimme. Er ahnte, dass er scheide auf Nimmerwiedersehen. Die Kanarier aber erhoben laute Klage und Wehgeschrei, sie wollten ihn gar nicht von sich lassen, und Einige schwammen seinem Boote nach und klammerten sich an die Anker des Schiffes. Die Armen wussten wohl, dass sie mit ihm ihren Vater, ihren Helfer und Beschützer verlören und nun ausgesetzt seien dem Übermute und der Habgier der Barone und Abenteurer.

Nach kurzer glücklicher Überfahrt landete Bethencourt im Hafen von St.-Lucar, wo ihn Graf Heinrich von Niebla feierlich empfing. Zuerst besuchte er Sevilla, um Geschäfte mit den dortigen Kaufleuten zu machen und seine Diener und Hofbeamten in neue prächtige Kleider zu stecken. Denn stattlich als König des kanarischen Reiches wollte er auftreten. Der spanische Hof verweilte in Valladolid. Dort blieb der Eroberer zwei Wochen lang und erstattete der Königin Katharine und dem Infanten Ferdinand, den beiden Vormündern des Thronfolgers, seinen Bericht. Sie zeichneten ihn auf das Schmeichelhafteste aus und verehrten ihm Kleinodien von Gold und Silber und andere Kostbarkeiten, auch viele schöne Rosse und Maulthiere.

Bethencourt bat auch um einen Bischof für sein junges Reich. Diese Sache lag ihm sehr am Herzen; denn ein ordentliches Fürstenthum, zumal wenn es mit königlicher Krone geschmückt war, musste seinen eigenen Prälaten haben. Auch liess erst dann, wenn ein Solcher auf den Inseln residirte, sich für dieselben die hinreichende Anzahl Geistlicher beschaffen. Man bezeichnete am Hofe als besonders geeignet einen Franziskaner, der in Rom als ausgezeichneter Theologe lebte. Er hiess Albert de las Casas, war aus einem der vornehmsten Geschlechter Sevilla's und hatte auch bereits die kanarische Sprache gelernt, gewiss nicht ohne die Absicht, auf den Inseln eine bedeutende Stellung einzunehmen. Die Spanier berechneten schon die Zeit, wo Gewinn und Erbe des französischen Ritters ihrem Lande anheimfalle. Schon jetzt gab es in seinem Reiche viel mehr spanische als französische Edelleute.

Auf einem prächtigen Maulthiere, das auch ein königliches Geschenk war, ritt mit glänzendem Gefolge von eilf Leuten der König der Kanarier nun durch die Lande bis hin nach Rom. Er hatte dort eigentlich nichts zu suchen; denn schon lange bestand das Schisma in der Kirche, und Spanien und Frankreich erkannten als rechtmäßigen Pabst nicht den römischen an, sondern Benedikt XIII., der zu Avignon Hof hielt. Indessen Bethencourt mochte in seiner Würde gern sich sehen lassen, hatte wohl auch mit den

Italienern Geschäfte. Maciot sollte ihm das Schiff mit Orseille nach einem italienischen Hafen zuschicken. Drei Wochen blieb Bethencourt in Rom, wo er einen königlichen Brief aus Valladolid überreichte, in welchem das ganze kanarische Inselwesen und Bethencourts Fahrt nach dem gegenüberliegenden Festlande geschildert war. Nun konnte der Pabst nicht genug hören von den fernen Eroberungen und den grossen Aussichten, die sich daran knüpften. Man machte sich in Rom die grössten Hoffnungen und meinte, nicht nur die übrigen kanarischen Inseln, sondern auch das weite unbekannte afrikanische Festland, Guinea und das Gebiet des Goldflusses sollten bald erobert und ihre Bevölkerung zu Christen gemacht werden. Der erfreute Pabst erklärte Bethencourt, er solle als sein Sohn und als Sohn der römischen Kirche geehrt und sein Name in die Liste der Könige eingetragen werden.

Von Rom reiste Bethencourt nach Florenz, wo der König der Kanarier grosses Aufsehen machte, begrüsst von der Stadt und bewirthet von einem fremden reichen Kaufmanne. Von Florenz ging die Fahrt nach Avignon, wo der Ritter dem französischen Pabste den Fuss küsste und das Versprechen empfing, das neue Bisthum von Rubicon solle sofort errichtet, Albert sogleich geweiht werden. Nachdem nun Bethencourt noch in Paris acht Tage verweilt hatte, zog er endlich als fürstlicher Herr wieder ein in seine geliebte Normandie, wo ihn seine Verwandten und die vornehmsten Herren nicht genug feiern konnten.

Allein in den vollen Becher der Heimatsfreude wurde ihm bald Wermut genug gegossen. Zwei seiner reichbeladenen Schiffe gingen zu Grunde. Mit Reinald, seinem einzigen Bruder und Erben, der Hofmarschall des burgundischen Herzogs gewesen, kam er der Güter wegen in solche Feindschaft, dass er sogar deren Archiv heimlich nach Paris schaffen liess. Seine junge Frau, die schöne Dame du Fayel, starb. Aussichten, mit grosser Kriegsmacht nach den Inseln zurückzukehren, wollten sich immer noch nicht zeigen. Er redete zwar beständig davon, dass er wieder hin wolle, konnte sich aber nicht mehr dazu aufraffen. Ohne ein starkes Heer mitzunehmen, hätte es für ihn auch kein rechtes Ziel mehr gehabt. Wahrscheinlich war auch seine Gesundheit durch Strapazen und Ärger und Kummer zerrüttet. Er starb im Jahre 1408, erst achtundvierzig Jahre alt, und wurde in der Grainviller Stadtkirche vor dem grossen Altare begraben. Sein Kaplan und Freund Leverrier, der ihn auf der letzten Reise nach Europa begleitete, hatte ihm das Testament geschrieben, und kehrte nach der feierlichen Bestattung nach seiner Pfarre zu »Unserer lieben Frau« auf Lanzarote zurück, wo er vergnügt noch lange Zeit lebte bis an sein seliges Ende.

VIII. Stellung der Kanaren in der Entdeckungsgeschichte.

Als im Alterthum unbekannte Seefahrer, durch Sturm verschlagen oder umherirrend auf weiten Meeren, zuerst die kanarischen Inseln erblickten und die Hochberge sahen, wie sie kühn gezackt und im zierlichsten Rothbraun zum blauen Äther emporragten, am Fusse von lichtgrüner Waldung umzogen, aus deren Schluchten krystallene Gewässer hervorbrachen, Alles umgeben von zauberischem Farbenschimmer, Alles voll stiller Pracht, voll Frieden und Einsamkeit mitten im flutenden Weltmeer, — da erschienen diese Eilande als der Sitz der Glückseligkeit, und ihr Ruf verbreitete sich in alle Länder des Mittelmeers. Sertorius dachte daran, sich dorthin zurückzuziehen, und vor Horaz Blicken schwebte als köstliche Errettung die Auswanderung nach den glückseligen Gestaden. Man fabelte die seltsamsten Dinge, und Plinius trug allerlei Berichte von dem, was der numidische König Juba erforscht haben sollte, zusammen, ohne jedoch zu einer klaren Vorstellung zu kommen[1]. Nun erzählte man sich zwar auch von schrecklichen Hindernissen und Gefahren, welche den Schiffen in

---

[1] Sertorius im Plutarch. — Horaz Epod. lib. V od. 11 — Plinius lib. VI c. 30–32.

jenen Gegenden droheten, und zuletzt wurde allgemein Seneca's Schilderung geglaubt, wie dort das Meer regungslos stehe in träger Flut, das Tageslicht ewig sich mische mit tiefer Dämmerung, und die Gestirne nirgends oder nur unbekannte zu sehen[1]. Allein der Eindruck, welchen die ersten Schilderungen von den Inseln gemacht hatten, war doch so mächtig gewesen, dass ihr Andenken leuchtend und lockend über den dunkeln Gewässern stehen blieb.

In der ganzen Christenheit fand deshalb im Mittelalter Glauben die Sage von Brandanus, dem heiligen Mönch aus Irland, der zu Ende des sechsten Jahrhunderts sieben Jahre auf den Meeren umher irrte, bis er auf gewissen Inseln das irdische Paradies gefunden. Noch im Jahre 1526 war bei Engländern und Portugiesen die Rede davon, in welcher Richtung St. Brandans Inseln zu suchen seien[2].

Eine andere Sage erhielt sich von sieben Bischöfen der Westgothen, die nach der unglücklichen Schlacht bei Xerez de la Frontera, als die Araber Spanien überschwemmten, über's Meer nach unbekanntem Lande geflüchtet und dort sieben Bisthümer gegründet hätten[3]. Die sieben Bisthümer lassen sich wohl an die Siebenzahl der Inseln anknüpfen.

Vielleicht gaben diese auch Anlass zu den Fabeln von dem untergegangenen Welttheil, der Atlantis, deren Plato gedenkt, und der grossen Insel Antiglia, die irgendwo in den westlichen Meeren bald hier bald dort gesehen wurde. Die kanarischen Inseln lagen ja nur achtzehn Stunden weit von der afrikanischen Küste entfernt, so nahe, dass im Hafenort Tuineje auf Fuerteventura das Sprüchwort geht:

>De Tuineje en Berberia
>Se va y se vuelve en un dia

---

[1] Lib. Suasor. ed. Beckmann I p. 2.

[2] Jos. de Viera y Clavigo Noticias de la historia general de las islas de Canaria. Madrid 1782. I 78—112. Hakluyt Principal navigations. London 1599. Tome II pars 2 pag. 7.

[3] Pedro de Medina De las grandezas y cosas memorables de España c. 52.

d. h. Von Tuineje zur Berberei kommt und geht man in Tageszeit. Das Volk aber, welches dies benachbarte Festland bevölkerte, waren die Numidier, ein altes Kulturvolk, das seit der Römerzeit seine weit ausgedehnten Sitze behauptet hat und heutzutage den Namen Berbern führt. Wenn ein Berbernschiff sich nur wenig von der Küste entfernte, musste man vom Bord aus sehen, wie der Pik auf Teneriffa und alsbald auch die Höhen von Palma und Gomera hinter den Wellen emporstiegen. Kamen dann Handelsschiffe die marokkanische Küste entlang, — und von den Arabern wissen wir, dass sie um die Mitte des zwölften Jahrhunderts noch vier Tagreisen bis über Safi hinaus steuerten, — so musste die Kunde von den wunderbaren Inseln zu ihnen gelangen. Dies konnte auch auf Karawanenwegen geschehen, die zum Mittelmeer zogen; denn verwirrte Berichte der Art pflegen sich leicht mündlich durch weite Länderkreise zu verbreiten, ein Reisender erzählt es dem andern.

Um die Inseln und Lande, welche der Ozean verschloss, auszukundschaften, unternahmen, längst vor Mitte des 12. Jahrhunderts, von Lissabon aus acht arabische Seefahrer, welche den Namen Maghrurin d. i. Wagehälse erhielten, eine Entdeckungsfahrt und segelten die Azoren, Madera und eine der kanarischen Inseln an. Ihr Bericht, welchen Edrisi seinem geographischen Werke einverleibte, trägt durchaus nicht ein Gepräge von Erdichtung, alles ist bis ins Einzelne naiv geschildert, lässt mit Zeit und Örtlichkeiten, wie sie angegeben werden, sich wohl vereinigen, und stimmt genau mit Charakter und Sitten der Eingebornen der kanarischen Inseln[1]. Die Berichte Edrisi's fanden aber wie die Erzählungen anderer arabischen Reisenden in den gebildeteren Kreisen der Christen wenig Beachtung[2], und bei den

---

[1] R. Dozy et J. M. de Goeje Description de l'Afrique et d'Espagne par Edrisi. Leyde 1866. p. 223—225, vgl. 60—61. 62—65. nebst dem arabischen Urtext.

[2] Dr. Friedrich Kunstmann Afrika vor den Entdeckungen der Portugiesen. Festrede der Akademie. München 1853. Seite 36.

Arabern selbst hiess es später, wahrscheinlich in Folge von Erzählungen von Schiffern, die vergebens die Inseln aufgesucht hatten, diese seien vom Meere verschlungen und keine Spur mehr vorhanden[1]. Ohne Zweifel aber pflanzten sich die arabischen Nachrichten in den europäischen Seehäfen fort bei Rhedern, Kapitäns und Matrosen und dienten dazu, die Sagen des Alterthums zu bestärken und die Sehnsucht auf's Meer zu locken.

Sobald daher die arabische Seemacht nicht mehr zu fürchten, fingen — und das geschah bereits im dreizehnten Jahrhundert — Italiener an, über die Säulen des Herkules forschend hinaus zu steuern, und die Inseln aufzusuchen, und ihrem Kiele folgten Portugiesen und Franzosen. Das nächste Jahrhundert bringt eine Reihe von Berichten, wie die kanarischen Inseln wieder aufgefunden, selbst Ansiedlung darauf versucht worden[2]. Im Jahr 1346 waren sie bereits so bekannt und besprochen, dass der Pabst eine förmliche Belehnung darüber ertheilte, und bald darauf auch einen Bischof für die glückseligen Inseln ernannte[3]. Weder Dieser noch der fürstliche Lehensträger sind jemals hingekommen, man wusste bereits, dass die Herrschaft über die streitbaren Bewohner erst blutig müsse erkämpft werden: die Ausrüstung kam deshalb nicht zu Stande. Um so mehr richteten jetzt Kaufleute und Seefahrer ihre Augen auf den Gewinn, der sich von dort holen liess.

Es gab drei besonders werthvolle Waaren, an denen die Inseln Überfluss hatten. Die eine war die Orseille, ein farbiges Moos, das hoch oben auf nackten Felsen wuchs, die andere die kostbare Arznei des Drachenblutes, ein Saft, welcher aus der Rinde des Drachenbaums bei Einschnitten ausfliesst und sich leicht verdickt: beides wurde von den Eingebornen für Waffen, Stücke alten Eisens und allerlei

---

[1] Aboulfeda Geographie, ed. Reynaud. Paris 1848. I 265.
[2] Kunstmann hat a. a. O. die betreffenden Quellenstellen erörtert.
[3] Jos. de Viera y Clavigo Noticias las islas de Canaria IV, 11.

Tand erworben, in Europa aber beinahe mit Gold aufgewogen. Noch grösseren Gewinn warf die Menschenwaare ab. Die Eingebornen, Guanches oder Gwandsches genannt, waren schöngewachsene kräftige Menschen, dabei gutwillig, von frohem Mut und raschem Begriff, deshalb vorzugsweise gesucht auf den Sklavenmärkten der christlichen wie der mohamedanischen Welt. Man zahlte für einen solchen Sklaven bis an fünfzig Livres, das sind nach damaligem Geldwerth gegen heute berechnet an tausend Francs[1] und darüber. Boote näherten sich den Inseln bei dunkler Nacht, die Mannschaft versteckte sich am Ufer zwischen Gebüsch und Felsen, und kamen die Bewohner, wie es ihre Sitte war, Morgens früh aus ihren Ortschaften zur Feldarbeit, so wurden die Familien überfallen, gefesselt, fortgeschleppt. Oder man suchte sie, während Tauschhandel vor sich ging, in die Schiffe zu locken, und sobald sie neugierig und arglos in grösserer Zahl an Bord gekommen, wurde das Ankertau gekappt und das Fahrzeug suchte das Weite. Häufig aber wurden förmliche Menschenjagden angestellt, es kam zu blutigen Gefechten, in welchen die Europäer trotz ihrer besseren Waffen oft genug unterlagen. Im offenen Kampfe aber, in dem man das eigene Leben auf's Spiel setzte, Gefangene zu erbeuten und sich aus ihrem Verkaufe ein Vermögen zu machen, galt als besonders ehrenvoll. Jede List und Verrätherei schien gegen ungläubige Menschen erlaubt, deren Loos, wenn sie in Gefangenschaft fielen, nach allgemeinem Dafürhalten ja unendlich verbessert wurde; denn nun mussten sie sich taufen lassen und wurden der Hölle entrissen. So war von der Insel Ferro[2], auf welcher

---

[1] F. Pierre Bontier et Jean le Verrier Histoire de la premiere descouverte et conqueste des Canaries. Paris 1630. c. XI p. 23: et luy dit, qu'il prendroit quarante hommes des meilleurs qui fussent en l'isle Lancelot, qui valloient deux mil francs.

[2] Daselbst: l'isle de Fer. ... souloit estre bien peuplée de gens, mais ils ont esté prins par plusieurs fois et menez en cherifuoison et estranges contrées: et y sont aujourd'huy demourez peu de gens.

keine hohen Bergwälder den Flüchtenden Schutz boten, bereits zu Anfang des fünfzehnten Jahrhunderts beinahe die ganze Bevölkerung entführt.

Dieser Bericht über Ferro findet sich in einem höchst anziehenden Memoire, welches die beiden Kapläne Johann's von Bethencourt verfassten, jenes normannischen Ritters, der eine Kriegsfahrt nach den kanarischen Inseln veranstaltete und unter blutigen Gefechten in den Jahren 1402 bis 1406 nach und nach die Herrschaft über Lanzarote, Fuerteventura und Ferro erwarb und Gomera wenigstens dem Namen nach hinzufügte.

So war durch die Gewinnsucht und Eroberungslust, welche die Kanarier auf sich lenkten, das Meer der Finsternisse, wo kein Wind die Segel schwelle und dicke Salzflut den Kiel hemme, entschleiert. Man wusste jetzt, es gab kein solches Meer. Von den hohen Bergen dieser Inseln schaute man überall hin nach Westen, bis in die weitesten Fernen erschien nur helles Gewässer. Jetzt sollte die Lage der Inseln nicht wenig dazu beitragen, ein anderes geographisches Märchen, gegen welches schon Albertus Magnus angekämpft hatte, zu zerstören. Aristoteles hatte die Lehre aufgestellt, unter den Wendekreisen könne kein Pflanzenleben, also auch kein Thierleben aufkommen, weil die Gluth senkrecht fallender Sonnenstrahlen alles verzehre[1]. Nun aber, als Europäer dauernd auf den Kanaren angesiedelt waren, richteten sie ihre Blicke auf das gegenüberliegende Festland, über welches sie jetzt um so leichter Nachrichten einziehen konnten. Bethencourt las wieder und wieder, was ein spanischer Bettelmönch, einer jener ruhelosen Weltfahrer, die damals, wie auch heutzutage, unbekannte Länder aufsuchten, über das Goldland, die Mondberge und den

---

Dieser Bericht im c. 65 p. 122 stimmt jedoch nicht ganz mit c. 84 p. 177, wo von der treulosen Verlockung von 120 Menschen von derselben Insel berichtet wird.

[1] Aristoteles Meteorolog. II 5, ed. Bekker, I 362. Albertus M. De natura locorum. Argentor. 1517. lib. I c. 6 p. 14.

Staat des Priesters Johannes allerlei wunderbare Dinge erzählte. Er sammelte auch Nachrichten von Matrosen, die an die afrikanische Küste geworfen waren und sich nach den Inseln gerettet hatten. Man brauchte, so kam der Normanne mit seinen Offizieren zum Schluss, nur hinüberzufahren und zunächst, um die Kosten zu decken, eine grosse Raubjagd anzustellen und gleich an der Küste ein verschanztes Lager aufzuwerfen; dieses lasse sich dann zu einer Festung ausbauen, von welcher aus man das Land unterwerfen und in immer weiteren Umkreis erobernd vordringen und die Bevölkerung brandschatzen könne. Als im Sommer des Jahres 1405 Bethencourt durch eine glückliche Fügung drei Kriegsschiffe und eine hinlängliche Anzahl Soldaten beisammen hatte, gab er bei dem ersten guten Winde den Befehl zur Abfahrt. Wie nun bei Kap Bojador gelandet, die Bevölkerung überfallen, jedoch die Eroberungspläne vollständig zunichte wurden, ist in der Lebensskizze des letzten Normannen erzählt[1]. Gleichwohl blieb die Rückfahrt nicht ohne Folgen. Man hatte eine Menge Kameele mitgenommen, diese wurden auf Lanzerote und Fuerteventura untergebracht, und es zeigte sich, dass sie leicht zu ernähren und zu Arbeiten, sowie ihr Wollhaar zu Zeugstoffen gut zu brauchen waren. Seitdem sind Kameele auf jenen Inseln heimisch geworden, und man versuchte ihre Zucht auch in Spanien und in neu entdeckten Ländern anzusiedeln. So erhielten die kanarischen Inseln gleich anfangs eine Bestimmung, welche später sich in mancherlei Weise erfüllte, nämlich als Akklimatisationsstätte für fremde Thiere und Pflanzen zu dienen. Die grosse Menge der Kameele aber, die es im Küstenlande gab — es sollen bei dreitausend gewesen sein — bestärkte den Glauben an ein reichblühendes Innere. Denn wozu, hiess es, sollte man an der Küste so zahllose Kameele unterhalten, wenn sie nicht dazu dienten, Waarenlasten aus dem Innern herbei zu schaffen? Die Sage von Priester Johann's Lande fasste Boden und liess sich

---
[1] Nach Bontier und Leverrier c. 55—58. p 100—108. c. 82 p. 173.

nicht mehr ausrotten. Noch heutzutage finden sich Nachklänge. Will man in Holland und Westfalen ein paradiesisch Land bezeichnen, heisst es »wie in Priester Jan's Lande«. Quinet liess noch jüngst in seiner epischen Dichtung vom Zauberer Merlin die riesige Abtei des Priesters Johann erscheinen, die sich aus allen religiösen Baustilen zusammensetzte. Die Wochentage gehörten Brahma, Buddha u. s. w. und Sonntags predigte Johannes den allgemeinen Gott.

Dem ersten kriegerischen Versuch, an der Westküste Afrikas dauernd Fuss zu fassen, folgten alsbald noch viele andere[1]. Bethencourt's Unternehmen hatte gezeigt, dass das Eindringen in jenes Festland keineswegs schwierig sei, — glänzende Bilder aber von dem grossen Goldlande waren einmal vor den Blicken der Menschen aufgezogen und liessen ihnen fortan keine Ruhe mehr. Hatte doch der Pabst zu Bethencourt gesagt: »Ihr seid mein und der Kirche rechter Sohn und werdet Ursache und Anfang sein, dass andere Söhne kommen werden und noch grössere Eroberungen machen; denn wie ich höre, ist das Festland nicht weit von da, Guinea und die Berberei nicht weiter entfernt als zwölf Stunden, und Ihr selbst seid in Guinea bereits zehn Stunden weit hinein gedrungen«[2].

Jetzt gewannen die kanarischen Inseln noch eine grössere Bedeutung. Sie erschienen als Halte- und Bergestätte, um von hier aus auf weitere Entdeckungen auszulaufen, insbesondere um das gegenüberliegende Küstenland zu erwerben und zu behaupten. Ihre Waldungen ergaben das vorzüglichste Schiffsbauholz, ihre Felder und Gärten in Menge Waizen, Wein und Früchte aller Art. Aus der eingebornen Bevölkerung aber liess sich Schiffs- und Kriegsvolk ziehen, das behende, energisch und gelehrig war und den Vortheil hatte der Billigkeit in Anwerbung und Unterhalt.

Um sich einer so gewinn- und aussichtsreichen Stellung zu versichern, entstand nun ein langes heftiges Ringen

---

[1] Viera I 481—486. II 171—178. 272—273.
[2] Bontier und Leverrier c. 89 p. 197.

zwischen Spaniern und Portugiesen um den Besitz der kanarischen Inseln. Portugals genialer Infant Heinrich, zubenannt der Seefahrer, schickte ein Geschwader nach dem andern, um Kanaria oder Teneriffa oder Palma zu erobern, — vergebens, ihre kriegerischen und tapfern Einwohner warfen alle Angriffe blutig zurück. Die Spanier rüsteten noch grössere Flotten aus und setzten all ihre Kraft daran, die Portugiesen zurück zu schlagen und die Kanaren für sich selbst zu erobern. Durch keinen Unfall irre gemacht, ermunterte Infant Heinrich seine Kapitäns immer von neuem, in die westlichen Meere auszulaufen, eine gute Gelegenheit zu erspähen, wo sie sich auf einer der Kanaren festsetzen könnten, um deren Nachbarschaft zu erforschen. Während die Spanier ihre Hauptkraft stets auf diese Inseln allein gespannt hielten, untersuchten die portugiesischen Seefahrer auch die Küsten des Festlandes und wagten sich jedes Jahr weiter vor. Im August 1445 verliessen einmal 26 Schiffe die Häfen Portugals, um auf Privatkosten Entdeckung, Handel und Eroberung zu versuchen. Die Folge war, dass in den nächsten dreissig Jahren, von 1418 angefangen, erst Porto Santo, dann Madera, dann die Azoren gefunden, dass nach einander die Kaps Bojador, Blanco, Verde umfahren und das zwischenliegende Küstenland aufgedeckt wurde. Die Spanier aber hatten zu Anfang der achtziger Jahre des Jahrhunderts nicht nur die Inseln, welche Bethencourt eroberte, behauptet, besiedelt und angebauet, sondern auch nach einem langen hartnäckigen Kriege, in welchem der grösste Theil der Eingebornen unterging, das grosse üppige Gran Canaria hinzugefügt und die rauhe kräftige Bevölkerung von Gomera mit blutiger Hand gebändigt. Blos an den beiden schönsten Inseln, Palma und Teneriffa, war noch jeder Angriff gescheitert.

Durch die Schriften des portugiesischen Geschichtschreibers Azurara[1] und des spanischen Bernaldez[2], noch mehr

---

[1] Gomes Eannes Azurara Chronica do descobrimento e conquista de Guiné. Edit. Carreira-Santarem, Paris 1841. c. 68. 69. 79—85.

[2] Andr. Bernaldez Hist. de los reyes catolicos D. Fernando y D. Jsabel, Sevilla 1870. I c. 35. 64—66. II c. 132.

durch die anschaulichen und lebensheiteren Berichte des jungen italienischen Weltfahrers Cadamosto, die 1458 erschienen[1], wurde die Kunde von den kanarischen Inseln und ihrer eigenthümlichen Bevölkerung weiter verbreitet. Das kanarische Königreich lag jetzt da im Meere wie ein helles Wunderland, seine herrlichen Waldungen durchrauscht von erfrischenden Strömen, seine Fluren voll üppigen Wachsthums, reich besäet mit Zucker- und Weinpflanzungen, seine Eingebornen von europäischer Sitte und Hautfarbe, ein Volk, welches für das Christenthum eine innige Empfänglichkeit bekundete, seit es die Waffen aus der Hand gelegt. Wer also etwas von fernen Ländern und Meeren erfahren wollte, suchte vor allem nach den kanarischen Inseln zu kommen[2]. Hierher kam der Nürnberger Patrizier Michael Behaimb, der die Weltkarte entwarf. Hierher kam auch Christoph Columbus, als er von den Inseln, welche der atlantische Ozean an der europäischen Seite bespült, eine nach der andern besuchte, rastlos forschend und fragend nach sichtbaren Spuren und Beweisen für die Gewissheit, die fest und klar vor seinem ruhelos arbeitenden Geiste stand, die Gewissheit, dass hinter dem westlichen Ozean grosse Landgebiete lägen. Er war im Jahre 1477 in Island gewesen, wo er von den Fahrten nach dem amerikanischen Weinland hörte[3], hatte sich bald darauf mit Felipa Muñiz

---

[1] Giov. Batt. Ramusio Delle navigationi et viaggi raccolti, Venetia 1613. I fol. 97—98.

[2] Sehr richtig sagt Viera II 166: Quantos han leido la historia de las revoluciones del mundo saben, que el conocimiento de nuestras islas, su conquista, y su fama sirvió como de antorcha para abrir los ojos á los hombres de ingenio, y allanar el camino á otros descubrimientos y navegaciones orientales. El infante Don Enrique de Portugal debia á su obstinada ambicion de las Canaras aquel conato heroyco, con que queriendo compensar esta perdida, animó sus pilotos á que se abanzazen en el oceano, y acquiriesen el credito de haber dilatado los terminos del universo por este parte.

[3] Oskar Peschel — Geschichte des Zeitalters der Entdeckungen, Stuttgart und Augsburg 1858 S. 108 — hat die Ansicht gefasst, Columbus habe »nichts von einem Continente im Südwesten Islands gewusst«.

in Perestrello auf Porto santo vermählt, und nachdem er dort eine Zeitlang im Haus seiner Schwiegermutter gewohnt hatte, sich mit seiner jungen Frau auf der kleinen Insel Gomera bei Teneriffa angekauft und häuslich niedergelassen.

Warum auf Gomera? Warum nicht auf Lanzarote oder Fuerteventura, wo mehr gebildete Leute verkehrten? Warum nicht insbesondere in der Hauptstadt der Inseln, der aufblühenden Palmenstadt auf Gran Canaria, bei welcher alle Schiffe anlegten? Es ist wahrscheinlich, dass er Verbindungen angeknüpft hatte mit der Mutter des Fürsten von Gomera, Doña Jnez Peraza, die auch später seine Gönnerin war, einer Frau von energischem Charakter, für welche es eine Sache der Religion war, halbwilde Ungläubige zu unterwerfen und zu Christen zu machen[1]. Gewiss gab es auch andere Gründe, welche den schlichten vermögenslosen Seefahrer bestimmten, Gomera zum Wohnsitz zu wählen. Es war hier billig zu leben. Die eingeborne Bevölkerung, die in ihrer alten rauhen Sitte und Gewöhnung verharrte, hatte keine Lust, die Erzeugnisse ihres Landes in den Handel zu bringen. Auf Gomera fand Columbus auch ungestörte Einsamkeit und Stille, wo nichts ihn in seinen Berechnungen und Gedanken störte. Wohl mochte ihn dabei die eigenthümlich grossartige Natur an-

---

Es wäre aber doch ausser aller Regel gewesen, dass die Kunde von den amerikanischen Entdeckungen bei einem seefahrenden Volke nicht noch wäre lebendig gewesen, und dass Columbus nichts davon gehört hätte, der doch selber sagt: er habe Zeit seines Lebens wissbegierig alle Welt ausgefragt, a desear de saber los secretos deste mundo. M. F. de Navarrete Colecion de los viages y descubrimientos, Madrid 1825, II 262.

[1] Bernaldez l c. 65, p. 182. Columbus nennt in seinem Schiffstagebuch Jnez an hervorragender Stelle. Da sie zwanzig Jahre lang in Sevilla als Wittwe lebte, 1494 aber dort für die Eroberung Teneriffas sich thätig bewies und in hohem Alter starb, so ergiebt sich, dass Columbus' Aufenthalt auf Gomera in die Jahre 1477 bis 1484 fällt; denn im letztgenannten Jahre machte er bereits dem portugiesischen Hofe seine Anträge. Zu vergleichen damit die Urkunde vom 18. Aug. 1493 bei Navarrete II 93.

ziehen, denn Gomera steigt wie eine gewaltige grüne Wald- und Felspyramide aus dem blauen Ozean empor. Auf Palma aber oder Teneriffa, deren Naturherrlichkeit noch viel grösser, sich anzusiedeln, daran war damals noch gar nicht zu denken, beide Inseln gehörten noch den gefürchteten unzähmbaren Wandschen.

Hier auf Gomera sammelte Columbus Zeichen und Beweise, dass seine Ansichten von Ländern jenseits des Ozeans richtig wären. Er selbst bemerkt im Schiffstagebuch seiner ersten Reise: dass viele der angesehensten Spanier, die auf Ferro angesessen und damals mit ihrer Fürstin Jnez auf Gomera waren, und nicht minder Bewohner von Gomera es mit einem Eide bekräftigten, dass sie jedes Jahr Land im Westen erblickt hätten[1]. Wahrscheinlich suchte Columbus damals auf den Gipfel des über fünftausend Fuss hohen Gomerabergs zu kommen, um sich selbst in weiter Aussicht von der Richtigkeit der Erscheinung zu überzeugen. Ohne Zweifel beruhete sie in einer blosen Luftspiegelung.

Columbus soll aber auf Gomera noch viel triftigere Beweise für das Dasein der überseeischen Lande erhalten haben.

Ein andalusischer Seefahrer, heisst es, Namens Alonso Sanchez aus Guelva, der mit seinem Schiffe Handelsreisen machte zwischen den kanarischen Inseln und Madera, wurde durch heftigen andauernden Sturm bis an die Küste von Amerika verschlagen und entdeckte dort bisher unbekannte Länder. Als er endlich nach Europa die Rückkehr fand, landete er, verzehrt von Hunger und Mühsal, an der Insel Gomera. Nur drei von seinen Leuten waren noch am Leben. Columbus nahm die Unglücklichen in seinem Hause auf, dort starben sie wenige Tage darauf in Folge der aus-

---

[1] Navarrete I 5. Dice el almirante que duraban muchos hombres honrados españoles que en la Gomera estaban con Donna Jnes Peraza, madre de Guillen Peraza, que despue fue el primer conde de la Gomera, que cada año vian tierra al oueste de las Canarias, que es al poniente; y otros de la Gomera afirmaban otro tanto con juramento.

gestandenen Leiden. Sanchez aber vertraute Columbus sterbend alles, was er über seine Fahrt und Entdeckung wusste oder aufgeschrieben hatte. Nunmehr seiner Sache gewiss, begab sich Columbus nach Europa und suchte an den Höfen zu Portugal, England, Spanien nach einem Fürsten, der ihn mit Schiffen und Mannschaft ausrüste, um hinzufahren und jene überseeischen Länder in Besitz zu nehmen.

So erzählt Viera in seiner Geschichte der kanarischen Inseln[1]. Bekanntlich ist die Nachricht von Fahrten nach

---

[1] Viera II 167—168. Este ardor de nuevas navegaciones no huviera tenido consequencias tan rapidas, si la casualidad, madre de los grandes sucesos, no huviese venido á darles una increible perfeccion. Consta por clasicos autores, y relaciones fidedignas, que Alonso Sanchez de Guelva, piloto Andaluz, que con su embarcacion hacia el comercio en las Islas de Canaria y de la Madera, haviendo sido arrebatado de un temporal recio, y continuo, se propasó hasta los Mares de la América, en donde descubrió aquella tierra incognita. Estan verosimil este acontecimiento, que pocos años hace se vio repetido, y confirmado. Cierta nave del trafico de las islas havia salido de Lanzarote para Tenerife, cargada de trigo, y con algunos pasageros á su bordo; peró como experimentase en su transito una gran tempestad, perdió la altura, y sin poder tomar ninguna de las Canarias, se halló forzada á seguir el impulso de viento durante muchos dias, hasta que recaló sobre las costas de Caracas, en donde la favoreció un navio Inglés, ministrandole agua, y viveres, y dirigiendola al puerto de la Guayra.

El piloto Sanchez de Guelva tuvo modo de retroceder ácia el antiguo Continente, y de aportar á la Isla de la Gomera, con solos tres de su equipage: todos tan maltradados, y moribundos, que á pocos dias de su arribo fallecieron en la casa de Christoval Colon, que se hallaba avecindado alli, despues de haverse casado en la de la Madera. Nadie ignora, que Christoval Colon era natural de Cogureto, aldea de la republica de Genova, é hijo de un gardador de lana; que desde muy joven havia abrazado la carrera de la marina; que tenia hechos notables progresos en la geografia, y ciencia nautica; y que su ardiente deseo de instruirse en las navegaciones de las costas del Africa, y de las Canarias, le traxo á nuestras islas, donde consistió su fortuna en haver hospedado á aquel piloto Andaluz. En efecto se afirma, que antes de morir le comunicó este las observaciones que havia hecho durante su extravio; los nuevos paises que havia visto; y el derrotero que havia llevado: asi Colon con su juicio combinador, y sobresaliente inteligencia en la

Amerika vor Columbus in mehreren Schriften seiner Zeitgenossen verbreitet, ihre Richtigkeit aber jetzt vielfach bestritten[1]. Nun finden wir bei zwei der vorzüglichsten Geschichtschreiber jener Zeit, Gomara[2] und

cosmografia, infirió, que siguiendo aquellas memorias, podria hacer mucho mas que los Portugueses, y ocupado de la idea de trabajar en una expedicion ácia el Occidente, no perdió tiempo en trasladarse á las costas de Europa. — Vgl. damit den Bericht bei P. A. de Castillo Descripcion hist. y geogr. de las islas de Canaria, Santa Cruz de Tenerife 1848, p. 234 bis 235.

[1] Namentlich von Peschel Seite 136 mit sonderbarer Heftigkeit; er nennt die Gegner ungrossmütig, sträflich, schamlos, ohne sich auf deren Widerlegung einzulassen, die wohl bei einem Geschichtsforscher nöthig gewesen wäre, dem es Seite 109 Note 1 begegnet, spöttisch und ungläubig auszurufen »Ein alter Page!«, weil Columbus' Sohn Diego auch im Alter über zwanzig noch als Edelknabe aufgeführt wird, was doch nach damaligem Hofbrauch bloser Ehrentitel sein konnte.

[2] Francisco Lopez de Gomara Historia general de las Indias, Medina del Campo 1553, fol. 10. Navegando una caravela por nuestro mar Oceano, tuvo tan forçoso viento de levante y tan continuo, que fue a parar en tierra no sabida ni puesta en el mapa o carta de marear. Bolvio de alla en muchos mas dias, que fue. Y quando aca llego no traya mas de al piloto, y a otros tres o quatro marineros, que como venian enfermos de hambre y de trabajo, se murieron dentro de poco tiempo en el puerto. E aqui como se descubrieron las Indias por desdicha de quien primero las vio, pues acabo la vida sin gozar dellas, y sin devar, a lo menos sin aver memoria de como se llamavan, ni de donde era, ni que año las hallo. Bien que no fue culpa suya, sino malicia de otros, o invidia de la que llaman fortuna. Y no me maravillo de las historias antiguas, que cuenten hechos grandissimos por chicos, o escuros principios, pues no sabemos quien de poco aca hallo las Indias, que tan señalada y nueva cosa es. Quedaranos, si quiera, el nombre de aquel piloto, pues todo lo al con la muerte fenesce. Unos hazen Andaluz a este piloto, que tratava en Canaria, y en la Madera, quando le acontescio aquella larga, y mortal navigacion. Otros Biscayno, que contratava en Inglaterra y Francia, y otros Portugues, que yva o venia de la Mina o India. Lo qual quadra mucho con el nombre, que tomaron y tienen aquellas nuevas tierras. Tambien ay quien diga que aporto la caravela a Portugal, y quien diga que a la Madera, o a otra de las islas de los Açores. Empero ninguno afirma nada. Solamente concuerdan todos en que fallescio aquel piloto en casa de Christoval Colon, en cuyo poder quedaron las escripturas de la

Mariana[1], weder den Namen jenes unglücklichen Entdeckers, noch auch eine bestimmte Angabe über sein Heimathsland. Hier bei Viera erscheint beides, er bekräftigt ausdrücklich die Thatsache und setzt hinzu: die Erzählung von Guelva's Seefahrt nach Amerika sei wohl glaublich, habe sie doch wenige Jahre später sich wiederholt. Ein Handelsschiff der kanarischen Inseln mit einer Ladung Waizen, das auch einige Reisende an Bord gehabt, habe von Lanzarote nach Teneriffa wollen, sei aber durch grosses Unwetter zurückgeworfen und viele Tage lang weiter getrieben bis zur Küste von Karakas, dort habe es ein englisches Schiff gefunden, von welchem es Wasser und Lebensmittel und nach dem Hafen von Laguayra Richtung bekommen.

Viera ist ein Geschichtschreiber, welcher das Lob verdient, das ihm Navarrete wegen seiner Wahrhaftigkeit und

---

caravela, y la relacion de todo aquel luengo viaje con la marca y altura de las tierras, nuevamente vistas y halladas.

[1] Juan de Mariana Historia general de España, Madrid 1616, II lib. XXVI cap. 3 p. 502. La empressa mas memorable, de mayor honra y provecho, que jamas sucedio en España, fue el descubrimiento de las Indias occidentales: las quales (con razon) por su grandeza llaman el nuevo mundo: cosa maravillosa, y que de tantos siglos estava reservada para esta edad. La ocasion y principio desta nueva navegacion y descubrimiento fue en esta manera. Cierta nave desde la costa de Africa, do andava ocupada en los tratos de aquellas partes, arrebatada con un rezio temporal, aportó á ciertas tierras no conocidas. Passados algunos dias y sossegada la tempestad, como diesse la buelta, muertos de hambre y mal passar casi todos los passageros y marineros, el maestre con tres ó quatro compañeros ultimamente legó á la isla de la Madera. Hallavase acaso en aquella isla Christoval Colon, Ginoves de nacion, que estava casado en Portugal, y era muy exercitado en el arte de navegar: persona de gran coraçon y altos pensamientos. Este alvergó en su posada al maestre de aquel navio, y como falleciesse en breve, dexó en poder de Colon los memoriales y avisos, que traia de toda aquella navegacion. Con esta ocasion, ora aya sido la verdadera, o sea por la astrologia, en que era exercitado, o como otros dizen, por aviso que le dio un cierto Merco Polo, medico Florentin, el se resolvio, en que de la otra parte del mundo descubierto, y de sus terminos, házia do se pone el sol, avia tierras muy grandes y espaciosas.

guten Kritik, Berthelot aber noch mit volleren Händen streuet[1]. Er sammelte fleissig aus Quellen die geschichtlichen Nachrichten und prüfte und verglich sie ruhig und besonnen. Er beruft sich, ausser auf Gomara und Mariana, nur auf Francisco Pizarro[2]. Wie sorgfältig er aber handschriftliche und gedruckte Nachrichten durchforschte, geht daraus hervor, dass seine Angaben über die verschiedenen Landungen des Admirals auf den kanarischen Inseln, als Dieser seine Fahrten nach Amerika unternahm, genau mit den im Schiffstagebuch angegebenen Tagen übereinstimmen, und dass er, um des Columbus Geburtsort zu ermitteln, die Akten des Prozesses einsah, welchen die Ferrareser Familie Cucaro gegen Columbus Nachkommen führte. Wahrscheinlich fand Viera in den Archiven der Stifte, Städte und Landsitze, die er auf den kanarischen Inseln befragte, Nachrichten über den Aufenthalt des Columbus auf Gomera und was ihm dort begegnete. Bis diese Archive sämmtlich von kundiger Hand neu durchgegangen sind, wird man wohl thun, die letzte Entscheidung der Frage, ob Westindien schon vor Columbus entdeckt war, noch auszusetzen[3].

Sein Aufenthalt auf Gomera wurde ihm noch in anderer Beziehung nützlich. Während er dort sorgfältig alles erwog und ausforschte, was von den Ländern, die seinem Geiste fern hinter den Fluten des Ozeans aufschimmerten, Kunde gab, jeden Zweig und jede Frucht, welche von den Wellen an den Strand getrieben wurde, untersuchte und

---

[1] Navarrete 16 Note. Barker-Webb und Sabin-Berthelot Hist. naturelle des iles canaries, Paris 1839, I. prem. partie p. 75. Historien scrupuleux sur la précision des dates et des citations, Viera a relevé des erreurs importantes : bien que reservé dans ses éloges, il a rendu hommage a ses devanciers et a commenté leurs travaux par une savante critique. A nadie se elogia con mentira, ni se critica sin verdad, dit-il lui-même dans un de ses prologues, et cet esprit de justice a constamment guidé sa plume dans le cours de sa redaction.

[2] Hist. de Ind. c. 3.

[3] Navarrete hält sie für entschieden zu Columbus Gunsten, 17 Note.

mit gleichartigen verglich, hatte er auch das Wandschenvolk kennen gelernt. An ihm hatte er die Beweise vor Augen, wie die reinen frischen Gemüther, wenn sie unter den Lichtstrahlen des Christenthums aufthaueten, sich in kindlicher Verehrung, in seligem Herzensglück Gott und seiner geheiligten Kirche zuwendeten, ohne einzubüßen an der freudigen raschen Thatkraft und ihres Willens Stahlhärte. So dachte sich Columbus die Länder drüben im Westmeer von grossen Völkern besetzt, von denen er sich für Kirche und Paradies die herrlichsten Ärnten versprach. Darin aber lag in jenen gläubigen Zeiten, namentlich im religiös begeisterten Spanien, das eben den letzten Maurenkrieg führte, ein mächtiger Antrieb, jene Völker aufzusuchen und zu bekehren. Die Schilderung des Charakters der Kanarier und ihrer natürlichen Hinneigung zum Christenthum konnten nicht anders, als auf die herzensfromme Königin Isabella Eindruck machen: waren ihr doch in Spanien selbst viele Eingeborne von den Inseln zu Gesicht gekommen, für welche sie stets warme Fürsorge an den Tag legte. Aber auch der Gewinn, welchen der Handel von den kanarischen Inseln zog, das schöne Getreide, das sie in Masse hervorbrachten, die Zuckermühlen, die dort so rasch in Thätigkeit kamen, die ganze Üppigkeit der Natur, — das alles musste sich in vergrössertem Maß in den Neuländern wiederholen, nach denen Columbus segeln wollte. Nicht gering auch war die Erregung anzuschlagen, welche die kanarischen Inseln auf die leicht erregte Phantasie des Genuesen und auf Andere ausübten, denen er vortrug, was er bereits im Geiste leibhaft vor sich sah. Verführerisch und ein lockendes Geheimniss war der wunderbare Reiz an Duft und Lichtfarben und hochgewaltigen Bergumrissen, der diese Inseln umwebt. Kurz, sie gaben nicht nur lebhaftere Anregung, auf neue Entdeckungsfahrten auszugehen, sondern auch ein Unterpfand, dass diese gelingen würden.

Einige Jahre später, als Columbus die kanarischen

Inseln verlassen hatte, war auf diesen Alles in Aufregung, Eingeborne wie Ansiedler. Palma war inzwischen erobert, und man rüstete aus allen Kräften, um dem siegreichen Feldherrn, Alfonso de Lugo, neue tausend Mann zu stellen, mit denen er die letzte freie Insel unterwerfen sollte. In dieser Zeit, während der geplante Angriff auf Teneriffa jeden andern Gedanken verschlang, kam ein unscheinbares Geschwader herangefahren, drei sehr kleine Schiffe, zwei davon nicht einmal mit Verdecken gebauet, ihre Namen wie Niña und Pinta für ihre kleinlichen Verhältnisse passend. Die ganze Besatzung, Matrosen und Soldaten zusammengerechnet, zählte nicht mehr als 120 Mann. Man hatte sie theilweise, als doch verlorenes Volk, aus Gefängnissen zusammengeholt. Wie gering, kaum beachtenswerth erschien das gegen die grossen Rüstungen, die nach den Kanaren gingen! Der aber die drei kleinen Schiffe befehligte, war eben jener Mann von seltener Geistesgrösse, Christoph Columbus.

Eigentlich Niemand glaubte wohl an ihn. Keiner der Armadores zu Sevilla, Cadix, oder San Lucar de Barrameda, die damals so manches Schiff ausrüsteten, das auf Menschenfang oder gewinnreichen Handel auslief, hatte sein Geld in das Unternehmen des Fremdlings stecken mögen. Auch Königin Isabella hatte das Wenige, was sie für Columbus that, offenbar zuletzt nur geleistet, weil ihr der gute Mann leid that, und weil sie in ihrem Gewissen sich verbunden hielt, doch nicht ganz die Aussicht zu verwerfen, die ihr der Italiener auf die Bekehrung weiter heidnischer Landstriche eröffnete. Columbus aber trug das Bewusstsein seiner hohen Sendung wie leuchtenden Krystall in seiner Seele.

Er stieg am 11. August 1492 in Gran Canaria an's Land. Hier verweilte er nicht weniger als zwanzig Tage, in welchen seine schlecht segelnden Schiffe besser hergerichtet wurden, während er auf Gomera Einkäufe besorgen liess. Denn er wusste aus Erfahrung, wie billig dort die Lebensmittel, wie leicht andere Schiffsausrüstung sich beschaffen, und wie vortheilhaft sich der anstellige und kraftvolle Eingeborne gebrauchen liess, wenn es gelang, ihrer eine Anzahl zur Mitfahrt zu bewegen. Am 4. September sah er seinen alten Wohnsitz in Gomera wieder, und nahm auf dieser Insel Proviant, sowie Wasser und Brennholz ein. Am 7. stach er wieder in's Meer, um die wichtigste Seereise zu vollenden, die bisher noch auf dieser Erdkugel gemacht war. Wagelustige Wandschenkrieger begleiteten ihn.

Noch dreimal sah Columbus die kanarischen Inseln wieder. Schon ein Jahr nach seiner ersten Entdeckungsfahrt segelte er wieder heran, diesmal als Admiral eines Geschwaders von siebzehn Schiffen. Es war am 2. Oktober 1493, während Alfonso de Lugo noch auf Teneriffa im hoffnungslosen Kampfe lag. Columbus blieb diesmal nur drei Tage auf Gran Canaria und war am 5. Oktober schon wieder in Gomera, wo er nicht blos Schiffs- und Kriegsvolk und Lebensmittel einnahm, sondern auch viele Sämereien, Pflänzlinge verschiedener Bäume, Ziegen, Schafe, Schweine und Hühner, die er nach Amerika überführte, und welche dort den ersten Stamm für Pflanzungen und zahlreiche Heerden abgaben.

Am 19. März 1499 kam Columbus wiederum nach Gomera, und da er hörte, dass in dessen Gewässern ein französischer Korsar zwei Schiffe aufgebracht hatte, stach er sofort in See und nahm dem Räuber die Schiffe wieder ab. Von Gomera segelte er diesmal nach Ferro und hier theilte er seine Flotte: drei Schiffe sandte er nach Hispaniola, mit den andern lief er aus auf neue Entdeckungen.

Noch einmal, drei Jahre später und zwar wiederum am 19. März, begrüsste Columbus die kanarischen Küsten. Welche Veränderung war in den Jahren erfolgt, seit er zuerst den Fuss auf diesen Strand setzte, seine junge Frau an der Seite, aber als ein armer Abenteurer! Jetzt war Spanien das mächtigste Reich der Welt, Granada gefallen, der kanarische Archipel erobert, Columbus selbst ein grosser und berühmter Herr, sein Name unsterblich für alle Zeiten.

Das Beispiel des berühmten Admirals fand allgemeine Nachahmung. Es wurde Regel für Kriegsschiffe, welche nach Amerika gingen, bei den kanarischen Inseln anzulegen, Wasser, Holz und Lebensmittel ein-, vorzüglich aber so viel Eingeborne mitzunehmen, als man durch Vorstellungen in Güte oder durch List und Gewalt bekommen konnte. Denn diese Wandschen waren drüben die besten, redlichsten und genügsamsten Arbeiter, die ehrgeizigsten und ausdauerndsten Krieger. In der That liessen sich Wandschen fast immer bereit finden. Öfter meldeten sie sich schaarenweise zur Auswanderung, fanden sich auch wohl heimlich auf Schiffen ein, die absegeln wollten. Als die Nachkommen des Eroberers von Teneriffa, die Adelantados Lugo, nach Afrika, Westindien, Südamerika Eroberungs- und Ansiedlungszüge veranstalteten, brauchten sie nur zu winken und ihre Schiffe bevölkerten sich mit Eingebornen, die in den fremden Ländern Heldenthaten verrichteten und für die spanischen Eroberer die sicherste Stütze waren.

Dies Ausströmen der kanarischen Urbevölkerung dauerte die ganze erste Hälfte des sechszehnten Jahrhunderts hindurch. Ausser den Eroberungskriegen selbst und ihrem Gefolge, den verheerenden Krankheiten, hat nichts die kanarischen Inseln so sehr entvölkert, als die freiwillige oder gezwungene Auswanderung nach Amerika.

Die Ursachen lagen auf der Hand.

Jedesmal, wenn nach einem Kriege mit den Spaniern die kanarischen Eingebornen Frieden und Christenthum annahmen, hielt sich noch eine Menge längere Zeit im wilden Gebirge auf. Erst nach und nach kehrten die Meisten zurück, bewogen durch nagende Sorge um die Ihrigen, die der Nährer und Wehrer beraubt, Hunger und Kummer und Verfolgung erlitten, oder durch den unerträglichen Mangel, der auf den kahlen Bergrücken herrschte, vor allem durch das milde Wort der Glaubensboten getroffen, die zu ihnen hinaufstiegen. Viele jedoch hielt Stolz und unbezwinglicher Widerwille gegen die fremden Herren in der Wildniss zurück. Heimlich brachten ihnen Freunde und Angehörige Nahrung, aber Hass und Hunger trieb sie an zu räuberischen Einfällen auf die Güter der Spanier und in die Ortschaften fremder Gaue. Dann entspannen sich Fehden, die weiter und weiter sich ausdehnten.

Andere endlich, die voll Vertrauen sich den Spaniern angeschlossen, wurden nach und nach empört durch deren herrisches Auftreten. Sie erkannten, wie wenig, was folgte, dem glich, was man ihnen bei den Friedensverhandlungen zugeschworen, wie das Edelste ihrer alten Freiheit zerrissen und zerstört zu Boden lag.

Die Spanier waren nur zu sehr gewöhnt, die Eingebornen als unterjochte Leute zu betrachten, die sich alles müssten gefallen lassen. Man konnte sich von der Anschauung nicht losmachen, dass mit dem eroberten Grund und Boden seine Eingebornen miterworben seien, gleichwie dem Eigenthümer des Waldes das Wild darin gehört. Die besten Güter und Ländereien hatten die Eroberer unter sich vertheilt, und die Wandschen, welche auf diesen ihre Heimath hatten, wurden einfach wie Hörige behandelt. Aber auch von den Höfen und Ortschaften, die frei und selbstständig blieben, suchte man durch Frohnden und Abgaben allerlei Nutzen zu ziehen. Anlass dazu gaben die Neubauten von Kirchen, Strassen und Festungen, die als allgemeine Landesangelegenheiten betrieben wurden.

Nur die eingebornen Fürsten und ihre Verwandten, denen man ihre alten Besitzungen gelassen oder als Preis des Friedens neue zugetheilt hatte, wurden von den spanischen Herren als Ebenbürtige betrachtet. Jedoch auch sie nicht vollständig, auch sie litten heimlich unter einer gewissen Missachtung, als wären sie unedler Herkunft. Man setzte nämlich auf der pyrenäischen Halbinsel, den vielen neugetauften Mauren- und Judenfamilien gegenüber, eine Ehre darin, ein alter Christ zu sein. Altes Christenthum gab einer Familie ein Ansehen gleichwie von besserer Herkunft. Die Wandschen aber waren sammt und sonders Neuchristen.

Dieser religiöse Gegensatz, sodann Trotz und Verachtung, welche die Betroffenen den Urtheilen der Gerichte und der Inquisition entgegensetzten, und viele andere Misshelligkeiten, wie sie nicht ausbleiben konnten, als ein freiheitsstolzes Volk sich auf einmal herabgewürdigt sah unter treulose und grausame Eroberer, hatten unaufhörlich Verwicklungen und Zusammenstösse zur Folge, die gewöhnlich damit endigten, dass die Männer in's Gebirge flohen. So fand sich hier fort und fort eine Menge Friedloser beisammen, denen das Herz brechen wollte über der Heimath Schmach und ihre eigene. Wie wilde Thiere wurden sie verfolgt und erlagen hier und dort den Kugeln der spanischen Gerichtsleute und Soldaten.

Kamen nun Schiffe, die auf weiter Fahrt zu unbekannten Ländern waren, oder wurde gar Amnestie für Kriegsdienst verkündigt, dann folgten die Verbannten dem Zureden der Blutsfreunde oder der eigenen Nöthigung und sagten der Heimath Lebewohl. Die Spanier leisteten allen Vorschub, dass andere Unzufriedene und ihre Familien sich anschlossen.

So ist das streitbarste Volk, welches seit Ende des fünfzehnten Jahrhunderts Europäer auf ihren Eroberungszügen angetroffen, ein Volk, das zugleich wie kein anderes ausserhalb Europa für Christenthum und Kultur empfänglich war, in dem kurzen Zeitraum von fünfzig Jahren, welche der Eroberung folgten, untergegangen. Im Jahre 1541 konnte Benzoni auf Palma nur noch eines Einzigen ansichtig werden, und Thevet berichtete 1555, dass noch auf den Höhen des Pik von Teneriffa Eingeborne lebten, die keinem Christen, der zu ihnen hinauf wollte, die Rückkehr gestatteten[1]. Nur solche Einzelheiten sind berichtet, wir wissen auch nicht, wohin die zahllosen Auswanderer sich verloren, und ob einige zurückgekommen. Die Ge-

---

[1] Benzoni Mediolani Novae novi orbis historiae, Genf 1578, p. 142. 418. A. Thevet Cosmographie universelle, Paris 1575, fol. 83 v.

schichte verzeichnet bei dem Untergange eines Volks nur die Schicksalsschläge im Grossen: für die Leiden und das Hinsiechen der vielen Hunderte und Tausende, die in Folge dieser Ereignisse zu Grunde gehen, nothwendig zu Grunde gehen müssen, gibt es keine Annalen. Ihr Weheruf, ihr letzter Seufzer verhallt so ungehört wie das letzte Seufzen des verwundeten Wildes, das sich in die Öde des Bergwaldes geflüchtet. —

Nehmen wir nun einen Rückblick über die Thatsachen, die hier zusammengestellt worden, so bezeugen sie, dass sich an den kanarischen Inseln eine Erfahrung bewährte, die sich nur bei einigen bevorzugten Stellen auf der Erdkugel zu erkennen gibt. Diese Plätze ragen nicht hervor durch ihre Grösse oder durch die Kostbarkeit ihrer Naturgaben oder die Leistungen ihrer Bewohner: gleichwohl besitzen sie eine dauernde weltgeschichtliche Bedeutung, die wesentlich in ihrer Lage, d. h. ihrer Stellung zu den übrigen Ländern beruht und deshalb durch alles, was sie an Naturgaben dem grossen Verkehr darbieten, begünstigt wird. So treten in der Geschichte der Entdeckungen und Eroberungen, die von Europäern ausgingen, in neun Punkten die kanarischen Inseln in eigenthümlicher Helligkeit hervor.

Zuerst sind es Sagen und Vorstellungen von ihrer Glückseligkeit, die selbst dann noch im Andenken der Menschen haften bleiben, als die Inseln selbst schon wieder hinter dem dunkeln Schleier unbekannter Meere verschwunden sind. Sobald der Name der glückseligen Inseln ertönt, wandert die Sehnsucht der Menschen in das grosse Westmeer hinaus, und dieser Name hindert es, dass jemals zwischen den Säulen des Herkules sich eine Scheidewand erhebt, welche für immer die Gedanken an Reisen darüber hinaus abschliesst.

Zweitens, als die Kanaren wieder entdeckt werden, finden sich auf ihnen in reicher Menge und Güte gerade solche Artikel, die auf allen Märkten als kostbare Waare geschätzt und bezahlt werden. Die Gewinnsucht richtet daher ihre Segel nach diesen Inseln, die Fahrten werden im letzten Drittel des vierzehnten Jahrhunderts immer häufiger, und es verschwindet die Furcht, welche die Fabeln von den Schrecken des finstern und trägen Meers, das diese Inseln bespült, verbreitet haben.

Drittens. Gleich im Beginn des nächsten Jahrhunderts erobert sich ein abenteuernder Normanne auf den kanarischen Inseln ein Fürstenthum. Nun richten die beiden nächsten Staaten, Spanien und Portugal, ein leidenschaftliches Begehren dorthin, die kanarischen Inseln werden der Kampfpreis eines lang andauernden Wettstreites, der Kräfte und Unternehmungslust der Spanier wie der Portugiesen stählt und ihre Flotten und Kriegsvölker befähigt, Eroberungsfahrten in ferne Länder zu unternehmen. Es geben die kanarischen Inseln wieder Anregung zu Kolonialideen, wie sie fast alle Staaten des Alterthums hegten. Wenn solche Gedanken aber im Alterthum sich auf die Ufer des Mittelmeers beschränkten, so streiften sie jetzt die Küsten des atlantischen Ozeans entlang. Die Vorstellungen von überseeischen Besitzungen, welche von den eigenen Volksangehörigen besiedelt, von der eigenen Regierung bewirthschaftet und ausgebeutet werden, traten wieder in den politischen Gesichtskreis.

Viertens. Insbesondere ist das afrikanische Festland, das den Kanaren gegenüber liegt, die Stelle, auf welche sich die begehrlichsten Blicke werfen. Auf den Inseln sammeln sich die Nachrichten von den geträumten Goldflüssen, den fabelhaften Mondbergen, den üppigen Reichthümern im Reiche des Priesters Johannes, — hier aber erfährt man auch am ersten, wie es in Wirklichkeit drüben aussieht. Die kanarischen Inseln werden Bergestätte, Arsenal und Ausgangspunkte für die Flotten, welche die afrikanische Küste anlaufen. Die Inseln gewinnen dadurch gegenüber der afrikanischen Westküste eine ganz ähnliche Stellung, wie sie in den Kreuzzügen Cypern einnahm gegenüber den Küsten von Ägypten, Syrien und dem südlichen Kleinasien.

Fünftens. Die afrikanische Aufgabe fällt namentlich den Portugiesen zu. Denn da all ihre Angriffe auf die kanarischen Inseln hier von den Spaniern, dort von den Eingebornen blutig abgewiesen werden, sehen sie sich auf das gegenüber liegende Festland angewiesen, als auf ein anderes und zwar nahes Feld für ihre Unternehmungen. Ehrgeizig verlangend und suchend nach gewinnreichen Ländern, gleichwie jene Inseln es sind, dringen die portugiesischen Kapitäns schrittweise an der afrikanischen Küste vor, entdecken ein Stück nach dem andern, umsegeln ein gefürchtetes Kap nach dem andern, bis sie endlich das letzte, das Vorgebirge der guten Hoffnung, erreichen und den Weg nach Indiens Schätzen einschlagen.

Sechstens. Unterdessen bleiben die kanarischen Inseln der Platz, nach welchem kühne und geistvolle Weltfahrer hinstreben, um Beobachtungen und Studien zu machen und alles zu hören, was sich in Seehäfen an Berichten und Sagen über die Westlande umhertreibt. Die lange Finsterniss, die über diesen lag, verwandelt sich allmählig in eine Dämmerung, durch welche die ersehnten Küsten in dunkeln Umrissen hindurch schauen. Nachdem man vom Welttheil im Westen zum erstenmal im zehnten Jahrhundert auf dem nordischen Island gesprochen hatte, erscholl diese Kunde zum zweitenmal wahrscheinlich zuerst wieder, fünf Jahrhunderte später und 36 Grade südlicher, auf den kanarischen Inseln.

Siebentens. Die Erfahrungen, welche man nun auf diesen Inseln machte, waren ganz dazu angethan, den Durst nach Eroberungen überseeischer Länder zu steigern. Sie waren bewohnt von einem so streitbaren, freiheitsstolzen, heldenhaften Volke, als es irgendwo eines auf Erden gab. Als dieses Volk endlich besiegt und unterworfen war, welches andere sollte den spanischen Waffen noch widerstehn! Gerade in der Zeit, als Columbus seine amerikanischen

Fahrten unternahm, wurde das letzte und schwierigste Eroberungswerk auf Palma und Teneriffa vollendet. Keinen grösseren Ruhm aber gab es damals in den christlichen Ländern, kein grösseres Verdienst für den Himmel, als ungläubige Völker zum Christenthum zu bekehren, einerlei ob in Güte oder mit Gewalt. Die Bewohner der kanarischen Inseln aber zeigten vom Anfang an, als sie mit den Spaniern in Berührung kamen, vor dem Christenthum Ehrerbietung und nahmen es später an mit kindlich lauterem Gemüth. Unabsehbar erblüheten da himmlische Saaten vor den Augen glaubensfeuriger Spanier, wenn sie an die vielen Völker jenseits des Ozeans dachten. Endlich alle europäischen und tropischen Gewächse brachten auf den kanarischen Inseln so reiche Frucht, und die Ausfuhr wurde so bedeutend, dass man hier eine Probe machte, welche Einkünfte überseeische Besitzungen abwarfen. Der Regierung gehörte von aller Handelswaare, die in kanarischen Häfen verladen wurde, ein Fünftel, kein geringer Zollertrag bei der Fülle und Kostbarkeit von Drachenblut und Orseille und bei der massenhaften Ausfuhr von Zucker, Wein, Getreide, Talg und Häuten.

Achtens. Dieser Reichthum an Nahrungsmitteln auf den kanarischen Inseln, wie ihre vorgeschobene Lage, erleichterten nicht wenig die Schifffahrt. Flotten und Einzelschiffe, die nach Westindien und bald auch nach Ostindien gingen, legten dort an, um sich zu verproviantiren und neue Matrosen aufzunehmen.

Neuntens war auch die Hülfe, welche die Wandschen bei der Eroberung von Amerika leisteten, nicht gering anzuschlagen. Sie allein konnten es an Behendigkeit und Kriegslist mit allen Indianern aufnehmen. Da sie in Freiheit nicht mehr in der Heimath leben konnten, kämpften sie aus Kriegslust oder Verzweiflung wie die Löwen für die Ausbreitung der Herrschaft ihrer Unterdrücker und verloren sich in die Urwälder und Prairien der neuen Welt.

Die hier bezeichnete Bedeutung in der Weltgeschichte büssten aber die kanarischen Inseln ein um Mitte des sechszehnten Jahrhunderts. Von da an traten sie mehr und mehr zurück in die Stille spanischen Provinziallebens, und hatten ihren Theil zu tragen an den üblen Folgen spanischer Verwaltung. Nur der Fruchtbarkeit des Bodens und dem gescheidten Fleiss, der Bravheit und Geduld der Bewohner ist es zu danken, dass nackte Armuth heutzutage sich nicht trauriger noch ausbreitet an den glückseligen Gestaden.

IX. General Sporck.

Zwischen dem Paderborn'schen und dem Münsterlande liegt in Westfalen das Land Delbrück, in welchem die Bauern lieber Eichen, als Obstbäume pflanzen. Als eine Merkwürdigkeit ihres Landes zeigen sie gern den Sporckhof. Einer der letzten Besitzer setzte zweitausend Thaler Strafe darauf, wenn jemals ein Erbe einen Baum vom Gute verkaufe. Deshalb ist das alte Haus noch von epheuumwachsenen Eichen und einem reichen Waldgewoge überdeckt, wie vor alten Zeiten, als die westfälischen Bauern ihre schönen Eichen noch nicht gegen die blanken Thaler vertauschten, welche sie jetzt dafür lösen. Doch viel mehr ist der Sporckhof stolz darauf, dass hier der Bauernsohn aufwuchs, über den einst ein ausgezeichneter Zeitgenosse, der General von Chavagnac, das allgemeine Urtheil dahin aussprach: »Sporck war ohne Frage der grösste Reitergeneral in Europa[1]«. Von dieses Mannes wundersamen Lebenslauf, von seinen kühnen Thaten und seinem klugen

---

[1] Mémoires de G. Comte de Chavagnac, Besançon 1699. I., 296. II., 58. — G. J. Rosenkranz, Johann Graf v. Sporck, ein Abriss seines Lebens, in der Zeitschr. für westfäl. Gesch. und Alterthumskunde, Münster 1844, Band VII. 83, 1849 Band I., 291. — F. v. Löher, General Sporck. (Epische Dichtung mit geschichtlichen Anmerkungen.) 3. Aufl. Göttingen, Wigand. 1858.

Witze wollen wir hier das Hauptsächlichste mittheilen, wie wir es theils in Geschichtsbüchern, theils auch in den Sagen, in welchen der Held in seiner Heimath fortlebt, gefunden haben.

Es war eines Abends, im dritten Jahre des dreissigjährigen Kriegs, als vier Burschen in Westerloh, welches eine der sechs Delbrücker Gemeinden ist, hinter den Büschen eines Kampes sich miteinander beredeten. Jeder hatte eines der Pferde bestiegen, welche sie hüteten, und so hielten sie ihren ersten Kriegsrath hoch zu Ross. Es ging damals eine unerhörte Aufregung durch das ganze deutsche Land, Alles rüstete, und die Gemüther waren durch die Religionsparteiung mit wilder Wuth wider einander erfüllt: in der Brust der jungen Leute aber flackerte lustig das Kriegsfeuer. Auch jene Vier hatten den Klang der Werbetrommel gehört, und drei lauschten jetzt auf das, was der Jüngste von ihnen, der neunzehnjährige Sporck, sagte. Denn Diesen erkannten sie schon lange, weil er eben so klug als kühn war, für ihren Anführer an bei all den tollen Streichen, durch welche sie die Nachbarschaft von sich sprechen machten.

Als Knabe hatte er immer etwas Kriegerisches in seinem Thun gezeigt und sich einen hölzernen Säbel geschnitzt, mit dem er den Disteln die rothen Köpfe abschlug. Fragte man ihn nach der Ursache, so antwortete er, das seien Türkenköpfe. Später liess ihn der Ruhm seines ältern Bruders nicht mehr schlafen. Dieser hatte sich unter den Baiern bereits bis zum Rittmeister aufgedient und funkelte ihm in Helm und Kürass stets vor den Augen. Es setzte auch bald wegen seiner unruhigen Sinnesart so heftige Stösse mit seinem Vater, dass ihm der Aufenthalt auf dem älterlichen Hofe verleidet wurde. Aber schon hielt ihn eine Leidenschaft für das schöne Nachbarsgretchen in Fesseln. Er war ein hübscher hochgewachsener Bursche, und obwohl er nicht der jüngste Sohn war und deshalb nach Delbrücker Landrecht den Hof nicht erbte, so bildete er sich doch ein, sein Mädchen müsse sein warmes ehrliches Herz höher achten, als Hab und Gut. Gretchen aber war ein verständiges

Kind und fragte ihn einmal etwas spitz: wo er denn sein Haus und Schloss habe? Keinen Tag wäre er nun länger daheim geblieben. Also hatte er seine Kameraden hergerufen und stellte ihnen vor, wie sie brave Reiter werden und Ehre und Geld verdienen könnten. Sie beschlossen einmüthig, noch am Abend zu entweichen. Der Abschied kam ihnen freilich schwer an, und sie strichen durch die Nacht still und verzagt, bis die Morgensonne ihnen hell in's Herz schien. Da pochten sie fröhlich den Hauptmann in Werl heraus, dieser sah aus dem Fenster und rief lachend: ob sie denn in Teufels Namen solche Eile hätten, General zu werden? Sporck antwortete auf der Stelle: den Teufel brauche er nicht dazu. Damit trat er ein als Dragoner bei dem Obersten Landsberger[1].

Das Regiment zog bald nach Böhmen und kämpfte mit in der berühmten Schlacht vor Prag am weissen Berge. Man kann sich leicht vorstellen, dass den jungen Soldaten das Liedchen, welches die Kugeln pfiffen, das erstemal nicht ganz lustig vorkam, indessen wurden sie des Dinges bald gewohnt, schlugen herzhaft darauf und machten bei dem Nachsetzen manch guten Fang; denn fest auf dem Pferde zu sitzen hatten sie auf den Haiden ihrer Heimath fast eher, als das Sprechen gelernt. Sporck's lieber Bruder aber, der Rittmeister, fiel gleich in dieser ersten Schlacht: um so fester nahm der Überlebende es sich vor, nicht eher wieder nach Hause zu kommen, als bis er ein angesehener Herr geworden. Bis dahin dauerte es freilich noch zwölf Jahre, eine stürmische Zeit, in welcher Sporck umhergeworfen wurde wie jeder andere Kriegsknecht. Denn es gehörte schon ein ganzer Mann dazu, sollte einer, der nicht von Adel, mit seinem Degen und seinem Mutterwitz die Offiziers-schärpe erobern, und das Glück war launisch immerdar. Sporck hielt sich zu den Pappenheimern, wurde auch wohl

---

[1] Archiv des histor. Vereins für den Untermainkreis. Würzburg. 1833. I., 117.

einmal, wenn Pferd und Zaumzeug verloren ging, unter die Musketiere gestossen. Weil er aber von Natur ein anstelliges Wesen hatte und immer guten Muthes war, so glückte es ihm stets, mit guter Beute wieder obenauf zu kommen, und als stattlicher Reiter, zwei Knechte hinter sich, daher zu ziehn. Besonders trefflich verstand er sich auf das Parteigehn. Wenn nämlich die Truppen Standquartier genommen, so sandten sie kleine und grosse Mannschaften aus, welche oft wochenlang umherstreiften und in Wäldern, Hohlwegen und Ruinen versteckt lagen, um feindliche Streifpartien zu überfallen und Zufuhren sammt Bedeckung aufzuheben. Sporck sann unermüdlich, wie er Weg und Steg auskundschafte, den Feind über seine Spur täusche und in Hinterhalt locke, und weil er durch ein billiges und freundliches Benehmen sich unter den Bauern gute Freunde und Zuträger verschaffte, so gelangen ihm die gefährlichsten Anschläge. Auch war kein kleines Nest so fest verwahrt, er fand einen Eingang. Was auf solche Weise erbeutet wurde, behielt meist der Soldat selbst: unser junger Held war nicht geizig, sondern liess mit Offizieren und Kameraden wieder draufgehen, was er gewann. In der Schlacht aber war seine Tapferkeit ungestüm und nachhaltig, und er konnte niemals Gefechte genug bekommen, weil er immer sich auszeichnen wollte. Da nun sein Benehmen so klug als ritterlich war, so wurden ihm nicht nur grössere Unternehmungen anvertraut, sondern er bekam endlich auch als Offizier sein eigen Fähnlein zu führen. In den harten Kämpfen, als Wallenstein und Gustav Adolf bei Nürnberg einander gegenüber lagen, geschieht des jungen Sporck bereits Erwähnung[1].

Im Feldlager der grossen Heerführer Tilly und Wallenstein fand Sporck sich auch mit Johann von Werth zusammen, und beide Männer schlossen bald feste Freundschaft.

---

[1] Rittersberg in der österreich. militär. Zeitschrift, Wien 1820, Band III., Heft VIII., S. 212 ff.

Ihr Zeitgenosse, der Fürstbischof Ferdinand von Paderborn, nannte sie später »die beiden stets bereiten Blitze des Kaiserkrieges«[1]. Beide athmeten dieselbe Begeisterung für das deutsche Vaterland, denselben Hass gegen alles Nichtdeutsche, und wie in ihrem Eifer für den Kaiser, so waren sie sich auch gleich in ihrer Anhänglichkeit an die katholische Sache. Werth, der ebenfalls von unten aufgestiegen, war ein Meister in der Kunst, dem Feinde die Quartiere aufzuschlagen, d. i. ihn unvermuthet in Dorf und Stadt zu überfallen und zu verderben; in Sporck fand Werth den besten Schüler![2] Als er nach der Lützener Schlacht den Herzog Bernhard und General Horn mit einem fliegenden Corps von der Donau abzuwehren hatte, war Sporck sein erster Rittmeister, und unglaublich klingen die Berichte, was sie mit ihren windschnellen Reitern leisteten. Glaubte Bernhard sie vierzig Meilen weit bei Horn beschäftigt, so wetterten sie ihm unversehens seine besten Regimenter zusammen, und dachte Horn nun ein paar Tage Ruhe zu haben, so sassen sie ihm schon wieder so empfindlich auf der Kappe, dass er manchmal seinen und des Weimar's Verlust zur selben Zeit erfuhr. Sporck nahm auch an Ruhm und Gefahr des ritterlichen Zuges auf Paris Theil, dessen Einnahme Werth geglückt wäre, wenn seine Mitfeldherren seinen Muth gehabt hätten.

Als Werth 1638 bei Rheinfelden überwältigt wurde, aber gleich einem gefangenen Löwen in Paris bei Hofe wie vom Volke hohe Ehren genoss, hatte Sporck ausgelernt und unternahm nun die Streifzüge auf eigene Hand. Mit nur 80 Reitern stürmte er bei Gera im Voigtlande auf Witzleben und dessen 600 Mann so gewaltig ein, dass er den ganzen Haufen versprengte und den Oberst mit vielen Offizieren und 400 Pferden mit sich nahm. Einen kühneren Streich wagte er gegen General Königsmark. Dieser

---

[1] Monum. Paderborn. Francof. 1713 p. 52.
[2] F. W. Barthold. Joh. v. Werth. Berlin 1826. S. 215. 131.

lag gegen Ende des Herbstes 1638 mit dem besten Theile seines 5000 Mann starken Corps bei Münnerstadt in Franken. Sporck fiel in tiefer Nacht mit nur 50 schweren und 30 leichten Reitern waghalsig genug über ihn her, schlug nieder was er erreichen konnte, und flog mit einer Beute von Standarten, 50 Gefangenen und 300 Pferden wieder davon. Jetzt wurde er Oberst und erhielt ein fliegendes Corps mit der Unabhängigkeit eines Generals[1], denn er musste jetzt Werth ersetzen.

Das war es, was sein thatendurstig Herz so lange ersehnt hatte, und es begann nun für ihn eine Kette von kühnen Streichen[2], welche seinen Namen weit und breit geehrt und gefürchtet machten. Er verstand es vortrefflich, seine Reiter für sich zu begeistern, mit ihnen theilte er gute und schlechte Kost, und fand sich für sie kein besser Quartier, dann war auch für ihn die Erde eine Lagerstatt und sein Reitermantel die Decke. Hatte er sein Corps aber nach rastlosem Umherstreifen vor dem Feinde aufgestellt, dann gab er kein anderes Zeichen zum Angriff, als dass er selbst, den Säbel hoch, mit lautem Freuderuf auf den Feind einsprengte und dreinschlug wie der gemeine Soldat. Dann sahen die Reiter seinen blitzenden Säbel, dann hörten sie sein schallendes Kommando mitten im dichten Kampfgewühl, und blindlings ihm vertrauend, jeder Mann ganze Kraft und Glut, keilten und drängten sie ihm nach, bis sie die feindlichen Haufen auseinander warfen. Und rasch ging es an's Nachsetzen, mit schnellem Griff wurde den Flüchtigen die Beute entrissen, bis der Klang der Trompete Alle gehorsam zu ihrem Oberst zurückrief, mit dem sie lachend wieder davon sprengten. Mit solchen Leuten konnte Sporck Dinge verrichten, die Andern unmöglich. An der Spitze seines Regiments wusste er hinter sich die Stärke

---

[1] Heldenlexikon. Leipz. 1716. Art. Sporck. S. 1527. — Zedler Universallexikon. Art. Sporck. — Lebensbeschreibung von Fr. Anton von Sporck, Amsterdam 1715. S. 5. 6.

[2] Rosenkranz a. a. O.

eines Heeres, und was ihm sein Scharfblick, seine Geistesgegenwart, seine rasche kühne Entschlossenheit in Noth und Gefahren eingab, das, wusste er, wurde auch im Augenblick von seinen Reitern ausgeführt. Mit Liebe bildete er insbesondere die leichte Reiterei aus, welche man damals Dragoner nannte. Diese waren nur mit Pickelhauben, Degen und Muskete bewaffnet und fochten auch zu Fuss, wie es vorkam, und man sagte: wenn ein Dragoner vom Pferde fällt, steht ein Musketier wieder auf. Deutschland hat zu jeder Zeit solche Reiterführer aufgestellt, Männer von feurigem Geiste und stählernen Gliedern, hinter sich ihre gleich kühnen und in den Tod getreuen Reiter: im dreissigjährigen Kriege aber, wo sich die ritterlichen Einzelkämpfe der alten Zeit noch in das künstliche Zusammenwirken von Heeresmassen mischten, hatten die Pappenheim, Werth, Sporck, Derfflinger um so mehr Bedeutung.

Sporck band am liebsten mit solchen Gegnern an, welche gleich ihm berühmt waren in kecken Streifzügen und Überfällen. Solche waren die Generäle Rosen und Königsmark, die Obersten Taupadel und Erhardt, die Oberstlieutenants Knorre und Balthasar, aus Gustav Adolfs und Bernhard von Weimar's Schule. Es war Keiner von diesen, dem er nicht blos in den drei Jahren 1641 bis 1643 ein paar Regimenter vernichtet hätte. Wie ihr böser Geist sass er den schwedischen Plünderern auf der Ferse, lockte sie in Hinterhalte, klopfte sie Nachts aus den Quartieren auf, und fiel über sie her, wo sie sich dessen am wenigsten versahen. Rosen und Taupadel waren ein paar schlaue und gefürchtete Führer, beide verfolgten ihn einmal im Frühling 1641 bei Halberstadt, er schien zu fliehen, brach aber plötzlich über sie los und zerbrach nach hartem Gefechte ihre Regimenter; auch der tapfere Rheingraf Johann Ludwig, Taupadel's Oberstlieutenant, blieb auf der Wahlstatt. Auch war Sporck nicht unkundig darin, mit Glück Festungen zu berennen und mit leichtem Geschütz sie sich zu öffnen: die Schweden und Weimaraner, welche er in Eichstädt, Neuburg, Treffurt,

Ilmenau, Meiningen und anderen Städten überfiel, wussten davon nachzusagen. Einmal ritt er plötzlich den Erfurtern vor die Thore und trieb ihnen alle Ochsen weg, und als sie von ihren Wällen herunter kanonirten, nahm er ihnen noch ein paar Rathsherren mit. Die Ochsen schätzte man an 30,000 Thlr., und Sporck sagte lachend zu seinen Reitern: »Jungens, wenn mein Vater selig wüsste, dass sein Sohn, der früher ein paar Kühe hüten musste, jetzt solch eine Viehtrift hat, er würde sich vor Freude im Grabe umdrehen«. Es wäre ihm nicht eingefallen, sich seiner Herkunft zu schämen, obwohl er nun ein grosser Herr geworden war.

Nach vier Jahren kehrte Werth aus der Gefangenschaft zurück, und Beide hatten nun ihr weidlich Vergnügen daran, die windigen Franzosen zu hetzen. Das beste Stückchen spielten sie ihnen auf im Winter 1643. Marschall Guébriant war mit grosser Macht, und darunter die Sieger von Kempen und Rocroy, über den Rhein gekommen und sandte am 7. November, als er sich vor Rottweil lagerte, den General Rosen mit vier Regimentern zur Vorhut aus. Am selben Tage ritt Sporck mit 530 Mann auf Kundschaft heran und hörte von einem aufgefangenen Quartiermeister, Rosen raste, nichts Böses ahnend, in Geislingen. Sogleich fragte Sporck seine Leute, ob sie den Gang mit ihm wagen wollten? Die Rittmeister hielten das Ding für gefährlich, weil der Rosen zu stark und zu schlau sei. Die Reiter aber riefen alle: »Sporck, geh zu!« Also ritt er erst allein aus, sich näher umzuschauen, wie der Streich gelingen könne, umstellte dann um Mitternacht in grösster Stille das Dorf und brach plötzlich mit schrecklichem Getöse von mehreren Seiten hinein. Im Nu stand Alles in Flammen, in wenigen Minuten waren die vier Regimenter durch Feuer und Schwert vernichtet und zerstreuet, kaum 300 Reiter retteten sich zu Fuss zu Rosen auf's Schloss. Fast 50 Offiziere, 14 Fahnen, 800 gesattelte Pferde und 300 Gefangene führte Sporck mit sich, Rosen aber ritt trübselig zu Guébriant zurück. Doch es sollte noch besser kommen. Das ganze französische Heer lag am 24. November in und bei Tuttlingen und pflegte sich in süsser Ruhe. Da zogen lautlos und eilend durch finstere Bergwälder und auf unwegsamen Pässen die baierischen, kaiserlichen und lothringischen Regimenter heran, um das Unerhörte zu wagen, einem ganzen Heere das Quartier aufzuschlagen. Von dunkelm Schneegestöber verdeckt, kamen Werth und Sporck mit dem Vortrabe Nachmittags vor Tuttlingen an, eroberten im Handstreich das auf einem Kirchhofe vor der Stadt aufgefahrene Geschütz und pulverten lustig damit in die Stadt hinein: ehe sich die Franzosen noch besannen, sassen sie in der Falle fest. Dann rasselten jene Beiden in vollem Trabe auf Möringen los, wo die Hauptmacht der Franzosen lag; kaum aufgestellt, wurde sie schon unter schrecklichem Gemetzel in's Dorf zurückgeworfen. Rosen mit mehreren Reiterregimentern kam aus Mühlen herbei, gab aber auch schnell Fersengeld, und während Werth, Hatzfeld und Mercy auch Möringen umstellten, setzte Sporck der flüchtigen Reiterei nach, warf bei Fürstenberg zehn Regimenter über den Haufen, und richtete die Nacht hindurch eine solche Niederlage an, dass, was dem Schwerte nicht erlag, in alle Weiten zerstob. Als er am andern Morgen mit 15 Fahnen, 1200 Pferden und einer Menge von Gefangenen im Siegsgepränge daherzog, ergaben sich die geängstigten Franzosen sammt der ganzen hohen Generalität schimpflich auf Gnade und Ungnade. Über 6000 Feinde waren gefangen, 3000 lagen todt, und in ganz Europa regnete es Witze über die prahlerischen Franzosen. Da gab es auch für Sporck die reichste Beute von der Welt, der Kaiser aber erhob ihn in den Reichsfreiherrnstand [1].

Unglücklich war ihm aber der Ausgang der Jankauer Schlacht. Er sollte die Schweden nach der Ordre des Generals Hatzfeld fleissig observiren: sobald er aber ihrer an-

---

[1] Theatr. Europ. V., 179—183. Lebensbeschr. Fr. A. v. Sporck. S. 7. 8.

sichtig wurde, brach er vor Hass und Kampflust mit seinen paar Hundert Reitern gleich in ihr Lager ein, wurde von der Übermacht umringt, gefangen, von seinen Treuen herausgehauen, und im donnernden Galopp, der Schwede hinter ihm her, ging's zurück zum kaiserlichen Lager. Sporck aber ersah unterwegs die Gelegenheit, schwenkte sich um einen Berg, hinter dem die Kaiserlichen standen, der Feind blieb ihm auf der Ferse; als er ihn aber hatte, wo er ihn haben wollte, kommandirte er plötzlich »Halt! Kehrt! Eingehauen!« und hieb, gut unterstützt, die Schweden in die Pfanne. In der grossen Schlacht am Tage darauf hielt er auf dem linken Flügel neben Werth. Als der rechte Flügel unter Götz gebrochen wurde, stürmten Beide hervor und warfen den Feind siegreich zurück. Hatzfeld konnte mit dem Heere eine neue Stellung nehmen. Als der Schwede zum zweitenmale angriff, wendeten Werth und Sporck sich gegen den rechten feindlichen Flügel, thaten auch hier Wunder der Tapferkeit und hätten dem ganzen Heere den Weg zum Sieg gebahnt, wenn in den Plänen der drei kaiserlichen Heerführer mehr Einigkeit gewesen wäre, und ihre eigenen Reiter sich nicht zu früh zum Plündern auf das feindliche Gepäck gestürzt hätten. Sporck wurde von dem feindlichen Fluchtschwall fortgedrängt, riss sich aber wieder los, und als schon Alles verloren, sprengte er wie ein wüthender Eber durch einen Wald auf das Schlachtfeld zurück. Noch einmal wagte er sich in Feindesmitte, wurde aber selbst gefährlich verwundet und entkam mit nur zweihundert Reitern, verfolgt und zum Tode matt, in's mährische Gebirge nach Iglau. Als er hier an seinen Wunden niederlag, ging die Stadt nach kurzer Gegenwehr an die Schweden über. Das war ihm die schwerste Zeit seines Lebens; denn er sah den Kaiser seinen Feinden preisgegeben und in deutschen Landen Elend und Schande überall[1].

---

[1] Th. Europ. V., 674—688. 712. Österreich. militär. Zeitschrift III, 213.

Als der Kaiser ihn aus der schwedischen Gefangenschaft losgekauft hatte, wurde er zum Generalwachtmeister ernannt, und that Wrangel's und Turenne's Heeren fortwährend jegliche Kränkung und den empfindlichsten Abbruch an. Er wagte sich mitten zwischen die feindlichen Heere und warf bald zur Rechten, bald zur Linken ein Regiment über den Haufen. Wrangel selbst unternahm einen Streifzug gegen ihn, aber den Wagehals konnte Keiner fangen, und als endlich einmal ein Anschlag glückte und auch Sporck eine Anzahl Leute in's Lazareth schicken musste, konnten Schweden und Franzosen nicht genug Aufhebens davon machen[1].

Im Jahre 1647 aber schloss der Kurfürst von Baiern seinen Sonderfrieden mit den Reichsfeinden, nach welchem er auch sein Heer, »die unter sich habende Reichsarmada«, von des Kaisers Waffen abziehen sollte. Das war für Werth und seinen Generalmajor Sporck ein Donnerschlag. Ihnen erschien das nur als offenbare Verrätherei, welche Kaiser und Reich den Feinden überliefere, und Sporck war ehrlich überzeugt, dass das baierische Heer keinem Andern, als dem Kaiser, gehöre. Als Dieser daher die Truppen zu sich berief, weil der Kurfürst nun das Reichsgeneralat verloren habe, stand Sporck nicht an, sofort Folge zu leisten. Nach seinen schlichten Begriffen hatten überhaupt die deutschen Fürsten dem Kaiser zu gehorchen und nicht ihm zu befehlen, und Nichts auf der Welt wäre ihm lieber gewesen, als wenn er zur Wiederherstellung der alten kaiserlichen Macht hätte helfen können. Viele andere Führer im baierischen Heere hegten ähnliche Gedanken, Feldmarschall Galeen dankte sogleich ab, und der Kurfürst berief nach langem Zögern die Obersten nach Landshut, um ihnen seine Rechte auf ihre Regimenter darzulegen. Werth aber vermeinte, durch sein und Sporck's Ansehen allein das ganze Heer nach Gefallen lenken zu können. Ausser diesen

---

[1] Th. Europ., V., 1161—1163. 1167. 1216.

Beiden wussten nur noch drei Obersten, warum Werth alle Regimenter auf einmal nach Böhmen zu kommandirte. Das rettete den Kurfürsten. Dieser gerieth vor Wuth ausser sich, erklärte Werth und Sporck und die Andern für vogelfrei, setzte hohe Preise auf ihren Kopf, befahl ihre Güter niederzubrennen, und seine Boten flogen zu den fortziehenden Regimentern, um durch jedes Mittel sie aufzuhalten. Die unsinnigsten Gerüchte, wozu Werth sie gebrauchen wolle, brachten die Soldaten in Aufruhr, Sporck's Regiment, schon jenseits der Donau, war das erste, welches umwandte, und er musste mit Werth sein Heil suchen in schnellster Flucht. Nun brachten sie zwar ihre Leute nicht nach Böhmen, der Kaiser aber empfing sie dort mit grossen Ehren. Er selbst führte sie vor der Fronte seines Heeres vor, Werth als General der Kavallerie, Sporck als Generallieutenant, rechtfertigte und rühmte durch öffentliche Ausschreiben, dass sie als Ehrenmänner nur nach Eid und Pflicht gehandelt, hob die baierische Acht auf, und rief wiederholt die noch Zurückgebliebenen zu sich. Es scheinen in der That auch Diese die Vorgänge bald aus andern Augen betrachtet zu haben, und der Kurfürst sah sich genöthigt, sich mit dem Kaiser wieder zu vereinigen. Werth und Sporck halfen die Feinde aus Baiern verdrängen, sollten jedoch, wie der Kurfürst sich ausbedungen hatte, mit ihren alten Regimentern nicht wieder zusammenkommen[1].

Als bald darauf Frieden wurde und all die Völker, welche unser Vaterland eine so lange Zeit hindurch ausgeraubt und ausgeödet hatten, in ihre Heimath zurückkehrten, begab sich auch Sporck auf seine Güter. Das Heldenfeuer seiner Brust war während der acht und zwanzig Kriegsjahre in herrlichen Thaten aufgelodert, das Auge, welches einst die Pferde auf der Weide behütete, hatte sich geschärft zum Feldherrnblick. Wohl durfte Sporck

---

[1] Th. Europ. VI., 56—67. V., 1343—1347. Barthold a. a. O. 176—191. 201.

sich der Ruhe freuen, er hatte ein gut Gewissen bewahrt. Er, der sein Glück blos auf seines Degens Spitze trug, war unwandelbar seiner innern Überzeugung treu geblieben in einer Zeit, wo berühmte Feldherren Glauben und Herrn wechselten wie einen Handschuh. Fast zehn Jahre lang konnte Sporck sich nun der Verwaltung seiner Güter widmen, und er that es mit all der sorglichen Ausdauer eines guten Landwirths. Seine Freude hatte er insbesondere an einem auserlesenen Viehstande, weit und breit liess er herkommen die besten Hengste und Zuchtstiere. Daneben mochte er aber gern eine Fülle von Behaglichkeit um sich haben, er war ein grosser Herr geworden und lebte auch darnach. Seine Gastlichkeit, sein herzliches und biederes Benehmen, und vor allem sein trockner körniger Witz, der eben so flink und scharf war wie der Schlag seines Schwertes, führten ihm alte und neue Freunde zu heiteren Gelagen zusammen. Verheirathet war Sporck mit Margaretha von Linsingen, welche ihm zwei Rittergüter bei Vach im Hessischen zugebracht hatte.

In dieser Zeit muss er auch einmal in seiner Heimath gewesen sein, wenn man der Sage trauen darf. Denn diese lässt ihn dort als hochberühmten General festlich vom Fürstbischofe bewirthet werden, noch bei Lebzeiten seiner Mutter. Da er sogleich nach Dieser gefragt, habe der Fürstbischof sie holen und in prunkenden adeligen Kleidern hereinkommen lassen. Sporck aber habe ernsthaft darauf bestanden, das sei seine Mutter nicht. Erst als sie herzlich gern den ungewohnten Staat abgeworfen und in ihrer einfachen Tracht wieder eingetreten, sei er aufgesprungen und mit den Worten »Das ist meine liebe Mutter!« ihr um den Hals gefallen.

Werth war während des Friedens gestorben, jetzt führte Sporck die kaiserlichen Reiter. Der schwedische König hatte Polen erobert, und Rakoczy, der nicht übel Lust zu einem zweiten Bethlen Gabor hatte, war ihm mit seinen Ungarn zugezogen. Da musste der Kaiser dazwischen treten, und seine Heere brachen 1657 nach Polen auf unter Hatzfeld, Montecucculi und Sporck. Wir finden den Letztern jetzt in der zweiten Hälfte seiner Schlachtenlaufbahn fast stets als Gefährten Montecucculi's: der Eine das feine kluge Kriegsauge, der Andere der ungestüme Kriegshammer. Sporck bahnte mit 6000 Reitern dem Heere den Weg, nahm Wielicza und die Krakauer Vorstädte und warf die Schweden und Ungarn, welche ausfielen, hinter die Wälle von Krakau zurück. Die Stadt ging über, und der General geleitete den Polenkönig bei dem Einzuge. Dann verbreitete sich das Heer über die Ostseeländer, nach mancher festen Stadt Erstürmung vereinigte hier Sporck seine Reitergeschwader mit den brandenburgischen unter dem grossen Kurfürsten und dem alten Derfflinger. Letzterer war auch so ein Reitergeneral, der statt seiner früheren Schneiderelle jetzt eine eiserne Elle führte, mit der, wie er sich ausdrückte, er die Hundsfötter maß in die Länge und in die Breite. Alles vor sich niederwerfend, drangen diese drei Helden durch Holstein und Schleswig und nahmen, ohne erst ihr Fussvolk zu erwarten, Rendsburg, Kolding und Fridericia. Hier war es, wo wieder ein echter Sporck'scher Streich ausgeführt wurde. Sechstausend Schweden hatten sich auf die Insel Alsen gerettet, Sporck forschte eine Furth aus, seine Reiter sassen ab, gingen, die schwimmenden Pferde am Zügel, unter dem Feuer des feindlichen Geschützes furchtlos in geraden Zügen durch die eiskalte Meerflut, warfen sich am jenseitigen Strande wieder auf's Pferd und stürmten auf die schwedischen Regimenter. Der polnische Reitergeneral Zernecki folgte. Was von den Schweden sich nicht eiligst auf die Schiffe rettete, wurde mit den 3000 Pferden gefangen. Sporck drängte rastlos weiter, sein eifrigstes Verlangen war, den Schweden, wie er sagte, im eigenen Neste aufzustöbern und ihm Alles zu bezahlen, was er in Deutschland verübt habe. In einer zweiten Schlacht am Nyborger Strande auf der Insel Fühnen wurden die Schweden auf das Haupt geschlagen, im schwedischen Pommern wurde Festung auf Festung erobert, wobei Sporck nicht minder thätig war: da machte der Tod des schwedischen Königs und der mit Brandenburg geschlossene Frieden von Oliva im Jahre 1660 dem Kriege ein Ende. Unser Westfale hätte Stockholm gar zu gern besucht, er schalt auf die französischen Künste, durch welche wieder Frieden geworden sei, damit die Deutschen sich von einem so »kleinen Kerl«, wie der Schwede sei, auf der Nase tanzen liessen, während sie von Rechtswegen wieder die Herren und Meister in Europa sein müssten.

Während dieses Feldzuges hatte Spork im mecklenburgischen ein Fräulein Katharina von Fineck kennen gelernt, und da er schon lange Witwer geworden, aber noch ein gar stattlicher Herr war, so heirathete er in seinem sechzigsten Jahre wieder, und erfreute sich aus dieser zweiten Ehe noch zweier Söhne und zweier Töchter[1].

Nur wenige Monate aber sollte Sporck sein neues junges Glück geniessen. Noch eben war er hoch im Norden beschäftigt gewesen, die Fahnen seines Kaisers auf die schwedischen Wälle zu pflanzen, da musste er sie fern nach dem Südosten, nach Siebenbürgen gegen die Türken tragen. Der Sultan hatte von Rakoczy's herrischem Auftreten in Polen Veranlassung genommen, dessen weitfliegende Pläne zu dämpfen und nebenbei Siebenbürgen ganz türkisch zu machen. Die türkischen Heerhaufen brachen in's Land ein, vernichteten Rakoczy's Macht bei Szamos, eroberten Grosswardein und brannten nach ihrer gründlichen Art das Land aus. Die Türkenherrschaft war gewohnt, in einem Lande erst dann sich anzusiedeln, wenn sie die Fruchtfelder dort vorher in Wüsten und die Ortschaften in Leichenhöfe verwandelt hatte. Hülfeschreiend wandten sich die Siebenbürger an den christlichen Kaiser, er schickte ihnen 1661

---

[1] Th. Europ. VIII, 120—142. 856—862. 1063—1067. IX., 9—13. Österreich. militär. Zeitschrift III., 215.

ein Heer unter dem Oberbefehle Montecucculi's, dem Sporck als General der Kavallerie zugeordnet war. Im Hochsommer unter schwülem Sonnenbrande, durch Wälder und Moräste bahnten sich die Truppen mühevoll ihren Weg, und als sie anlangten in Siebenbürgen, fanden sie statt Brot und Erquickung nur ein Land voll Elend und Seuchen. Bald wüthete der Hunger im Heere, und die ausgemergelten Leiber fiel die Pest an. Da brach auch Sporck zusammen. Er hatte sich mit zäher Kraft aufrecht gehalten und getummelt, um dem Heere Lebensmittel herbeizuschaffen, aber die giftigen Fieber frassen ihm das Mark weg und, dem Tode nahe, wurde er nach Szathmar gebracht. Das Heer trat den Rückzug an, ohne den Feind gesehen zu haben. Sporck, welcher den weiten Weg zurück in einer Sänfte getragen werden musste, war so niedergeschlagen, dass er davon sprach, sich vom Kriege ganz zurückzuziehen. Sein Regiment, kräftiger als die übrigen, blieb noch bei Szathmar als Besatzung, erst im Jahre 1663 sah Sporck es wieder im Lager vor Pressburg, da weinte er vor Freude und nannte all seine Reiter bei ihrem Namen wie seine Kinder[1].

Den traurigen Trümmern des Heeres folgten bald mehr als 200,000 Türken mit 135 Kanonen, 60,000 Kamelen und 10,000 Maulthieren, um die entsetzliche Verwüstung auch durch Österreichs reiche Fluren und Städte zu verbreiten. Jedoch an den Donaupässen standen die beiden Helden Montecuccli und Sporck, um den Einbruch der Horden abzuwehren. Nur 11,000 Mann hatten sie ihnen entgegenzusetzen, aber es waren zum besten Theile Sporck'sche deutsche Reiter. Es galt, dem Feinde die Übergänge über die Donau, die Waag und Neutra zu verbauen, und Neuhäusel und die andern Festungen zu halten, welche diese Pässe vertheidigten.

---

[1] Th. Europ. IX., 314. 323. 325. 927. 928. Türkische und Ungar. Chronika. Nürnberg 1663. S. 261. 262.

Hier nun eröffnete sich eine weite Kampfbahn für Sporck mit der Anforderung, mehr zu leisten als gewöhnlich einem Manne möglich. In ihm glühte unersättlich der Hass gegen den Christenfeind, aber er trug in seiner Brust auch die leuchtende Gewissheit des endlichen Sieges. Türkische Reiter, und aus ihnen bestand die Hauptkraft der Heere des Sultans, galten noch für unüberwindlich: das Grauen ging vor ihnen her, wenn sie in Massen geballt mit furchtbarem Allahruf heranstürmten. Hielt man ihren Stoss aus, so waren Rückzug und Wiederangriff bei ihnen so rasch und wiederkehrend, dass zuletzt doch ein Heerhaufen nach dem andern in die Brüche ging. Es war das die Art der Kriegsführung, welche ihre magyarischen Vettern einst geübt hatten. Sporck erwarb sich hier ein Verdienst, welches allein ihm in der neuern Kriegsgeschichte einen Namen sichern würde. Er war der General, welcher die Reiterei der Türken in offenem Felde bestehen und besiegen lehrte: seine Schule wurde die Pflanzschule für Prinz Eugen's Siege. So verwegen und ungestüm er sonst an der Spitze seiner Reiter war, jetzt schien er eitel Vorsicht und Schlauheit zu sein. Tag und Nacht erwog er in seinem erfinderischen Kopf neue Kriegsarten, wie er den Türken ihre Vortheile abfangen könne. Er lehrte seine Reiter, mit Geistesgegenwart zuerst vor dem Andrängen der zahllosen Geschwader rasch Deckung zu nehmen, standhaft ihren Anprall, ruhig ihre rastlosen Finten zu bestehen, und dann zur rechten Zeit mit voller Kraft auszufledern, dass sie das Wiederkommen vergassen.

Als er seine Reiter so bewehrt hatte, da zog er aus zu Jagd und Sieg. Wo die Türken ihn am wenigsten vermutheten, fuhr er darunter wie ein blitzender Keil; wenn sie kaum seine Fähnlein gewahrten, war er schon daran, sie niederzusäbeln. Es gab nicht viele Nächte, wo er nicht im Sattel war, und kam er sieg- und beutebeladen mit müden Pferden in's Lager zurück, so nahm er manchmal nach wenigen Stunden Ruhe frische Reiter, um neue Überfälle zu wagen. Sein Name wurde ein Schreckenswort für die Türken, sie durften nur noch in ganzen Massen und mit äusserster Vorsicht Raubzüge, Flussübergänge, Städteerstürmungen und Lageraufschlagen unternehmen. Die Reiter folgten Sporck mit todeskühnem Muthe, er verstand jeden Nerv in ihnen mit Heldenfeuer zu beseelen, und lenkte sie mit dem Blicke seines Auges. Hammer vergleicht ihn dem Homerischen Ajax[1].

Wieviel Türken Sporck in diesem Jahre mit eigener Hand niedergehauen, hat er selbst nicht aufgeschrieben. Die Sage erzählt unter andern auch folgendes Stückchen. Der General, auf Kundschaft ausreitend, erblickte plötzlich einen grossen Haufen Feinde, und ein riesiger Türke ritt, den Säbel schwingend, hervor, und forderte zum Zweikampfe heraus. Ein deutscher Reiter flog gleich auf ihn zu, der Türke wich geschickt aus und traf den Mann zu Tode. Als er stürzte, prallten Andere vor, ihn zu rächen, Sporck aber schoss das Blut zu Kopfe, er rief »Lasst mich mal dran!«, ritt ruhig dem Riesen entgegen, parirte kaltblütig alle seine Finten, und gab ihm plötzlich einen so mächtigen Schwertschlag, dass des Türken blutender Kopf weithin über die Erde schollerte. Geschichtlich ist dagegen folgender Zug. Sporck hatte einmal einen guten Anschlag gemacht, rückte bei dem ersten Morgenstrahle, es war der 27. August 1663, mit 2000 erlesenen Reitern aus dem Lager aus, und kam Abends in Schinta an; hier rastete er bis Mitternacht und marschirte dann durch dichtes Gehölz gegen Kalletschen. Die Türken hatten Kunde bekommen und ihn schon Tags vorher in weiten Kreisen umzogen. Als er daher, da es eben hell wurde, fern von aller Unterstützung auf die freie Ebene kam, stieg auf einmal rings am Horizonte Rauch auf. Das war das verabredete Zeichen für die Türken, und von allen Seiten stürmten sie heran, 15,000 Mann stark. Sporck, schnell gefasst, flog zum Walde

---

[1] Gesch. des osman. Reichs III, 560.

zurück, setzte sich an dessen Saum in Reihen, liess die ersten Feindeshaufen sich sammeln und zersprengte sie. Dann machte er hier und da einen Scheinangriff, erreichte dadurch, dass die Türken in wenigen Hauptmassen sich zusammenzogen, und brach dann auf einmal mit rascher Schwenkung durch und warf sich in den Wald. Hier zog er sich, jedem Angriff schnell die Front weisend, Sümpfe, Baumverhack, Thal und Schlucht geschickt zur Deckung benutzend, unter unaufhörlichen Kämpfen weiter, und schöpfte erst frischen Athem, als er die Wälle von Freistadel erblickte. Hier hatte man ihn für verloren gegeben, und den Reitern selbst erschien ihr Entkommen wie ein Wunder; bei der Zählung wurden nur äusserst wenige vermisst, den Wundarzt hatten sie freilich fast Alle nöthig. Auch Sporck's Leibregiment zu Fuss warb um gleichen Ruhm. Er warf im selben Monat 800 Mann in das hartbedrängte Neuhäusel, sie vertheidigten sich standhaft in dieser Schutzwehr von Wien, und als Stadt und Wälle endlich niedergeschossen waren, hatten sie nur noch einen dienstfähigen Offizier![1]

So glücklich nun Sporck auch kämpfte, so gefielen seine verwegenen Züge doch nicht immer den Herren vom Hofkriegsrath zu Wien. Die Sage, welche ihren Helden mit Gefahren ausschmückt, berichtet, es habe ihm wegen Ungehorsams der Kopf sollen vor die Füsse gelegt werden. Nur der Kaiser habe ihn gerettet, und Sporck sei nicht eher wieder in's Feld gegangen, als bis es ihm der Kaiser schwarz auf weiss gegeben, dass er den Feind angreifen dürfe, wo er ihn finde.

Bis in den Winter hinein wurde gestritten, die Donaupässe blieben den Türken verlegt, aber nach Mähren und Schlesien machten sie ihre Plünderungszüge. Im nächsten Jahre kam der Grossvezir, der kriegsberühmte Achmed Köprili, mit neuem Heere; diesmal wollte er sich die Bahn

---

[1] Ortelius rediviv. Francof. 1665. II., 271. 280. Rosenkranz a. a. O 294—296.

auf Wien an der andern Seite der Donau öffnen. Er erstürmte Serinvar, wurde aber bei seinen Versuchen, über die Mur und später über die Raab zu setzen, blutig zurückgewiesen. Jetzt zog er auf Kloster St. Gotthardt, am andern Ufer der Raab folgte das christliche Heer; hier kam es zur Entscheidungsschlacht. Nur 37,000 Mann standen dem unabsehlichen Heere des Grossvezirs gegenüber, den linken Flügel nahmen die französischen Hülfstruppen unter Coligny, die Mitte die Reichsvölker ein, welche Prinz Hohenlohe befehligte, den rechten Flügel hielt die Hauptstärke der Armee, Sporck mit der Reiterei. Der Oberbefehlshaber Montecucculi hatte mit dem christlichen Heere die Anhöhen besetzt, welche die Raab hier umgeben und in deren Mitte Moggersdorf liegt, gegenüber dehnten sich die weiten Gezelte der Türken aus, zwischen beiden lag die Raab und eine kleine Flussebene.

Sporck nahm gleich am frühen Morgen ein Siegespfand. Fünftausend Türken mit ihrem Trosse stiessen jenseits der Raab von ihrem Heere ab, Sporck eilte sofort mit tausend Reitern durch den Fluss, hieb sie zusammen und sandte eine Menge von Gefangenen mit ihren Pferden und Kamelen dem Heere zum Morgengruss. Um neun Uhr setzten die türkischen Schlachthaufen, von einer starken Batterie auf einer Anhöhe hinter sich unterstützt, über den Fluss, gingen auf Moggersdorf los, warfen die Reichstruppen heraus und griffen schon deren Lager an. Da fiel ihnen die kaiserliche Reiterei vom rechten Flügel in die Flanke, zersprengte sie und trieb sie über den Fluss zurück. Der Grossvezir ergrimmte, es war bereits Mittag, die ganze Türkenmasse rückte an, vier Reitermassen gegen den rechten, drei gegen den linken Flügel, drei gegen die Mitte, Fussvolk zwischen und hinter sich. Die Luft widerhallte vom furchtbaren Allahruf, wohin man sah, nur andrängende Türken, — da kam Furcht und Zittern über die Franzosen und Reichsvölker, sie sahen schon nach ihrem Gepäck und wollten zurück. Montecucculi beruft schnell die Generale zum Kriegsrath auf fliegendem Rosse, Coligny will seine Truppen nicht daran wagen, endlich entscheidet die Einsicht, dass jeder Rückzug ihre Köpfe in die türkischen Hafersäcke liefere, und »Sieg oder Tod« heisst die alte Losung. Sporck donnert an seiner Fronte herunter, alle Reiter schauen begeistert auf ihren alten Helden, die Türken rasseln ihm näher, es war ihre beste Reiterei, — da entblösst Sporck sein Haupt und betet mit lauter Stimme: »Allmächtiger Generalissimus dort oben, hilf uns heute, willst du aber uns, deinen Christenkindern, nicht helfen, dann trau ich, bist du doch neutral, und du sollst deinen Spass sehen«. Und los ging's wie mit Sturmeswetter, furchtbar war der Anprall, das Geheul, das Knirschen der Rosse, das heisere Todesschreien; stundenlang dauert das wilde Gemenge, wo die Gefahr am schwärzesten, da weht Sporck's Helmbusch; wie lebendige eherne Mauern rücken seine Reiter langsam vor; keine Wuth, keine Künste helfen den Türken, sie fliehen. Sporck folgt, er beobachtet das Mitteltreffen, dort schwankt der Sieg, endlich heben sich auch da wieder die christlichen Banner, und jetzt wälzt sich die ganze Türkenmasse, Reiterei und Fussvolk durch einander, in wildester Flucht dem Strome wieder zu. Das Gemetzel wird schrecklich, hochan schwellen die Wogen des Flusses von Pferden und Leichen. Der Grossvezir tobt und flucht und beschwört Alles auf seiner Höhe, von der er die Schlacht überschaut, er ruft seine Reserve vor, 30,000 Reiter, er sieht nur den Staub der Flüchtigen. Auch seine Kanonen fallen den Christen in die Hände. Fünf Uhr Nachmittags war es, da war der vollkommenste Sieg errungen, da strömte ein erfrischender Regen vom Himmel und wusch Blut und Staub von den Streitern. Es war ein herrlicher Sieg, der erste gegen die Türken in offener grosser Feldschlacht seit dreihundert Jahren, der Kern ihrer Macht lag zertrümmert, und von da an ging es mit ihr rückwärts[1].

---
[1] Ortel. rediv. 250—340. Th. Europ. IX., 930—1211.

Wohl mochte Sporck nach solchen Thaten sich des Ruhmes freuen, der ihm von allen Seiten entgegen kam; offen gestand man ihm im österreichischen Heere den grössten Antheil am Siege zu[1]. Sein Schlachtgebet ging von Mund zu Mund, sein Säbel konnte nicht genug beschaut werden. Ein Künstler erbat sich die Ehre, einen Reimspruch auf die St. Gotthardtsschlacht hineinzuätzen. Der Kaiser schenkte Sporck schöne Güter in Böhmen und erhob ihn, wegen seiner Thaten gegen die Türken insbesondere, in den Reichsgrafenstand: im Hauptfelde des ihm mitverliehenen Wappens glänzt der Türkenkopf. Kaiser Leopold mochte Sporck gern um sich haben, dieser hatte sich im Feldlager zwar keineswegs höfisch-feine Bildung angeeignet, aber wenn er sich auch nicht gerade gefiel am Hofe, so machte er sich doch auch Nichts daraus, dort frei und ungezwungen aufzutreten. Er war im Umgange der einfachste Mensch von der Welt, ein harmloses, fast kindliches Gemüth, das sich gehen liess: kam ihm aber etwas quer, so sagte er Jedermann seine Herzensmeinung gleich auf den Kopf. Ein Blatt vor den Mund zu nehmen, war ihm nicht möglich, jedoch kam Alles bei ihm so drollig und natürlich heraus, als wenn es sich so von selbst verstände. Um das Auftreten eines solchen Reitergenerals bei Hofe reihte sich daher von selbst ein Kranz von lustigen Geschichtchen. Als er für sein Reichsgrafendiplom an die Kanzlei die herkömmlichen Gebühren zahlen sollte, erklärte er: »geschenkten Grafen kaufe er nicht, gekauften Grafen nehme er nicht«, und war auch nicht zur Zahlung zu bewegen. Kaiser Leopold, wird erzählt, habe ihn einst nach der grossen Türkenschlacht in eine Fensternische gezogen und sich noch einmal den glorreichen Hergang genau erzählen lassen. Der Kaiser, ein frommer Herr, habe darauf gesagt, während des angstvollen Schlachttages habe er fleissig gebetet, das Gebet habe sie von dem Türken er-

---

[1] Österreich. militär. Zeitschr. III. 217.

rettet: da aber habe Sporck rasch und vernehmlich an seinen Säbel geschlagen mit den Worten: »Ja wohl, Majestät, wenn's dieser nicht gethan hätte!« Und weil er von Natur etwas hastig gewesen, so sei ihm dabei unversehens die Säbelscheibe klirrend in das Fenster gefahren. Darob habe der Kaiser ihn gross angesehen, Sporck aber gleich den Beutel losgeknüpft: »Was kost's, nichts für ungut«!

Ein Hofherr fragte ihn einst, warum er denn immer unterschreibe »Sporck Graf« und nicht wie üblich »Graf Sporck?« »Lasst's gut sein«, erwiederte der Alte, »ich war eher Sporck als Graf«. Insbesondere scheint ihm die Kaiserin Mutter, die feingebildete Eleonora von Mantua, seine Derbheit etwas ungnädig vermerkt zu haben; die Anekdoten, welche sich darauf beziehen, hat aber offenbar der Volkswitz verunstaltet. Auch andere Damen und Herren führten manchmal Klage, wie sehr Sporck den Hofton verletze. Kaiser Leopold aber, der in seiner gemüthlichen Weise gern einen guten Spass hörte, nahm seinen Liebling immer in Schutz, man musste den treuherzigen Westfalen in seiner Art gewähren lassen, und er genoss bis an sein Lebensende freien Zutritt bei dem Kaiser.

Sechs Jahre lang lebte nun der Held der Türkenschlacht in Frieden und Freuden, da übergab ihm das Vertrauen seines Kaisers eine schwierige Aufgabe zu vollbringen. Die Ungarn hatten sich der Türken nicht erwehren können, ihre Magnaten drehten und wendeten sich hin und her zwischen dem Kaiser und dem Sultan: so lange der Kaiser Ungarns nicht sicher war, gingen die Früchte der Siege über die Türken halb verloren, und jeder neue Krieg konnte die Türken gleich bis vor die Thore Wien's bringen. Von Österreich her gedrängt, sich der kaiserlichen Macht zu eigen zu geben und insbesondere deutsche Besatzungen in ihre Festen aufzunehmen, traten die Gewalthaber Ungarns, die Zriny, Rakoczy, Nadasdi, Frangipani, Tettenbach, Tököly, in Unterhandlungen mit den Türken. Es galt dem Ausbruche der Verschwörung zuvor zu kommen, welche

Österreich in die heillosesten Händel verwickeln konnte. Der Kaiser liess, sobald er sichere Kunde hatte, ein Heer zusammen ziehen und gab Sporck den Oberbefehl. Der Hof und selbst Montecucculi hatten davon abgerathen, blos der junge Herzog Karl von Lothringen, welcher mit dem später ebenfalls berühmten Prinzen Ludwig von Baden unter Sporck diente und für Diesen besondere Zuneigung hegte, stellte sich zuerst bereitwillig unter seinen Befehl. Auch der Kaiser wusste, dass er an Sporck den rechten treuen Mann hatte; Dieser war den ungarischen Magnaten gram, weil er sie als ein Haupthinderniss betrachtete, die Türken aus Europa zu verjagen. Mit seinem gewohnten Ungestüm griff er 1670 die Macht der Magnaten zu gleicher Zeit auf allen Punkten an, ehe sie sich sammeln konnte, eroberte ihre Schlösser und brachte in kurzer Zeit das ganze Land in die Gewalt des Kaisers. Als er das ihm anvertraute Werk glänzend vollbracht hatte und Alles nach Wien eilte, dem Kaiser Glück zu wünschen, brachte Sporck erst ganz gemüthlich vierhundert schwere Ochsen aus Ungarn auf seine böhmischen Güter[1].

Besonders tief und lebendig war in Sporck das religiöse Gefühl, wie noch jetzt unter den Leuten in seiner Heimath, der katholischen Kirche hing er an mit aller Stärke und Treue seines Charakters. Als er daher fünfzig Jahre lang die Waffen getragen hatte, gedachte er sein Jubiläum zu feiern an heiliger Stätte. Mit stattlichem Gefolge, unter welchem sich hohe kaiserliche Beamte befanden, ritt er 1671 über die Alpen, verrichtete seine Andacht zu Loretto, und wurde in Rom, wie überall in Welschland, glänzend empfangen, man drängte sich, den berühmten Türkenhammer zu sehen. Nach dem Willen des Pabstes erhielt er während seines Aufenthaltes in Rom Kammerherren und Pagen zur Bedienung und eine schöne Wohnung, in welche

---

[1] Th. Europ. X., 260—284. Kriegsempörungen Ungar. Malcontenten. Nürnberg 1684. S. 224. ff. Chavagnac Memoir. I., 306. 311. 312. 315.

täglich edle Früchte und Weine und ausgesuchtes Wild gesandt wurden. Die Kardinäle gaben ihm Gastmahle, und der Pabst begnadigte ihn mit hohem Ablass. Es traf sich, dass gerade eine Gesandtschaft der Malteserritter in Rom einzog, Sporck sah ihnen zu aus den Fenstern des Kardinals von Hessen und zog Aller Augen auf sich, da er ein gut Stück Türkenhülfe, um welche die Malteser zu bitten kamen, schon geleistet hatte. Zwei Monate blieb er so in Rom, das waren ihm herrliche Tage, deren Andenken ihn noch oft erfreute. Mit den köstlichsten Geschenken durch des Pabstes Huld beehrt, reiste er frohen Herzens nach Deutschland zurück[1].

Hier empfing ihn wieder das Kriegsgetümmel. Die Strenge, mit der man inzwischen in Ungarn und namentlich gegen die Protestanten verfahren war, hatte die gefährlichsten Aufstände hervorgerufen. Das Land war erfüllt von Heerhaufen, welche in Vereinigung mit türkischen Banden umherzogen, die grässlichste Rache übten, und bereits die kaiserlichen Besatzungen in den kleinen Festungen überwältigten. Der französische König Ludwig XIV. unterstützte sie mit Geld, Waffen und Führern und liess Münzen auf sich schlagen, auf denen er sich Befreier Ungarns nannte. Da drang Sporck mit einem neuen Heere in Ungarn ein, und hierhin und dorthin eilend und seine Unterfeldherren rasch von einem bedrohten Platze zum andern sendend, vernichtete er die Heere der Aufständischen. Aber so hartnäckig war der Kampf, dass Sporck über ein Jahr lang fast stets zu Felde lag und nur durch die äusserste Strenge den Aufstand dämpfen konnte. Er wurde der Grausamkeit beschuldigt, und es verfolgte ihn der glühendste Hass von Seiten der Magnaten und ihrer Anhänger[2]. Nach der Sage hätten sie ihm nach dem Leben getrachtet, und nur die Wachsamkeit seines Zwerges hätte ihn vor der Vergiftung gerettet. Dieser Zwerg, den er nach damaliger Sitte

---

[1] Th. Europ. X. 675. 676. Rosenkranz a. a. O. 148.
[2] Th. Europ. XI. 53. 60. 63. 298.

als lustigen Rath sich irgendwo aufgelesen hatte, war ihm mit merkwürdiger Anhänglichkeit zugethan, das kleine Wesen wurde krank und unruhig, sobald es von Sporck getrennt war.

Sporck war jetzt zwei und siebzig Jahre alt, aber noch kraftvoll und stattlich und sein Geist noch so frisch und hell, dass ihn der Kaiser auf eine grössere Kriegsbühne abberief. Drei Jahre Feldzüge und Kämpfe, den ganzen Rheinstrom entlang, bald im Elsass, bald in den Niederlanden, und gegen Gegner wie Turenne und Condé, das war das Schlussstück von Sporck's Heldenlaufbahn. Ludwig XIV. trat offen mit dem Plane hervor, die Niederlande und die Rheingränze zu erobern, ein Vorhaben, welches von da an den Franzosen gleichsam in's Blut überging. Er überzog Holland mit Krieg, und im Bunde mit ihm glaubten der Erzbischof von Köln und die westfälischen Bischöfe könnten sie auch mächtige Kriegsfürsten werden. Da vereinigten sich als Schirmherren Deutschlands der Kaiser und der grosse Kurfürst von Brandenburg. Ihr erstes Heer vermochte indessen gegen Turenne nicht viel auszurichten. Im zweiten Jahre des Krieges, 1763, rüstete der Kaiser ein zweites Heer aus, das er selbst zu Eger musterte. Montecuccli behielt den Oberbefehl, Sporck und unter ihm Prinz Karl von Lothringen bekam das Kommando über die Reiterei, der Herzog von Bournonville und Graf des Souches waren Unterfeldherren. Die Heere standen sich am Main gegenüber, aber, wie schon im vorigen Jahre, so wartete auch jetzt Alles vergebens auf eine Schlacht, es gab blos Märsche und kleine Gefechte. Das war es nicht, wonach der ungeduldige Sporck sich sehnte. Indessen wurde Turenne doch zurückgedrängt, er ging bei Wertheim über die Tauber und zog nach Aschaffenburg, um den Kaiserlichen den Weg zum Niederrhein zu verbauen. Da führte Sporck einen herrlichen Zug aus. Mit sechstausend Mann jagte er an Würzburg vorbei, ging bei Lohr über den Main, rasch durch den Spessart auf Hanau und Frankfurt, brach die Hanauer Brücke ab, und verlegte Turenne dergestalt die Pässe und führte ihn zugleich so irre, dass dieser Meister in künstlichen Zügen die Mainlinie aufgeben musste. Auf dem Wege, den Sporck eröffnet, folgte ihm das übrige Heer an den Rhein, Bonn wurde erobert, bei Neuss warf Sporck mit einer einzigen Schwadron 1500 französischer Reiter über den Haufen. Montecuccoli nahm den Winter das Erzstift Köln ein und Sporck die westfälischen Bisthümer: die geistlichen Fürsten, vornehmlich der Unrast Bernhard Galen zu Münster, mussten versprechen, Ruhe zu halten[1].

An diesen Aufenthalt Sporck's in Westfalen knüpfen sich wieder eine Menge hübscher Sagen. Der Fürstbischof von Paderborn, so wird erzählt, liess ihn in einem Wagen mit prachtvollen Pferden nach dem Schlosse zu Neuhaus einholen. Als Sporck das Gespann lobte, konnte des Fürsten Hofmarschall aus bloser Höflichkeit nicht genug rühmen, welche Ehre dem Fürsten geschehe, wenn der General die Pferde als die seinigen ansähe. Der Alte öffnete endlich ungeduldig das Fenster und rief seinem Reitknechte zu: »Spann die Pferde aus, sie sollen mein sein«. Von Neuhaus ritt er, umgeben von glänzendem Generalstabe, nach dem drei Stunden entfernten Delbrück. Auf der väterlichen Hofstätte brachte ihm sein Bruder mit Familie den Willkomm, Sporck nahm gemüthlich Platz am Heerde und that sich etwas zu Gute, wie er es hier als junger Bursche gewohnt gewesen. Alle seine alten Bekannten mussten kommen und ihm die Hand geben. Auch seine alte Geliebte, nun ein ehrsames Mütterchen, besuchte er und sagte ihr lachend: »Gretchen, wer es gethan hätte!« — Sie aber antwortete gleich: »Johänken, wer es gewusst hätte!« Gern erzählen die Bauern auch noch, Sporck habe einen alten Stall auf dem Hofe anzünden lassen, damit er später dem Kaiser, der die Bischöfe für ihre Untreue habe züchtigen

---

[1] Th. Europ. XI., 342. 343. 349.

wollen, sagen könnte: er habe seines eigenen Vaters Gut nicht verschont. Als der Kaiser aber dennoch darauf beharrt habe, Sporck sei im Paderborn'schen viel zu gelinde verfahren, habe Dieser erwiedert: »Meinen denn Kaiserliche Majestät, es sei bei uns Priesterjansland — Alles in Hülle und Fülle? — dann sollte ich Euch nicht gekommen sein«. Der Fürstbischof musste ihm auch urkundlich den Sporckhof für ewige Zeiten von allen Diensten und Abgaben befreien[1].

Für den nächsten Feldzug ging Sporck nach den Niederlanden. Montecuccoli war indessen unmuthig zurückgetreten, er hatte einmal geschrieben: er wolle sich seine Befehle doch lieber gleich von Paris, statt auf dem Umwege über Wien kommen lassen. Darin lag das Geheimniss, weshalb die kaiserlichen Waffen Nichts entschieden. Es war ein Krieg von kleinen Gefechten, künstlichen Märschen und Stellungen, eine Hauptschlacht sollte nicht geschlagen, der Republik Holland nur halbe Hülfe geleistet werden, — so wollte es die französische Partei in Wien, an deren Spitze der damals Alles vermögende Staatskanzler Fürst Lobkowitz stand. Sporck konnte in diesem Gewebe von Ränken nicht frei athmen, er rieb sich auf, indem er vergeblich dagegen anstürmte. Nicht er hatte den Oberbefehl nach Montecuccoli's Abgang bekommen, sondern Des Souches in den Niederlanden, Bournonville am Oberrhein. Beide machten so viele Fehler und Winkelzüge, dass die Generale laut von Verrätherei sprachen. Des Souches suchte dagegen Sporck und die gleichgesinnten Generale Pio und Grana zu stürzen. Endlich wurde er zum Treffen bei Senef gedrängt; den ganzen Tag währte bei ihm Unschlüssigkeit und unter den Heeren blutiger Kampf; am Abend donnerte Sporck auf Des Souches ein: jetzt sei es Zeit, mit der ganzen Reitermacht auf die Franzosen zu stürzen, deren Reihen schon

---

[1] Bessen Gesch. von Paderborn. II. 251—253. Weddigen Paderb. Gesch. I. 955.

in Unordnung geriethen, noch könne man die Fehler gut machen und den gewissesten Sieg erringen. Vergebens, er musste Ruhe halten, und die Schlacht blieb unentschieden. Graf Chavagnac, der hier wie in Ungarn Sporck's Generallieutenant war, erklärt in seinen Denkwürdigkeiten: wenn Sporck hätte angreifen dürfen, sei der Sieg unzweifelhaft gewesen. Des Souches belagerte darauf Oudenarde, aber auch hier waren seine Maßregeln der Art, dass man sich zuletzt in Unordnung nach Gent zurückziehen musste. Jetzt aber besprach sich Sporck mit dem Prinzen von Oranien, sie beriefen einen Kriegsrath und drangen darauf, sofort den Verräther Des Souches gefangen zu nehmen. Sämmtliche Generale unterschrieben eine Schrift, mit der ein Courier nach Wien eilte, und in der Des Souches nach Gebühr dargestellt wurde. Auch am Oberrhein wollten die Generale nicht länger unter Bournonville dienen. Das führte endlich Lobkowitz's Sturz herbei, Sporck bekam den Oberbefehl statt Des Souches und Montecuccoli statt Bournonville's[1].

Jetzt als Obergeneral machte Sporck kurze Fünf mit den Franzosen, er stürmte sie aus den Festungen Dinant, Graves, Chimay und Huy heraus und war eben daran, sie ganz aus dem Lande zu vertreiben, als er im April 1675 zur Unterstützung Montecuccoli's an den Oberrhein abgerufen wurde. Plötzlich aber ging eine seltsame Veränderung mit dem alten Helden vor sich. Der unaufhörliche Ärger hatte an seinem Lebensmarke genagt, nun starb auch seine Gemahlin, die ihm sein Ein und Alles war und ihn auf seinen Feldzügen begleitete; zu Valenciennes begrub er sie am Hochaltare. Sie schien seine Mannheit mit in's Grab zu nehmen; immer erfüllten ihn traurige Gedanken, wie Alles, was gut und schön auf Erden, sterben müsse. So weichmüthig war der alte Herr geworden, dass ihn einst, als er an der Kinzig sein geliebtes Leibregiment

---

[1] Th. Europ. XI, 601. 619. 620. Chavagnac. II., 79—132.

in's Gefecht reiten sah, auf einmal die Thränen übermannten, weil er daran denken musste, wie viele von diesen Jungen nach wenigen Minuten blutige Leichenstücke sein würden. Er führte zwar noch einige Züge gegen die mordbrennerischen Franzosen aus, die er grimmig hasste, aber seine Heldennatur hatte ihr Maß erfüllt, sie brach schnell zusammen. Prinz Karl und Montecuccoli machten ihn schonend darauf aufmerksam; er sah es ein und legte den Befehl nieder. Einzig in seiner Art wie sein Feldleben, war auch sein Feldabschied. Noch einmal sah er mit Thränen im Auge seine Reiterregimenter. Lautlos und düster blickten die Reiter vor sich nieder; aber als er den letzten Scheidegruss winkte, da wollten plötzlich alle Reiter mit ihm, sie kamen nachgesetzt und küssten seine Hände und schrien und weinten wie Kinder. Der Franzose Chavagnac, der diesen Auftritt erzählt, sagt in seiner Art: »Die Reiter hätten mehr an Sporck geglaubt, als an unsern Herrn, wenn er auf der Erde gewesen wäre«. Sporck hinwieder, der General der gesammten kaiserlichen Kavallerie geworden und im Range nur Montecuccoli über sich hatte, trauete so sehr auf seine Reiter, dass er einst dem Kaiser den ernstlich gemeinten Vorschlag machte, die Infanterie ganz eingehen zu lassen und nur Reiterei zu halten. Seine Feinde dagegen redeten ihm nach, er könne sich nicht einmal mit einem Bataillon Fussvolk im Felde benehmen. Sporck's Nachfolger im Befehl wurde sein Freund und Schüler, Prinz Karl von Lothringen[1].

Schon im vierten Jahre nach seinem Feldabschiede nahm Sporck auch seinen Abschied von dieser Erde. Auf dem Sterbebette bat er den Kaplan, ihm etwas Heldenmäßiges aus der Bibel vorzulesen. Der Kaplan nahm den Simson vor, Sporck hörte andächtig zu; als aber die Geschichte von dem gewaltigen Eselskinnbacken kam, der die

---

[1] Chavagnac III., 146. 147. Österreich. militär. Zeitschrift III. 218—221. Heldenlexicon. Leipzig 1716. S. 1528.

tausend Philister erschlug, da wurde es ihm zu arg, und zornig sich aufrichtend, rief er aus dem Bette heraus: »Ei, hört auf, ich weiss auch, was ein ehrlicher Mann leisten kann«. Sporck starb am 6. August 1679. Für sein Grabmal, welches ihm zu Kukus in der Sporck'schen Familiengruft errichtet ist, hatte er sich folgende sprechende Inschrift ausgemacht: »Was ich gewesen bin, dem gab der Tod ein Ende. — Bet' Leser, dass es Gott zur Seligkeit mir wende«. Der kleine Sarg seines Zwerges wurde neben dem seinigen beigesetzt. Als sein Regiment seinen Tod erfuhr, war darin kein Halten mehr, es musste bald nach seinem Tode aufgelöst werden.

Die reichsgräfliche Familie Sporck blüht in Österreich fort, in ihrem Ahnherrn verehrt Deutschland und Österreich einen hochverdienten Krieger, und die Sage eilte, sein Gedächtniss auszuschmücken, der beste Beweis, welchen Eindruck seine hochragende Heldengestalt und sein Charakter von altem Schrot und Korn auf seine Zeitgenossen gemacht hatte.

Es möge gestattet sein, aus der epischen Dichtung »General Sporck« vom Verfasser hier, weil sie historische Färbung tragen, herzusetzen

Zwei Lieder der Sporck'schen Reiter.

I.

Frisch drauf, unverzagt!
Fest schliesst! ganzer Macht
  Stürmet an, fallet ein,
  Legt sie hin in Reihn.
Die Klingen lasset klirren,
Die Lüfte Losung schwirren,
  Degen Spiesse lange Rohr',
    All' hervor,
  Und das Feldgeschütz.

Seht dort, hell im Feld
Geht ein Siegesheld,
  Unser Herr Obrister,
  An der Spitzen her.

Gar grimm thut er regieren,
Sein Völklein tapfer führen,
   Wie ein Löwe anzusehn,
      Seht ihn geh'n
    Donnernd in die Schlacht.

Her, her! Alle her!
Hart steht Feindes Wehr!
   Reiter vor, Mann und Knecht,
   In die Ordnung brecht.
Sein' Fahnen reisst in Flittern,
Lasst Speer und Harnisch splittern,
   Ob er eitel Teufel wär,
      Alle her!
    Muss er doch in Grund.

Fort, fort! hinter drein!
All' muss unser sein,
   Reitet scharf, sattelfest,
   Nehmet aus das Nest!
Sein Zelt hat Gold und Seide,
Giebt Wonn' und Augenweide,
   Eisern' Säbel unser Pflug,
      Geld genug
    Schafft er uns in Sack.

Trinkt, ist's Werk vollbracht,
Wein schmeckt nach der Schlacht.
   Stosset an! Rebengluth
   Fröhlich Reiterblut.
Der Fluss gedeiht dem Fische,
Dem Reiter Weines Frische.
   Ewig Leben ist im Wein,
      Sonnenschein,
    Schenkt den Helm mir voll!

II.

Wer mag denn unser Obrist sein?
   Ein Ritter stolz und bieder.
Er legt gar bald, schlägt er darein,
   Ein' stolzen Kerl danieder.
Kein bessrer Mann wird noch geborn,
   Er thut kein' Schlacht verlieren,
Und was er allzeit nimmt auf's Korn,
   Wir müssen es prosperiren.

Wo kommt denn unser Obrist her?
　Die Pferde thät er hüten.
Nun ist er worden ein grosser Herr
　Von Städt' und Landgebieten.
Denn was da in des Feindes Land
　Geht auf die grüne Weide.
Wir nehmen es sogleich zur Hand
　Und zahlen es aus der Scheide.

Was thut der Obrist im Quartier?
　Er macht die scharfe Runde,
Ob Alles halt sich nach Gebühr
　Und fertig jede Stunde.
Nimm Dich in Acht mit Zeitvertreib,
　Lass Dich kein Ding verführen,
Wie'n Donner fährt er auf den Leib,
　Du sollt es gar hart verspüren.

Was spricht der Obrist um Morgenszeit?
　Ein Sprüchlein Gott zur Ehre.
Er ist ein' Fackel der Frömmigkeit
　Und betet: O Herr, bescheere,
Dass ich das Feld voll Feinde seh,
　Voll Schweden und Franzosen,
Sie sollen Dir springen in die Höh',
　Die Kleinen und auch die Grossen.

Wo ist der Obrist auf dem Zug?
　Das kann ich Euch nicht sagen,
Der Weg' und Stege sind genug,
　Ich sah vorbei ihn jagen.
Bald ist er hier, bald ist er da,
　Bald vorne und bald hinten,
Er schaut, ob wo uns Feinde nah,
　Zu legen uns schlimme Finten.

Was trägt der Obrist auf dem Hut?
　Ein' Feder für die Reiter,
Das ist fürwahr ein Fahnen gut,
　In tiefer Schlacht uns Leiter.
Und seht Ihr hoch die Feder weh'n,
　Ihr Kriegsleut auf der Lauer,
Da sollt ihr fest vor'm Feinde steh'n
　Als wie eine stählern' Mauer.

Was will der Obrist nach der Schlacht?
 Sein Volk soll sich vergnügen.
Er hält uns eine treue Wacht,
 Wenn wir vor'm Zapfen liegen.
Herr Obrist, hast ein' wilden Muth
 Und grimmig thust Du schauen,
Doch darf ein jeder Reiter gut
 Sein Herze Dir ganz vertrauen.

Drum lieber Gott im Himmelreich,
 Musst uns den Obrist hüten,
Er sorget für uns all' zugleich
 In väterlichen Güten.
Und findst Du, dass hier Einer sitzt,
 Einen bubischen Gesellen,
Der nicht sein Blut für ihn verspritzt,
 So wirf ihn hinab zur Höllen.

X. Gegensätze amerikanischen Lebens zum europäischen.

Schon Viele in Deutschland haben sich gewundert, dass man über amerikanische Zustände und Aussichten so häufig ganz verschiedene Urtheile hört, und zwar von Männern, welche selbst drüben gewesen sind und denen man ungetrübten Blick und Wahrhaftigkeit zutrauen muss. Man komme aber nur nach Amerika selbst und höre dort in einer Stunde zehn entgegengesetzte Meinungen über Zustände und Verhältnisse äussern, und doch scheinen diese Jedem, der dort ein Urtheil abgibt, so klar zu sein wie das Sonnenlicht. Die Ansichten gehen unter Männern, welche schon längere Zeit in Amerika lebten, so weit auseinander, dass die Einen die grossartigste Zukunft und das Heil der Welt von Amerika erwarten, und die Andern eben so entschieden glauben, die amerikanische Kultur sei nur ein verpfuschter Abklatsch der europäischen und werde unfehlbar verwildern, sobald die Zuströmungen aus Europa unterbunden seien. Die Eiferer für Amerika berufen sich darauf, dass der ärmlichste und unbeholfenste Einwanderer nach einigen Jahren Aufenthalts in der neuen Heimath sich in einen selbstbewussten, anständigen Mann umwandele: die Gegner weisen auf eben so viele Merkmale hin, wie sehr der Einwanderer in jener Zeit an körperlicher, wie an geistiger und sittlicher Gesundheit verloren habe. Die Einen führen die neuen und grossen Ideen in's Feld, von welchen das amerikanische Volk fort und fort bewegt werde: die Andern finden dieses Volk gerade arm an geistig schöpferischer Kraft, die eigenthümlich amerikanischen Ideen erscheinen ihnen nur als Zerrbilder von europäischen. Kurz, wo die Einen nichts als hastige Dollarsjäger sehen, erblicken die Andern die begeisterten Träger einer herrlichen und machtvollen Zukunft.

Wenn nun Solche, die in Amerika einheimisch sind, sich so leicht zu dergleichen Einseitigkeit versteigen, so liegt die Gefahr, darein zu verfallen, für den Fremden noch viel näher. In der That ist die Linie sehr fein, jenseits welcher ihm das ganze Land glänzt wie ein Zauberwald, während ein Anderer eben alles unter der Linie sieht: statt des erhabenen Aufschwungs Fäulniss offen und geheim, statt neuer Civilisation nur die alte in einer gröberen Ausgabe für's Volk. Der grämliche Beobachter findet dort sehr bald einsiedlerische Murrköpfe und verunglückte Einwanderer, welche ihm zum Erschrecken grelle Lichter über die ganze Union fallen lassen, in deren Scheine dem Fremden sich nur ein unruhig arbeitendes Volk darstellt, das im neuen weiten Lande rasch innerlich kalt und alt wird. Ist der Ankömmling aber in rosiger Stimmung, so folgt er ohne Zweifel Führern, die immer ihn so zu leiten und zu stellen wissen, dass er nur Tüchtiges und Prächtiges wahrnimmt. Wo sie ihrem Gast einen Blick auf minder Erfreuliches gestatten, malt ihm sogleich ihre Phantasie so lebhaft und kraftvoll die grossartigste Zukunft in den Hintergrund, dass er staunend die Erben dieser Segensernte für die Glücklichsten unter der Sonne erklärt. Der Reisende ist dann gleichsam durch eine Stadt gekommen, auf deren riesenhaften Grundlagen sich unter einer Menge von Nothhütten einige prachtvolle Strassen erheben, hinter denen noch unergründliche Kothlachen stecken: Dank der Führerkunst seiner Freunde glaubt er aber, die Riesenstadt sei schon beinahe fertig. Die eingebornen Amerikaner entfalten darin ein bewunderungswürdiges Talent, ihre Gäste nur das Grosse und Schöne sehen zu lassen und sie vollgestopft mit den Herrlichkeiten der Zukunft wieder heimzuschicken. Sie fühlen sich wirklich als Diejenigen, deren Thaten und Ideen die Menschheit wunderbar erneuern sollen, sie glauben Aller Augen auf sich gerichtet, und sind persönlich dabei interessirt, dass man in ihnen die Lehrer und nicht die Stümper sehe.

Das sind schon einige Gründe, warum die Berichte über amerikanische Zustände so verschieden lauten, warum die Einen schreiben wie v. Raumer und Friederike Bremer, die Andern wie Dickens und Kirsten. Ein tieferer Grund liegt darin, dass Amerika wirklich das Land der Kontraste ist. Auf Gluthhitze tritt dort plötzlich eisige Kälte ein; nach einem Gewitter, wo Himmel und Erde unter dem entsetzlichsten Donnerkrachen sich in ein Gluthmeer von Blitzen aufzulösen scheinen, lächelt wenige Minuten später die Natur in stiller Lieblichkeit. Mitten unter trocknen Geschäftsmenschen blüht das Unwesen der Rowdies. Dicht neben ehrlichem Vertrauen lauert die ausbündigste Heuchelei. Das lebhafteste Freiheitsgefühl lässt den Gedanken nicht aufkommen, dass die Farbigen auch Vollbürger sein könnten. Jede Erscheinung aber drängt sich in Amerika so grell und mächtig vor das Auge des Beobachters, dass er ihre gute oder schlechte Kehrseite darüber vergisst. So sieht der Eine nur den strahlenden wolkenlosen Himmel und die üppige Fruchtbarkeit, der Andere aber muss immer daran denken, wie unter dem scharfen Sonnenlicht so rasch und so viel Leben verdorrt, und wie aus dem fruchtschwangeren Boden die giftigen Fieberdünste aufsteigen.

Kurzum, das Gute und Herrliche, das Schlechte und Schändliche, Beides ist gleich stark in Amerika vorhanden, Beides tritt sich in grellen Zügen gegenüber. Ob der

Reisende das Eine mehr sieht als das Andere, hängt von seinen vorgefassten Meinungen und Ansichten, oft auch nur von zufälligen Stimmungen und kleinen Erlebnissen ab. Der würde uns das richtigste Bild von den Vereinigten Staaten geben, der es verstände, die vorhandenen Kontraste anschaulich in einem Rahmen zu sammeln, ohne dass das Eine das Andere verdrängte, und ohne dass irgend eine individuelle Grundidee den Dingen der Gegenwart weichere oder härtere Färbung gäbe.

Da aber zur Vollendung eines solchen Gemäldes ausser Meisterschaft des Stils auch Weltkenntniss und natürliche Beobachtungsgabe und ein hoher reiner Geist gehört, so denke man bei den Schilderungen des Widrigsten oder des Herrlichsten aus Amerika immer: dass jedes Ding seine zwei Seiten hat.

Wenn ich nun selbst das so schwierige Werk versuche, in einem kurzen Überblick ein wenigstens annähernd richtiges Bild amerikanischer Zustände zu geben, so hilft vielleicht dazu, wenn ich einen neuen Weg einschlage. Ich stelle mir vor, wie sie sich insbesondere für den deutschen Einwanderer aus den gebildeteren Klassen gestalten. Das wird am ersten mitten in die Dinge hinein führen. Dabei kann ich freilich nicht aus eigener trüber oder freundlicher Erfahrung reden. Ich ging nur nach Amerika, um selbst jenes merkwürdige Land und Volk zu sehen, welches sich dort hinter dem Ozean wie ein junger Riese aus den Urwäldern emporhebt. Aber in den vierzehn Monaten, in welchen ich das Gebiet der Union, mit Ausnahme der südlichen Sklavenstaaten, von einem Ende zum andern durchstreifte, kam ich abwechselnd aus glänzenden Kreisen in Handwerker-Werkstätten, aus bewegtestem Leben in stille Hütten der Hinterwäldler, und da ich mit warmer Antheilnahme gerade die Erlebnisse unserer Landsleute in jeder Stellung kennen zu lernen suchte, so erhielt ich zuletzt doch eine ziemlich umfassende und wie ich glaube nicht ganz falsche Ansicht ihrer wirklichen Verhältnisse und Aussichten. Das Gebiet der Vereinigten Staaten ist seitdem viel grösser geworden: wohin man sieht, herrscht nur rasches Wachsthum. Im kurzen Zeitraume von vierzig Jahren vermehrte sich die Bevölkerung um 33 Millionen, darunter fast 10 Millionen Einwanderer. Der grossen Städte sind jetzt 15, die über 100,000 Einwohner zählen; der Mittelstädte, die von dreissig- bis hunderttausend haben, 31; die kleineren Ortschaften schiessen aller Orten, namentlich in den eilf mittleren Staaten und den drei am stillen Ozean, wie Pilze aus der Erde. Die Erzeugnisse der Landwirthschaft, der Gewerbe und des Bergbaues wachsen ebenso wie Handel und Verkehrsmittel in riesigem Maßstabe. Auch Kunst und Wissenschaft haben, wenn auch nicht entfernt gleiche, doch verhältnissmäßig bedeutende Fortschritte gemacht. Allein die Grundzüge der geistigen, sittlichen, wirthschaftlichen Zustände sind in allem Wesentlichen dieselben geblieben. Nur das grosse Netz von fürchterlichem Betrug und schamloser Ausbeutung ist unentrinnbarer geworden, und die Aussichten für Einwanderer, besonders aus den gebildeteren Ständen, haben sich mehr und mehr verdüstert.

Ein Gesammtergebniss meiner Beobachtungen will ich gleich voranstellen. Von der ganzen Masse der deutschen Einwanderer geräth in Amerika ein Fünftel in's Elend und ist nach einigen Jahren verkommen und verschollen; ein anderes Fünftel bekommt es unter schweren Mühen und Leiden höchstens eben so gut, wie es ihm hier erging; zwei Fünftel haben vollauf zu leben, aber sie müssen auch strenger bei der Arbeit sein, als sie hier es jemals gewohnt waren; kaum das letzte Fünftel freut sich recht der goldenen Früchte. Sie Alle müssen mancher lieben Angewohnheit und Freude entsagen, aber die Meisten haben wenigstens den Trost, dass ihre Kinder in der neuen Heimath ihr Fortkommen finden. Wer Verstand, Kapital und Arbeitskraft besitzt, wird zuletzt in der Regel in Deutschland weiter kommen, oder läuft in unseren eigenen Kolonien wenigstens viel geringere Gefahr, sein Vermögen zu verlieren.

Das erste Fünftel Einwanderer, welches in Amerika jede Noth des Lebens gründlich zu kosten bekommt, zählt nun gerade unter Denen am meisten, welche in Deutschland den höheren Ständen angehörten. Gerade sie sind auch trotz der täglich anschwellenden Literatur über Amerika über das, was sie wirklich dort erwartet, am meisten in Täuschung befangen.

Es ist überhaupt schwierig, Jemand schon in Deutschland eine klare Vorstellung von den Gefahren zu geben, die ihn drüben erwarten. Die Regel ist, man macht sich hier irgend ein Ideal von seinem amerikanischen Leben zurecht und lässt es sich nicht wieder nehmen. Mit so viel Ernst und Entsagung auch Mancher zu sich selbst sagt: »Ich stelle mir gar keine goldenen Berge vor, ich verlange in Amerika Nichts, als zu arbeiten und frei und ruhig zu leben, das wenigstens werde ich da finden«, — so spielt doch im Hintergrunde der Gedanken stets noch ein heimliches Glücksbild, welches ihm von Amerika herüberlächelt. In unseren neuen Kolonialländern erscheint Alles noch so unfertig und so wenig erprobt: man kann oder will nicht warten, bis Erfahrungen dort gesammelt sind, die zur Genüge darthun, dass eine Menge Landstriche darunter, die ebenso gesund als gewinnreich sind. Amerika aber liegt drüben als ein fester Strand der Hoffnung, und dahin schwärmen die Ideen und Wünsche so lange, bis sie sich dort festgesaugt haben und ihren Eigner nachziehen. Es ist gar nicht zu sagen, wie viel Deutschland noch immer dadurch jährlich, ja täglich verliert. Ich will hier gar nicht einmal die Hunderttausende von kräftigen Menschen und die Millionen von Thalern in Anschlag bringen, welche Deutschland in jedem Jahre an Amerika abgibt, damit sie dort seiner eigenen Industrie den Markt verderben. Das grössere Übel ist die innere Halt- und Thatlosigkeit so vieler Männer im eigenen Vaterlande, dieses ewige sehnsüchtige Hinüberblicken nach fernen glücklichen Zuständen, die in der Wirklickeit gar nicht so sind, oder, um es gerade herauszusagen, diese Feigheit, mit der man sich den Anforderungen des eigenen Vaterlandes entzieht. Es soll ich weiss nicht welches Heldenstück sein, wenn Einer aus politischer Unzufriedenheit, aus Verbitterung mit seinen Kollegen oder Verwandten, oder gar aus blosem unklaren Missmuth überhaupt, den grossen Entschluss fasst, auszuwandern, und im Grunde ist es doch gar häufig nur Charakterschwäche. Der Deutsche meint, ein ächter Weltbürger zu sein, und ist in Wahrheit nur der Dünger für andere Nationen. Er glaubt, überall könne er Tüchtiges durchsetzen, nur nicht im eigenen Vaterlande, und muss doch der Regel nach in der Fremde mit einem Einsiedlerposten oder kleinem Broderwerb vorlieb nehmen.

Aber auch Diejenigen, welche in voller Unbefangenheit sich über amerikanische Verhältnisse unterrichten wollen, erhalten durch die Studien, die sie hier darüber machen, nur selten ein richtiges Bild. Es herrscht in der That dort ein ganz neues ungewohntes Denken und Treiben, das im Schlechten wie im Guten eigenthümlich ist. Man fühlt das nie mehr, als wenn man in Amerika zuerst an's Land tritt, oder von dort zurückkehrend das europäische Leben wieder begrüsst. Daraus ergibt sich auch, dass nur gewisse Persönlichkeiten dorthin passen und andere gar nicht dahin gehören. Wer aus eigener Anschauung Amerika kennt, kann daher Jemand, dessen Gemüth, Verstand und Kräfte er zu beurtheilen vermag, sagen: »Du passest für Amerika!« oder »Du wirst dort unglücklich!« Man kann unternehmungslustigen Leuten auf ihre Fragen antworten: »Wenn Ihr hier einmal nicht mehr bleiben wollt, so mögt Ihr Euch über See versuchen, Ihr werdet endlich etwas finden, was sich für Euch schickt, oder Ihr kommt zehnmal klüger geworden wieder«. Man darf ferner einem geschickten und kräftigen Manne, dem trotz aller Anstrengung hier die bittere Armuth unabwendbar täglich mehr in's Haus rückt, sagen: »Warte nicht länger, versuche Dich in unseren neuen Kolonien, dort kannst Du für Deine Arbeit wenigstens zu leben haben!« Aber den Meisten, die ohne die harte dringende Nothwendigkeit Deutschland verlassen, muss man zurufen: »Ihr habt ein reines Wagstück vor, Familie und Vermögen gehen vielleicht darüber zu Grunde; geht lieber, wenn Euch das Auswanderungsfieber keine Nacht mehr ruhig schlafen lässt, erst allein hin auf ein paar Monate, die Reise ist nicht mehr kostspielig, und seht zu, ob es wirklich Euch und eurer Familie dort zusagen kann«. Es gibt vielleicht nur ein sicheres Mittel, den Gedanken an das Ansiedeln über See los zu werden, und das ist: Selbsthinreisen und Selbstsehen. Eine Woche dort hilft mehr, als hier Jahrelang darüber lesen.

Tritt der Ankömmling aus dem Schiffe an die amerikanische Küste, so ist der *erste Eindruck des Landes* der Art, dass das Günstige das Nachtheilige überwiegt. Man ist freudig erstaunt über das thätige fröhliche Leben, alles hat einen jugendlichen Anstrich, selbst der ausgetrocknete Yankee weiss sich noch einen frischen Firniss zu geben. Man sieht Wohlstand, rüstiges Vorwärtsstreben, nirgends Untergang. In wenigen Tagen ist man mit hineingerissen in diesen wogenden Verkehr von Handel und Gewerbe, politischen und religiösen Fragen. Man ist überrascht auch durch die ausserordentliche Menge von hübschen und schöngeputzten Frauen und Mädchen, und verwundert sich über die allgemein verbreitete Bildung, Jedermann tritt Einem mit Anstand und innerem Selbstgefühl entgegen. Man sieht und fühlt, das ist Amerika, — wie ängstlich und trübe erscheinen da die Verhältnisse, welche man in Europa zurückgelassen! Aber — nach einigen Monaten tritt eine Umwandlung ein. Der heisse Geschäftsdrang, das unaufhörliche Marktgewühl wird widerwärtig; die nackte rohe Selbstsucht in Politik und Geschäften, die gräuliche Heuchelei im religiösen Leben tritt hervor; man empfindet das Unfreudige und streng Einförmige und Einseitige des amerikanischen Charakters; man merkt den Mangel tieferen geistigen Lebens, die Seltenheit wahrer Bildung bei aller äusseren Glätte und Schminke. Zudem erblickt man gerade unter seinen Landsleuten so manches zerrüttete Dasein und manches schmerzliche Leiden, das sich mühsam verhüllt; man leidet mit unter den gemeinen Hetzereien und Feindschaften, die unter unseren dortigen Landsleuten stets an der Tagesordnung sind. Dann fühlt der Einwanderer sich bedrückt, es überkömmt ihn das Gefühl der Öde und Verlassenheit, seine Kräfte wollen ihm versagen, und dann gellt ihm nichts schärfer in die Ohren, als das amerikanische Sprüchwort: »Helft Euch selbst!« — Ist der Einwanderer nun gleich gedrängt, für sich und seine Familie das Nothdürftige zu erringen, ist er dann gescheidt genug, das erste beste Geschäft zu ergreifen, welches Geld bringt, und arbeitet er rüstig und unbekümmert darauf los, — so überwindet er die Schwierigkeiten und Gefahren, er fühlt allmählich den Boden fester unter seinen Füssen werden, er gewöhnt sich an die mancherlei Entbehrungen, und es erwacht in ihm die Fähigkeit für neue Interessen und neue Genüsse. Der gebildetere und wohlhabendere Einwanderer braucht aber nicht gleich zu arbeiten, er wartet auf eine bessere Stellung, auf angenehmeren Lebensgenuss, und findet sich dann vor allen Andern getäuscht und vereinsamt. Er am meisten entbehrt das Schöne und Freundliche, was er in der Heimath zurückgelassen, und ihm wird es am wenigsten leicht, sich zu fügen und Denkungs- und Handlungsweise nach Sitten und Charakter des fremden Volkes umzuwandeln, unter welches er sich versetzt sieht. Noch schlimmer für ihn ist es, wenn er gleich im ersten Jahre sein mitgebrachtes Vermögen an irgend ein Geschäft oder eine Spekulation setzt: das Allerwahrscheinlichste ist, dass er es ganz oder theilweise einbüsst, und weil er nicht ordentlich zu arbeiten und Geschäfte zu machen versteht, dann mit schmalem Erwerbe kümmerlich leben muss. Man braucht nur ein paar Wochen im Lande umherzukommen, um nicht wenige solcher Familien anzutreffen, welche in Deutschland eine erträgliche Stellung hatten, und in

Amerika ihr Lebensglück zerstört sehen. Dann grollen sie mit dem Schicksale, dann verwünschen sie Amerika, während der ganze Fehler nur darin lag, dass sie nicht früher erkannten, dass sie für Amerika gar nicht passten.

Vergegenwärtigen wir uns nun die Hauptbestandtheile amerikanischen Lebens.

Das, was Fremden zuerst am stärksten entgegentritt, ist das *Geschäftsleben*. Er merkt eine gewisse Unruhe bei den Menschen, hin und her geht gleichsam das Summen eines Marktplatzes. Gang, Wort und Geberde sind eilig und bestimmt, und die Gesichter alle sehen aus, als wären ihre Inhaber im ewigen Rechnen begriffen. Nur selten und vereinzelt zeigt sich etwas von der stillen heiteren Thätigkeit des Gelehrten und Künstlers, oder der behaglichen Ruhe eines gebildeten Mannes, der sich die Welt beschaut. Geschäftsmann ist Jeder, der Knabe wie der Prediger. Was Einer treibt, das ist sein Geschäft, seine Profession; da gibt es keinen Beruf, keinen festen Stand; jedes Geschäft steht wohl an und wird geschätzt nach dem Gelde, das es einbringt, und nach dem öffentlichen Einflusse, welcher dadurch gewährt wird. So lange das Geschäft einträglich, betreibt man es; bietet sich ein besseres dar, sofort lässt man das erste liegen und fängt ein neues an. Man braucht blos ein neues Schild vor seine Thür zu hängen; staatliche Erlaubniss haben nur die Rechtsanwälte und Notare, die Gast- und Schenkwirthe und einige andere Geschäftstreibende nöthig. Aus bloser Liebe zur Sache aber ein Geschäft betreiben, und nicht des Geldes wegen, das würde den Meisten in Amerika wie reine Narrheit vorkommen.

Das ungeheure Landgebiet, in welchem dieses Volk sich bewegt, bietet in seinen unendlichen Wäldern, Prairien, Flüssen und Bergen noch zahllose Produkte, welche kaum angebrochen sind: diese auszufinden und zu verwerthen, denkt, rechnet, reiset der Amerikaner. So ist das Geldmachen, das Handeln, Wagen und Spekuliren ihm Lust und Leidenschaft. Er ist kein Geizhals; gewinnt er etwas, so schafft er sich von einem Theile des Erworbenen sogleich einen kostbaren Haushalt an, das Andere wird sofort wieder gewagt. Das grosse Vermögen wechselt daher rasch von Einem zum Andern. Nicht der Geldbesitz allein freut den Amerikaner, sondern der Geldgewinn, der Verstand, die Kraftentwicklung, welche das Geschäft fordert; wie viel er damit gewinnt, ist ihm nur Maßstab, wie klug, oder welches Glückskind er gewesen. Er hält sich daher auch gar nicht hinter dem Berge: wenn ein öffentliches Unternehmen, eine Schule oder milde Anstalt seines Geldes bedarf, dann bedenkt er sich keinen Augenblick, Hunderte und Tausende freiwillig beizusteuern.

Man muss sich diesen Charakterzug der Amerikaner deutlich vorstellen, um zu ermessen, welch sprudelndes Leben in diesem Volke steckt, aber auch wie arm es an Geiste ist. Dann begreift sich auch, dass hier nicht vorerst Redlichkeit und Gemüthsstärke vom Manne gefordert werden, sondern Kenntnisse und Talente, aus denen sich etwas machen lässt, und Gewandtheit, Raschheit, Pfiffigkeit, um seinen Gewinn schnell zu machen und sich selbst nicht scheren zu lassen. Das heisst *smart sein*. Dass bei alledem die Betrügerei im Grossen und Kleinen glänzend entwickelt ist, und die Meisten stets zu Streichen der Art aufgelegt, ist nun erklärlich. Weil Einer den Andern betrügt, sieht man nicht mehr so Schändliches darin und denkt, der Schaden höbe sich wieder auf, das Volk im Ganzen werde ja stets reicher. Es kommt nur noch darauf an, auf eine feine und listige Art zu betrügen, sie nennen das Humbug.

Der gebildetere Deutsche wendet nun seinen Blick gern von diesem Geschäftstreiben ab und hin zur Betrachtung des *politischen Lebens*, insbesondere der bürgerlichen Freiheit des Volkes. Darin erkennt er den köstlichsten Edelstein des Landes, dessen Glänzen über jeden Theil des grossen Staatenbundes Wohlgefallen und Wohlbefinden verbreitet. In gewissen Beziehungen ist gegenwärtig kein Land den Vereinigten Staaten ähnlicher, als

Russland. Es gewährt dem Einwanderer ähnliche Vortheile, zu Vermögen zu gelangen, weil es ebenfalls weite und fruchtbare Landstrecken und noch wenige Bewohner hat; es bietet denselben Anblick einer rasch anschwellenden Bevölkerung, wachsender Städte und neuer Erwerbsquellen. Aber wie ganz anders ist in Amerika durch die bürgerliche Freiheit das Lebensgefühl, die Unternehmungslust, die Thätigkeit und jedes edlere Streben im Menschen geweckt und gekräftigt, als in Russland! Das Volk der Vereinigten Staaten fühlt sich wirklich bis in die kleinsten und grössten Dinge als sein alleiniger Herrscher, und es hat sich, um dies zu bethätigen, die schönsten und vollständigsten Einrichtungen geschaffen. Die Beamten suchen dort zwar ihr Schäfchen zu scheren, wo sie können, aber sie sind ohne alle Phrase nichts als Diener des Volkes, das sie stets überwacht. Die öffentliche Meinung allein ist die unwiderstehliche Gebieterin, und ihrer Inquisition muss sich alles Thun und jede Anstalt unterwerfen.

Dieses freie Staatsleben zeitigt in dem Amerikaner vortreffliche Eigenschaften. Er ist selbständig; er hat die Freiheit, aber auch den Muth, sein Glück sich selbst zu schaffen; er erwartet vom Nachbar Kredit, aber keine andere Hülfe. Klagen und Weinen macht nur verächtlich, man muss sich mit eigener Faust durchschlagen. Der Amerikaner ist daher auch ein stolzer Mensch. Nichts ist ihm widerwärtiger, als Kriechen und Schmeicheln. Höflichkeit nimmt auch er als ein Zeichen guter Erziehung; aber beweist ihm Jemand übertriebene Höflichkeit, so kann er nicht anders denken, als der Mensch will mich missbrauchen oder war in seiner Heimath nur ein schlechter Knecht. »Achtet Euch selbst«! das ist in Amerika das nächste beherzigenswerthe Wort für Jedermann nach jenem ersten »Helft Euch selbst«!

Der Amerikaner ist daher äusserlich stets anständig, so viel innere Rohheit er auch besitzen mag. Er redet mit Abscheu über Jeden, der unsauber wohnt oder sich nicht reinlich kleidet, oder sich mit Andern schlägt und schimpft, oder öffentlich berauscht gesehen wird. Der Amerikaner ist endlich stolz auf sein Volk und ganz und gar von Nationalstolz, aber auch von der lächerlichsten Nationaleitelkeit besessen. Er verachtet Jeden, der nicht selbst Nationalgefühl an den Tag legt; dennoch ist er der unduldsamste Mensch gegen Diejenigen, welche sich in Amerika nicht Hals über Kopf, wie er es nennt, amerikanisiren, d. h. in Sprache, Sitten, Denk- und Handlungsweise nach ihm umformen wollen. Er meint wirklich, die Angloamerikaner kämen gleich nach den Erzengeln, und würde Den, der ihm den Nachweis brächte, dass die jetzigen Amerikaner sehr wenig englisches und sehr viel irländisches Blut in sich haben, allen Ernstes für verrückt erklären, während die jetzigen Griechen, als Fallmerayer ihnen ihre slavische Abkunft beweisen wollte, ihn doch nur als Hochverräther am edlen griechischen Namen ausriefen.

Die dritte Seite des amerikanischen Lebens, die *kirchliche*, steht äusserlich mehr im Hintergrunde, aber wohl ist sie überall wirksam und fühlbar. Die Religion geberdet sich in Amerika so eigenthümlich, dass man von der amerikanischen Religion als einer besondern Art sprechen muss. Sie ist weder jenes warme religiöse Gefühl, jene tiefere Erkenntniss des Wesens der Dinge und der Bestimmung des Menschen, welche dem Gemüthe Kraft und Freude und dem Handeln sittlichen Ernst gibt, — noch ist sie ein Kirchenwesen, welches mit Prunk und Festen und öffentlichen Aufzügen das Leben angenehmer macht. Es ist eben jene jüdische Religion des alten Testaments, die in strenger Beobachtung äusserer Sittlichkeit, im Festhalten an bestimmten Sätzen, in praktischer Thätigkeit, im Handeln für kirchliche Zwecke ihre Stärke und Bedeutung sucht.

Es gibt in Amerika bekanntlich eine zahllose Menge von Sekten; Jeder kann sich eine zurecht machen; wenn sie sich nur, wie man es dort nennt, mehr oder weniger auf Bibelchristenthum gründet, so ist sie Jedermann recht, und der Staat hat nichts damit zu schaffen. Aber zu irgend einer Sekte muss man gehören, wenn man für einen anständigen Menschen gelten will. Wer als ein rechter Pharisäer seine Religion vor der Welt leuchten lässt, ist angesehen in der öffentlichen Meinung; wer eifrige Religion zu heucheln versteht, macht gute Geschäfte damit.

Zwei Dinge besonders wird er dann im Auge behalten. Das erste Gesetz ist ihm das Sonntagsgesetz; kein Vergnügen darf er sich am Sonntag erlauben, sondern er muss mehrmals in die Kirche gehen. Einige halten sogar das Kochen am Sonntage für unrecht und geniessen an diesem Tage nur kalte Speisen. Das zweite Gesetz ist ihm das der Enthaltsamkeit; man soll sich als so argen Feind jeglichen geistigen Getränkes beweisen, als läge unmittelbar Gift und Verbrechen darin. In einigen Bezirken ist der Verkauf von geistigen Getränken sogar schon gesetzlich verboten.

Man kann aber auch nicht verkennen, dass die amerikanische Religion viel dazu beiträgt, sowohl dem Familienleben als dem öffentlichen Leben einen gewissen Halt und trocknen Ernst zu geben.

Nachdem ich vielerlei Länder gesehen habe, muss ich bekennen, dass man in keinem so freundlich und human lebt, als in Deutschland, und *in keinem Lande einförmiger und*, was die die edleren Lebensgüter betrifft, *freudloser als in den Vereinigten Staaten*, — abgesehen natürlich von den Genüssen des politischen und industriellen Strebens, denn darin kann sich auch England nicht mit Nordamerika vergleichen.

Die amerikanische Lebensweise ist überaus einfach und in der ganzen Union überall dieselbe. Ein Haus ist eingerichtet wie das andere und zwar bis in das Kleinste hin, nur Werth und Glanz der Einrichtung sind verschieden. Von jeglichem Bedürfnisse kennt und hat man gerade das Nothwendige, dies aber auch höchst zweckmäßig. Man kann wohl sagen, das amerikanische Leben besteht lediglich darin, dass täglich dreimal und zwar fast immer dasselbe gegessen wird; — dass in der Zwischenzeit die

Männer bei ihrem Geschäfte und die Frauen bei Putz, Romanen oder Ladenbesuch sind; — dass man des Abends eine stille Partie Whist macht oder auch in einen öffentlichen Vortrag geht; — dass man den Sonntag mit Kirchengehen zubringt. Das wiederholt sich den einen Tag wie den andern in strenger Regelmäßigkeit. Man isst und trinkt reichlich, arbeitet tüchtig, und bespricht und bedenkt öffentliche Angelegenheiten, — damit ist das Leben ziemlich ausgefüllt. Auch der Deutsche ist mit der Zeit genöthigt, gern oder ungern, sein Hauswesen und seine tägliche Beschäftigung ebenso einfach einzurichten, mag es ihm, und noch mehr seiner Frau, noch so langweilig dünken.

Der *Anblick des Landes*, obwohl es breiter als Europa, ist ebenfalls zum Ermüden einförmig. Wer in Deutschland gewohnt ist, keinen Tag zu reisen ohne eine Abwechslung von herrlich bebauten und bewässerten Landschaften, Gebirgen und Strömen zu sehen, dem wird jede Reise in das Innere der Vereinigten Staaten lang genug werden, wenn er Tag für Tag nur langweilige Ebenen oder ebenso langweilige Hügel zu sehen bekommt. Gedanken an Fussreisen über Berg und Thal zwischen blühenden Städtchen und versteckten Dörfern muss man gänzlich aufgeben; man findet Tags über nicht einmal zu essen, ausser in den drei regelmäßigen Mahlzeitsstunden, und kaum sonst irgend eine Labung. Der Urwälder und Prairien wird man allmählich erst recht überdrüssig, so mächtig auch der erste Anblick wirkt. Die Baien sind vorzüglich schön, die Flüsse gewaltig, aber der erste Eindruck bleibt tagelang derselbe. Die kleinen Seen von Vermont und Newyork, der Niagara, diese Prachtstätte der Natur, die Felsengebirge, das virginische Hochland, die Mammouthhöhle sind höchst sehenswerth, aber wie unendlich weit, wie vereinzelt liegen sie auseinander! Auch in den Städten gibt es wenig Sehenswerthes. Die Hauptsache ist immer, sich anschaulich zu machen, ob eine Stadt gut gelegen ist für Handel und Gewerbe. Die wenigen bedeutenden Gebäude, Denkmale und Stadtansichten, welche es in den Vereinigten Staaten gibt, kann man an den Fingern aufzählen. Die Städte selbst sind alle in regelmäßigen Strassenvierecken gebaut, und das Wandeln in ihnen ist langweilig, wenn man nicht gerade den Anblick der schöngeschmückten Damen, der prächtigen Schaufenster, der mancherlei öffentlichen Aufzüge, und des Volks- und Geschäftstreibens hat.

Die Menschen sind es meist allein, welche in den Vereinigten Staaten die Aufmerksamkeit auf sich ziehen, mit ihrer Industrie, ihren religiösen Gesellschaften, politischen Versammlungen, Gerichtshöfen, milden Anstalten, Fabriken, Anlagen und Erfindungen. Nicht blos der Industrielle, sondern auch der Denker, der Geschichtsfreund findet darin Stoff zum Betrachten und Erwägen. Die Vereinigten Staaten sind einmal ein Theater, auf welchem Alles wieder vorgestellt wird, was aus den Köpfen der Menschen seit einigen Jahrtausenden an religiösen und sozialen Ideen entsprungen ist. Die politische Freiheit gibt Jedermann dafür freien Raum, die unbedingt freie Presse erörtert das Gute und Schlechte davon, und in den noch so dünn bevölkerten Strecken sticht auch jede eigenthümliche Ansiedlung leicht bemerkbar hervor, welche man in der dichten Bevölkerung Europas erst lange suchen müsste. Diese Mannigfaltigkeit von insbesondere religiösen Richtungen, die Aufmerksamkeit, ob sich irgend eine neue Anstalt, z. B. ein Schul- oder Heilsystem, bewährt, die allgemeine Theilnahme an jedem Neuen, das auftritt, und an jedem Charakter, der sich geltend machen will, dergleichen bringt neben der unaufhörlichen politischen und industriellen Strömung in die amerikanische Monotonie Anregung und Spannung hinein. Es ist ein Leben, das unter seiner Oberfläche, so einförmig diese auch scheint, seine Wechsel und Wirbel hat, — aber dem Europäer, der nicht ganz auf Amerikanisch umsatteln kann, ist das alles nicht genug, um ihm ein unbehagliches Gefühl der Leere zu verscheuchen.

Zuviel Abwechselung bietet dagegen die Witterung in Amerika. Die Übersiedlung unter andere *klimatische Verhältnisse*, als man von Jugend auf gewohnt worden, ist auch ein Punkt, dem man in der Regel anfangs wenig Beachtung schenkt. Italien ist ein schönes Land und herrlich darin zu wohnen, aber man flüchtet dort aus den niedrigen dumpfen Städten in das hochgelegene Land, wenn der heisse Sommer kommt und mit ihm die böse Luft. Das weiss man auch in Deutschland, und ehe Jemand nach Italien übersiedelt, erwägt er den Wechsel des Klima's; will Einer aber nach Amerika auswandern, so meint er ohne Weiteres, er werde sich mit Frau und Kind an diesen Wechsel bald gewöhnen. Bittere Täuschung!

Unwahr ist es, wenn man das Gebiet der Vereinigten Staaten überhaupt für ungesund erklärt. Wo die Erde dort schon einige Menschenalter hindurch umgebrochen ist und der Luft und Sonne, dem Wind und Regen offen gelegen hat, da ist Amerika so gesund wie ein anderes Land. Überall aber, wo der menschliche Fleiss den Boden erst zu bezwingen anfängt, da ist dieser zwar noch höchst fruchtbar, aber auch ungesund. Gerade die Verwesung der Pflanzenstoffe, aus welcher sich der kräftigste Fruchtboden bereitet, greift den Menschen mit ihrer Ausdünstung an, und der neue Ansiedler, der zum ersten Mal die Erde auflockert, hat diese Fieberluft gleichsam erst wegzuathmen. Aber auch in den Städten leidet man unter dem plötzlichen Wechsel des Wetters von Sonnengluth zu eisigkalten Winden, von Dürre zu Stromregen. Nur in den paar Herbstwochen, im sogenannten indianischen Sommer, ist das Wetter beständig und die Luft fortwährend mild und kräftig. Es fehlt dann der sonst so entzückende, immer lichtblaue Himmel und die hellstrahlende Sonne; aber man entbehrt beides gern, wenn man nur ein ruhiges, mild beständiges Wetter in Aussicht hat.

Das Klima in Nordamerika ist überhaupt angreifender, die Kälte durchdringender, die Hitze glühender, die Schwüle vor dem Gewitter ermattender, und die Gewitter selbst entladen sich mit furchtbarer Stärke. Auch die Übergänge von einer Jahreszeit zur andern haben etwas Plötzliches. Der Frühling ist kaum zu bemerken: der Winter hört auf und in acht Tagen steht alles in Grün und Blüthe und Sonnengluth.

Das Alles trägt dazu bei, eine Menge von Krankheiten zu erzeugen. Die Fieber sind noch immer ein böser Fluch des jungen reichen Landes; je üppiger dort Pflanzen und Vieh gedeihen, je gefrässiger wuchert diese schleichende Pest unter den Menschen. Wie viele Tausende unserer Landsleute seufzen dort mitten im Überflusse und sehnen sich nach der alten Heimath zurück! Was hilft ihnen alles, wenn sie es doch nur halb geniessen und niemals wieder recht gesund werden können! Der Amerikaner schlägt die Verheerungen, welche die Fieber anrichten, gering an; das Land im Ganzen leidet wenig dabei, die Menge junger Ehen, die grössere Fruchtbarkeit der Farmerfrauen, verbunden mit den steten Zuflüssen aus der Einwanderung, erhält die Bevölkerung im steten Wachsen. Der Einwanderer aber hat wohl in Rechnung zu stellen, dass alle Wahrscheinlichkeit dafür ist, dass er und jeder aus seiner Familie das Fieber bekommt, der eine gleich, der andere nach ein paar Jahren; einige werden vom Fieber nur etwas durchschüttelt, andere bis auf's Mark entkräftet, nicht wenige sterben rasch weg. Schon die stete ängstliche Sorgfalt, die man in Amerika anwenden muss, um gesund zu bleiben, ist eine höchst unangenehme Sache.

Man könnte aber vielleicht noch von einer andern *viel tiefer greifenden Wirkung des Klima's* reden und einen Beweis bringen, wie fein das körperliche und geistige Wesen des Menschen zusammen hängen. Die Bewohner der Vereinigten Staaten sind doch nur aus einer Verschmelzung von Engländern und Irländern, Deutschen und Holländern hervorgegangen, das bischen indianische Beimischung ist gar nicht zu rechnen, und auch die schwarze Zuthat von den Negern her konnte nur wenig das europäische Blut verdicken und heisser machen. Was aber haben wir für Leute vor uns? Doch entschieden von ganz anderer Sinnes- und Denkungsart, als Engländer und Irländer, Deutsche und Holländer. Dies aber kann nur von dem Klima herrühren, nur dieses kann das jüngste der modernen Kulturvölker so eigenthümlich, so ganz anders in seiner Art, als die Europäer, geschaffen haben. Gleichwie Sonnenhitze und Ostwind den Boden, so dörrte die scharfe trockene Luft, die in den Vereinigten Staaten vorherrscht, nach und nach Leib und Seele ein wenig, insbesondere büßte die Seele mehr und mehr ein von einer gewissen, wie soll ich es ausdrücken, von einer natürlichen Feuchtigkeit oder Saftigkeit. Das geistige Wesen des Menschen verlor an Lust und Kraft, fort und fort allerlei dunkle und helle Ahnungen und Stimmungen, Ideen und Gedanken zu erzeugen, es entwich das Dämmerige daraus, und die Fähigkeiten und Bedürfnisse schränkten sich mehr und mehr auf das unmittelbar Praktische ein, wurden aber in dieser Richtung um so schärfer und schneidiger. Die duftige Blume im goldenen Wein verdunstete, und es blieb ein verdichteter Alkohol zurück. Man möge lächeln über diese Gleichnisse: sie geben aber Anregung, sich vorzustellen, *wie in so kurzer Zeit dieser Yankeecharakter* entstand, der so scharf absticht von aller europäischen Volksnatur.

Diesem amerikanischen Charakter gegenüber denke man sich nun den Deutschen. Jemand, der hier Bildung und Erziehung genossen hat, wird sich vom amerikanischen Wesen ebenso oft abgestossen, als angezogen fühlen. Soll dasselbe ihn freundlich und heimisch umgeben, will er rechte Freude davon haben, so muss er sich mehr oder weniger *amerikanisiren*, d. h. sich innerlich zum grossen Theile umwandeln. Dies, dass man unter ein fremdes Volk mit andern Sitten und Gebräuchen kommt und darunter sein Leben zubringen muss, hält man bei den Übersiedelungsgedanken gewöhnlich kaum der Beachtung werth, und doch ist dies gerade für den Gebildeteren eine Frage, deren Missachtung sich durch zahllose grosse und kleine Leiden und Ärgernisse rächt. Nur in jungen Jahren, bei noch unfertigem Charakter kann man sich vollständig amerikanisiren. Ist man älter geworden, kostet es Überwindung, und so sehr man sich dazu zwingt, so gelingt es doch immer nur halb und halb. Das eigene Volksbewusstsein auf dem Altar einer fremden zu opfern, und zwar einer so herrschsüchtigen, eitlen und einseitigen Nationalität, wie die englisch-amerikanische es ist, bleibt immer ein missliches Unterfangen, zu welchem nicht jeder Geschmack und Geschick hat, und auch dann geht es selten vor sich, ohne dass die Quellen der eigenen Lebensfreude vertrocknen, und ohne dass man dafür vollgültigen Ersatz erhält. Ein mannhafter Charakter wird sich der amerikanischen Nationalität immer nur so weit fügen, als er das Edle und Männliche darin anerkennt und in sich aufnimmt; aber er stemmt sich Dem entgegen, was ihm widerwärtig und gemein erscheint, und will seine bessere Natur dagegen aufrecht halten. Dann aber hat er nie abbrechenden Ärger und Verdruss.

Für den Deutschen kommen aber hierbei auch seine eigenen Landsleute in Betracht. Da ihrer bereits viele in den Vereinigten Staaten sind, so kann er sich nicht mehr von aller Berührung mit denselben zurückziehen; weil sie aber für sich allein noch zu wenig bedeuten, so kann er im Verkehr mit ihnen allein schwerlich ein befriedigtes Dasein führen. Ein deutsch-amerikanisches Leben in den Vereinigten Staaten ist möglich, nämlich ein solches, welches sich kräftigt durch den freien und jugendlichen amerikanischen Geist und durch die Vortheile, welche die neue Heimath gewährt, aber sich der deutschen Sprache und des Edleren im deutschen Charakter nicht entäussert. Noch aber ist ein solches deutsch-amerikanisches Leben nur erst in zerstreuten und zahmen Anfängen vorhanden, und wer sich seiner Förderung widmet, muss sich auf ein Leben voll Mühen und unaufhörlichen Verdruss gefasst machen.

Was nun die *Stellung der Deutschen* im Ganzen betrifft, so mögen zur Zeit wohl an sieben Millionen Deutschredender in den Vereinigten Staaten vorhanden sein. Rechnet man von der dortigen Gesammtbevölkerung die Sklaven und Farbigen ab, welche eigentlich nur als Lastthiere in Betracht kommen, so machen jene Deutschen fast ein Achtel der Bevölkerung aus, und man sollte denken, eine solche Anzahl müsse den Englischredenden gegenüber irgendwie stark hervortreten. Das ist aber bis jetzt durchaus nicht der Fall. Die deutsche Bevölkerung wirkt nur mittelbar auf das dortige Leben ein; bedeutender ist sie nur in gewerblichen, künstlerischen und wissenschaftlichen Dingen, verhältnissmäßig wenig aber in politischer, am wenigsten in sozialer und religiöser Beziehung bemerkbar. Jeder wird zugestehen, dass die Deutschen dem Lande zum grössten Segen gereichen; durch sie vorzugsweise wird ächte Humanität, Wissenschaft und Kunst eingebürgert; sie sind thätig und erfolgreich für die Verbesserung des Ackerbaues und der Gewerbe, — aber die grosse Masse der deutschen Bevölkerung arbeitet nur im Kleinen, nur sehr wenige Deutsche erheben sich vereinzelt zu den Spitzen der Gesellschaft. Der einzelne gebildete Deutsche ist recht geschätzt, und auch gern gesehen, wenn er Vermögen hat, der deutsche Name ist fort und fort an Schätzung mächtig gestiegen: die deutsche Bevölkerung im Ganzen aber steht noch immer auf einer ziemlich niedrigen Stufe der öffentlichen Achtung und Bedeutung.

Der Grund davon ist zuerst ihre Zerstreuung über das ganze weite Gebiet der Vereinigten Staaten. Eine Menge der deutschen Einwanderer besteht ferner in Bauern und Handwerkern, welche dem Amerikaner gegenüber sich nicht nur politisch unmündig geberden, sondern es auch noch längere Zeit bleiben, weil sie ihre ganze Thätigkeit erst darauf wenden müssen, dass sie überhaupt leben können; sind sie so weit gekommen, so denken sie nur daran, nun auch wohlhabend zu werden. Der Deutsche bringt auch selbst nur eine lotterige Nationalität mit sich, die in Geist und Gemüth so lebensvoll, aber in praktischer Hinsicht unter Fremden so gutmüthig und unbeholfen ist. Alles das, was ein kraftvolles Gesammtleben des deutschen Volkes so lange verhinderte, die ewige Uneinigkeit, Religions- und Stammes- feindschaft, der Neid, die gegenseitige Verketzerung, — solche nationalen Untugenden stehen unter unsern Lands- leuten in Amerika in vollster Blüthe. Endlich haben die englischredenden Amerikaner einmal alle bedeutenderen Stellungen inne, sie sind nicht allein die Reichen, sondern auch die wirklich freien selbstherrschenden Staatsbürger, und diese Stellung wissen sie den später in's Land ge- kommenen Deutschen gegenüber auch wohl zu behaupten. Hat sich doch die Partei der Nativisten schon zu einem förmlichen Geheimbunde zusammen geschlossen, um die fremden Einwanderer nicht allein von politischen Stellen abzuhalten, sondern auch den Eingebornen vorzugsweise Unterstützung in Geschäften zuzuwenden. Dieser nativistische Geist steckt im ganzen amerikanischen Volke, das kann sich Niemand verhehlen. Der gewöhnliche Amerikaner betrachtet die Deutschen als unter sich stehend, und Diese geben ihm sowohl zum Spott, als zum Ärger mancherlei Veranlassung.

Die grosse Masse der deutschen Einwanderer erscheint aber auch äusserlich unwürdiger, als die andern Amerikaner, in ärmlichem Anzuge, Viele etwas plump und unsauber. Dabei ist der Deutsche überall und überall gar zu zutrau- lich und demüthig. In den Städten wohnt die grösste An- zahl der Deutschen in den entlegenen Bezirken in schmutzi- gen Häusern und nimmt mit niedrigen Arbeiten und schlechter Kost vorlieb. Auf ihren Farmen erscheinen Viele nicht minder geizig und unreinlich, lassen wohl sogar ihre Frauen Feldarbeit thun. Als Taglöhner und Handwerker arbeiten die Deutschen, aus Armuth oder weil sie es nicht besser gewohnt sind, für niedrigen Lohn und drücken dadurch die Preise herunter. Als Ärzte aber, als Pro- fessoren, Künstler, Architekten, als Lehrer, Musiker,

Techniker werden immer mehr eingeborne Amerikaner von Deutschen verdrängt. Endlich halten die Letzteren gar zu wenig auf amerikanisches Kirchenwesen und sind in der Regel auch praktische Gegner des Mäßigkeitseifers. Alles das sind Gründe genug, um den deutschen Namen bei nicht wenigen Amerikanern in Missachtung und Ungunst zu bringen, und kein gebildeter Deutscher bleibt von einem unangenehmen Gefühle deshalb verschont. Dies Gefühl verlässt ihn auch dann nicht ganz, wenn er sich sogar beeifert, wie so manche unserer ehemaligen Landsleute in Amerika es früher thaten, das deutsche Wesen für gründlich schlecht zu erklären, welches man so bald als möglich abwerfen und mit dem englisch-amerikanischen vertauschen müsse.

Fassen wir nun die Hauptvortheile, welche in den Vereinigten Staaten dem Einwanderer gewährt werden, zusammen, so sind es *zwei grosse Güter,* welche in solchem Maße nur Kolonialländer bieten, — ungebundenes Leben und Leichtigkeit, sich die unentbehrlichsten Lebensbedürfnisse zu erwerben. Je älter und dichtbevölkerter ein Land ist, desto mehr wird bürgerliche und gesellschaftliche Freiheit auf der einen, Erwerb auf der andern Seite nur in gewissen Schranken möglich sein. Wird ein Land eben erst in Anbau genommen, so ist Beides nur in roher Form vorhanden. Die Vereinigten Staaten werden zwischen beiderlei Ländern noch Jahrhunderte lang eine glückliche Mitte halten.

Die bürgerlichen Verhältnisse sind dort geordnet, aber sie beengen und drücken Niemand. Dies Freiheitsgefühl ist für Alle ein kräftigender Lebenshauch. Das fortwährend sich bethätigende Bewusstsein, dass das Staatswesen sich lediglich nach dem Willen der Bürger, oder vielmehr der herrschenden Partei richtet, dass aber die eigene Partei die herrschende werden kann, — ferner der beständige Blick auf die Gebietsweiten, das rasche Wachsthum, die herrliche Zukunft des Landes, — dabei die Leichtigkeit, von einem Geschäfte ohne Weiteres zum andern überzuspringen, von einer Stadt sich in ein paar Tagen nach einer andern überzusiedeln, überhaupt das ungebundene Leben und Treiben, welches nur in wenigen allgemeinen Sittlichkeits- oder vielmehr Anstandsgesetzen seine Schranke, freilich auch in mancher engherzigen Ansicht seinen Dämpfer findet, — das alles macht einen Hauptreiz dieses Landes aus. Es ist eine merkwürdige Erscheinung, dass, je kleiner ein Ländchen in Deutschland ist, sich verhältnissmäßig um so mehr Leute daraus in Amerika finden, und je grösser ein deutscher Staat ist, er um so weniger Auswanderer abgibt.

In den Vereinigten Staaten konnte man früher für seine Arbeit vollauf zu essen und zu trinken bekommen, und verhältnissmäßig auch gut sich kleiden und wohnen. Das ist jetzt viel schwerer geworden. Allein, wer eine arbeitsame Hand und dabei etwas Mutterwitz hat, wird in der Regel durch einen stätigen Fleiss nach einigen schweren Jahren zu sorglosem Leben gelangen, ein kleines eigenes Haus und ein nährendes Geschäft haben. Wer sich damit begnügen will, wer so viel Kraft und Festigkeit in sich fühlt, dass er mehrere Jahre lang harte, vielleicht ungewohnte Arbeit und Noth der Seele ertragen kann, und dann mit festem Entschlusse hingeht, nicht zu ruhen und nicht zu verzagen, bis er zu einem mäßigen Wohlstande gekommen ist, der wird in Amerika nicht untergehen und sich endlich dort wohl fühlen.

Anders aber verhält es sich mit denen, die höhere Ansprüche an das Leben machen, und dazu gehören gewöhnlich diejenigen, welche hier unter die *deutschen gebildeteren Stände* zählten. Vielleicht ist in allem dem, was von Verschiedenen über Amerika geschrieben ist, in keinem Stücke mehr Übereinstimmung, als darin, dass die Übersiedlung nach Amerika für die meisten Gebildeten ein missliches Unternehmen sei. Je länger einer von ihnen in den Vereinigten Staaten selbst gewohnt hat, desto nachdrücklicher wird er einem hiesigen Freunde, wenn er ihm wahrhaft wohl will, die Nachtheile der Auswanderung vorstellen. Es sei mir erlaubt, hier nur zwei Gewährsmänner anzuführen. Dr. Zirkel sagt in seinen vortrefflichen »Skizzen aus den und über die Vereinigten Staaten« Folgendes: »Es ist unleugbare Thatsache, kein Land der Erde bietet dem Einwanderer so grosse Vortheile dar, als die Vereinigten Staaten; dennoch nöthigt mich meine durch sechszehn Jahre unausgesetzte Beobachtung, dem gebildeten Deutschen nochmal warnend zuzurufen, zu dem Schritte der Übersiedlung nur nach der reiflichsten Überlegung zu schreiten«. Der durch seine Werke über Amerika bekannte Konsul Fleischmann gesteht ebenfalls: »Wer im Vaterlande eine mehr oder weniger sichere Stellung besitzt, darf sich nicht durch Unmuth über allgemeine Zustände und über persönliche Missverhältnisse voreilig dafür entscheiden. Vorzugsweise mögen diejenigen Klassen, welche durch Vermögen und sonstige Stellung an den Genuss mannigfacher Behaglichkeiten gewöhnt und durch Erziehung für die Mühen körperlicher Anstrengung wenig geeignet sind, die Bedenklichkeiten der Übersiedlung gehörig erwägen; diejenigen Vortheile, die sie vor den arbeitenden Klassen durch Bildung voraus haben, müssen im Falle der Noth vor der rohen physischen Kraft des gewöhnten Arbeiters durchaus zurückstehen«. Von allen denen aber, welchen es in der neuen Welt nicht nach Wunsche ging, bekommt man schwerlich etwas Anderes zu hören, als: »Nur wer in Deutschland gar nichts mehr zu verlieren hat, komme nach Amerika!«

In der That gewähren die Zustände, in welchen sich die grosse Mehrzahl der gebildeteren Deutschen dort befindet, kein lockendes Bild. Nur ausserordentlich Wenigen gelingt es, sich über die grosse Masse der deutschen Einwanderer aufzuschwingen zu Reichthum und Ansehen. Die Meisten finden eben ihr dürftiges Auskommen und zwar nur unter mancherlei Entbehrungen und durch rastlose Anstrengung. Auch Diejenigen, welche es zu einer anständigen Einnahme bringen, haben an gewohntem geselligen und geistigen Vergnügen nicht wenig eingebüßt. Ein sehr grosser Theil aber verfällt dem Elende und düsterm Missmuth.

Der Grund ist, sie haben ihre gewohnte Art, das Leben zu geniessen, aufgegeben, ohne dafür einen Ersatz zu bekommen, mit dem sie sich begnügen. Sie können sich in das fremdartige Volk, sein Denken und Treiben nicht mehr hineinleben. Das Widerwärtige im Charakter des amerikanischen Volkes und Landes ärgert sie unaufhörlich, und der Vorzüge beider werden sie niemals recht theilhaftig. Sie haben sich dort, wenn auch kein stolzes, doch geistig freies und gehobenes Leben gedacht, und finden, weil sie am Ringen und Streben des Landes nicht, wie die Eingebornen, theilnehmen, eben nur ein Volk, dessen durchgehender Charakterzug die *Mittelmäßigkeit in Bildung, Wohlstand und Denkart* ist, dessen ausserordentlicher Vorzug aber eben darin besteht, dass diese Mittelmäßigkeit überallhin verbreitet ist und Armuth und Unwissenheit ausschliesst. Diese gebildeteren Deutschen müssen ebenfalls mit einem mittelmäßigen Loose zufrieden sein, es fehlen ihnen die Flügel, sich darüber zu erheben. So fassen sie niemals festen Fuss im neuen Lande, und werden deshalb am ersten eine Beute des grossartigen Wagspiels, von welchem unaufhörlich das amerikanische Leben bewegt wird.

Land und Volk der Vereinigten Staaten schreiten mächtig und unhemmbar fort, aber eben diesem gewaltigen Aufschwunge des Ganzen fällt fortwährend eine Menge von Einzelnen zum Opfer. Ich möchte das amerikanische Volk einem grossen halbgeordneten Kriegsheere vergleichen, welches unter zahllosen Kämpfen und Mühen, aber auch unter stolzen belebenden Hoffnungen vorwärts dringt; verschmitztes und gewaltthätiges Gesindel treibt sich darin in Menge umher; Tausende fallen täglich unter Seuchen und Kugeln, man vergisst sie, die Geschichte haftet nur an dem Siege, den die Übrigbleibenden erringen. Manchen drängt nur Ehrgeiz oder Unzufriedenheit mit seiner bisherigen Lage, sich jenem wagenden Kriegsheere anzuschliessen, — aber ist es vernünftig, wenn er sich ziemlich sicher voraussagen kann, dass er zu Denjenigen gehören wird, welche in dem grossen Zuge lautlos, spurlos untergehen?

Gerechtfertigt ist ein solcher Schritt nur, wenn es rein unmöglich ist, in seinen bisherigen Verhältnissen länger auszuhalten, oder wenn man sich mit der Aussicht begnügt dass doch die Kinder das Ziel erreichen werden, oder wenn der Wanderlustige eben ein Charakter ist, der zu jener neuen Umgebung passt.

Stellen wir also gegenüber, was der Deutsche aus den gebildeten Ständen gewinnt oder verliert, wenn er nach den Vereinigten Staaten übersiedelt. Das neue Land gewährt ihm den Vortheil, dass er durch Thätigkeit und Geschick sich viel früher einen eigenen Hausstand mit mäßigem Einkommen verschaffen kann, als ihm das hier möglich ist, — es gewährt ihm ferner das Gefühl grösstmöglicher gewerblicher und bürgerlicher Freiheit. Für das Erste gibt er einen ansehnlichen Theil des geistigen und geselligen Lebens auf, an welches er gewöhnt ist, — und der Genuss des Zweiten wird ihm beschränkt durch die Herrschaft einer anderen Nationalität, welche ihn in vielen kleinen und wichtigen Beziehungen mit sozialer Unfreiheit umgibt.

Welche *Leute aber für Amerika* passen, ergibt sich schon aus dem Vorigen. Es sind die Leute, welche immer aufgeweckt und energisch bleiben und sich durch nichts ermüden lassen, stahlkräftige, elastische Naturen, die nicht zu verwunden sind, die sich leicht und gewandt in ein fremdes Leben schicken, die vor allem ein derbes springendes Selbstgefühl, und weniger Gemüth und Gewissen, als scharfen, schnell zugreifenden Verstand haben, hartgesottene Goldmacher und solche, die das feinste Glas Wein und das schönste Gedicht für eine gute Handaxt verkaufen, und die nicht eine Stunde leben mögen, in welcher sie nicht rechnen und schaffen, — das sind die rechten Leute für Amerika. Sie werden mit der Zeit angesehen und wohlhabend, das kann nicht fehlen, denn ihre Art herrscht im

Lande. Solche Männer machen mit in Spekulationen, streben lustig für Eisenbahnen, Kanäle und Wege, ringen danach, Friedensrichter und Deputirte zu werden, und schrecken nicht, wie die meisten andern Deutschen, vor den Schwierigkeiten und Gefahren, auch nicht vor dem Schmutze zurück, durch welchen sie erst hindurch müssen. Sie finden in dem vielbewegten politischen und Geschäftstreiben eine nie nachlassende heitere Spannung ihrer Kräfte, freuen sich des Wachsthums des Landes und seiner Institutionen, und kümmern sich nicht darum, ob die Einzelnen schaarenweise zu Grunde gehen, wenn nur das Ganze gedeiht.

Es ist auch nicht zu leugnen, dass Amerika ein goldner Boden für die Charlatans ist, vorausgesetzt, dass sie etwas Verstand und Lebensart haben, und man kann auch dreist behaupten, dass es bei keinem christlichen Volke ein so weites Gewissen in Geldsachen, und — China ausgenommen — in keinem Lande der Welt so viele herzlose Schurken gibt, die durch die abgefeimtesten Künste und Ränke ihren Mitmenschen ausbeuten, ganz unbekümmert, ob er darüber elend zu Grunde geht. Unpraktische Idealisten aber, weiche, reizbare Gemüther und poetische Seelen, Muttersöhnchen, launische und verdrossene, oder mit sich selbst zerfallene Menschen, — alle Diese kommen in ein Land der Öde und Verdammniss, und wenn sie sich nicht frühzeitig von Grund aus ändern, — und das geschieht in der That bei Manchen, — so haben sie für ihre Lebtage mehr Ärger als Freude, sie gehen vielleicht jämmerlich zu Grunde oder kommen doch zu wenig oder nichts, und kein Mensch hat Mitleiden mit ihnen. Wer also einen guten Freund hat, dem er nicht viel Unternehmungsgeist, nicht Spannkraft und Fügsamkeit, nicht Arbeitslust, harte Sehnen und Ausdauer zutraut, Der sehe zu, wie er ihn hier festhält und in der lieben Vaterstadt zu Geschäft und Frau verhilft. Sind beide auch nicht vorzüglich, in Amerika würden ihm jedenfalls noch viel weniger Reize blühen.

Männer jener Art, welche durch die Hülfsmittel, die

sie in ihrem eigenen unverdrossenen Geiste fanden, von unten auf sich zu Reichthümern heraufgearbeitet haben, geben den Grundstock ab zur *amerikanischen Aristokratie*. Feste ererbte Vermögensmassen, die über eine Familie einen hundertjährigen Glanz verbreiten, sind in den Vereinigten Staaten selten. Man darf überhaupt amerikanische Vornehmheit nicht nach europäischem Maßstabe messen. Ihre alleinige Grundlage ist kolossaler Reichthum: sobald eine Familie diesen verliert, ist sie auch sofort und von selbst aus der Aristokratie ausgeschieden. Erlauchter Adel ohne Dollars, Künstler- oder Dichterruhm ohne Reichthum geben noch keinen Platz in ihren Reihen.

Es muss aber noch etwas Anderes hinzukommen: der Reichthum soll eine gewisse bestimmte Herkunft haben. Ist er durch Handwerk, Kaufmannschaft im Kleinen oder sonst ein Gewerbe der Art zusammengebracht, so wird sein Eigner, und wenn er Millionär wäre, nicht zur Aristokratie gerechnet, nur seine Töchter werden durch Heirathen gern in dieselbe aufgenommen. Die amerikanische Aristokratie hat vielmehr drei Klassen. Am obersten stehen die Familien, welche grossen Landbesitz, Renten und Häuser von einer Reihe Vorfahren ererbten; diese wenden alle erdenkliche Kunst und Mühe an, ihre Abstammung auf irgend eine europäische altadelige Familie zurückzuführen, und halten sich Diener in halber Livrée, wenn es auch nur ein paar Neger oder Farbige sind. Nach ihnen kommen Diejenigen, welche durch Grosshandel, ausgedehnte Fabriken, Eisenbahn- Bank- oder Börsenspekulationen Hunderttausende aufgehäuft haben. Die dritte Stufe nehmen Richter, Advokaten, Ärzte, Prediger, Professoren und Herausgeber von Zeitungen ein, aber unter der Bedingung, dass sie gesicherte bedeutende Einkünfte haben.

Aristokratie dieser Art ist auch im Westen gleich da, sobald eine Gegend bevölkert wird, und es ist merkwürdig, wie schnell sich in jeder Stadt, wenn sie kaum zehn Jahre alt ist, einige reichere und ältere Familien von den übrigen gesellschaftlich absondern und, wie durch ein geheimes Band verbunden, ihren Angehörigen Vortheile und Übergewicht unter der anwachsenden Volksmenge zu verschaffen suchen. Die Ehre, in solche Familien eingeführt zu sein, schätzt mancher junge Amerikaner eben so hoch, als der Engländer das Vorrecht, zu Zeiten mit einem Lord zu verkehren. Fragt man, worin diese Aristokratie ihr eigentliches Wesen finde, so kann man nicht vorzugsweise auf höhere Bildung, Kunstsinn, besonders feines Benehmen, grosse und glänzende Gesellschaften hinweisen. Das findet sich selbstredend zwar auch mehr oder weniger, aber es steht in zweiter Reihe: die Hauptsache und vornehmste Sorge ist eine strenge, wahrhaft lächerliche Absonderung vom übrigen Volke in mancherlei Beziehungen. Es ist ja überall so, je unbedeutender der innere Werth und geistige Reichthum eines Ehrsüchtigen ist, desto ernstlicher sucht er sich durch blose Absonderung von dem übrigen Volke hervorzuheben. Zu seinem Glücke besitzen wirklich die meisten Menschen darin einen Schatz von natürlicher Dummheit, dass sie gern annehmen, es müsse Jemand vorzüglicher sein, als sie, weil er es selbst glaubt und sich mit ihnen nicht gemein macht. So nimmt es denn eine amerikanische Dame dieser Klasse als eine Beleidigung auf, wenn ihr Fuss jemals einen der schmutzigeren Stadttheile, wo Handwerker und Arbeiter wohnen, berührt haben soll. Ein Schrecken ergreift die Gesellschaft, wenn es ruchbar wird, dass ein Anwesender nicht zum höchsten Preise im Theater oder auf einem Schiffe gewesen, oder in einem nicht vornehmen Gasthofe gewohnt hat. Man muss sich hüten, nur in der Woche einmal an einem Vergnügungsorte gesehen zu werden, der Sonntags auch wohl vom Volke insgemein besucht wird. Früher rief auch eine philosophische Äusserung in Religionssachen oder ein beissendes Wort über das mancherlei Komische in den Landessitten ein Verbannungsurtheil hervor: jetzt, wo so viele gebildete Europäer nach Amerika und Amerikaner nach Europa gekommen sind, hat sich das wenigstens in den Seestädten gemildert; im Westen lebte man überhaupt freier von Anfang an. In den östlichen Städten gilt noch jetzt in vielen fashionablen Kreisen der Besuch des Theaters für etwas Unanständiges. Hierher gehörte auch eine alte Geschichte von der Dollarsseite und Centsseite der Hauptstrasse in Newyork, dem Broadway. Nur auf der einen, der Dollarsseite, war es früher für eine Dame von Ton anständig zu gehen, und erst vor fünfzig Jahren durfte unter grossem Aufsehen der erste Modehändler es wagen, von der Dollarsseite sich auch auf die Centsseite überzusiedeln, indem er quer über die Strasse einen breiten schönen Steinweg legte. Sonderbarkeiten dieser Art kann man bei den gesellschaftlich so verschränkten Engländern begreifen, mitten im freien Bürgerthum der Amerikaner fallen sie doppelt lächerlich auf.

Kommt nun ein Fremder in diese vornehmen Kreise, so gefällt ihm die leichte Beweglichkeit des Umgangs, die Herzlichkeit und Einfachheit des Ausdrucks, der Schimmer und die lebhafte Anmuth der Frauen, und der männliche Ton, wenn auf Politik das Gespräch kommt, was jedoch, so lange Damen anwesend sind, nicht überall zum guten Ton gehört. Aber allmählich vermisst er den feineren belebenden Reiz einer Unterhaltung, welche Weltbildung und selbständige Lebensanschauung zur Grundlage hat, und merkt bei aller Kraft und Lebhaftigkeit der Herren und Damen doch eine gewisse geistige Nüchternheit und Eintönigkeit. Es bleibt immer bei einer guten ehrlichen Hausmannskost mit viel Gewürz und wenig Geschmack. Welche gebildete deutsche Frau vermöchte z. B. einen Tag wie den andern ein Hauptvergnügen darin zu finden, ein paar Stunden lang, gleichsam getrieben von stillem innern Handelsgeiste, von einem Modeladen zum andern zu gehen, die neuen bunten Stoffe zu beschauen und deren Preiswürdigkeit zu erörtern, oder zu ihrem Sondervergnügen viermal des Tages den vollen Putz zu wechseln!

Kunstverständniss fängt unter den Nordamerikanern

erst an zu keimen, die Literatur lässt schon kräftigen Flügelschlag hören, die Wissenschaft muss noch immer erst Kräfte sammeln. Aber leibhaft geht noch umher der alte störrische Puritanismus mit dem kalten Herzen und verzerrten Geschmacke, jenes unerträgliche Pharisäerthum, welches hauptsächlich durch die Leute aus den Neuenglandstaaten, die Yankees, in den Vereinigten Staaten so heimisch geworden ist. Keiner hat das Leben in den dortigen höheren Kreisen schärfer gezeichnet, als Cooper. Er krankte heimlich, wie mancher andere Amerikaner aus alter Familie, an der Narrheit, den Ton ächt englischer Aristokratie um sich zu verbreiten, und übergoss mit scharfer Lauge die Sitten der einheimischen »Stockfisch- und Pökelfleisch-Aristokratie« der reichgewordenen Kaufleute. Das ärgerte unsäglich, man konnte es ihm bis zu seinem Tode nicht verzeihen, und es dauerte lange, bis man sich entschloss, seinem Genius ein würdiges Denkmal zu setzen.

Etwas aber erhebt die amerikanische Gesellschaft über jede andere, es ist der frische Hauch der Freiheit, die lebhafte Strömung des öffentlichen Lebens, welche sich bis in die engsten Kreise hinein bemerklich machen. Bei uns ist jedes gute Ding im Leben nur zu erringen, wenn man sich ihm mit Neigung und Aufopferung hingibt, dann ist es auch werthvoll und jedes eigen in seiner Art: in Amerika fehlt es an anregender Eigenart der Charaktere, wie der Bedürfnisse und Genüsse; aber was man dort hat und ist, das steht unmittelbar den kräftigenden Einflüssen des Volkslebens offen. Man gibt sich dort nicht gefangen an stille genussreiche Häuslichkeit, an Wissenschaft und Naturstudien, an Liebe Freundschaft oder Poesie, das Alles steht unter dem Willen des Amerikaners: er baut es sich auf, wo es ihm zum Leben dient, und bricht es wieder ab, wo es ihn einengt oder ihm nicht mehr gefällt. Er dient nur dem grossen Ganzen: die politischen, industriellen, religiösen Fragen, welche sein Land bewegen, sind seine eigensten Angelegenheiten. Deshalb trägt jeder Amerikaner, trotz des Mangels innerer Originalität, ein reges Lebensgefühl in sich, weil er immer sich weiss und fühlt im grossen Ganzen; man kann alles von ihm abstreifen, aber dies zähe lebendige Mannesbewusstsein lässt sich weder tödten noch demüthigen. Deshalb herrscht in der amerikanischen Gesellschaft trotz des Mangels feiner geistiger Genüsse dennoch eine freie, ja eine gewisse grossartige Anschauung der Dinge. Man blickt auf Welt und Menschen nicht aus einem engen Kreise heraus, dessen Umzäunungen den Gesichtskreis beschränken und dessen Gewohnheiten das Urtheil färben, sondern man bewegt sich wie auf einer Hochebene, von der man die Bewegungen des eigenen Volkes und anderer Länder überschaut. Es weht eine kühle feine Luft in den höheren Schichten der amerikanischen Gesellschaft, aber es ist stärkende Bergluft.

Die Vereinigten Staaten sind nicht blos für junge Kaufleute aus Europa eine Hochschule des Welthandels; es möchte für manche Länder auch ein Gesetz nützlich sein, nach welchem jeder angehende Staatsmann erst wenigstens ein Jahr lang in den Vereinigten Staaten studiren müsste, wie man da das einfach Vernünftige und Praktische ausführt. Auch die Frauen dort sind mit den Zuständen und Bedürfnissen ihres Volkes wohl vertraut und erhalten durch die Gewohnheit, die Dinge nach ihrem Werthe für das Land zu betrachten, einen Antrieb zum Handeln.

Es gibt nun auch hin und wieder Reiche, welche aus bloser *Europamüdigkeit bei gutem Vermögen* nach Amerika übersiedeln. Wenn das Vermögen so viel beträgt, dass sie damit auch in Deutschland ein schönes Rittergut kaufen könnten, so finden sie, statt in den amerikanischen Städten von ihren Renten zu leben, sich wohl am besten, wenn sie sich in den Staaten Newyork, Virginien, Pennsylvanien, Ohio einen Landsitz kaufen. Dort gibt es viele Familien, welche etwa nach der Weise der englischen Landedelleute leben, und gerade in ihren Kreisen ist bei

Kenntnissen und feiner Bildung der edlere amerikanische Geist zu Hause. Unterhaltung auf die Dauer wird sich aber nur einstellen, wenn man mit Leichtigkeit sich in die amerikanischen Interessen hinein lebt und regen Antheil daran nimmt. Ohne dies würde man derjenigen Anregung entbehren, welche der gebildete Deutsche zur Frische und Heiterkeit des Geistes bedarf.

Es möge hier auch noch etwas Untergeordnetes erwähnt werden. Der verwöhnte Europäer wird sich trotz Austern und Kapwein doch niemals mit der amerikanischen Küche aussöhnen. Auch der Mangel an Dienerschaft wird ihm empfindlich fallen. Er muss schon einen bedeutenden Aufwand aushalten, wenn er ein paar weisse Diener im Hause haben will. Deutsche oder irländische Hausmädchen sind zwar immer zu miethen, allein man hat sich wohl in Acht zu nehmen, ihnen all' die Arbeiten anzumuthen, die sie in Deutschland thun: sie wollen ebenfalls fein hergehen und verlangen ausser dem freien Sonntag noch einen oder den andern Abend in der Woche, um ihre Freundinnen bei sich zu bewirthen. Die Achtung vor dem Menschen, welche sich in diesen Sitten kund gibt, ist gewiss ein Ehrenzeichen für Amerika, aber deutschen Familien wird es anfangs schwer, sich an die richtige Behandlungsweise der Hausdienerschaft in Amerika zu gewöhnen.

XI. AMERIKANISCHE LANDWIRTHSCHAFT.

In vorstehender Schilderung suchte ich das Leben in den Vereinigten Staaten im Allgemeinen anschaulich zu machen. Mancher fühlt sich durch diese und ähnliche Schilderungen abgestossen, aber ich weiss recht gut, dass er sich dadurch von der Auswanderung nicht abhalten lässt, wenn er sich einmal längere Zeit mit diesem Vorsatze getragen hat. Er sagt sich immer: »Was tausend Andern geschehen ist, wird nicht gerade auch mir begegnen, ich werde mich vorsehen. Hochfliegende Pläne habe ich nicht, ich weiss, was ich zu erwarten habe, und damit werde ich zufrieden sein«. Manche wollen eben nur ein kleines sicheres Loos in Amerika, wie es auch der Handwerker und Bauer sich schafft, sie wollen Bäume umhacken und Neuboden pflügen, — nur heraus wollen sie aus heimathlichen Verhältnissen, in denen sie sich bedrückt fühlen. Aber auch Diese täuschen sich in der Regel darin, dass sie sich auf die Dauer eine ruhige nachhaltige Kraft im Arbeiten und Entbehren, eine Genügsamkeit und Selbstbeschränkung zutrauen, welche für immer festzuhalten man entweder ein guter Philosoph oder ein geduldiger beschränkter Mensch sein muss. Jeder glaubt hier, er könne dort arbeiten; aber auf die Länge sich und die Familie mit ungewohnter Handarbeit zu ernähren, dazu gehört nicht blos guter Wille, sondern ein eiserner Wille, und noch viel mehr wird dazu eine derbe rohe Körperkraft erfordert.

Wir wollen jetzt, um amerikanisches Leben und Treiben deutlicher zu machen, näher auf die drei Hauptrichtungen eingehen, in welchen Europamüde in den Vereinigten Staaten ihr Glück zu machen denken. Es sind das zuerst die Landwirthschaft, sodann Handel und Gewerbe, endlich Kunst und Wissenschaft.

Am gewöhnlichsten ist die Täuschung, welche man sich in Deutschland von dem amerikanischen Landleben macht. Die einfachen *Blockhäuser* sind zwar oft genug abgezeichnet, aber Wenige stellen es sich deutlich vor, wie traurig und öde es ringsumher, und wie dürftig es inwendig aussieht. Die Blockhäuser nehmen sich auf den Bildern so nett, so idyllisch aus in Wald oder Prairie, man träumt sich hinzu den Zauber der jungfräulichen Natur, geheimnissvolle Urwälder, schäumende frische Waldbäche, lustige Jagd auf wilde Truthühner und Rehe in Fülle, und natürlich auch den goldenen Anblick weithin wogender Saaten, einen kleinen Garten mit Blumen und Gemüse, beladene Obstbäume, in der Nachbarschaft doch irgend einen oder den andern Bekannten, mit dem man freundlich und gesellig verkehrt. Der Deutsche hat ja einmal das poetische Talent, an seine Ideale zu glauben, und wenn sein Gemüth verwundet ist, sich mit männlicher Entsagung in die Einsamkeit zu flüchten. Aber er denkt gar nicht daran, ob seine Sehnen und Muskeln hart genug sind für langjährige körperliche Arbeit, ob sein Geist, wenn er durch Andere nicht heiter angeregt wird, für sich allein reich und kräftig genug ist, um seine täglich gewohnte Nahrung entbehren zu können. Jedenfalls, meint man, wenn auch einige Jahre voll Arbeit und Mühsal unvermeidlich seien, endlich würden sie sich doch durch ein Leben voll Fülle und Behagen belohnen. Man hört mit Staunen, dass der Ertrag der Ernten an Getreide, Hülsenfrüchten, Baumwolle, Taback, sich in den letzten zehn Jahren verdoppelt hat, allein es wird nicht in Anschlag gebracht, dass die Preise damit keineswegs gleichen Schritt hielten. Die Zeitungen rühmen, dass schon die Ausfuhr an Brodfrucht, Schmalz, Fleisch und Häuten, selbst an lebendem Vieh, in zwanzig Jahren sich verzehnfachte, jedoch hat man keine Vorstellung davon, wie sehr die Geldreichen, mit welchen der gewöhnliche Farmer es gar nicht aufnehmen kann, auch in landwirthschaftlichen Dingen den Markt beherrschen und so geschickt den Rahm von der Milch schöpfen, dass für Jenen wenig übrig bleibt.

Nun hat auch die amerikanische Landwirthschaft nichts Idyllenhaftes, und am wenigsten lassen sich mit ihr Rittergutsideen verknüpfen. Der Farmer in den Vereinigten Staaten ist vor allen Dingen Handelsmann, er rechnet unaufhörlich, er thut nichts, als was gleich geldeswerth ist, die Landwirthschaft ist ihm ein Geschäft wie Handwerk oder Ladenhalten. Boden und Früchte sind in Amerika billig, die Arbeit aber theuer: dies beides macht den amerikanischen Landbau grundverschieden von dem europäischen. Es kommt in Amerika nur darauf an, das Fett des Landes möglichst schnell in Korn und Vieh zu verwandeln und beides möglichst schnell in Geld umzusetzen. Es sind grosse Strecken Landes leicht und oberflächlich zu bearbeiten, weil nur von der Masse des Ertrages Gewinn zu hoffen steht. Zu feinerem Anbau, zu gemüthlicher Pflege und Verschönerung des Landes ist noch gar keine Zeit. Wie froh wäre Alles, wenn man nur erst fahrbare Wege, und vor dem Hause einen in jeder Jahreszeit trocknen Platz hätte! Am allerwenigsten aber ist der amerikanische Farmer ein Mann, der zu deutscher Geselligkeit passt. Der Farmer ist in den Vereinigten Staaten der Kern, die breite tüchtige Grundlage der Bevölkerung. Der kennt die Amerikaner nicht, der sie blos nach ihren Städten beurtheilt. Der amerikanische Farmer hat ein ruhiges Gefühl seiner Unabhängigkeit, durchweg einen Anstrich von mittlerer Bildung, er ist auch ehrlich und hilft den Nachbarn gern: aber er ist trocken, kaltverständig, wortkarg. Politik und Handel, allenfalls auch ein guter Prozess sind seine stille Leidenschaft, in den übrigen Dingen ist er das Urbild eines praktischen, jedoch grundprosaischen Menschen. Man muss und wird von ihm vielerlei lernen, jedoch seine Gesellschaft wird selten anders, als recht langweilig erscheinen.

Es lassen sich nun drei verschiedene Klassen unter den Deutschen, welche sich unter die amerikanischen Farmer hinsetzen, unterscheiden. Die erste Klasse ist bei weitem die zahlreichste und umfasst Diejenigen, welche mit höchstens ein paar tausend Mark tief in die Wälder und Prairien hineingehen, um ruhig und selbständig auf ihrer Farm zu leben. Zur zweiten Klasse rechne ich solche, welche mit mindestens 50,000 Mark sich in der Nähe von grossen Städten, Flüssen oder Kanälen ankaufen, um Landwirthschaft im Grossen zu treiben. Eine dritte Klasse bildet sich aus den Wenigen, welche nur einen Landsitz suchen, sonst von ihren Renten leben und sich zur amerikanischen Aristokratie halten wollen: über diese war auch schon die Rede.

Die erste Klasse, die *Wald- und Prairieleben* vorzieht, geht der Regel nach in die westlichen Staaten: wer sich in den östlichen mehr bevölkerten halten will, muss schon ziemlich viel Geld mitbringen oder in die von den Städten und Verkehrswegen entfernt liegenden Stellen gehen, welche noch gering angebaut sind, und dann ist seine Lage wenig besser, als im Westen. Junge und kräftige Männer oder Ärmere fangen wohl von wilder Wurzel an, schlagen mit Hülfe der Nachbarn die Bäume zum Blockhause nieder, roden ein paar Äcker aus und setzen die Holzzäune darum. Wer sich aber irgend sagen lässt, kauft sich eine schon eingerichtete Farm, auf welcher bereits das Blockhaus oder auch ein hübsches Bretterhaus mit einigen Schuppen steht und eine kleine Anzahl Äcker umzäunt und in Anbau genommen ist. Das Umhauen der Bäume, das Spalten derselben zu den langen Holzscheiten für die Zäune, das Umbrechen des Prairiebodens, das Pflügen zwischen Baumstümpfen und zahllosen Waldwurzeln, das Ausroden des immer wieder aufschiessenden Gestrüpps, das öftere Umharken der Maisfelder, das Mähen des Getreides, das alles ist und bleibt selbst für den deutschen Bauer die ersten Jahre hindurch eine furchtbar harte Arbeit im drückenden Sonnenbrande, man meint vor Ermattung umzusinken. Nur zu gewöhnlich stellt sich dabei das Fieber ein. Wenn das Land sumpfige Stellen hat, wenn man sich überarbeitet, wenn man sich nicht sorgsam genug schützt vor dem scharf einwirkenden Klima, wenn man Morgens oder Abends, wo die Erde ausdünstet, Fieberluft einathmet: wie bald ist dann die Krankheit da, welche zwar nicht tödtet, aber bis auf das Mark entnervt! Wie manchmal bin ich auf der Reise oder auf der Jagd in Blockhäuser gekommen, um ein Glas Wasser zu trinken, und fand dann die bleichen Kranken auf ihrem Lager, welche mich selbst darum baten, weil sie zum Aufstehen zu schwach waren. Besonders in den üppigsten Gegenden, in den Flussniederungen, findet man im Sommer kaum ein einziges Haus, welches vom Fieber verschont ist.

Aber gesetzt, der Ansiedler kommt mit einem leichten Fieberanfall davon, die kleinen Häuser sind fertig, Mais und Weizen in Blüthe. Ist er nun glücklich? Ja, wenn er zufrieden ist, dass er zu essen hat, sein eigener Herr ist, und einfach und natürlich lebt wie der Mensch im Anfang der Dinge. Es liegt wirklich in diesem Farmerleben ein eigener Reiz. Der Mensch mit seiner Familie ist selbständig; er verdankt täglich, was er bedarf, seiner Arbeit; weit dahinter liegen die Mühen und der Glanz und all' die tausend kleinen quälenden Rücksichten des gesellschaftlichen Lebens, in dem man zu ersticken meinte. Die Brust athmet auf in der Naturfrische, man wird seiner eigenen freien Kraft wieder froh, der Ansiedller fühlt sich wieder als Mensch der Urzeit, dessen Verstand und Hände der Natur das Nothwendige abarbeiten müssen; er sieht sich nicht blos dem Naturleben, auch den Hausthieren wieder näher gerückt. In der Nachbarschaft wohnen Menschen, welche durch die verschiedensten Schicksale hierher geworfen sind, der Graf lebt hier ganz auf gleichem Fusse mit dem, welcher früher taglohnte, jeder von ihnen hat seine merkwürdige Geschichte. Ist der Ansiedler nun geistesstark genug, um sein früheres Leben wie nicht dagewesen zu betrachten, gewöhnt sich ferner Körper und Gemüth an das höchst einfache, einsame und arbeitsame Leben: so bessert er langsam seine Umstände und ist zufrieden. Aber unter zehn, die in Deutschland unter den gebildeteren Klassen eine Stellung hatten, können das nicht neun, aus dem einfachen Grunde, weil der Mensch seine eigene Natur nicht ändern kann. Man hat die Schiffe hinter sich verbrannt, aber die Blicke wandern unwillkürlich immer noch hinüber zu dem verlassenen Gestade der Heimath mit ihren grossen und kleinen Freuden und Leiden.

Betrachten wir nun näher die Lage solcher Familien. Woraus besteht die Nahrung? Morgens, Mittags, Abends aus gebratenem Speck und Maisbrot, Thee oder Kaffee; häufig fehlt Tage lang die Milch, weil keine Milchkuh zu finden oder keine sich will melken lassen. Frisches Fleisch und Geflügel ist eine wahre Seltenheit; auch Wildpret kommt äusserst wenig auf den Tisch, man hat nicht Zeit oder ist zu müde, um auf die Jagd zu gehen. Die Jagd ist in Amerika mehr ein Geschäft, das man erst lernen muss, als ein Vergnügen; an ein labendes Glas Wein oder Bier, an Wirthshäuser unterwegs, an fröhliches Jagdgelage ist gar nicht zu denken; man ist froh, wenn man nur schlechten Whiskey hat. Oft kann man auch Tage lang warten, ehe ein grösseres Stück Wild angetroffen wird. Wohl aber muss die Büchse zur Hand sein, um Wölfe, Eichhörnchen, Rakoons und andere Thiere abzuhalten, welche dem Vieh oder den Saaten Schaden thun. Wie aber ist die Wohnung beschaffen? Die Blockhäuser bestehen aus einer einzigen Kammer, auf der einen Seite der Heerd, auf der andern das Bette, an den rohen Wänden Geräthschaften. Selbst wenn man ein besseres Haus hat, ist alles darin nur nach der unmittelbaren Nothdurft eingerichtet, und was man braucht, muss man gleich zusammen haben für längere Zeit, bis man sich wieder aus einer Stadt oder durch einen Händler versehen kann. Das Ansiedlerhaus gleicht einem Boot im Urwaldsmeere und muss mit dem Nöthigsten auf Monate hin ausgerüstet sein.

Und nun die Beschäftigung? Einen Tag wie den andern dieselbe Einförmigkeit: man hat genug zu thun, um das Feld zu besorgen, die Zäune im Stande, das Vieh von den Einbrüchen auf die Saaten zurückzuhalten, Stundenlang die verlaufenen Rinder und Säue im schwülen Walddickicht wieder zu suchen, das Vieh zu füttern, die Kühe zu melken, das Korn zur Mühle zu bringen, zu waschen, Pferdegeschirr zu flicken, rohes Hausgeräth mit Axt und Hobel zu verfertigen, und dergleichen. Nur hin und wieder lässt sich ein Helfmann bezahlen, weil sonst die Kosten dafür grösser sind, als der Gewinn.

Auch die Art und Weise des landwirthschaftlichen Betriebes ist gar zu roh, als dass viele Freude dabei wäre. Amerikanischer Ackerbau ist reiner Raubbau: die Ertragsfähigkeit der Felder muss Jahr für Jahr abnehmen, weil nur selten an Düngerpflege zu denken.

Wie sieht sich ferner die nächste Umgebung einer Farm an? Die wenigen bestellten Äcker erscheinen wie eine gelbe Insel im dunkeln Walde; die dürftigen grauen Holzschuppen, die hässlichen Zickzackzäune, die angebrannten Bäume, welche ihre dürren Äste zum Himmel strecken, die schwachen Anfänge des vom Unkraut immer überwucherten Gemüsegartens, die kümmerlichen Obstbäumchen, nach dem Regen in der Regel Morast vor dem Hause, — das alles lässt die Umgebung einer Farm noch auf lange Jahre hin wüst und verwildert erscheinen. Die Hühner sind versteckt im Kornfelde, die Heerden meist im Walde oder auf der Prairie. Der Farmer ist wie vergraben, wie ein Gefangener im Walde. Es freut ihn die kurze Morgenfrische mit dem Flattern und Schreien der Vögel, das glänzende Roth, welches die Abendsonne über die Baumgipfel ausgiesst, des Nachts das dumpfe Rollen der endlosen Waldung, die majestätische Stille ringsumher. Diese amerikanische Waldnatur macht zuerst den Eindruck wie ein Hochgebirge, der Mensch fühlt sich befangen von der düsteren Hoheit. Aber sehr bald wird das unendlich öde und einförmig. Das Innere des Waldes hat keine singenden Vögel, keine lieblichen Blumenanger, wohl aber ein wüstes Gewirr von grünen und modernden Bäumen, von Sumpflachen, Flechten und Pilzen, es herrscht in dem tiefen Walde entweder nasskaltes Dunkel oder erstickende Schwüle. Auf der Prairie ist freilich die Aussicht freier, aber der Holzmangel und das scharfe Wetter auf diesen Ebenen genügen allein schon, sie unwirthlicher zu machen, als den Wald. Die wirklich schönen Stellen auf den Flusshöhen oder am Prairierande findet in der Regel der Einwanderer schon in Besitz genommen.

Endlich die Gesellschaft! Tage und Wochen vergehen, ohne dass man irgend Jemand zu sehen bekommt, als einen schweigsamen Nachbar. Jeder ist froh, wenn einmal der Yankeehändler mit seinem Wägelchen vorfährt, oder ein junger deutscher Einwanderer anspricht, mit dem sich doch ein besser Wort wechseln lässt. Die guten Freunde und Bekannten wohnen entweder zu weit, oder sie haben nicht viel Lust und Muße, blose Besuche zu machen. Was soll man ihnen auch vorsetzen? Unschuldige Milch, fuseligen Whiskey, oder, wenn man ihn einmal haben kann, Cyder, bei dem man niemals warm wird. Die einzige Abwechselung ist, dass die Familie Sonntags vielleicht in eine kleine Kirche in der Nachbarschaft, oder von Zeit zu Zeit in die nächstgelegene Stadt fährt, um Früchte abzusetzen und Kleidung, Geräth und Lebensmittel einzukaufen, oder dass man zu Zusammenkünften geht, wie sie bei Wahlen, grössern Jagden, Nusssammeln, Blockhausaufrichten, Bettdeckennähen, Äpfelbuttermachen, Ahornzuckerbrennen und dergleichen hin und wieder vorkommen. Das reicht aber sicher nicht hin, um das einförmige Dasein belebter zu machen.

Welche Aussicht hat man nun vor sich? Keine andere, als ganz langsam sein Vermögen zu verbessern, nämlich jährlich ein Stück Land mehr in Anbau zu nehmen, seinen Viehstand zu vergrössern, sein Blockhaus erst mit Mörtel auszuschmieren, später es mit Brettern zu verschlagen, und endlich sich ein schöneres Haus zu bauen, Scheunen anzulegen und Stallfütterung einzuführen. Geld ist bei der Farmerei nicht zu sammeln. Das Gewöhnlichste ist, der Ansiedler wohnt zuweit vom Markte, so dass die Kosten und Versäumnisse, welche mit dem Hinbringen der Früchte aufgehen, deren Ertrag verzehren. Wenn einer eine Woche lang deshalb von Hause sein muss, täglich mit seinem Gespann Auslagen hat, so kann er, da das Getreide so billig ist und er bei den schlechten Wegen auch nicht viel aufladen darf, nur wenig baares Geld erübrigen. Oft ist es ihm geradezu unmöglich, nur zehn Meilen weit durch die Wälder eine Ladung Korn zu fahren. Die beste Ernte ist werthlos, weil sie nicht abzusetzen ist. Grosse Anstrengungen, die man gemacht hat, um einige Ladungen Weizen zu erzielen, werden auch häufig genug durch verwüstenden Regen, Fröste, Ungeziefer, Vieheinbrüche zu nichte. Wer einige Male solche Erfahrungen gemacht hat, gibt den Gedanken auf, für Feldfrüchte Geld zu erwerben und baut nur das Nothdürftige. Etwas bringt ihm dagegen die Viehzucht ein, da er darauf rechnen kann, dass die Gegend nach und nach bewohnter wird und die neuen Ansiedler Vieh kaufen müssen. So viel ist gewiss, wenn ein Farmer fleissig und haushälterisch ist und Krankheiten und andere Unglücksfälle ihn nicht zu arg mitnehmen, so hat er immer das Nothdürftige und kann nach zwölf bis fünfzehn Jahren auf einen kleinen bäuerlichen Wohlstand rechnen.

Bis er aber so weit kommt, beschäftigen ihn noch andere Sorgen. Die Kinder wachsen heran, bei dem besten Willen kann man sie nicht regelmäßig unterrichten. Gibt es eine Schule in der Nachbarschaft, so ist sie kaum so gut wie unsere schlechtesten Dorfschulen. Man muss also die

Kinder in die Städte schicken oder einen Hauslehrer halten, beiderlei Kosten aber kann der Farmer gar nicht bestreiten. Und nun gar die armen Frauen! Sie haben in Deutschland vielleicht in Gesellschaften geglänzt, und was ist dort ihr Loos? Man kann es sich recht deutlich vorstellen. Ihre verfallenen Gestalten, die Muthlosigkeit und Unlust, welche sie zuletzt wider Willen ergreift, zeugen davon, was sie leiden. Sie sind am empfindlichsten berührt von der unaufhörlichen Entbehrung all der tausendfachen kleinen Annehmlichkeiten des gebildeten deutschen Lebens, deren man hier sich nicht so bewusst ist, weil man ihrer von Jugend auf gewohnt war, und ohne welche man sich doch nicht wohl befindet. Auch die Frau, welche mit heisser Liebe zu Mann und Kindern Charakterstärke und ruhigen Gleichmuth verbindet, hat in Amerika Noth, ihren Gang aufrecht und ihren Augen den frischen heitern Glanz zu erhalten. Die Amerikaner behandeln alle Frauen ohne Unterschied, auch die ärmlich gekleideten, mit ritterlicher Artigkeit, und wenn es wahr ist, dass man die Bildungsstufe eines Volkes danach abmessen kann, je nachdem es die Frauen hoch oder gering achtet und viel oder wenig Seife verbraucht, so stehen die Amerikaner allen andern Völkern voran. Aber trotzdem wird man in Amerika selten eine gebildete deutsche Frau finden, welche sich dort nicht in einem Lande der Verbannung fühlt.

Ich habe hier das Leben der grossen Mehrzahl der gebildeteren Deutschen auf ihren Farmen ohne Schminke gezeichnet. Täglich Bauernarbeit zu thun, ohne ein ganzer Bauer zu sein, und noch dazu in einer halben Öde, unter fremdem Klima, und dabei in steter Angst vor dem Fieber zu leben — das ist wahrlich kein freundliches Loos. Es ist etwas besser, wo ihrer mehrere nahe zusammen wohnen. Aber auch dann hört der anfänglich lebhafte Verkehr unter ihnen nach und nach auf. Die Arbeit, das Klima, die Öde des Waldes und der Prairie üben einen lähmenden Einfluss auf den Geist aus. Wer noch Geld und Muth genug hat, verkauft die Farm und zieht wieder in die Städte und fängt ein anderes Geschäft an. Wer das nicht mehr kann, der ergibt sich mit Entsagung in sein selbstgezogenes Loos, er verliert allgemach die rege Lust am Denken und Streben, seine Bücher überziehen sich mit Staub, er wird matt, gleichgültig und schweigsam wie die Waldöde. Es geht ihm wie so Vielen in Amerika: endlich wird man der Verhältnisse gewohnt und verlangt nichts mehr. Aber unzählige dieser Männer sind untergegangen in ihrem bessern Selbst, ihr einziges Verdienst ist, den neuen Boden mit ihrem Schweisse gedüngt zu haben. Man denke nur, wie gern der Deutsche sinnt und schreibt, wie viele wissenschaftlich ausgezeichnete Männer in den amerikanischen Wäldern stecken, und wie ausserordentlich wenig, wie fast gar nichts sie an geistigen Werken geliefert haben.

Man kann also von dergleichen Farmerideen nur entschieden abrathen. Manche deutsche Handwerker, welche in den amerikanischen Städten ein kleines Vermögen erworben haben, ziehen auf das Land, um ruhiger zu leben. Die Regel aber ist, dass sie nach einigen Jahren die Farm wieder verkaufen und in die Städte zurückkommen; das Farmerleben, sagen sie, habe viel Schönes, sei aber im Ganzen nicht zum Aushalten. Junge, unverheirathete Männer mögen dies Leben erst ein Jahr lang versuchen, es schadet ihnen nichts, sie werden aber viel dabei lernen; nur mögen sie sich hüten, ihr Vermögen gleich hineinzustecken.

Wollen sie durchaus sofort selbständige Farmer werden und sich nicht dazu verstehen, was jedenfalls das Klügste ist, eine Zeit lang bei einem anderen Farmer in Dienst zu gehen, so wäre ihnen dringend zu rathen, erst eine *kleine Farm zu renten*. Dazu genügt eine Auslage von 100 Dollars, das übrige mitgebrachte Geld legen sie derweile sicher auf Zinsen. Es finden sich nämlich, sobald man nur aus den Städten heraus ist und tiefer in's Land kommt, grössere oder kleinere Plätze, die man in Pacht erhalten kann. Der Eigenthümer übergibt dem Pächter das

Land mit zugehörigem Blockhaus, Vieh, Ackergeräth, Brot- und Saatkorn zur alleinigen Bebauung. Als Zins wird in der Regel die Hälfte des Ertrages an Früchten und Vieh gegeben, seltener nur ein Drittel. Der Pachtvertrag selbst wird gewöhnlich nur auf ein Jahr geschlossen; pachtet man auf mehrere Jahre, so sind auch die Bedingungen für den Pächter vortheilhafter. Bei Rückgabe der Farm muss der Pächter die Felder, das Haus, Korn, Vieh und Geräth in demselben Zustande wieder abliefern, in welchem er es übernommen hat.

Auf solche Weise ist der Ankömmling vor Verlust sicher und lernt die Farmerei selbst kennen. Dies ist aber so nöthig, dass man Demjenigen, welcher mit unbezwinglichen Farmergedanken nach den Vereinigten Staaten geht, nur die einzige Regel geben kann: »Lerne erst eine Zeit lang die Landwirthschaft in Amerika durch eigenes Mitarbeiten«. Nur dadurch, nicht blos vom Zusehen und Zuhören, findet sich der Ankömmling auf die schnellste und nützlichste Weise in den amerikanischen Landbau hinein, und vergisst, was er in Deutschland zu viel gelernt hat. Die amerikanische Landwirthschaft wird ihm neu und ungewohnt genug vorkommen. Werkgeräth, Klima, Boden, Üppigkeit des Korns, Wildheit des Hausviehes, das und noch Anderes macht die Arbeit viel schwieriger und erfordert ganz andere Handgriffe, als in Deutschland. Zu lernen sind ferner nicht nur die Kennzeichen des gesunden Landes mit gutem Wasser, des fruchtbaren Landes mit dem nöthigen Holzwuchs, des wohlgelegenen Landes mit den erforderlichen Absatzwegen, sondern auch der Geschäftsgang im Allgemeinen und insbesondere bei dem Kaufe aus zweiter Hand.

Die Erfahrungen und Kenntnisse, welche man sich auf solche Weise sammelt, sind zehnmal mehr werth, als das, was einer sich erwerben könnte, wenn er die Zeit hindurch gleich für sich arbeitete. Vielmehr wird sich diese Lehrzeit später als eine Gewinnzeit herausstellen. Ein junger Mann verdinge sich also nur gleich als Mitarbeiter, er wird anständig behandelt und gut bezahlt; die Arbeit wird ihm Anfangs hart ankommen, aber er wird schon sehen, ob er sie aushalten kann. Ein Familienvater, der für das Unterkommen der Seinigen zu sorgen hat, ist freilich genöthigt, bald sich anzukaufen, damit die Farm die Familie ernähre. Aber auch er thut wohl daran, wenigstens erst ein paar Monate gehörig zu lernen; denn es ist unmöglich, dass er aus Büchern oder mündlichen Berichten dasjenige erfährt, was ihm die eigene Anschauung darbietet, er spart sich dadurch für die spätere Zeit Geld, Mühe und Verdruss.

Mancher aber wird durch seinen Überdruss an unserer Überkultur gleich weit gegen Westen getrieben, wo die noch unverfälschte Natur ihn heilen soll. Ein Unterkommen, welches ihm nur ein paar hundert Dollars Auslage macht, und von dem er sich, wenn er wachsam ist, nach einiger Zeit ohne Schaden wieder losmachen kann, findet er, indem er von einem der Squatters, welche auch sonst wohl den Ehrennamen der Pioniere der Civilisation führten, mit einem Blockhause und der Frucht ein eigenthümliches Anrecht auf das Land kauft, auf welchem sie stehen. Weil das *Squatterrecht* ein kleines deutliches Stück von dem Leben und Treiben in den noch dünn besiedelten Gegenden ist, so möge es hier näher erwähnt werden.

Eigenthümer des noch unverkauften Landes im Westen ist die Union; die Bundesregierung lässt das Land vermessen und von Zeit zu Zeit in regelmäßigen Partien, erst diese, dann jene Strecke zum öffentlichen Verkauf aussetzen; was dabei nicht verkauft wird, kann Jeder später zu geringem Preise haben. So leicht nun auch solches Land zu erwerben ist, so wird dennoch eine grosse Menge von Ackerstücken besiedelt, gekauft und verkauft, ohne dass die Regierung dafür ihren Kaufschilling erhielt. Die rege Freude an neuem gutem Lande, die Unlust zu warten, bis es in den Markt kommt, Dürftigkeit, und insbesondere die alte Gewohnheit des Vorsiedelns hat eine Unzahl von Leuten hervorgerufen, welche sich mit ihrer Familie frischweg auf noch unverkauftes Land niedersetzen, sobald es ihnen gefällt. Sie sind immer in Bewegung und suchen und schauen aus, und wo sie ein vortreffliches Ackerstück aufpicken, da machen sie ihren *Claim* (Rechtsanspruch) darauf, d. h. sie brechen einen Acker um und legen ein paar Stämme zu einer Art von Blockhaus zusammen. Meist aber bauen sie sich dann eine ordentliche Farm und züchten Vieh an. Die Bundesregierung begünstigte früher diese Leute, und thut auch noch jetzt nichts zu deren Vertreibung, sondern sucht ihnen vielmehr den Ankauf des von ihnen angebauten Landes möglich zu machen. Denn ihr ist nicht mit grossen Grundeigenthümern oder besitzlosen Tagelöhnern und Herumstreichern, sondern mit einer Menge selbständiger kleiner Landbesitzer gedient. Dieses höheren politischen Vortheils wegen und nicht blos, weil die Menge der Ansiedler den Preis des Landes erhöht, lässt man die Hocker gern in Ruhe. Zu ihren Gunsten besteht das Vorkaufsrecht. Kommt nämlich das Land, worauf der Hocker sitzt, in den Markt, so muss er vor oder an dem Tage der Versteigerung auf dem Landamte eidlich erhärten, und zwar mit Unterstützung eines Zeugen, dass er auf dem Lande einige Furchen gezogen und eine Hütte errichtet habe, und dass er auf kein anderes Land denselben Anspruch mache (nirgends mehr noch einen zweiten Claim habe). Dann bleibt das Vierzig-, Achtzig- oder Einhundertzwanzig-Ackerstück, denn mehr wird keinem Hocker bewilligt, aus dem Verkaufe, und er hat jetzt das alleinige Recht, es binnen einem Jahre mit ein paar Dollars den Acker an sich zu kaufen. Dies Vorkaufsrecht geht nicht immer nach denselben Bestimmungen, und wird, wo eine Gegend von Käufern häufiger besiedelt wird, meist aufgehoben.

Der Hocker bekümmert sich übrigens nur im Nothfalle um Erlangung des Vorkaufsrechts. Nachdem nämlich das

Jahr verflossen ist, kann Jeder das Land wieder zum gewöhnlichen Preise von 1¼ Dollar haben, also auch der Hocker selbst. Er wartet daher ruhig, bis er es ohne Anstrengung bezahlen oder vortheilhaft einem Andern abtreten kann. Es kommt nur darauf an, dass es ihm inzwischen Keiner vorweg kauft. Dies zu verhindern, besteht nun in den erst neu in Angriff genommenen Gegenden ein eigenthümliches Recht und Gericht der öffentlichen Meinung, auch *Clublaw*, Genossenrecht, genannt. Als die ersten Siedler in die unermesslichen Wälder und Prairien vordrangen, war weder Jemand, von dem sie das ansprechende Land kaufen konnten, noch ein vom Staate bestellter Richter da, der sie in ihrem Eigenthume geschützt hätte. Sie machten daher unter sich selbst eine Rechtsregel, welche ihnen Natur und Vernunft an die Hand gab, dass nämlich Derjenige, welcher ein Grundstück zuerst in Besitz nehme und ein Zeichen davon hinterlasse, z. B. eine Zweighütte mit einem Feuerplatze davor, oder das Fällen, Abringeln oder Anhauen einiger Bäume, — dies Land als sein stätiges Eigenthum habe, dass aber keiner mehr Land auf solche Weise sich aneignen könne, als für eine Familie an Fruchtfeld, Viehweide, Holz- und Jagdgrund hinlänglich sei. Wo nun ein habgieriger oder roher Mensch dies Gesetz übertrat, oder durch Viehdiebstahl, Raub oder Mord gefährlich wurde, oder seine Familie wie ein Wütherich behandelte, da besprach sich die Nachbarschaft darüber, liess ihm dann und wann eine derbe Warnung zugehen, und wenn das Ding sich nicht änderte, traten die Männer zusammen, beschlossen, was mit dem Friedensbrecher zu thun sei, und nach Umständen trieben sie ihn aus, liessen ihn auf einem Zaunpfahl reiten, betheerten und befederten ihn, oder hingen ihn auch wohl am nächsten Baume auf. Dann hatte Richter Lynch geurtheilt und vollzogen. Als den Vorsiedlern nach und nach das geordnete Staatswesen nachfolgte, musste es mit seinen Gesetzen und Richtern jenes Genossenrecht in dem, was dadurch einmal Thatbestand geworden war, bestätigen und konnte auch nicht verhindern, dass jenes Clublaw noch immer mitspielte. So ist es denn noch jetzt unter den Farmern in einer dünn besiedelten Gegend Recht und Gesetz, hier lebhafter, dort schwächer: dass jeder Mann 160 Acker noch freien Landes, wenn er sich darauf anbaut, in Anspruch nehmen darf und im ruhigen Besitze behalten soll, bis er im Stande ist, das Land zu kaufen.

Würde daher Jemand das Land eines solchen Mannes auf dem Landamte kaufen und nun daher kommen, um den Besitzer auszutreiben: so wäre er gesetzlich zwar dazu berechtigt, aber er würde wahrscheinlich keinen Konstabler finden, der ihm dazu verhülfe. Und setzte er sich dennoch durch Gewalt oder schlechte Künste in den Besitz, so könnte er gewiss sein, die Nachbarn würden ihn als einen Räuber ansehen, des Nachts ihm wohl einmal eine Kuh niederschiessen, und, wenn er auch ein paar Meilen vom nächsten Hause entfernt wohnte, ihm dennoch das Leben so leid machen, dass er aufpacken und wieder weg müsste. Anders stände die Sache schon, wenn er nur einen Theil des von dem Squatter beanspruchten, aber noch wilden Landes in Kauf und Anbau nähme, oder wenn er selbst grosse Strecken kaufte und nun noch auf angränzende Stücke seinen Claim machte. In allen solchen Fällen würden die Nachbarn bald Entscheidung machen und durchsetzen. Der, welcher sich beeinträchtigt glaubte, würde bei einigen umhergehen und klagen, einer sagte es dem anderen, sie kämen zusammen, untersuchten die Lage der Sache, machten ihren Spruch, und würden dem in ihren Augen Ungerechten die Weisung zugehen lassen, er solle sich mit seinem Gegner gütlich abfinden oder sie sähen ihn nicht mehr als Nachbar an, und er möge sich selbst zuschreiben, was daraus folgen werde.

Man kann in allen Fällen sicher sein, dass, wenn nicht etwa eine seltene persönliche oder nationale Abneigung die Oberhand behält, jenes Farmerurtheil auf ächt menschliches Recht gegründet ist. Diese Männer wollen nicht, dass

Jemand Geld mache und ein rechtlicher Mann darunter leide. Sie gestatten z. B. Jedermann, wenn er vierzig oder achtzig Acker kauft, auf noch eben so viel vom angränzenden Lande seinen Claim zu machen, wenn es ihm zur Viehweide nützlich ist, oder er es später noch zu bebauen denkt. Niemand wird es ihm auf dem Landamte vorweg kaufen. Wenn er sich aber mehr nähme, als er selbst billiger Weise braucht, um es etwa später zu verkaufen, — eine Art, Geld zu machen, auf welche einige deutsche Ansiedler begierig genug sind, — oder er hätte das Geld, um das beanspruchte Land zu kaufen, steckte das Geld aber in den Handel: so würden die Farmer den rechtlichen Ankäufer oder Squatter gegen ihn unterstützen und Diesem nur auferlegen, dem Anderen die Kosten der etwa bereits gemachten Anlagen zu bezahlen. Ein anderer Fall. Es kauft Jemand wirklich gleich eine grosse Strecke Grundbesitz, und an einem Ende desselben nistet sich ein Squatter ein. Wenn nun der Eigenthümer den Nachbarn nicht beweisen kann, dass er das ganze Land zu grossen und der Gegend nützlichen Anlagen brauche, so ist ihm nicht zu rathen, den Hocker auszutreiben, sondern nur, ihn dazu zu vermögen, einen jährlichen Grundzins zu entrichten; denn ohne diesen, wodurch der Hocker zum Pächter würde, könnte leicht ein fünf- oder zehnjähriger Besitz, den der Konstabler nicht unterbräche, den Hocker durch Verjährung zum Eigenthümer machen.

Auf solche Art durch das alte Genossenrecht geschützt, behalten die Claimer in der Regel ihre Farm, bis einer kommt, der sie ihnen abkauft. Man sieht daher dort, wo das meiste Land noch dem Bunde gehört, bereits eingerichtete kleine Farmen, welche zum niedrigen Preise von 500 bis 700 Dollars angeboten werden und in der Regel gutes Land haben. Kauft man eine solche Squatterheimath, so kann man lange und ungestört genug darauf hausen, um sich an dem reinen Athem der Natur satt zu trinken, und zu erproben, ob es eine aushälterische Speise ist.

Übrigens möchte man gerade den Meisten, welche vor

der Kultur in die Waldnacht oder in die öden Prairien flüchten, rathen, sich doch ja nur recht nahe bei der amerikanischen Civilisation zu halten, so wenig einladend sie auch in manchen Dingen für solche zerrissene Gemüther ist. Nicht in der Unterwelt, wie einmal ein deutscher Ansiedler das lautlose Schattenleben in den dunkeln Urwäldern eigenthümlich genug nannte, finden sie Vergessen und neue Kräfte, sondern in einer einträglichen Beschäftigung, welcher sie gewachsen sind und die sie mit dem lebhaften amerikanischen Verkehr in Verbindung setzt.

Ich denke mir nun einen Familienvater aus den mittleren Ständen, dem die Sorge um eine zahlreiche Familie oder die Zerrüttung seines Ansehens und Vermögens den längern Aufenthalt in Deutschland unerträglich macht. Ein solcher mag noch etwa 20,000 Mark nach Amerika mitbringen und für diese Summe kann er sich, fern von seinen früheren unangenehmen Verhältnissen, in den Vereinigten Staaten ein *einfaches Daheim* gründen, wenn er es etwa in folgender Weise anfängt.

Will er verständig handeln, so geht er erst allein hin mit seinen erwachsenen Söhnen, und zwar sofort nach einer grösseren oder mittleren Stadt im Westen, welche gesund und freundlich gelegen ist. Muss er gleich die ganze Familie mitnehmen, so miethet er sich ein kleines Haus mit Gärtchen in einer Vorstadt und schafft sich für dasselbe die nothdürftigste Einrichtung an. Im ersten halben Jahre braucht er nun geradezu nichts Anderes zu thun, als dass er erst zu lernen sucht, wie er sein mitgebrachtes Vermögen sichere und überhaupt erst Fuss fasse im amerikanischen Geschäftsverkehr. Letzterem kann sich nur Der entziehen, welcher in der äusserst seltenen Lage ist, blindlings einem andern Manne sein Vermögen anvertrauen zu können. Bei der Wahl jener Stadt wird er auch das in Anschlag bringen, ob in derselben oder in der Nachbarschaft ein paar ehrenwerthe Bekannte wohnen. Eine solche Stadt auszufinden, möchte jetzt nicht mehr schwer halten, da es in Deutschland fast keine grössere Familie mehr gibt, die nicht einige ihrer Angehörigen oder näheren Freunde in Amerika wohnen hätte. Jedenfalls bedarf der Ankömmling an brave Männer in jener Stadt Empfehlungsbriefe. Auf solche Weise wird er gleich in den ersten Tagen mit einigen Kaufleuten oder Advokaten bekannt, die Vertrauen verdienen, und erfährt, welches Handelshaus so sicher steht, dass er ihm Vermögen vertrauen kann. Ausgebreitete und glänzende Geschäfte eines Kaufmanns verbürgen noch keineswegs dessen Sicherheit, gar oft ruht in Amerika ein vornehmes Handelshaus auf wurmstichigen Säulen. Einem ganz sichern Hause aber mag der Ankömmling den grössten Theil seines Geldes auf 7 bis 8 Prozent Zinsen anvertrauen, und zwar gegen Hypothek oder die Bürgschaft von zwei ansässigen Männern.

Nun theilt er seine Zeit in Studium der englisch-amerikanischen Sprache, Zeitungen und Literatur, geht täglich und unausgesetzt in die Gerichtssäle und in die ebenfalls öffentlichen Amtsstuben der Friedensrichter, und lernt dort, wie viel man in Amerika zu wissen nöthig hat, um bei Käufen, Schuld- und Pfandverträgen, Prüfung der Eigenthums- und Besitzrechte, Nachschlagen in den Hypothekenbüchern, Klagen und Prozessen nicht betrogen zu werden. Zu gleicher Zeit sucht er mit dem Gange und dem Ineinandergreifen des Ackerbaues, des Handels und der Gewerbe sich bekannt zu machen, besucht die Fabriken, Mühlen, Brauereien, Märkte, Werften und lernt die Absatzwege der Produkte kennen. Nachdem er in dieser Art etwas einheimisch geworden, macht er vielleicht gelegentlich Spazierfahrten in die Umgegend von zehn Meilen um die Stadt und sucht sich, ohne aber die Absicht zu kaufen irgendwie merken zu lassen, ein für ihn passendes Gütchen aus, welches zu seinen Zwecken passt, gesunde Luft und einen auch im Winter trockenen Weg zur Stadt hat. Dieses kauft er später an und lässt es wohnlich zu seinen Zwecken einrichten. Keinerlei Vertrag mit dem Verkäufer oder einem Werkmeister wird er aber ohne einen kundigen vertrauenswerthen Advokaten schliessen.

Das Einfachste und Sicherste ist nun, wenn er sich auf *Zinsen und ein Gütchen,* nämlich so einrichtet, dass er von seinem kleinen Kapitale und dem Ertrage von fünf bis sieben Äckern lebt, welche um sein Haus liegen. Er kauft sich Pferd und Milchkuh, macht einen Acker zum Garten und das übrige Land zum Kartoffelfelde, zur Wiese und zur Sommerweide für das Vieh. Vielleicht lässt er auch noch ein paar Äcker mit Weizen und Maiskorn bestellen. Seine Zinsen werden ihm so viel einbringen, dass er eben anständig leben kann. Er lernt nach und nach sein Geld auf höhere Zinsen, oder durch Ankauf eines wohlgelegenen Grundstücks an einem befahrenen Wege oder Flusse oder eines Bauplatzes in der Stadt, anzulegen; Grundstücke der Art steigen in der Regel sehr bald im Werthe. Vielleicht kauft er auch eine kleine Farm, welche er verrentet. Den meisten Ertrag bringt es ihm, wenn er kleine Summen von 50 Dollars auswärts gegen Verpfändung von unbeweglichem oder beweglichem Eigenthum ausleiht. Das Geld ist in Amerika die gesuchteste Waare, und es werden gern 15 bis 20 Prozent Zinsen für ein kleines Kapital gegeben, weil damit zur passenden Zeit vielleicht das Zwanzig- und Fünfzigfache zu gewinnen ist. Beschäftigung des Tages über muss er sich dann im Garten, im Hause, in der Literatur verschaffen. Hat er Geschmack an dergleichen, so gewähren ihm die Vereine und Verbrüderungen, ihre pomphaften Aufzüge, die vielerlei Versammlungen und Zweckessen, das Getriebe bei den Wahlen, hin und wieder ein Geschäftchen Unterhaltung. In der Stadt oder Nachbarschaft finden sich doch einige Bekannte, bei denen man des Abends eine Partie Whist spielt; zu Zeiten wird Nachmittags im Wägelchen eine kleine Spazierfahrt in die Nachbarschaft unternommen oder des Winters eine Schlittenfahrt. Der Bedienung muss man freilich entsagen, höchstens kann dann und wann ein Helfmann gemiethet werden.

Dies Leben bleibt im Ganzen einförmig und unbedeutend, man könnte es sich mit demselben Gelde in mancher schönen Gegend Deutschlands ohne Vergleich tausendmal angenehmer schaffen, aber freilich, dann wäre man nicht in Amerika und hätte mehr Sorge um die Kinder. Die Töchter sind im Umsehen verheirathet, die Söhne mit dem zwanzigsten Jahre selbständig, und das macht sich in Amerika alles von selbst, ohne dass es die Eltern viel Nachdenken kostet.

Eine Familie, die mehr Gesellschaft wünscht und etwas Einnahme ohne die Unruhe eines grössern Gewerbes, findet sich auch vielleicht veranlasst, ein *Kosthaus* (Boardinghouse) aufzuthun. Für einen Wochenpreis wohnen Einzelne, auch wohl junge Familien, in solchen Häusern auf einfach eingerichteten Stuben und nehmen die regelmäßig dreimal des Tages stattfindende Mahlzeit im gemeinschaftlichen Saale. Dieser ist dann auch, insbesondere des Abends, der gewöhnliche Versammlungsort für die Bewohner des Hauses, so dass sich möglicher Weise darin eine ansprechende Geselligkeit entwickelt. Bessere deutsche Kosthäuser können sich nur in grossen Städten rentiren, wenn sie von einer gebildeten Familie gehalten werden, die sorgsam auf des Hauses guten Ruf achtet und sich von zahlreichen Freunden desselben Gäste zuführen lässt.

Will Jemand aber eine ständige mehr oder weniger landwirthschaftliche Beschäftigung, die ihm zugleich von Jahr zu Jahr etwas einbringt, so wird er unter dem Folgenden wählen.

Das Freundlichste und vielleicht auch Einträglichste ist die Anlage und Pflege einer Weinpflanzung. In der Umgegend von Cincinnati am Ohio und bei Hermann am Missouri und einigen andern Plätzen besteht bereits ein blühender *Weinbau*. Das Gewächs ist vortrefflich und wird ohne Zweifel noch eine neue berühmte Reihe von Namen auf die Weinlisten bringen. Jetzt kann noch nicht so viel erzeugt werden, als von den Deutschen weggetrunken wird, den Amerikanern ist dieser Wein noch zu sauer. Erst nach längeren Versuchen haben unsere Landsleute in Amerika das Winzer- und Keller-Geschäft gelernt. Die aus Europa oder vom Kap her verpflanzten Reben gediehen nur kümmerlich, und man meinte schon alle Hoffnung aufgeben zu müssen, als die einheimische wilde Rebe sich vorzüglicher Veredelung fähig zeigte. Die häufige anhaltende Dürre und Sonnengluth und dann wieder ein Wechsel von heftigsten Gewittern und kalter Luft schaden viel, indessen hat die Erfahrung gezeigt, dass es Stellen gibt, wo der Wein dennoch gedeiht.

Wer zu diesem Erwerbszweige Neigung hat, der wird erst nach einem Rebenorte gehen und gründlich lernen. Dann kann er sich mit etwa 20,000 Mark ankaufen und die erste Einrichtung und die Lebensmittel für die ersten zwei bis drei Jahre bestreiten. Am Ohio von Cincinnati abwärts, am Missouri in den obern hügeligen Uferlanden, am obern Mississippi und an andern Flüssen im Westen gibt es noch viele zum Weinbau wohlgelegene Plätze, die billig zu erstehen sind. Die ersten beiden Jahre kostet es viele Arbeit und Auslage; ist der Boden aber endlich vom Unkraut rein und sind die Reben in Laubengängen aufgebunden, so ist zwar noch eine unaufhörliche, aber doch nur leichte Arbeit nöthig, bei welcher die Kinder sich sehr nützlich machen können. Aus dem Verkaufe der Trauben und insbesondere der Setzlinge lässt sich gleich in der ersten Zeit sicher Geld machen. Man muss aber, um dergleichen, sowie den Wein selbst immer gut absetzen zu können, in der Nähe einer grössern Stadt bleiben, und darf sich überhaupt nicht in Gegenden wagen, in welchen der Weinbau sich noch nicht erprobt hat.

Eine nicht angreifende Beschäftigung, welche etwas abwerfen kann, ist ferner *Kunstgärtnerei und Gemüsebau* in der Nähe einer grössern Stadt. Topfblumen und exotische Gewächse werden die Mühe nicht immer belohnen, desto eifriger aber werden junge Obstbäume, Rosenstöcke und feine Gemüse verlangt. Früher konnte man selbst in den grossen Städten des Westens nur noch die rohesten Früchte haben: Pumpkins, Gurken und Mais spielten die Hauptrolle auf dem Gemüsemarkte. Durch die Pensylvanier und eingewanderten Deutschen sind auch dort die feineren Gemüse eingeführt und werden gut bezahlt. Die Anlage grosser Gärten und Baumschulen nahe bei den rasch aufwachsenden Städten erfordert nicht viel Kapital und belohnt sich sicher. Der Anfang ist hart, denn das Unkraut wuchert förmlich, die Erde scheint mit lauter Unkrautsamen gedüngt zu sein; wo man heute gätet, ist es über acht Tagen wieder dicht grün. Dann kommen der Sonnenbrand und die furchtbaren Sturzregen, welche die zierlichen Beete durchfurchen und verschwemmen, wenn diese nicht mit Brettern eingefasst sind. Endlich ist eine unbeschreibliche Menge kriechenden, laufenden und fliegenden Unzeugs da, Maulwürfe und Mäuse wühlen arg, Vögel und Eichhörnchen erquicken sich gar gern an den saftigen Früchten und Körnern. Nach zwei Jahren Arbeit wird man indessen seinen Garten dennoch gesichert und einträglich haben.

Vielleicht sieht auch Einer seine Rechnung dabei, nahe bei einer Stadt eine grössere *Milchwirthschaft* anzufangen. Milch, Butter und Käse sind drei Sachen, deren jede amerikanische Haushaltung in Menge verbraucht. Den ganzen Tag über fahren die leichten Milchwagen in die Stadt ein mit ihren grossen Blechkannen, klingeln vor den Häusern und messen in die dargereichten Gefässe. Es fragt sich nur, wenn Jemand eine Milchwirthschaft anlegt, ob er selbst die Milch durch die Stadt verfahren und mit Frau und Töchtern buttern und Käse machen will? Leute kann er erst darauf halten, wenn das Geschäft im guten Gange ist. Milch- und Käsewirthschaften im Grossen kann er auf der Reise von Newyork landeinwärts bei den Deutschen am Mohawk sich besehen.

Auch *Holzhandel* ist ein Geschäft, zu dem es weder bedeutender Kapitalien, noch besonderer gewerblicher

Kenntnisse bedarf. Die erste Schwierigkeit besteht nur darin, den rechten Platz dafür auszufinden. In den vielen kleinen Städten, an den Flüssen, Kanälen und Seen sind aber solche Plätze anzutreffen, wo gutes Bau- und Werkholz billig anzukaufen und zu transportiren ist. Dasselbe findet dann immer Absatz, da an unzähligen Orten so viel Holz in Wohnungen und Blockhäusern, Fahrzeugen und Maschinen verbaut wird, in einigen Gegenden auch die Nacktheit der Prairien, in anderen die übergrosse Holzverwüstung früherer Zeit den Holzmangel fühlbar macht. Eine Sägemühle, wenn der Ansiedler das Glück hat, an einen Bach mit Gefälle zu kommen, ist die einfachste und einträglichste Anlage, da zum Bau der Wohnungen Ständer, Bohlen, Bretter, Latten und insbesondere Schindeln zum Dachdecken fast überall in Menge verlangt werden.

So wird es noch mancherlei Geschäfte in Amerika geben, bei denen sich auch ein Solcher, der hier kein Gewerbe lernte, gut stehen kann. Sitzt Jemand nur erst in einer Gegend mit einem solchen Geschäfte fest, so wird er allmählich mit demselben weiter greifen, und wie die Gegend an Bevölkerung und Gewerben zunimmt, dehnt sich nicht allein sein Geschäft, sondern auch sein unternehmender Geist aus. Überhaupt ist es eine gute Lehre und Regel, welche von älteren Einwanderern gegeben wird, die schon längere Zeit das Land kennen: Wer einen irgendwie einträglichen Platz gefunden hat, der gebe ihn ohne Noth nicht wieder auf. »Ein rollender Stein setzt kein Moos an«, sagt der Amerikaner.

Wer endlich hauptsächlich bei der Farmerei bleiben will und kein grosses Kapital hat, der suche möglichst nahe bei einer Stadt eine *kleine Farm* sich zu erwerben und auf derselben sich nicht sowohl auf das Erzeugen von Produkten im Grossen, als auf die Menge der kleinen Erträgnisse der Landwirthschaft zu verlegen, welche täglich auf dem Markte verkauft werden können. Gerade für Amerika gilt es, dass der Landwirth aus diesen kleinen

Sachen am ersten und gewissesten Geld machen kann, sobald er in der Nähe von Städten wohnt. Diese Städte schiessen rasch in die Höhe, und alle ihre Einwohner wollen gut essen; auch der ärmste Handwerksmann und Tagarbeiter hat täglich dasselbe auf dem Tische, was der Reiche hat, nur nicht in so vorzüglicher Art und einfacher zubereitet. Jeden Tag ist offener Markt und, womit auch der Landwirth auf demselben aussteht, er findet Käufer dafür. Da macht er Geld aus jungem Vieh, aus Wolle, Honig, Butter und Käse, insbesondere auch aus Geflügel und Eiern. Ferner wird allerlei Obst, Pfirschen- und Apfelmuss, Cyder, Stachelbeer- und Johannisbeerwein, so wie jedes Gemüse immer gut bezahlt. Ein Obst, welches von feinem gewürzhaften Geschmack ist, will freilich noch nicht recht gedeihen, der amerikanische Boden erzeugt lieber Obst in Masse, welches mehr Saft und Fleisch, als Geschmack hat. Doch ist kein Zweifel, dass sich Obst von den vorzüglichsten Sorten überall erziehen lässt, wenn man sorgfältig und jedes Jahr mit neuen Versuchen vorangeht.

Der Farmer, welcher einmal in der Nähe einer nicht ganz unbedeutenden Stadt sich angekauft hat, und Erzeugnisse solcher Art regelmäßig zu Markte führt, wird nicht verderben und wird seine Umstände mit jedem Jahre verbessern. Er kann sich wirklich nach und nach eine niedliche Farm einrichten und später vielleicht zu grösseren Unternehmungen übergehen. Wohnt er etwas weiter von der Stadt, so legt er auch wohl einen kleinen Kaufladen an, aus welchem die Nachbarn die täglichen Haushaltungsbedürfnisse holen können, oder er verbindet mit der Farmerei Gastwirthschaft, wozu eine Kammer mehr und eine Vergrösserung des Stalles hinreicht, und ohne dass der Betrieb dieses Geschäftes Tags über Zeit erfordert.

Man sieht nun schon aus dem Vorigen, dass die poetischen Farmerideen für Denjenigen, der in Amerika mit Frau und Kind erträglich leben will, sich auf kleine bürgerliche Geschäfte reduziren. Es sind aber jetzt auch noch Diejenigen in's Auge zu fassen, welche hier in Deutschland die Ökonomie gelernt haben und nun in den Vereinigten Staaten die *Landwirthschaft im Grossen* zu treiben denken, dazu auch ein baares Kapital von wenigstens noch 100,000 Mark gleich flüssig haben. Man kann ihnen keineswegs vorhersagen, dass sie ihre Zwecke nur der Wahrscheinlichkeit nach erreichen werden. Im Gegentheile, auf so sichern Füssen der kleine Farmer steht und so gewiss er hoffen darf, langsam vorwärts zu kommen, ebenso unsicher sind die Aussichten für den deutschen Einwanderer, der in den Vereinigten Staaten eine ausgedehnte Morgenzahl in Anbau zu nehmen gedenkt. Er vor allen hat sich in die Lösung der Aufgabe hineinzufinden, wie bei theurer Arbeit und billigen Erzeugnissen Gewinn zu schaffen. Wo sind in Amerika die Menge Leute, vom kleinen Gänsehirten bis zum stattlichen Grossknecht und zum Verwalter? Sie fehlen eben so sehr, als die weitläufigen Wirthschaftsgebäude und die angenehmen Gesellschafter im schönen Hause. Ein ordentlicher Knecht kostet so viel, als 20 Acker Mais eintragen. Amerikanische Landwirthschaft im Grossen ist ein Geschäft, in welchen Maschinen die Hauptsache spielen. Es giebt in Menge Farmen von riesiger Ausdehnung, die ungeheure Massen von Getreide erzeugen. Ihre Eigenthümer beherrschen so sehr Lohn und Ausfuhr, dass der kleine und mittlere Farmer sich ihnen gegenüber vorkommt wie ein armer Schlucker. Wer ferner blos den Herrn spielen wollte, würde bald finden, dass die Arbeit so schlecht ginge, dass er wahrlich seine Rechnung nicht dabei fände. Wenn der Eigenthümer auch nicht mitarbeitet, so muss er doch überall bei seinen Leuten sein. Würde er selbst auch die amerikanische Art lernen, mit wenigen Leuten und vielen Maschinen grosse Arbeit schnell zu beschaffen, so fragt sich noch, ob die Frau im Stande ist, blos von einem Helfmädchen unterstützt, den grossen Haushalt ordentlich zu führen, die Milchwirthschaft und den Garten im Stande zu halten?

XI. Amerikanische Landwirthschaft.

Es fragt sich aber ferner, ob der Deutsche so bald sich darin findet, seine Landwirthschaft gerade so zu betreiben, wie ein Kaufmann sein Geschäft betreibt, ob er auch den Produktenhandel versteht? Es kommt vor, dass der Preis von Korn, Rauch- und Salzfleisch, Fett und Öl am Abend um zwei Fünftel niedriger steht, als am Morgen. Kommt nach den Seestädten die Nachricht, in Russland oder Ungarn seien gute Ernten gemacht oder aus Australien und Indien grosse Schiffsladungen nach Europa unterwegs, gleich bemächtigen sich die Börsenhelden der Sache und die Telegramme fliegen. Der Farmer kann nicht verkaufen, muss Schulden machen und geräth den Wucherern in die Hände. Lauten dagegen die überseeischen Nachrichten, Europa brauche amerikanisches Korn, viel Korn, so haben die grossen Landbesitzer bereits ihre Geschäfte gemacht und den Vortheil eingeheimst, ehe die kleinen daran denken können. Der Farmer macht deshalb mit einem Grossmüller wohl zum voraus einen Vertrag dahin, dass er ihm zu festgesetzter Zeit eine gewisse Scheffelzahl Weizen liefern, entweder zu dem alsdann laufenden Marktpreise, oder zwar zu einem schon jetzt bestimmten Preise, jedoch unter dem Vorbehalte, dass der Farmer sich nach Gefallen innerhalb jener Frist einen gerade fallenden Marktpreis als seinen Preis setzen könne. Für diesen letztern wird nun die ganze versprochene Scheffelzahl geliefert, gleichviel ob der Marktpreis bei der Ablieferung höher oder geringer ist. Setzt der Bauer seinen Preis in der Zwischenzeit nicht, so müssen beide Theile bei dem gleich zu Anfang vereinbarten Preise stehen bleiben.

Aber nicht allein das Steigen und Fallen des Werthes der Produkte macht den Ertrag unsicher, sondern die Saaten sind in Amerika auch noch viel mehr als in Deutschland der Gefahr des plötzlichen Misswachses, der Verwüstung durch das Vieh und anderen Unfällen ausgesetzt. Wenn man daher hier bei dem Lesen der Schriften über amerikanischen Feldbau sich wundert über die geringen

Prozente, welche derselbe abwirft, so muss man sie dem Durchschnitte nach noch geringer anschlagen, weil jene Unfälle und das plötzliche Sinken der Preise gar zu oft einen Strich durch die Rechnung machen. Mancher Besitzer einer grössern Landwirthschaft wird deshalb mit der Zeit seinen besten Vortheil in dem Absatze der oben genannten kleinen Erzeugnisse der Farm sehen, und mit der eigentlichen Landwirthschaft noch industrielle Anlagen, als Mühlen, Ziegeleien, und Brauereien verbinden. Bleibt er dagegen dabei, nach deutschen rationellen Grundsätzen Ackerbau und Viehzucht zu treiben, so wird es ihm ebenso ergehen, wie es bereits so vielen Andern ging: er wird mit jedem Jahre unrettbar ärmer und ärmer, ohne dass er weiss, wie es eigentlich zugeht.

Das beste Mittel gegen dergleichen unglückliche Unternehmungen ist ein Jahr Lehrzeit auf der grössern Farm eines Andern, wobei man zugleich darüber aus sein muss, sich auch in Handel und Gewerben umzusehen. Sich auf Spekulation anzukaufen, ohne erst den amerikanischen Betrieb der Landwirthschaft in Amerika durch eigenes Mitarbeiten gelernt zu haben, würde geradezu thöricht sein. Am besten aber möchte man bei einem der reichen Pennsylvanier Deutschen lernen. Diese wissen ebenso wohl, wie ihre andern Mitbürger, was im Lande Noth thut, aber sie sind auch vorzugsweise sorgsam und ausdauernd. Sie haben die deutsche Landwirthschaft dem amerikanischen Boden angepasst. Sie bestellen ihr Land ebenso schnell als andere, aber besser, und halten es auch in gehöriger Düngung; sie ziehen viel und vortreffliches Vieh, aber sie füttern es auch in Ställen; insbesondere verstehen sie mehrerlei verwandte Geschäfte mit der Landwirthschaft zugleich zu betreiben, und die letztere dadurch ebenso sehr in's Kleine als in's Grosse nutzbar zu machen.

Nach einer solchen Lehrzeit hat der Eingewanderte deutlich eingesehen, dass es nicht sein Vortheil ist, wenn er weite Strecken Landes hinten in den Wäldern oder

Prairien kauft, sondern dass er auch die ausgedehnte Farm, welche er sich wünscht, möglichst nahe bei den grössern Städten oder doch dicht bei einem befahrenen Flusse, Kanale oder einer Eisenbahn haben muss. Geeignete, und zugleich reizend und gesund gelegene grosse Farmen wird er am besten in reichen Staaten, wie New-York, Pennsylvanien und Ohio, kaufen. Das Land ist dort freilich theuer, steigt aber mit jedem Jahre sicher im Werthe, der Ackerbau geht dort einer rationellen Vervollkommnung entgegen. Ausserdem sind Handel und Gewerbe in den dortigen zahlreichen Städten so lebhaft, dass die Produkte des Landwirths dahin ihren ununterbrochenen Absatz und bessere Preise finden.

Wer übrigens auch in solchen Staaten irgendwie von den Verkehrsstrassen weitab wohnt, ist noch für eine Anzahl Jahre nicht viel besser daran, als wer sich in den noch wenig besiedelten Theilen des Westens angebaut hat. Immer fehlt aber selbst der bestgelegenen Farm noch sehr viel, um ein so heiteres und frisches Landleben zu gewähren, wie man es in Deutschland gewohnt ist. Eine amerikanische Farm nährt ihren Mann; kann sie alle ihre Produkte regelmäßig verwerthen, so bringt sie jährlich auch einen geringen Überschuss; aber immer hat sie für ihren Bewirthschafter noch all das Rohe, was die Bearbeitung des amerikanischen Bodens einmal mit sich bringt, und gar wenig von dem mancherlei Lieblichen, wodurch bei uns das Landleben verschönt wird.

XII. Handel und Gewerbe in den Vereinigten Staaten.

Der Handelsverkehr beherrscht in Amerika in ganz anderm Maße, als in Europa, alle Thätigkeit, welche sich auf Erzeugung und Beförderung von irgend etwas erstreckt, was sich als Waare denken lässt. Nicht die Anfertigung des Feinen, durch Kunst und Stoff besonders Werthvollen bringt den Gewinn, sondern dass Dasjenige, was die Menge braucht, in Masse billig erzeugt und beschafft, und zur rechten Zeit geschickt auf den Markt geworfen wird. So ist z. B. der Handwerker, der auf Verkauf arbeitet, in den europäischen Grossstädten jetzt dem Fabrikanten und Kaufmann zwar auch schon nahe gerückt, aber in Amerika muss er gerade wie Diese immer den ganzen Markt im Auge haben und auf demselben mit Waaren und Preisen planen und arbeiten; er muss gehörig Buch führen, und auf die Beziehung der Rohprodukte, den Wechselverkehr, den Stand des Geldmarktes wachsam sein; er muss Kredit geben und nehmen, im Grossen beziehen und verschicken auf weite Entfernungen. Wie für Jeden, der in den Vereinigten Staaten als Arzt, Jurist, Lehrer u. s. w. vorwärts kommen will, es eine goldne Regel ist: »Mache dich geltend, Keiner sucht dein Verdienst auf, wenn du es nicht vor der Welt leuchten lässt«, — so muss sich erst recht, wer eine andere Beschäftigung treibt, sagen: »du bist ein Kaufmann, der auf dem Markte aussteht, du musst deine Waaren den Käufern so glänzend und in solcher Fülle entgegenstellen, dass sie schon von weitem sie erkennen und zu dir kommen«. Wer dazu nicht Kapital, Kredit und Geschick hat, der muss als Handwerker für einen andern Unternehmer oder eines Andern grössern Laden arbeiten, oder als Kaufmann sich auf ein kleines solides Geschäft beschränken, welches zwar nur kleine Ersparnisse abwirft, jedoch vielleicht, weil der Umsatz von Waaren und Geld in Amerika rascher vor sich geht, den kleinen Gewinn, der oft wiederholt wird, zuletzt doch zu einem grösseren macht.

Die Vereinigten Staaten bieten ein weites freies Feld, auf welchem man durch keine Erinnerungen der Heimath zurückgehalten, durch keinerlei kleinliche Rücksichten beschränkt wird: seine Kräfte alle kann man versuchen und jeden praktischen Gedanken, wenn man schlau und thätig ist, auch bald in Geld umsetzen. Aber darin versehen es nicht wenige der gebildeten Einwanderer, dass sie auf dem bewegten Gebiete der Vereinigten Staaten bei der Leichtigkeit, etwas in's Werk zu setzen, auch auf Sicherheit rechnen, es durchzuführen. Wie viele Ideen zu grossen Anlagen und industriellen Unternehmungen mögen sich in Deutschland in den Köpfen rühren! In Amerika denkt man sofort, sie auszuführen und schnell reich zu werden; wenn die eine Sache fehlschlage, meint man, werde der erfinderische Kopf schon eine neue an die Hand geben. In Amerika, darauf vertrauen solche Männer, müssten sie endlich doch durchdringen. Sie landen an, sie sind anfangs, man erlaube den Ausdruck, verblüfft, ein so mächtiges Handels- und Gewerbetreiben hatten sie sich nicht vorgestellt. Allmählig finden sie sich zurecht und glauben den richtigen Punkt zu sehen, wo sie Thätigkeit und Kapital ansetzen: sie wagen und im Umsehen ist ihr Geld weg.

Nun sind sie genöthigt, bei den Spekulationen Anderer als Agenten zu helfen und mit den kleinen Abfällen vorlieb zu nehmen, sie werden gewitzigt, mit dem Erworbenen unternehmen sie nun schon sicherer etwas Neues, die Sache gelingt, — da kommen ein unvorhergesehener Zufall, eine Handelskrisis, ein paar Bankerotte angesehener Häuser, Störungen und Krankheiten in der Familie, welche die Wachsamkeit lähmen, und wiederum ist der grösste Theil des Vermögens verspielt. So bleiben nicht wenige gescheidte Männer, die mit Vermögen und Unternehmungslust einwanderten, lange Jahre hindurch, vielleicht auch immer auf den untern Posten der grossen Handelswettbahn sitzen. Sie täuschten sich darin, dass sie, in beschränkten und streng geordneten Zuständen erzogen, sich sogleich jene bewegliche Kühnheit, Verschlagenheit und Kenntniss des ganzen Geschäftsgebietes zutrauten, in welchen der Amerikaner von Jugend auf eingeschult ist.

Der muss in der That schon eine gewisse schöpferische und beharrliche Kraft besitzen, der als Einwanderer in den Vereinigten Staaten mit grossen Unternehmungen in Handel und Gewerben durchdringen will. Die Amerikaner sind einmal die gebornen, die nimmermüden Spekulanten. Man thut ihnen Unrecht, sie Industrieritter zu nennen, sie sind die Ritter der Industrie. Sie erfinden im Handel, sie schaffen neue Erwerbszweige, neue Handelsgebiete. Bei ihnen kann sich Handel und Gewerbe noch gar nicht in so klaren festen Geleisen wie in Europa bewegen. Ihr eignes ungeheures Landgebiet ist noch lange nicht durchforscht oder erschöpft, und hinter diesem liegen die Inseln und Küstenlande des unermesslichen stillen Ozeans, so wie Südamerika, wie reiche Goldländer vor ihren Augen, ihr unternehmender Geist wächst riesig mit der Ausdehnung ihres Handels. Da gilt es nicht, in einem bekannten Zweige, der sich ganz übersehen lässt, ein Geschäft anzufangen, vorsichtig darin weiter zu arbeiten, das Ersparte zurück oder bedächtig wieder anzulegen, und so langsam Vermögen anzusammeln.

Im Grossen gewinnt und verliert der Amerikaner, er macht auf noch ungewissen Grundlagen die kühnsten Pläne und setzt sein Vermögen daran, unternimmt dafür ohne Weiteres die grössten Reisen, trägt Gefahren und Mühen wie Spielwerk, ist niemals verzagt, nie durch Unglück niedergeworfen. Es ist ein rechter Eroberungsgeist in seinem Handelstreiben, er hat in seinen Unternehmungen den Ungestüm und die Grossmuth, den Leichtsinn und all die Listen des Eroberers.

So ist auch die eigenthümliche Erscheinung erklärlich, dass grosse Spekulationen, an welchen das ganze Volk theilnimmt, periodisch eine der anderen folgen und fiebergleich rasch um sich greifen. Es taucht irgend eine Idee auf, Einige bemächtigen sich ihrer und schreien sie aus, die Menge wendet sich ihr zu, man wagt in Hast und strengt alle Kräfte an, — Hunderte gewinnen, Tausende verlieren, — der Aufschwung lässt nach, es tritt eine Schwäche und Ungewissheit ein, — das Unternehmen wird aufgegeben, und nach kurzer Zeit wenden sich frische und alte Handelsspieler einer neuen Spekulation zu. Diese grossen Spekulationen aber, so viel scheussliche Unsittlichkeit sie auch verbreiten, bringen in der Regel doch weiter das Land vorwärts. Den Hauptgewinn dabei machen nur einige wenige durchtriebene Schlauköpfe; der Übrigen, welche vielleicht ihre ganze Habe verloren, achtet man kaum, weil der Fall zu gewöhnlich ist. Aber das Land ist jedesmal um eine wichtige praktische Lehre, um einen Erwerbszweig, um Kanäle, Bergwerke u. s. w. reicher geworden. Seit längerer Zeit, wo so viele Kapitalien aus Europa nach den Vereinigten Staaten gehen und das kalifornische Gold dazu kommt, herrschte ein wahrer Eisenbahnschwindel, ungeheure Strecken wurden zugleich in Angriff genommen, die eine Gesellschaft wollte die andere übereilen, — man konnte vorhersehen, dass dieser Schwindel über Kurzem zusammenbrach und Unzählige arm machte. — aber die Eisenbahnen hat das Land gewonnen und der

Verkehr im Grossen hat sich noch mehr gehoben. Ebenso geht es mit den Spekulationen der Einzelnen. Wenn der Unternehmer selbst auch fällt, weil er auf seinem neuen Gebiete noch unbekannt ist, so hat er doch Andern die Bahn gebrochen und den Unternehmungsgeist erweitert; seinen Nachfolgern, welchen seine Erfahrungen zu Gute kommen, gelingt der Anlauf zu den Schätzen, die er in Aussicht gestellt, vielleicht besser. So geht es mit dem amerikanischen Handels- und Gewerbswesen schwungweise voran, alle Theilnehmer springen gleichsam und alle fallen mehr oder weniger, aber das Volk kommt jedesmal auf eine höhere Stufe der Industrie zu stehen.

Die Folge dieser Bewegung ist ein Übelstand, der mit Bergeslast auf die Geschäfte der grossen Mehrzahl drückt, ihnen die freie Beweglichkeit schmälert, und Tausenden wohlverdienten Gewinn entreisst, um Zehn noch mehr zu bereichern. Es ist das ein Unglück, das mehr und mehr sich über alle Kulturvölker verbreitet, in keinem Lande aber in so riesigen Umrissen und mit so mauerhafter Festigkeit besteht, als in den Vereinigten Staaten. Hier hätte auch die grosse Hochschule der Wucherer, das alte Rom, noch lernen können. Ich meine das *Monopolistenwesen*. Die grossen Geschäfte, die Eisenbahnen, Bergwerke, Banken, Fabriken und ein sehr bedeutender Theil der Aus- und Einfuhr sind in den Händen einiger wenigen Millionäre, die auch mehr und mehr Landbesitz an sich reissen, und selbst die Erzeugung von Fleisch, Speck, Butter und Thierwolle wie von Waizen, Hülsenfrüchten und Baumwolle in kolossalen Massen betreiben. Mit dem Millionär kann nur der Millionär in Mitbewerbung treten: sie beherrschen den Markt, setzen den Preis der Arbeit wie der Waare, und ihre Unternehmungen, die Feldzüge des grossen Kapitals, spürt willig oder widerwillig der kleine Farmer auf seinem Acker, wie der Handwerker in der Werkstatt und der Krämer im kleinen Laden. Der schrankenlosen politischen und Erwerbsfreiheit ist dergestalt ein eiserner Hemmschuh angelegt, und zwar nicht durch Gesetz und Ordnung zum Vortheil Aller, sondern auf tückische Weise zum Besten der schon Überreichen. Nach menschlicher Voraussicht muss dieses Unheil mit jedem Jahrzehnt noch mehr sich ausdehnen, und zuletzt entsetzliche Folgen nach sich ziehen.

Dem *Neuling auf diesem schwankenden Boden* des amerikanischen Geschäftstreibens bleibt daher nichts anderes übrig, als von bedeutenderen kaufmännischen und industriellen Unternehmungen vorab gänzlich abzustehen und erst die Personen, mit denen er verkehren will, die Waaren und Produkte sammt ihren Quellen und Vertriebsweisen, die verschiedenen Handelsplätze und ihre Transportmittel wohl zu studiren. Und das kann nur geschehen, wenn man sowohl in fremden Geschäften, ohne seine eigenen Pläne unzeitig zu Markt zu tragen, als Gehülfe einige Zeit arbeitet, als auch Reisen macht in das Innere des Landes. Dann aber wird man auch schon das geeignete Geschäft und den rechten Platz dafür entdecken. So viel auch die amerikanischen Geschäftsleute in ihrem Lande bereits ausgekundschaftet und in Betrieb gesetzt haben, so viel lässt sich noch ausfinden. Die Bevölkerung nimmt reissend zu, in früher öden Gegenden blühen in wenigen Jahren Städte und weite Ansiedelungen auf, Verkehrsmittel für den inneren und äusseren Handel werden täglich vermehrt, an Verbindungen und Absatzwegen nach entfernten Ländern täglich neue eröffnet. Überblickt man den so eigenthümlichen Handelsgeist des ganzen Volkes, die Grösse seines Gebietes, dessen Lage zwischen zwei Meeren, die jetzt noch so dünne, aber in geometrischen Verhältnissen wachsende Bevölkerung: so bietet sich von selbst der Gedanke dar, dass das alles erst der Anfang zu der grossen Handelswelt ist, welche sich hier entwickeln und auf eine noch von Wenigen geahnte Weise in die Weltgeschichte eingreifen wird. Hier ist für den gescheidten und thätigen Mann noch Platz genug, wo er sein Geld anlegen und damit gewinnen kann, wenn er erst einmal feststeht. Noch immer bietet der persönliche Kredit ausserordentliche Hülfsquellen dar, und ihn geniesst vorzugsweise der junge Kaufmann, welcher Verstand und Festigkeit zeigt. Kühnen Handelsgeist hat auch der Deutsche, wenn er sich einmal frei regen kann; und wenn ihm nicht die rücksichtslose Wagelust beiwohnt, welche den gebornen Amerikaner Reichthümer gewinnen oder verlieren lässt, so geht er dafür geraden und starken Schrittes auf sein Ziel los und führt mit der ihm angebornen Ausdauer und Vorsicht das einmal Angefangene auch sicherer zu dem Ende, wo er es gehörig ausbeuten kann.

Auf solchem Wege haben die deutschen *Grosshändler* in den amerikanischen Städten sich zu der bedeutenden und ehrenwerthen Stellung emporgearbeitet, welche sie in der amerikanischen Handelswelt einnehmen. Ihnen eifert jetzt in denselben Städten und Geschäften eine Menge jüngerer Leute nach. Diese finden den Weg zum Reichthum aber schon viel schwieriger, als ihre Vorgänger. Ein- und Ausfuhrgeschäfte sind reichlich besetzt. Ohne sich auf Geschäftsgemeinschaft mit europäischen Häusern und auf einen umfassenden und genauen Überblick der amerikanischen Geschäfte und Bedürfnisse zu gründen, wird ein Unternehmen, welches auf Einführen europäischer Waaren im Grossen berechnet ist, nicht leicht mehr gelingen, eher dagegen ein kleineres Importgeschäft in Weinen, Luxuswaaren und dgl. Man richtet jetzt seine Blicke auch vorzugsweise auf die täglich wachsende Ausfuhr der Erzeugnisse amerikanischer Gewerbe und Landwirthschaft. Wer längere Zeit in Amerika gelernt hat, findet bald ein Handelsgeschäft in den Städten aus, und einen Partner, mit dem er sich assoziirt: dann wird eben versucht, ob die Sache geht.

Viel eher kommt ein Anfänger zu einer gesicherten Existenz, wenn er in's Innere des Landes sich verfügt und an einem kleineren Orte einen Laden aufthut, wozu einige hundert Thaler baar hinreichen. Die eingeführten oder in den Staaten selbst fabrizirten Waaren werden nämlich durch eine unzählige Menge von *Läden* (Stores) durch das Land verbreitet. In den Städten sind sie noch je nach ihrer Art in bestimmte Kaufläden geschieden; je weiter von den Städten, desto mehr verschiedene Dinge sammeln sich in einem Laden, bis endlich auf den entfernteren Plätzen ein Ladenhalter alles Mögliche, was Menschen und Thiere brauchen können, möglichst zusammen haben muss: Kleidung und Schuhe, Messer und Scheeren, Gewürze und Medizin, Sättel und Feldgeräth, Mehl und Kartoffeln, Bücher und Papier. Als Bezahlung muss er theilweise auch Korn, Häute, Ahornzucker, Rauchfleisch u. dgl. annehmen; doch kommt die Baarzahlung immer mehr in Gebrauch. Der kleine Ladenhalter nimmt seine Sachen von dem grösseren, der etwa 20 oder 50 Meilen weiter in der Stadt seine Geschäfte macht; Dieser reiset im Frühjahr und Spätherbst nach den Seestädten und kauft ein, entweder gegen baar auf den grossen Auktionen, oder gegen theilweisen Kredit von den Grosshändlern und Fabrikanten. Von einem solchen kleinen Allerweltsladenhalter auf dem Lande hat sich schon Mancher zum Besitzer der weitläufigen und wohl aufgeschmückten Läden z. B. von Öfen oder Porzellan- und Glaswaaren oder Steingutwaaren, Kinderspielsachen, Hüten, Modesachen u. s. w. aufgeschwungen, wie man sie in grosser Pracht und Mannigfaltigkeit in den Hauptstrassen der Städte sieht.

Mancher fing auch als *Krämer* (Grocer) an; er miethete sich einen Laden mit einem Zimmer an einer Strassenecke, erhielt Kaffee, Zucker und Gewürz von den Kaufleuten, Getränke von den Brauern und Destillateurs, Seife, Lichte, Knöpfe u. dgl. von den Fabriken, grossentheils auf Kredit, kaufte Kartoffeln und andere Früchte nebst Schinken und Fettwaaren auf dem Markte, stellte Besen und Tonnen zum Zeichen seines Geschäfts vor die Thür, verkaufte dann in kleinen Partien wieder mit ziemlichem Vortheil, bis er so viel Geld erspart hatte, dass er zu einem grösseren Geschäfte übergehen konnte.

Erwähnt muss nun auch werden eine andere dunkle

Seite im amerikanischen Handel und Gewerbe, die *Unredlichkeit*. Wollte Jemand zweifellos wissen, was wohl der bei weitem meisten Amerikaner Herz am höchsten und am tiefsten erfreuet, so müsste man zwei Dinge nennen, die weder mit Familienglück und Familienehre, noch mit des Dichters oder Künstlers Entzücken, noch mit dem Stolz der Grossgrundbesitzers zu thun haben. Das Eine ist die Vorstellung von der strahlenden Herrlichkeit der Vereinigten Staaten und ihrer vermeintlich alles Dagewesene hoch überragenden Zukunft, das Andere ist die Wonne, Jemand im Handel und Wandel über's Ohr zu hauen. Gleichwie sich auf der Zunge der Geschmack für die verschiedenen Köstlichkeiten der Austern und Weine bilden lässt, so wohnt im Amerikaner die feinste Empfindungsfähigkeit für die Lust der Betrügerei. Die hübschen Künste, mit welcher die Spürkraft der Zollbeamten besiegt wird, sind gar nicht aufzuzählen. Da ist ein armer Kranker ekelhaft bepflastert, unter dem Pflaster aber bergen sich Diamanten. Mitten in Fässern Cement stecken Arzneien und goldene Taschenuhren. In den Auswüchsen ihrer Kleidung tragen Damen auf's Zierlichste eingenäht Brüsseler Spitzen. Bekannt ist, wie prächtig die Marktschreierei in den Vereinigten Staaten betrieben wird. Sie ist hier eine ebenso vollendet feine als unsäglich freche Kunst geworden, welche ihre Meisterschaft darin erreicht, dass mit Benützung alles Jeglichen unter Mond und Sternen ein gewisser Name so sicher in's Gehirn der Käufer eingetrieben wird, als wäre er mit rothbrennenden Buchstaben eingeätzt. Auch öffentliche Anstalten treiben, um Besucher und Benützer anzulocken, Schwindeleien so arg, dass man in Europa erstaunen würde, in Amerika lacht man darüber.

Das Furchtbarste ist die *Verfälschung der Lebensmittel*. Diese wirkt zwar nicht so gefährlich und rasch, als die der Arzneien: wo sie aber einmal ein eingewurzeltes Übel ist, da zeigen sich auch unausbleiblich die Folgen, welche in einem Siechthum bestehen, dessen Ursprung von den Ärzten nicht so leicht zu ermitteln ist. Es lässt sich ferner von Demjenigen, der einmal zur gesundheitswidrigen Verfälschung von Nahrungsmitteln greift, voraussetzen, dass er leicht zu noch stärkerer Gewissenlosigkeit übergehen wird. Auch ist nichts so geeignet, die Grundlagen des täglichen Verkehrs zu untergraben, als Unehrlichkeit jener Art, weil die Erfahrung, für sein Geld verfälschte Lebensmittel bekommen zu haben, bei den Meisten Misstrauen auch gegen ehrliche Verkäufer, bei Einigen aber die Neigung hervorruft, wieder zu betrügen.

Nirgends ist dies Übel so allgemein im Schwange, als im Morgenland. Den Türken, der eine gewisse rauhe Ehrlichkeit besitzt, ausgenommen, kann man bei jedem Orientalen darauf rechnen, im Handel betrogen zu werden, dass einem die Augen übergehen. Die Listen und Künste, welche dort zur Waarenverfälschung ausgedacht und im grössten Maßstabe angewandt werden, steigen in's Unglaubliche, an Feinheit und Verstecktheit, wie an Unverschämtheit. Der ganze Orient ist in dieser Beziehung ein unabsehlicher Markt von Listen und Betrügereien. Der abgefeimteste Mensch ist darin der Chinese. Seine schlauen Künste, den Thee zu verfälschen mit gesundheitsgefährlichen Stoffen, sind bekannt, jedoch ist es schwer, sie zu entdecken. Der Chinese gibt den Engländern in seinen Waaren das Gift zurück, das sie ihm im Opiumhandel zubringen.

Nach den Chinesen gebührt der Ruhm, in dieser saubern Industrie es am weitesten gebracht zu haben, zweifellos den Nordamerikanern. Muskatnüsse, aus Holz gedrechselt und wohlangefärbt, könnte man sich zum Spass noch gefallen lassen, aber die Verfälschung aller übrigen Waaren, insbesondere der Kolonialwaaren, der feineren Nahrungsmittel, der Getränke, der Farbstoffe u. s. w. wird in ausgedehntester Weise und nicht minder ergiebig betrieben. Ein amerikanischer Kramladen, so vollgepresst an Waaren von allerlei Arten er ist, steckt gewöhnlich ebenso voll von verfälschten. Von allen Weinen und Branntweinen ist noch lange nicht die Hälfte, vielleicht nicht ein Viertel ächt. Das Entsetzlichste ist die lachende Gewissenlosigkeit, mit welcher diese Industrie gehandhabt wird. Zum Glücke sind die gemeinen Lebensmittel in solcher Fülle und Wohlfeilheit vorhanden, dass sich deren kräftige Vermischung mit andern Stoffen nicht lohnt, obgleich Kalk und Gips im Mehl vielleicht nicht seltener sind, als rothes Bleioxyd im Cayenne und gebrannte Weiden im schwarzen Pfeffer.

Nächst Amerika möchte die Verfälschung der Nahrungsmittel und anderer Stoffe für die Haushaltung am meisten in England verbreitet sein. Man kann sich leicht davon überzeugen, wenn man in verschiedene Kaufläden tritt. In den Häusern, in welchen die Reichen einkaufen, kosten Thee, Kaffee, Zucker, Gewürze, Öl und dergleichen bedeutende Summen, man hat jedoch hier einigermaßen Sicherheit, ächte Waare zu bekommen; in den Kaufläden dagegen, deren Kunden der Arbeiter und der kleine Bürgerstand bilden, werden dieselben Waaren, angeblich auch ächt, zu einem ganz unverhältnissmäßig niedrigeren Preise verkauft. Es giebt kaum ein Nahrungsmittel für den gemeinen Mann, — und Dieser ist gewohnt, alles von Unterhändlern und kleinern Budenbesitzern zu kaufen, — welches nicht verfälscht oder dessen Ungesundheit nicht mit einem anlockenden Äussern überdeckt wäre. In Frankreich wurden bei einer allgemeinen Untersuchung beinahe in jeder Stadt eine Menge der gröbsten Verfälschungen aufgegriffen. In Italien und Spanien wird selbst der Fremde sehr bald über die verschmitzten Betrügereien belehrt werden, welche namentlich im Kleinhandel mit den täglichen Lebensbedürfnissen im Gange sind. Das gute ehrliche Vertrauen, welches in Deutschland noch zu Hause, scheint nicht wenigen Einheimischen in jenen Ländern etwas lächerlich. Ehrenhaft aber ist in der Regel der spanische Grosshändler.

Jedoch sind in jüngster Zeit auch in Deutschland Verfälschungen, wenn auch nicht gesundheitsgefährliche, entdeckt. Die gesteigerte Industrie und die Sucht, schnell reich zu werden, verführt zu schlechten Künsten, und die Vermehrung der Waarenkunde und der chemischen Stoffe giebt dazu Mittel an die Hand. Auch die gesteigerte Nachfrage trägt dazu bei, das Übel zu verbreiten. Ärmere Leute wollen selbst ebenfalls Kolonialwaaren in Menge; weil sie aber deren vollen Werth nicht bezahlen können, müssen sie neben ächter Waare viel künstlichen Zusatz in den Kauf nehmen. Hiezu kommt, dass die Gewerbsgenossen, weil ihre früheren Korporationsverbände und damit die Zunftehre gelockert sind, einander bei Verfertigung der Waaren nicht mehr kontrolliren, und dass auch der gewissenhafteste Kaufmann oft nicht im Stande ist, die verfälschten Waaren von sich abzuwehren, die er aus weit entfernten Fabriken bezieht.

Eine thätige und strenge Polizei kann allerdings dem Unwesen steuern: ihre Macht reicht jedoch nicht hin, wenn sie nicht unterstützt wird von der öffentlichen Meinung, welche laut und nachdrücklich die wirklich Schuldigen verdammen und mit Entziehung der Kundschaft bestrafen muss. Dieses Heilmittel fehlt in den Vereinigten Staaten.

Ein grosser Irrthum wäre die Meinung, dort würde nicht Alles selbst verfertigt, was man braucht zur Einrichtung der Wohnungen und Geräthe, für den Tisch, und zur Kleidung. Reichlich sind, um all die Dinge zu erzeugen, *Fabriken und Werkstätten* in Thätigkeit, und sie arbeiten bereits in Menge für die Ausfuhr, welche von der Regierung aufmerksam gefördert wird. Im Maschinenbau sind die Vereinigten Staaten das erste Land der Welt, in Kunsttischlerei, in Schlosserei, in Herstellung feiner Leder- und Kautschuksachen, in sog. Halbfabrikaten, Konserven und dergleichen können Europäer noch viel von Amerikanern lernen, und selbst in Webereien aus Baum- und Thierwolle leisten Deren Fabriken bereits Erstaunliches.

Da die gebildeten Völker heutzutage ihren Bedarf selbst erzeugen oder doch dessen Bezug von aussen längst geordnet haben, so bestrebt sich Alles, die vielen Millionen Menschen auf der Erde, die nicht zu den Kulturvölkern zählen, im Guten und Schlechten dazu zu bringen, dass sie sich an fremde Waaren gewöhnen und sie den Zuführern abkaufen. Bekanntlich leisten die Engländer das Äusserste darin, ihre Ausfuhrgebiete Andern zu versperren und neue sich zu erschliessen. Aber die Amerikaner sitzen ihnen auf den Fersen, ihre Kaufleute, Rheder und Konsuln sind in diesen Dingen noch schlauer, noch eifriger, als die englischen.

Wer nun mit der Absicht über die See gefahren ist, in den Vereinigten Staaten eine Fabrik anzulegen, hat der Erfahrung nach viel weniger Erfolg, als der, den die Umstände und sein Verstand dort allmählich zum Fabrikunternehmer gemacht haben. Die Inhaber der grössten Anlagen in den Vereinigten Staaten waren in der Regel in ihrer Jugend ohne alles Vermögen. Die meisten Fabrikzweige sind aber auch bereits von den grossen Geldreichen in Beschlag genommen. Für Unternehmer mit kleineren Kapitalien möchten sich nur noch im Westen einträgliche Geschäfte finden, wenn sie die Art und Menge ihrer Erzeugnisse nach dem Bedürfnisse der Umgegend und nach dem Umfange der dortigen Transportmittel einrichten. In den westlichen Staaten sind im Ganzen verhältnissmäßig noch wenige Anlagen der Art, und die Fabrikwaaren werden dort, weil sie die Fracht von Osten her tragen müssen, um so viel theurer verkauft. Am ersten lässt sich in den Zweigen Fuss fassen, welche sich mit der Bearbeitung der Rohstoffe, die an Ort und Stelle billig zu kaufen sind, beschäftigen, wenn die Waare sich schnell machen lässt und der gewöhnliche Mann sie täglich braucht. Dahin gehört die Verfertigung gröberer Wollenzeuge, des Fensterglases und der Gläser für die Haushaltung, des Steinguts, der Farben, der Seife und Lichte, der Tabake und Cigarren, der Zimmermanns- und Ackergeräthe.

Am wenigsten ist noch in Gross- wie in Kleinstädten das eigentliche *Kunstgewerbe* in Gold und Silber, Bronze und Kupfer, Glas und Porzellan angebauet. Frankreich,

Italien, Deutschland müssen aushelfen, je nachdem die wechselnde Mode das Eine oder das Andere verlangt. Überall würde man es gern sehen, wenn auch dieser Industriezweig, und wäre es selbst in Holzschnitzerei, meisterhaft vertreten würde. Allein sobald ein Bedürfniss in einer oder der andern Richtung sich festgestellt hat, kommt der fremde Meister viel zu spät. Es sind dann gleich Unternehmer da, welche ein grosses oder kleines Geschäft beginnen, um das Verlangte rasch und in Masse zu erzeugen und es möglichst glänzend auf den Markt zu bringen. Wie sich aber die eigentlichen Verfertiger dabei stehen, ist eine andere Frage. Sinkt der Absatz, gleich wird stark am Lohne gekürzt, wie denn überhaupt nirgendwo so herzlos mit den Arbeitern umgesprungen, so wenig auf ihre Bedürfnisse Rücksicht genommen wird, als im freien Amerika.

Verfertiger musikalischer Instrumente haben nur dann ein gutes Geschäft, wenn sie Mittelgut, und zwar fabrikweise und billig liefern. Die Zahl der Pianos, Guitarren, Flöten und Geigen, welche in den Vereinigten Staaten gekauft werden, ist gross, in demselben Verhältnisse ihre Qualität aber schlecht. Die meisten Instrumente werden daher aus England und Frankreich, noch mehr aber aus Deutschland eingeführt. Ein Lager musikalischer Instrumente in einer der neu aufblühenden westlichen Städte lohnt sich unzweifelhaft. Pianos werden aber in den Vereinigten Staaten selbst bereits in grosser Anzahl gebaut, und zwar nach einem eigenen Systeme durchgehends wie über einen Leisten, aber fest und massiv, so dass sie etwas aushalten können, und dennoch nicht ohne Geschmack. Mit künstlerisch ausgezeichneten und deshalb theuren Waaren, wenn sie nicht Mode werden, macht man in den Vereinigten Staaten keine Geschäfte, aber eben so wenig mit schlechten: das Volk will mit Mittelgut bedient sein, das Geschmack und Solidität vereinigt. Ein Instrumentenmacher findet aber auch blos durch Ausbessern der Instrumente, vielleicht schon allein durch Stimmen der Pianos eben so sichern als reichlichen Unterhalt. Orgelbauer haben überall zu thun. Das Holz und Metall, welches sie gebrauchen, ist in Amerika in bester Güte und billig zu bekommen, und die Orgeln werden gesucht und theuer bezahlt. Die vielen neuen Kirchen, die gebaut werden, wollen alle Orgeln haben. In den altamerikanischen Familien sind auch kleine Orgeln zum Hausgottesdienste gebräuchlich. Der Orgelbauer muss aber um eines sich vorab bemühen, nämlich von den Predigern und Kirchenvorstehern sich vortheilhafte Zeugnisse über Charakter und Talent zu verschaffen.

Der Meister in rascher Herstellung *chirurgischer Instrumente* sind verhältnissmäßig noch wenige da, obgleich man nach ihnen in den Grossstädten verlangt. Auch die vollständigsten Bestecks, welche aus Europa eingeführt werden, können niemals alles das enthalten, was je nach Umständen bei chirurgischen Operationen und Kuren nothwendig wird. Allerlei Arten von Messern und Schneidezeug werden dagegen in den Fabriken vortrefflich verfertigt oder aus Europa eingeführt. Nur aber wer ein glänzendes Schaufenster voll feiner Stahlwaaren vorzulegen hat, kann auf Absatz rechnen. Dem einwandernden Handwerker steht nicht allein die grosse Mitbewerbung der Fabriken, sondern auch dies im Wege, dass das Suchen nach guten Waaren sich auf einige grosse Geschäftsstrassen beschränkt. In solchen aber sind die Läden schon besetzt, und der Ankömmling, der in die hintern Strassen muss, erfährt voll Unmuth, dass seine Waaren gar nicht bekannt werden. Will er sie an den Mann bringen, so muss er den grossen Ladenhaltern den besten Theil des Gewinnes lassen.

In den Vereinigten Staaten gehen die Geschäfte der *Mechaniker, Uhrmacher, Optiker, Gold- und Silberarbeiter* häufig in einander über. Sehr viel dessen, was sie verfertigen, wird noch von aussen importirt, und damit handelt dann Jeder, wie man denn überhaupt dort Kaufmann für alles ist. Das eigene Arbeiten in diesen Fächern beschränkt sich dagegen grossentheils auf Reparaturen, ist aber trotzdem sehr einträglich.

Die Gehäuse zu den Uhren, welche die Amerikaner, denen ja Zeit Geld ist, in Unzahl brauchen, werden in den Vereinigten Staaten selbst fabrikweise hergestellt, und das von aussen hergekommene Uhrwerk wird dort hineingesetzt. Ein Schaufenster voll glänzender Uhrgestelle und höchst zierlicher Damenührchen mit einem Lager recht solide gearbeiteter Taschenuhren, Brillen, Fernrohren, Gold- und Silberarbeiten an einer der Hauptstrassen nährt trefflich seinen Eigenthümer.

Physikalische Instrumente werden sehr reichlich sowohl in Schulen, als von Privaten gebraucht. Die gewöhnlichsten derselben kommen aus den Fabriken; will man etwas ganz Vorzügliches haben, bestellt man es in Europa. Ein Optiker und Mechaniker muss daher vor allen Dingen Händler sein. Erst wenn er durch ausgezeichnete Instrumente eigener Arbeit die Aufmerksamkeit auf sich gezogen hat, was gar nicht leicht ist, lässt er den blosen Zwischenhandel in den Hintergrund treten. An Reparaturarbeiten wird er aber keinen Mangel haben.

Schmucksachen und Silbergeräth werden in ausserordentlicher Menge gekauft, hauptsächlich aber französische Waare oder was dafür ausgegeben wird. Ein Gold- und Silberarbeiter aber, der den amerikanischen Geschmack recht zu treffen weiss, wird wohl auch die Konkurrenz mit den französischen Waaren bestehen können; jedoch bedarf er zum Beginn seines Geschäftes, weil er damit gleich stark auf den Markt treten muss, einigen Kapitals. Auffallend ist aber, wie wenig der Amerikaner Geräth und Festgeschenke nach eigenen Ideen bestellt.

Der *deutsche Buchhandel*, den man noch vor nicht langer Zeit für die Vereinigten Staaten für so gut als unmöglich erklärte, hat in den letzten Jahren zahlreiche Vertreter gewonnen. Indessen kann nur die Minderzahl blos vom Buchhandel leben, die Andern müssen im Buchladen auch zugleich ein Lager von Gold- und Silberfedern, Schmuck- und Porzellansachen, Uhren, Flinten, homöopathischen Medizinkästchen und dergleichen unterhalten und ihr Schaufenster immer vorzüglich glänzend auslegen. Der deutschen Literatur wird durch Herumtragen und persönliches Empfehlen der Bücher, durch Lesezirkel und fortlaufende Anzeigen und Auszüge in den Blättern fort und fort mehr Bahn gebrochen. Der Nachdruck aber wird in keinem andern Lande in solchem Umfange und so schamlos betrieben, als in Amerika.

Schliesslich möge hier noch die grosse Menge von *Handlungsgehülfen* und Handlungslehrlingen erwähnt werden, welche jährlich aus Deutschland nach den Vereinigten Staaten geht. Finden sie eine Stelle in einem Komptoir oder Laden, so erhalten sie ein ziemliches Gehalt, bringen es aber auch gewöhnlich durch und machen Schulden obendrein. Ihrer sind viele von einer albernen Wuth ergriffen, für vornehme Herren zu gelten, putzen sich mit breiten Goldsachen heraus, schämen sich, ein deutsches Wort hören zu lassen, und schliessen sich an junge Amerikaner vom Handelsfache an, um es ihnen in den frechsten Vergnügungen gleich zu thun; sie äffen deren republikanischen Trotz nach, aber noch lieber deren wilde Gemeinheiten. Verhältnissmäßig Wenige benutzen gleich den deutschen jüngeren Handwerkern die vortreffliche Gelegenheit, in den amerikanischen Städten, wo ihnen so viele Bildungsanstalten offen stehen, sich Kenntnisse aller Art zu erwerben, sich mit dem Gange des Welthandels, den man nirgend besser als in Amerika überschauen kann, vertraut zu machen und die Wirkungsweise und Erfolge der dortigen Staatseinrichtungen zu beobachten.

Sehr schwer hält es aber für einen deutschen Handlungslehrling, erst eine Stelle zu finden. In Amerika, wo so viel Gesindel zusammenläuft, ist es schon lange bei den deutschen Handlungshäusern Sitte geworden, die für sie brauchbaren jungen Leute gleich in Deutschland durch

Geschäftsfreunde annehmen zu lassen. Wer daher keinen Verwandten oder Freund seiner Familie unter ihnen hat, kann mit ziemlicher Gewissheit darauf rechnen, dass alle seine Stellengesuche lange Zeit abgewiesen werden, und wäre er auch befrachtet mit Empfehlungsbriefen. Gewöhnlich gesellt er sich dann der auffallend grossen Anzahl seiner Unglücksgenossen zu, welche warten und warten, bis sie zu den gröbsten Arbeiten ihre Zuflucht nehmen müssen, um ihr Leben zu fristen. Klüger handelt, wer mit dem wenigen mitgebrachten Gelde gleich in's Innere des Landes geht, sich umsieht und sofort auf eigene Rechnung kleine Handelsgeschäfte macht. Ein junger Mann z. B., der eben in New-Orleans gelandet, hört in St. Louis, dass dort die Zwiebeln das Büschel zu 1 Dollar gekauft und gesucht werden; auf seiner Weiterreise in Galena erkundigt er sich bei den Farmern, welche mit Zwiebeln auf dem Markte ausstehen, wie theuer sie dort und auf ihren Farmen verkaufen. Jetzt miethet er sich Pferd und Wagen, fährt bei den Farmern auf ein paar Meilen von der Stadt umher, kauft eine Ladung Zwiebeln, das Büschel zu $1/4$ Dollar, kauft Fässer und Säcke, packt die Zwiebeln ein und fährt mit dem nächsten Dampfschiff nach St. Louis; dort stellt er sich mit seinen Zwiebeln auf den Markt oder bietet sie in den Gasthöfen an, und macht vielleicht in drei Fahrten seine 300 Dollars in dem Zwiebelgeschäft. Mit diesem Gelde legt er nun irgendwo einen kleinen Laden von gangbaren Sachen an, die sich rasch umsetzen, verdient dabei und schafft sich nach und nach mehr an, nachdem er gemerkt hat, was sich am besten verkaufen lässt. Einige Jahre weiter, so gründet er mit dem erworbenen Gelde ein grösseres Kaufgeschäft in einer bedeutenderen Stadt, die Sendungen aus den östlichen Staaten werden stärker und gewinnreicher, zuletzt wagt er es schon, durch ein Handlungshaus in Europa sich Waaren schicken zu lassen. Natürlich verrechnet er sich manchmal, geräth mit Anderen in Verbindung, deren luftige

Spekulationen auch seinen Ruin nach sich ziehen, aber trotz wiederholten Fehlschlagens seiner Pläne arbeitet er sich immer wieder hervor, und sieht sich im höheren Mannesalter endlich als Herrn ausgebreiteter Geschäfte und Besitzungen. — Fragt man heutzutage, wo auf Erden am eifrigsten und rastlosesten gesonnen und geplant wird, um neue Handels- und Erwerbswege einzuschlagen, so sind es natürlich jene Gebiete, die erst jüngst von Europäern in Ansiedelung genommen sind. Nach ihnen kommen nicht England, Holland, Belgien und Skandinavien, nicht Frankreich, Italien und Spanien, nicht Morgenland, Persien, Indien und China: in diesen Ländern bewegt sich das Erwerbsleben in althergebrachten und tief eingefahrenen Geleisen. Ganz anders geht es her in Nordamerika, Russland und Deutschland. In den Vereinigten Staaten herrscht die rechte Phantasie und Leidenschaft des Erwerbes, dort kann jeder Geschäftsmann rasch und viel lernen. In Russland schleppt sich zwar der Handel zu einem grossen Theile noch von einer Messe zur andern, allein im Wagespiel, in der Menge neuer Erwerbszweige und junger Anfänger und im persönlichen Kredit wird in Russland die Ähnlichkeit mit Nordamerika täglich auffallender. Deutschland aber steuert mit allen Kräften wieder der Höhe der Reformationszeit zu, in welcher es nicht blos in Waffenmacht wie in geistiger Kraft und Freiheit das erste der Länder war, sondern auch in Handel und Gewerbe, in Kunst und Reichthum nur an Italien eine ebenbürtige Schwester hatte.

XIII. Kunst und Wissenschaft der Amerikaner.

Die Jugend der Vereinigten Staaten bekundet sich in der Schwäche ihrer höheren Bildungsanstalten. Von den gesammten Studien und Vorarbeiten für wissenschaftliche Fächer fallen auf sie kaum drei Zehntel, auf das Lernen unmittelbar aus der Praxis, höchstens unter Anleitung eines Meisters, fallen sieben Zehntel. Für die Kunst giebt es noch gar keine Hochschule, nur erst Anfänge von Lehranstalten.

Wissenschaftliche höhere Schulen entstanden aus dem kirchlichen Bedürfniss, dass Prediger gebildet werden mussten, Rechts- und Arztschulen schlossen sich zwar an, jedoch die kirchlichen Genossenschaften behielten die Vorhand. Das Beispiel, welches die Staatsuniversität in Michigan gab, die im Jahr 1837 gegründet wurde und unter Antrieb und Leitung des Philosophen Jappan einen freieren Aufschwung nahm, suchten auch andere Universitäten, welche von Staatsmitteln lebten, nachzuahmen; allein die Schwierigkeiten wollten nicht weichen, die Wissenschaftlichkeit blieb gering, die Kirchlichkeit maßgebend. Die Cornell-Universität jedoch in Ithaka im Staate Neuyork wächst heran nach deutschem Muster, ein Verdienst hauptsächlich ihres Rektors White, der früher amerikanischer Gesandter in Berlin war und, wo es nöthig wurde, seiner Hochschule aus seinem eigenen Vermögen Beihülfe leistete. Was aber dieser Hort ächter, aber durchaus nicht irreligiöser Wissenschaft bis auf den heutigen Tag an Verketzerung zu leiden hat, lässt sich nicht beschreiben und bleibt ein Schreckmittel für ähnliche junge Anstalten. Gleichwohl regt sich die Sehnsucht, das drängende Bedürfniss nach freierer Bewegung an den meisten höheren Lehranstalten, und die Fortschritte, die sie in wahrhafter und allgemeiner Pflege der Wissenschaft im letzten Jahrzehnt gemacht haben, sind ebenso bedeutend, als erfreulich.

Noch aber entspricht dem niedrigen Stande der Hochschulen das sehr geringe Maß wissenschaftlicher Leistung. Zu dem grossen geistigen Erbschatze der Kulturvölker haben die Bewohner der Vereinigten Staaten, wenn man Bibelkritik, Gesellschaftslehre, Völkerrecht, Straflehre, Erforschung der amerikanischen Vorgeschichte und einige Bereicherung philosophischer Betrachtungsweise ausnimmt, doch gar wenig beigetragen. Nur in der Geschichte haben die Amerikaner Treffliches geleistet, die glänzenden Namen von Washington Irving, Bancroft, Prescott, Motley und Ticknor werden nicht wieder erbleichen.

Beklagenswerth ist deshalb das Loos des *blosen Gelehrten*. Er entbehrt in den Vereinigten Staaten der literarischen Luft, welche er zur Anregung bedarf. Er findet sich vereinsamt unter einer Menge ehrenwerther Leute, von denen ihn aber Keiner versteht. Nicht wenig von dem, was in Deutschland mit so ausserordentlichen Opfern von Zeit und Lebenskraft gelernt wird, ist in Amerika geradezu nicht an den Mann zu bringen, Bücher darüber fanden weder Verleger noch Leser. Ein deutscher Jurist übersetzte einmal Mackeldey's Lehrbuch des römischen Rechts, erhielt wirklich von bekannten dortigen Juristen einige Empfehlungen des Buches für die Zeitungen, liess es auf seine Kosten mit passenden Noten drucken, und — setzte keine hundert Exemplare ab. Selbst der Gelehrte, der sich bereits Namen erworben hat, muss ein rechter Geschäftsmann sein, wenn er auch Geld und Einfluss erwerben will. Und kann er das nicht, so wird er den nützlichen Leuten zugerechnet, welche für die kleinen Lebensbedürfnisse arbeiten. Der Amerikaner denkt: so viel Einer Geld erwirbt, so viel sind seine Kenntnisse und sein Verstand werth. Gegen den Mann, der Fabriken anlegt, Eisenbahnen befördert, in kommerziellen Angelegenheiten mit entscheidet, in öffentlichen Ämtern dem Lande nützt, gilt der blose Gelehrte sehr wenig.

Naturwissenschaftliche Kenntnisse, welche praktische Früchte bringen, werden daher am meisten geachtet und gepflegt. Aus andern Wissenschaften muss man das Populäre, insbesondere das Gemeinnützige herausziehen und unter die Leute bringen, wenn man sich nicht mit einem dürftigen Kreise von Kennern und Schülern begnügen will. Erst unter den jüngeren Leuten ist hier und da eigentlich wissenschaftlicher Sinn rege geworden. Beispiele solcher Deutschen sind nicht selten, welche durch ihren wissenschaftlichen Trieb sich in Deutschland eine Stellung errungen hätten, in Amerika aber, weil sie nicht Glanz und Geschrei um sich zu verbreiten wissen, in mancherlei Widerwärtigkeiten stecken bleiben und langsam ihre geistigen Kräfte ausgeben bis zur Ermattung und ohne irgend entsprechende Frucht.

Die *hohe Kunst* findet in den Vereinigten Staaten schon viele Gönner, jedoch selten Kenner. Das Volk dieses Landes versteht im Ganzen genommen nicht nur bitterwenig davon, sondern es leidet auch an einem merkwürdigen Grade von Geschmacklosigkeit. Obgleich man in den Seestädten bereits hier und da warme Verehrer der Kunst findet, und von den Reichen schon des Scheins höherer Bildung wegen die Kunst unterstützt wird, so werden dennoch die einheimischen sowohl als die einwandernden Künstler noch unendlich viel zu schaffen und auszustehen haben, ehe sie unter diesem Handelsvolke die erhabene Kunst zu ihrem Rechte bringen. Letzteres wird ohne Zweifel nicht ausbleiben; denn die

Reichthümer und die Lebenslust sind da, und auf diese gestützt wird die Kunst endlich ihre Feinde, die Geldmachersucht, die Puritanerwirthschaft und die Kopfhängerei besiegen, und wie sie es von jeher unter allen Handelsvölkern, insbesondere in den reichen lebensvollen Handelsstädten Italiens, der Niederlande und Deutschlands, gethan hat, auch unter den Amerikanern ihre strahlende Wohnung aufschlagen. Die Kunstpflege macht rasche Fortschritte, sie kam in Mode. Im vorigen Jahr verbanden sich vier Städte zur Errichtung von Gemäldegallerien und eine jede brachte 2000 Dollars auf, um Bilder anzukaufen. In diesem Jahre waren es bereits eilf Städte, welche Preise von je 2000 Dollars nebst Ehrenmünzen auf die besten Kunstwerke setzten. Die Mode ist ja bei allen Leuten, deren geistiger Gehalt zehnmal geringer ist, als ihre Eitelkeit und Ehrsucht, eine Herrin, unter deren Gebot sie sich blindlings fügen. In den Launen der Mode muss unter Kunstbarbaren der Künstler Anregung und Unterstützung suchen.

Wirkliches Verständniss findet die reine Kunst, die ihrer selbstwegen schafft, zur Zeit noch am ersten unter reichen Grundbesitzern in Virginien, bei einigen deutschen Grosshändlern, sowie bei solchen Eingebornen, die längere Zeit in Europa verweilten. Unter den ausgezeichneten Künstlern unserer Zeit finden sich auch amerikanische Namen: das Vaterland gab ihren Trägern nur die Geburtsstätte, eine heimathliche Luft, in welcher sie athmen und gedeihen können, suchen sie sich noch in Paris, Florenz, Rom und München. Die zarten Geister der Kunst fürchten sich, in dem heissen Wirbel der Geschäfte die Flügel zu versengen, und wollen sie dennoch niederschweben und sich häuslich niederlassen, so stört und bedrückt sie das ewige Klingen und Rasseln des Dollars. In Amerika will sich selten jene köstliche Ruhe der Seele einstellen, aus welcher die stillen, hehren Ideen aufsteigen, und immer fehlt es an der vollen Hingebung des Gemüths und Strebens, durch welche allein sie sich darstellen lassen. Wären die alten Florentiner und

Venetianer beständig in solcher Geschäftshetze, wie sie in Amerika landesüblich, umher getrieben gewesen, so würden wir uns wohl der Kunstblüthe ihrer Stadt wenig erfreuen. Weshalb ist Neapel so arm an einheimischer hoher Kunst? Warum stehen dort so wenige herrliche Erzbilder und schöne Hochgebäude? Weil dort, wenn auch aus andern Ursachen, eine ähnliche Hast und Unruhe des Lebens herrscht, wie in den Vereinigten Staaten.

Wohl aber finden alle die *kleinen Künste*, welche mehr zur Verzierung und Anmuth des Daseins, als zur Erhebung der Seele thätig sind, bei den meisten Amerikanern reichliche Unterstützung. Neben vielen verzerrten grossen Bauwerken lieben sie es, ihre Häuser durchweg niedlich zu bauen und geschmackvoll einzurichten. Zwar hält es sehr schwer, sie ausser demjenigen, was sie einmal für hübsch und hinreichend halten, noch an eine neue Zierde zu gewöhnen, aber ist dies einmal gelungen, dann wollen sie auch gleich alle etwas davon haben und bezahlen reichlich. Ist einer der unzähligen jungen Künstler, welche in Deutschland halb müssig sind, mit der schnellen Anfertigung kleiner Kunstwerke vertraut, die angenehm und glänzend ins Auge fallen, so mag immerhin ein kurzer Aufenthalt in den Vereinigten Staaten die Reisekosten vergüten, nur darf er von vornherein nicht daran denken, in Amerika bleiben zu wollen.

Verirrt sich aber ein grosser Künstler mit europäischem Namen dorthin, so fliegen ihm wahrscheinlich die Bestellungen zu, denn es spricht die Eitelkeit für ihn mit. Sterne geringeren Grades dürfen erst dann hoffen, dort zu glänzen, wenn sie ziemlich Lehrgeld gegeben haben.

Der Künstler muss auch Geschäftsmann sein, — darin liegt in Amerika das Geheimniss seines Gedeihens. Das wiederholt sich bei all den verschiedenen Kunstfächern, über welche hier noch einige Bemerkungen folgen mögen.

Deutsche *Bühnenkünstler* dürfen in den Vereinigten Staaten noch am wenigsten auf Unterhalt rechnen. Ihre Landsleute sind noch zu sehr auf die Erwerbung des eigenen

Unterhalts angewiesen, und die Wohlhabenderen darunter sind der Mehrzahl nach keine Beförderer der Schauspielkunst. Deshalb können die stehenden deutschen Theater, wie sie in den Grossstädten versucht sind, in andern nur mit Mühen sich halten. Ein deutscher Schauspieler findet wahrscheinlich sich zuerst darauf angewiesen, durch Errichtung und Leitung eines Liebhabertheaters, zu welchem sich vielfach Neigung zeigt, seinen Erwerb zu suchen, oder wie man in Amerika sagt, sein Leben zu machen. Kann er im Englischen sich wohltönend ausdrücken, so kann er vielleicht auch Nebenrollen auf englischen Bühnen bekommen. Rechte Weihe der Kunst wohnt auch auf diesen nicht häufig: sie dienen der Unterhaltung. Dem gewöhnlichen Amerikaner ist es schwer verständlich, dass das Theater noch einen edleren Zweck haben solle, als Vergnügen. Manche halten den Besuch sogar für etwas sündlich.

Ein *Bildhauer* muss schon bedeutende Gönner haben, wenn er nicht ohne Beschäftigung sein will. Die Kirchen werden zwar ausgeschmückt, aber nur mit etwas leichter Steinmetzarbeit. Die Katholiken bauen indessen stattliche Steinkathedralen, welche die Bildhauerkunst in Anspruch nehmen. Jedoch wetteifern in jüngster Zeit die Grossstädte, prachtvolle Börsen und Rathhäuser, Brücken und Hafenbauten herzustellen, an und vor denen es an Bildsäulen und anderm künstlerischem Schmuck in Stein und Erz nicht fehlen darf. Grosse Werke werden aber der Regel nach nur an ausländische berühmte Namen oder an einheimische Künstler gegeben. Der Neid der Letzteren ist ausserordentlich. Ich erinnere mich eines ausgezeichneten deutschen Bildhauers in Washington, der sich trotz der Gunst des Präsidenten dort nicht halten konnte, er wurde meuchelmörderisch überfallen und war seines Lebens nicht sicher. Beliebte Gegenstände der Bildnerei sind Büsten und Grabmäler. Auf den Schmuck der Gräber wird gern eine Summe Geldes verwendet, und schöner, als in vielen Städten der Vereinigten Staaten, können geliebte Todte wohl nicht gebettet sein. Man sucht zu Friedhöfen wo möglich sanft ansteigende Hügel und Haine zu bekommen, an und auf denen die Grabmäler zerstreuet sind im Waldesschatten. Schade nur, dass der Bildhauer selbst seinen wohlverdienten Lohn sich in der Regel muss verkürzen lassen. Will er eine kleine hübsche Skizze, die eine Szene aus der Landesgeschichte darstellt und ansprechen möchte, ausführen, so muss er sich hinter einen Händler stecken, damit dieser ihm eine reiche Familie auftreibe, welche das Werk bezahlt: der Kunsthändler zieht dafür mindestens ein Drittel des Honorars. Handelt es sich um Statuen und Bildwerke, welche die öffentlichen Plätze, Gebäude und Kirchen schmücken sollen, so sind gleich Unternehmer, ja ganze Gesellschaften von Unternehmern dahinter her, welche durch Mittel, die von Kunstpflege weitab liegen, die Bestellungen an sich reissen und alsdann, um den Preis marktend, die Künstler gleichwie Arbeiter dingen.

Man bauet in den Vereinigten Staaten sehr viel, und mit Vorliebe werden jetzt auch grössere Bauten unternommen. Einem *Architekten*, der in einer Stadt von sich sprechen zu machen weiss, blühet leicht ein herrliches Geschäft. Insbesondere freut er sich einer Menge zierlicher Landhäuser, welche er zu bauen erhält. Aber bis ein deutscher Einwanderer in Mode kommt, vergehen, wenn er nicht ganz besonderes Glück hat, mindestens einige Jahre, und nur Wenigen ist es gegeben, die amerikanischen Mittel zu gebrauchen, um sich Gönner und Kunden zu verschaffen. Städtische oder kirchliche Bauten erhalten in der Regel nur geborne Amerikaner und unter ihnen Derjenige, welcher der gerade herrschenden Partei sich nützlich gemacht, oder sich eine Zeitlang musterhaft fromm und kirchengängerisch dargestellt hat. Der Architekt muss darauf aus sein, selbst Gebäude zu häuslichem und öffentlichem Zweck auszudenken, durch reizende Zeichnungen von Grundrissen und Ansichten anzulocken, um Gesellschaften zu bilden, welche das Kapital zur Ausführung stellen. Gelingt es ihm, durch Stadtbeamte, Prediger und andere einflussreiche Personen zum Bau einer hübschen Kirche zu kommen, und lässt er dann sein Werk in den Zeitungen gehörig ausposaunen, so braucht er um dauernde und äusserst einträgliche Beschäftigung nicht mehr zu sorgen. Die gewöhnlichen Bürgerhäuser werden einfach, aber höchst zweckmäßig gebaut; jedoch kommen sie gleichsam fertig aus der Fabrik, eines ist gerade so wie das andere. Man bestellt sie bei Baumeistern, die in der schönen Baukunst noch zurück sind, jene Häuser aber, und zwar theilweise aus eigenem Vorschuss, in wenigen Wochen zusammensetzen. Um mit diesen Baumeistern glücklich zu konkurriren, muss einer erst gründlich das Kaufmännische des Geschäfts lernen; einträglich ist es zwar, aber für den wirklichen Architekten bleibt es doch eine einförmige Beschäftigung. Wenn bei alledem viele grossartige und meistens auch kunstschöne Gebäude gerade von deutschen Architekten herrühren, so ist auch das ein Zeichen, was Alles ein gescheidter Mann in den Vereinigten Staaten ausrichten kann.

Die verschiedenen Zweige der *Malerkunst* werden schon ziemlich in Anspruch genommen, am wenigsten natürlich der erste derselben, die Geschichtsmalerei. Die Kirchen sind in puritanischer Anschauungsweise gewöhnlich bilderlos, selbst die katholischen entbehren in einem auffallenden Grade der Gemäldezierde. Die öffentlichen Gebäude werden nur erst hie und da mit Darstellungen aus der Landesgeschichte geschmückt. Die meisten reichen Kaufleute und Pflanzer aber denken noch nicht daran, die Wände ihrer Wohnungen mit anderm zu bedecken, als mit Tapeten und etwas Pinselei. Genrestücke sprechen schon viel eher an und werden in den Empfangzimmern gern aufgehängt. Landschafter, welche im Fluge amerikanische Fluss- Wald- und Seebilder darzustellen wissen, werden eine gut bezahlte Reise durch die Staaten und eigenthümliche Studien dazu machen; die wilde Schönheit mancher

Partieen des Landes wird in ihrem Gedächtnisse nie wieder erlöschen. Bei weitem am meisten gesucht und bezahlt werden die Gesichtsmaler, in Gross und Klein, in Öl, Pastell, Kreide oder Tusche. Der Amerikaner hat eine wahre Leidenschaft, sich abgemalt zu sehen, und das prunkendste Empfangszimmer wäre nicht vollständig, wenn nicht ein paar schlechte Familienstücke an den Wänden und eine Anzahl Miniaturen auf dem Buchtische (Centretable) wären. Ein Pastellmaler, der sich geltend zu machen verstände und unter den Farmern umherzöge, bekommt seine Taschen voll Geld. Jeder Farmer will seiner lieben Familie Bildnisse haben, und das gewöhnlichste Freundschaftsgeschenk ist das eigene holde Portrait. Wer daher schnell zu portraitiren, und insbesondere die Personen etwas schauspielerisch in's Licht zu stellen versteht, wird Zulauf haben, sobald er sich durch Aushängen und Anpreisen seiner Stücke einmal in Gang gebracht hat. Das Photographiren aber ist eine Kunst, in welcher der Amerikaner selbst das Ausgezeichnetste leistet.

Dekorationsmaler finden mancherlei Beschäftigung, weil man effektvolle Bilder sowohl auf der Bühne, als in öffentlichen Darstellungen und Hallen sehr gern hat. Zahllose Wirthshausschilder und Fahnen verlangen ebenfalls ihre Helden. Dagegen mag es, Stadt- und Landhäuser der Millionäre ausgenommen, wenigstens im ganzen Westen noch keine zehntausend Häuser geben, die ein kunstschön bemaltes Zimmer haben.

Holzschneider und Lithographen bekommen bedeutende Bildwerke selten auszuführen, und arbeiten sie von selbst dergleichen, so müssen sie dieselben den Amerikanern gleichsam als eine Ehrensache aufnöthigen, sonst werden sie sich Jahrelang nach Käufern umsehen. Aber verlangt wird eine unglaubliche Menge von Geschäfts- und Visitenkarten, Banknoten- und Siegelformen, Bildern für Schulbücher und Zeitungen, Zeichnungen von Maschinen und Erzeugnissen, und Landkarten jeder Art. Von diesen kleinen Werken kann man daher leben, aber für's Erste auch nicht viel mehr, da Arbeiten dieser Art ebenfalls zu denen gehören, für welche die Amerikaner besonderes Geschick haben und denen sich daher viele von ihnen widmen.

Zeichnenlehrer, wenn sie erst einmal in einigen Familien Eingang haben, werden viele Schülerinnen bekommen; denn Zeichnen rechnet man jetzt einmal mit zur feinen Erziehung, und kein junges Mädchen kann sich enthalten, einer solchen nachzustreben. In den Knabenschulen wird dagegen für Zeichnen wenig gethan.

All diese Maler müssen bedacht sein, sich die Zeitungsschreiber zu Freunden zu halten und von ihren Werken stets ein paar Stücke an den Schaufenstern der Juweliere, Buchhändler und wenigen Gemäldehändler zu haben, damit immerfort von ihnen gesprochen wird. Hat der Künstler einmal in einer Stadt einige Gönner, so wirkt zu seinen Gunsten, dass er als einheimischer Künstler dieser Stadt Ehre mache; denn die Amerikaner bilden sich gern etwas darauf ein, dass sie auch in ihrem Lande Kunst befördern, und manche thun etwas für einen Künstler, blos weil er Mitbürger ihrer Stadt ist. Nur auf diese Weise, dass er sich nämlich ganz amerikanisch hält, kann der Ankömmling einem ihm als Fremden ungünstigen Vorurtheile begegnen, mit welchem man nur in Amerika selbst geborne Künstler zu heben sucht.

Am sichersten unter den Künstlern fahren in diesem Lande diejenigen, welche *Musik und Gesang* zu ihrem Beruf gemacht haben. Der gewöhnlichste deutsche Musiker, und wenn er auch noch so grämlich seine Geige spielt oder noch so schaurig seine Klarinette bläst, findet ein Unterkommen, sei es bei den Theatern oder bei den Regiments- und andern Musikbanden. Die Musik ist grösstentheils in den Händen der Deutschen, den englischen Kirchengesang ausgenommen. *Musiklehrer*, wenn sie nicht sehr ausgezeichnet sind, werden in den Familien zwar nicht vorzüglich geachtet, aber doch gut bezahlt. Es ist eine wahre

Wuth, Musik zu lernen, und wer nur ein etwas reines Gehör aus Deutschland mitbringt, hat in diesem höllischen Singsang und Geklimper, welche bei grossen und kleinen Festen aufgeführt werden, seine arge Noth. Deutsche werden sowohl als ausübende Künstler, wie als Musiklehrer selbst den Italienern vorgezogen. Die Musik hat sich jetzt gleichsam des Landes bemächtigt, und wenn es auf die Menge dessen ankommt, was in Familien musizirt wird, so steht eine amerikanische Stadt noch über einer deutschen. Jedes Mädchen will eine Dame werden, wie denn überhaupt kein Amerikaner daran denkt, sich freiwillig auf eine niedere Gesellschaftsstufe zu beschränken. Jeder strebt nach modischer Bildung, und etwas Musik gehört nun einmal unumgänglich dazu. Freilich läuft die musikalische Bildung öfter nur darauf hinaus, ein paar beliebte Stückchen fertig abzuspielen und abzusingen, und ein Deutscher möchte sich manchmal gern verstopfte Ohren wünschen. Dringt ein Musiklehrer auf gründliche Bildung, so kann er bei den meisten Familien darauf rechnen, dass sie ihn abdanken. Es verfehlen deutsche Musiklehrer auch wohl dadurch, dass sie sich irgend einer fröhlichen oder genialen Laune überlassen. In solchen Dingen versteht aber der Amerikaner keinen Spass, er ist ein prosaischer, nüchterner Mann und verlangt auch vom Musiklehrer seiner Töchter, dass er ein pünktlicher, kaltverständiger, und immer wohlgebügelter Mensch sei.

Neben so manchem wirklich vorzüglichen deutschen Musiklehrer und Virtuosen, der nach den Vereinigten Staaten verschlagen ist, trifft man hin und wieder dort auch auf vortreffliche *Sänger*. Sie finden in den grossen Städten ausser den Unterrichtsstunden durch Konzerte, die sie selbst geben, oder bei denen sie mitwirken, einige Beschäftigung. Überhaupt wird aber der Ankömmling zu seiner Verwunderung wahrnehmen, welche ausgezeichnete deutsche Musik- und Gesangstalente bereits hie und da einheimisch geworden sind. Blose Sänger, und wäre ihre Kunst noch so vollendet, müssen sich, wenn sie nicht am Theater allein ihr Glück versuchen wollen, bequemen, Stunden zu geben und sich dabei in den Familien so beliebt machen, dass sie von Zeit zu Zeit ein Konzert veranstalten können.

Durchreisende Künstler machen die glänzendsten Geschäfte, wenn sie entweder einen berühmten Namen haben, denn dann sticht die Eitelkeit die Amerikaner, es den Europäern an Verehrung und Bewunderung der Kunsthoheit zuvorzuthun; oder der Künstler muss einen pfiffigen und rastlos thätigen Begleiter haben, welcher das Geschäftliche besorgt, d. h. durch allerlei merkwürdige Künste den Geschmack des Publikums zu Gunsten seines Prinzipals zu bearbeiten und auszubeuten versteht. Ohne einen solchen hülfreichen Genius kann auch ein berühmter Künstler in Amerika betteln gehen. Ein Pröbchen solcher Industrie war das folgende. Der Geschäftsführer bestach erst zwei Zeitungsschreiber, diese brachten ihre Genossen von der Feder zu einem Souper mit, wo der Künstler mit Champagner und Musik bewirthete. Dabei wurde der Plan verabredet. Die meisten ergossen sich Tags darauf in Lobeserhebungen, andere kämpften dagegen an, mussten sich aber, nachdem sie den Künstler in seiner Wohnung noch einmal gehört hatten, für besiegt erklären. Dies Scheingefecht machte das Publikum gespannt, der Künstler trat auf, hatte ein volles Haus, und für Blumenkränze und Klatscher war gesorgt. Nun war aber ein Hauptredakteur absichtlich vernachlässigt, dieser brachte eine giftige Kritik, die andern fielen darüber her, und es kam zu argen Dingen. Jetzt war das Spiel gewonnen, es gab ein grosses Aufsehen, der Künstler erschien als Gegenstand finsterer Ränke, und die Leute rannten nach seinen Konzerten.

Eine ausserordentlich grosse Menge von *jungen Leuten*, die in Deutschland auf höheren Schulen *studirten*, kommt, um ihr Glück zu machen, mit kaum noch ein paar hundert Thalern in der Tasche, in Amerika an, als da sind Philologen, Theologen, Mediziner, Juristen, Ingenieurs, Forst-

und Bergleute. So viel ist gewiss, Jeder von ihnen, der nur einigermaßen Arbeitslust und Ausdauer hat, findet, wenn er nicht halb vernagelt und insbesondere nicht gar zu eigensinnig ist, sondern sich zu fügen und zu schmiegen versteht, für den Anfang wenigstens seinen Unterhalt dort, und nach einer längeren oder kürzeren Lehr- auch Leidenszeit so viel, dass er einen einfachen Haushalt führen kann. Die grosse Mehrzahl kommt darüber nicht hinaus. Nur Wenige schwingen sich in die Höhe und gelangen zu grösserem Besitzthum; aber mit derselben rastlosen Energie und Wachsamkeit, die sie dort anwenden, würden sie auch in der alten Welt sich hervorgethan haben. Freilich wäre es möglich, dass sie hier, wo so Vielerlei manchen jung aufstrebenden Geist niederhält und langsam aufreibt, frühzeitig lässig und verdrossen geworden wären, während das amerikanische Leben die Arbeits- und Geisteskraft herauslockt und herausnöthigt. Wenn ferner Stand und Einkommen, welche junge Männer sich durchschnittlich in Amerika erringen können, lange nicht so angenehm sind, wie sie ihnen vielleicht später in Deutschland zu Theil geworden wäre, so bleibt doch ein Vorzug: sie können sich nämlich in Amerika zehn Jahre früher ihren eigenen Hausstand gründen.

Jeder dieser jungen Leute bringt gewöhnlich seinen amerikanischen Lebensplan fertig im Kopfe mit sich: wenige Wochen in der neuen Welt reichen hin, um solche Pläne gleich Seifenblasen springen zu lassen. Wie Derjenige, der mit idyllischen Farmergedanken sich trägt, die richtigste Vorstellung seiner künftigen Lage erhält, wenn er sich etwa in einem langweiligen Walde, dreissig Stunden weit von einer Stadt, hinstellt und sagt: hier aus diesen Waldbäumen soll ich mir ein elendes Haus machen, auf diesem wilden Boden soll ich einen Tag wie den andern einsam ackern und arbeiten, — so können sich jene jungen Männer in die Lage denken, welche sie in Amerika erwartet, wenn sie sich vorstellen, sie ständen in einer wildfremden Stadt mitten im Marktgewühl und fragten sich: was finge ich hier wohl an, um anständig davon leben zu können? Und in jeder europäischen Stadt würden sie noch eher für ihre Art, sich das Leben erträglich zu machen, Hülfsmittel und Freunde finden, als in Amerika, wo Alles Geschäftstreiben ist und der Europäer meist erst eine scharfe Krise durchmachen muss, in welcher der Weichmüthige, der Stolze, der Gemüthvolle, der Tiefgelehrte am ersten untergeht.

Der grosse Abstich des amerikanischen Lebens gegen die europäische Denkungs- und Handlungsweise zeigt sich nirgends deutlicher, als in der Stellung, in welche Diejenigen gerathen, welche ihre deutschen Universitätsstudien gemacht und in Amerika ihrem gewählten Berufe nicht entsagen wollen. Gerade sie haben in Amerika nicht allein mit der Schwierigkeit, sich die nothwendigsten Mittel gegen das Verhungern zu erwerben, sondern auch mit ihrer eigenen grössern oder kleinern Unfähigkeit und Ungewohnheit zu kämpfen, sich diese Mittel selbst zu erarbeiten. Ausserdem aber stehen gerade ihnen mancherlei Hindernisse und Vorurtheile im Wege. Sie langen an mit irrigen Ansichten von dem, was sie in Amerika eigentlich zu schaffen und zu erwarten haben.

Die nachfolgenden Skizzen mögen dazu beitragen, in Deutschland manche Vorstellungen von der Laufbahn derjenigen unserer Landsleute zu berichtigen, welche in den Vereinigten Staaten Ärzte, Advokaten, Prediger, Lehrer, Literaten bleiben wollen. Wir müssen dabei den deutschen nothwendig im Gegensatze zum englisch redenden Amerikaner auffassen; denn der Letztere beherrscht einzig und allein das amerikanische Leben, und es ist Thorheit zu denken, man brauche sich um Dessen Ansichten nicht zu kümmern, es sei denn, dass man in Amerika nur von mitgebrachtem Gelde leben wollte.

Der englische Amerikaner nimmt den gebildeten Deutschen freundlich auf, er behandelt ihn mit Hochachtung und Zutrauen, aber der Deutsche muss gut empfohlen sein und ausserdem nur durchreisen. Ist er aber Einwanderer und soll Jener helfen, ihm eine Stellung zu verschaffen, so zieht sich der Amerikaner zurück und fürchtet Mühe und Verdriesslichkeiten, und nur die dringendsten Empfehlungen oder längere Bekanntschaft können ihn vermögen, durch Rath und Vermittlung nützlich zu werden. Helft Euch selbst! Die Wucht dieses ächt amerikanischen Wortes bekommt der Deutsche vollständig zu fühlen. Auf Unterstützungen und Freundschaftsbeweise, wie sie in Deutschland dem gebildeten jungen Manne wohl von selbst angeboten werden, darf hier Keiner anspielen, wenn er nicht mit vollem Recht als ein unverschämter Bettler angesehen werden will. Die Amerikaner haben gegen alle deutschen Bittsteller von vornherein Abneigung und nehmen sich vor ihnen in Acht, denn sie halten sie gar zu leicht für liederliche Bursche, und ihnen selbst ist jede Minute Zeit kostbar.

Unter seinen nächsten Landsleuten findet der Ankömmling, wenn er Bekannte und Freunde darunter hat, in der Regel herzliche Aufnahme, Auskunft, und nicht selten eine hülfreiche Hand. Unter der grossen Masse der Deutschen aber begegnen nicht Wenige dem gebildetem Landsmann eher mit Misstrauen und Grobheit, als dass sie ihm freundlich und achtungsvoll entgegen kämen.

Am schlimmsten sind die Halbgebildeten daran, wie manche Offiziere, Gymnasiasten, Lehrer und die gewöhnlichen Adeligen. Fassen sie nicht von vornherein den Entschluss, bei einem Farmer als Knecht, oder bei einem Advokaten als Schreiber einzutreten, oder als Landschulmeister, Zeitungsgehülfe, Handwerkslehrling anzufangen, oder einen kleinen Kram, Cigarrenladen, eine kleine Kaffeewirthschaft oder sonst dergleichen zu eröffnen, oder haben sie nicht genug Geld und Verstand dazu, dann müssen sie taglohnen und froh sein, wenn sie Arbeit finden. Kennt der Amerikaner ihren frühern Stand, hält er sie leicht für unnütz zu jeder ordentlichen Beschäftigung. Steinbrechen oder Backsteintragen ist dann ihr gewöhnliches Loos für einige Zeit, denn man muss doch leben.

Insbesondere manche der deutschen Adeligen können sich schwer ihrer für den Amerikaner so sonderbaren Denkungsart und Ansprüche begeben, und gerathen in eine peinliche Lage, wenn Niemand auf ihren Adel achtet. Die Gescheiteren lassen ihr »von« weg oder schreiben es mit grossem Anfangsbuchstaben, so dass es wie das niederländische »Van« nur als die erste Silbe des Familiennamens erscheint.

Wer ein paar Wochen im Lande herumgekommen ist, wird genug der bezeichneten, vielleicht sehr kenntnissreichen und redlichen Deutschen bemerkt haben, denen Angst und Verzweiflung aus den Augen sieht. Wie Vieles von den traurigen Selbstmorden, von der Erniedrigung durch den Trunk, von der Verwilderung im Soldaten- und Strassenleben gehört nicht eben jener sogenannten gebildeten Klasse an! Es ist qualvoll, sich nur die Lage zu denken, in welche so manche solcher fein erzogenen jungen Männer in diesem Lande gerathen, wo ihnen alles fremd, roh und hartherzig erscheint.

Und haben sie es endlich zu so viel Einkommen gebracht, dass sie ohne Sorgen in die Zukunft sehen können, was dann? Welche Freude vom Leben haben sie, wenn sie nicht rastlos und harten Sinnes mitstreben können in Handel und Politik ihrer neuen Heimath? Wenn sie sich nicht begnügen mit der bürgerlichen Freiheit und dem frohen Anblicke eines rüstig und ohne Armuth vorwärts arbeitenden Volkes? Es ist schon oft darauf hingewiesen, wie wenig geselliges und schöngeistiges Vergnügen man in Amerika zu erwarten hat. Geistiger Verkehr, wie ihn der Deutsche liebt, der über die höchsten Fragen der Menschheit wie über die Geheimnisse und Gesetze der Natur gern nachdenkt, spricht und von Gleichgebildeten reden hört, solche Gesellschaft findet man in Amerika selten. Auf dem Lande verbauert man, in den Städten, die Grossstädte natürlich ausgenommen, ist man froh, einige Freunde zu finden, die man vielleicht den einen oder andern Abend einmal sieht. Man kann es sich in Deutschland gar nicht vorstellen, welchen lähmenden Einfluss auf das schöpferische Leben des Geistes amerikanische Feldarbeit, amerikanisches Geschäftstreiben, amerikanisches Klima ausüben. Selbst ein rastlos strebender Mann, der innere Antriebe genug hat, lässt allmählich seine Klassiker und Philosophen ruhig im Schranke stehn, und wenn es nicht gerade sein Fach ist, oder er keine Leidenschaft für irgend ein Gebiet der Natur, Sprache oder Geschichte hat, so wird er wahrscheinlich nach einigen Jahren wenig mehr forschen und selten noch grössere Werke lesen.

In den höhern Kreisen der amerikanischen Gesellschaft nehmen die wissenschaftlich Gebildeten, wenn sie nicht durch Geltendmachung ihrer Kenntnisse einen grossen Namen oder Geld und Häuser erworben haben, nur den zweiten Rang ein. Der Reichthum entscheidet in diesem Lande, nicht blos weil der Reiche glänzende Gesellschaften geben kann, sondern der englische Amerikaner rechnet in seiner Art ganz richtig: so viel Vermögen Einer erwerben kann, so viel Fleiss und Tüchtigkeit muss er besitzen, denn sonst hätte er es nicht erworben, und ferner: über so viel Gelder einer befehlen kann, so viel Bedeutung hat er im Staate, dessen Handel und Gewerbe, Kanäle und Eisenbahnen dieser Gelder bedürfen. Wie leicht wiegt gegen einen solchen Mann der wissenschaftlich Gebildete! Greift er mit seinem Wissen auch in die Gesellschaft ein? Hat er damit öffentliche Unternehmungen und Landesverbesserungen zu Stande gebracht? Hat er den Ruhm des Volkes und damit dessen Wohlsein durch seine Werke vermehrt? Hat er in öffentlichen Ämtern dem Gemeinwesen genützt? Hat er dies, so wird er auch ohne Zweifel schon sehr reich sein und in der höhern Gesellschaft einen geachteten Platz einnehmen. Spricht aber kein solch mächtiges Zeichen, wie viel seine Kenntnisse werth sind, so gilt er blos für Einen, der im Kleinen arbeitet und verdient.

Der wissenschaftliche Deutsche ist aber noch viel

schlimmer daran. Bei ihm ist die Wissenschaft vielleicht gewaltig tief und gründlich, aber zu häufig unpraktisch, so unpraktisch für das Leben, wie die auf Stelzen gehende Sprache der deutschen Wissenschaft es oft für das Gespräch ist. In Amerika giebt sich nun sehr bald ein sehr bedeutender Theil dessen, was in Deutschland mühsam studirt ist, als unnützer Ballast zu erkennen. Kurzweg aber von vorn wieder zu lernen oder ein Charlatan zu werden, dazu ist der Deutsche viel weniger fähig, als irgend ein Anderer. Er findet nur höchst selten einige, welche den Umfang und die Tiefe seiner Kenntnisse zu ermessen und zu schätzen wissen, oder nur selbst so viel eigenes wissenschaftliches Leben besitzen, dass sie von dem, worauf er Werth legt und was in ihm arbeitet, eine Ahnung bekommen können. Dagegen hat er die Freude, täglich mehr Irländer, Franzosen, Schotten oder eingeborne Amerikaner aufsteigen zu sehen, die irgend eine wissenschaftliche Erfahrung in die Breite angewandt haben, sie bekannt machen und in kurzer Frist Ehrenstellen und Reichthum dafür einernten, und der Deutsche muss am Ende diese Herren als seine hohen Gönner erblicken.

Und ist der Deutsche endlich unter den gebildeteren englisch-amerikanischen Familien einheimisch geworden, so fehlt doch noch viel, ehe er sich wirklich heimisch fühlt. Er kann ein verständiges Gespräch, ehrenhafte Freunde darunter finden und seine lebhaften Abende haben, aber er wird dafür auch von der Einseitigkeit des ganzen gesellschaftlichen Lebens, von der Engherzigkeit und Beschränktheit in religiösen Dingen, von der Seltsamkeit und Zähigkeit mancher Sitten nicht wenig zu leiden haben.

Wendet er sich zu seinen Landsleuten, so findet er, wenige Grossstädte ausgenommen, bis jetzt nur noch Familienleben, Wirthshausleben, das gewöhnliche Vereinsleben, und hie und da Anfänge hübscher gesellschaftlicher Kreise; an den meisten kleinern Orten ist von den letztern noch nichts zu suchen. Der Mann kann nun seine Befriedigung und Stütze finden im Mitringen in Handel und Gewerbe, im Mitstreiten in politischen und religiösen Reibungen: die Frauen können das nicht. Namentlich gebildete deutsche Frauen sehen sich meist in einer solchen Öde und Verlassenheit, so abgeschnitten von allen ihren frühern gesellschaftlichen Gewohnheiten und Bedürfnissen, dass sie dem Himmel danken, wenn endlich einmal eine solche deutsche Familie sich in ihrer Nachbarschaft niederlässt, deren Frauen ihnen doch etwas herzlichen Umgang gewähren können.

Diese Aussichten sind nicht reizend, aber sie sind so in der Natur der amerikanischen Verhältnisse begründet, dass für Den, welcher in Deutschland die Vortheile besserer Erziehung und Gesellschaft genossen hat, in Deutschland 600 Thaler jährlich mehr Annehmlichkeit gewähren, als in Amerika 2000 Dollars. Mögen Diejenigen sich wohl bedenken, welche nicht durch die harte, baare Nothwendigkeit gezwungen, sondern aus Angst und Trübsinn, aus Missmuth und Feigheit, oder gar aus Sucht nach Reichthum eine Stellung in Deutschland aufgeben wollen, welche noch haltbar ist und sie und ihre Familie ernährt. Es ist gar zu ungewiss, ob sie in Amerika nur eine halbwegs erträgliche Stellung wieder erhalten. Nur Diejenigen, welche ihr Vaterland durchaus meiden müssen, oder welche Stärke genug in ihren Armen und Frische genug in ihrem Geiste fühlen, um sich selbst das tägliche Brod erarbeiten und in neue und ungewohnte Lebens- und Erwerbsverhältnisse sich finden zu können, — Solche mögen sich in Amerika versuchen.

Bringen sie wahre Bildung mit, eine solche, welche für ihr bloses Dasein keine Ansprüche macht, aber sich schon von selbst Achtung erwirbt, so werden sie dem Lande nützlich und üben insbesondere unter ihren deutschen Landsleuten eine wohlthätige Einwirkung. Über die Entbehrungen und Mühen aber, die das amerikanische Leben ihnen auferlegt, und über die Kette von zahllosen Ärgernissen und Verdriesslichkeiten, in welche jeder unter den Deutschen in Amerika hervortretende Mann verwickelt wird, über manche Wunde in dem, was dem Herzen am theuersten ist, darüber hebt eben wahre Bildung hinweg. Das ist ihr höchstes Ziel und ihr Prüfstein, dass sie den Mann über die Zufälligkeiten und den Verdruss des täglichen Lebens erhöht, in derselben Weise wie sie seinen Geist der Befangenheit durch die Sinnenwelt entzieht und ihm einen freien Blick über Natur und Geschichte eröffnet. Das ist auch vornehmlich der Vorzug deutscher Bildung, dass durch sie der Mann jene innere Stärke, jenes heilige Feuer in seiner Brust, welche ihm Rückhalt und Antrieb in jeder Widerwärtigkeit geben, in seinem eigenen reinen und männlichen Denken und Wissen erhält, während man bei andern Völkern solchen Anhalt häufig nur in der Politik, Kirche, Gesellschaft, oder auch in einem bornirten Selbstgefühl sucht.

Wir versuchen nun in dem Folgenden einige der *verschiedenen Berufszweige,* denen sich wissenschaftlich gebildete Deutsche am neuen Wohnorte zuwenden, in der amerikanischen Eigenthümlichkeit kurz zu zeichnen: man wird doch ungefähr daraus erkennen, wie es in Amerika hergeht.

Am weitesten bringen es gewöhnlich Solche, die das erste beste Geschäft ergreifen, welches sich ihnen darbietet, z. B. als Handlungslehrling, Kellner, Feldarbeiter, Landschullehrer, Zigarrenmacher, Zeitungsgehülfe, Pferdetreiber am Kanale, Hausirer mit Brod oder kurzen Waaren. Ich traf einmal in Pennsylvanien einen früheren Philologen bei dem Kesselflicken; er war erst vor einigen Wochen ohne Geld in Philadelphia gelandet, hatte zufällig Kesselflicken gesehen, die Handgriffe dieser Kunst schnell erlernt, sich das geringe Handwerkszeug angeschafft, und wanderte nun getrost quer durch das Land von einer Farm zur andern, bis er tief im Westen wäre, da wolle er sehen, was er mit dem erarbeiteten Gelde anfange. Andere machen das, was sie hier zu Hause als Liebhaberei trieben, wie Zeichnen, Portraitiren, Reiten, Musik und dergleichen kleinen Künste, die das Leben erheitern, sofort zu einem Erwerbszweige, der ihnen baar Geld einbringt. Wissen die Ankömmlinge dergleichen nicht anzufangen, oder wollen sie lieber warten, bis sich etwas bietet, was ihnen mehr zusagt, dann beginnt gewöhnlich für sie eine Leidenszeit. Das wenige mitgebrachte Geld verfliegt, man weiss nicht wie; um nicht zu verhungern, müssen sie zu den ärmlichsten Arbeiten ihre Zuflucht nehmen, und dann hält es um so viel schwerer, wieder in die Höhe zu kommen. Dann müssen sie grobe Dienste leisten bei den Bauten, handlangen in den Ziegeleien, Steine klopfen auf den Strassen, taglohnen in den Werften, Arsenälen und Bergwerken, und noch danken, wenn man sie dazu nimmt, weil man es ihnen ansieht, dass sie nicht tüchtig arbeiten können. Wer nur ein einzig Jahr sich im Innern des Landes umgesehen, hat Hunderte solcher unglücklichen jungen Menschen zu bemitleiden. Sie fühlen sich ungesund, das Klima und die grobe Arbeit erdrückt sie, Alles scheint ihnen roh und hartherzig, sie sehen nur ein trauriges, ganz verfehltes Leben vor sich.

Dazu verfolgt sie Lachen und Spott von Seiten mancher ihrer roheren Landsleute, für welche es dort ein innerliches Ergötzen scheint, dass diese feinen und studirten Herren so grob arbeiten müssen und so ungeschickt sich dabei benehmen. Wen in Europa die lange Gewöhnung nicht abgestumpft hat zu empfinden, wie obenhin und missachtend die Meisten aus den gebildeteren Ständen die arbeitenden Klassen behandeln, der wird jene in Amerika so häufige Schadenfreude erklärlich finden. Viele der gebildeteren Deutschen verstehen dort auch gar nicht, sich mit ihren übrigen Landsleuten auf einen angemessenen Fuss zu setzen; sie können es nicht lassen, durch Ton und Geberde das Übergewicht der besseren Erziehung und Kenntnisse kund zu geben, ernten aber nur Hohn und

Ärger dafür. Man hält auch in Amerika wenig von Denen, welche mit Allen Dutzbruder sind und aus einem Glase trinken; man verlangt von Jedem, dass er sich selbst achte; aber Jeder soll es auch in seinem ganzen Benehmen zeigen, dass er den Anderen als völlig gleichberechtigten Mitbürger achte. Wahre Bildung erzwingt sich ganz von selbst Achtung, und diese fehlt ihr auch bei den Deutschen in Amerika nicht, eine Achtung, die sie nicht dem Stande, sondern dem Manne zollen, und die daher wirklich ehrenvoll und wohlthuend ist.

In den ersten Jahren ihres amerikanischen Lebens geht nun eine Anzahl der bezeichneten jungen Leute geistig und körperlich zu Grunde: sie verwildern im Wirthshaus- und Strassenleben, welches in Amerika ohne allen Vergleich schneller und gröber entsittlicht, als anderswo; oder sie lassen sich als Matrosen oder Soldaten anwerben, um ihre beste Zeit geradezu todtzuschlagen; auch Verbrechen sind verhältnissmäßig nicht so selten. Die Klügeren und Kräftigeren benutzen die ersten Jahre als Lehrzeit, sie sehen sich im Lande um, lernen die amerikanischen Geschäfte kennen, allmählich finden sie etwas, woran sie ihre Thätigkeit für längere Zeit anhaken können. Wenn sie nicht gleich glücklich in die Laufbahn hineinkommen, für welche sie sich hier gebildet haben, so werden sie im Zeitraume weniger Jahre wahrscheinlich die verschiedensten Geschäfte nach einander betreiben und sich später noch mit Lachen ihrer Abenteuer und Streifzüge erinnern. Sie machen in der Zeit auch die Bekanntschaft ehrenwerther Männer, die ihnen Rath und Kredit geben und ihnen zurufen: »Nur nicht muthlos, so verlassen Ihr Euch auch fühlt; die Meisten, welche jetzt hier wohlhabend sind, waren einst in ähnlicher Lage«. Persönliche Bekanntschaften sind überhaupt in Amerika besonders viel werth; man erlangt sie aber nur dann leicht, wenn man Brief und Siegel aufweisen kann. Da eine ziemliche Menge von Lumpen jeden Monat nach Amerika kommt oder dort zu Gesindel wird, welches sich gleichwohl zu den Gebildeten rechnet, so sind Zeugnisse über Schul- und Universitätsstudien, Prüfungen und etwaige frühere amtliche Stellungen häufig von Nutzen. Aus demselben Grunde sind wirkliche Freundesbriefe oder Empfehlungen von bedeutenden Männern aus Deutschland schätzenswerth. Helfen sie auch an sich gar nichts, so haben sie doch schon viel genützt, wenn sie den Charakter eines Mannes in einem Lande feststellen, wo man wie in England geneigt ist, Jeden so lange für einen Spitzbuben zu halten, bis man ihn als achtungswerthen Mann kennen gelernt hat. Durch solche Freunde, die in Amerika Mittel und Wege wissen, wird dem Anfänger oft ein Erwerbszweig oder eine Gegend zu seiner Niederlassung an die Hand gegeben, wobei er beharrt. Auch durch sich allein findet er endlich eine Stellung, welche zwar weit unter den Hoffnungen geblieben ist, mit denen er in's Land kam, welche ihm aber einen eigenen Heerd bietet.

Am sichersten geht er, wenn er sich gleich westlich begiebt und in einer der unzähligen dortigen kleineren Städte von 5000 Einwohnern an niederlässt. Wie die Stadt sich vergrössert, vergrössert sich auch langsam sein Einkommen, Besitzthum und Ansehen. Gleichgebildete Freunde, mit denen er verkehrt, trifft er dort zwar nur sehr wenige an, und verfällt er in einsame Grübeleien, so geht ihm leicht die erste gute Erntezeit verloren. Hat er sich aber in das amerikanische Leben eingewöhnt, so empfindet er auch den Segen und die Lust der Freiheit und fühlt sich in dem überall anregenden öffentlichen Leben halberlei behaglich. Er überschaut die natürlichen Reichthümer des grossen Landes und baut sich gleichsam in dessen Zukunft hinein. Den Charakter der übrigen Amerikaner hat er unterdessen auch verstehen und würdigen gelernt, und lacht ebenso über dessen überschwängliche Bewunderer, als über Diejenigen, welche sich nicht enthalten können, sich in Erbitterung und Verachtung gegen die »Yankees« gegenseitig zu bestärken.

Wenn der junge Mann so weit gekommen ist, dass er sich eine Frau in's Haus holen kann, so beginnt für ihn die bessere Zeit. In seiner Familie, am eigenen Heerde muss man in Amerika sein Lebensglück und fast seine einzige wahre Erholung suchen. Nur in den Grossstädten kann das Bierhaus einen anregenden geselligen Abend bieten, und auch da muss man sich einen Freundeszirkel oft erst mühsam zusammen suchen. Der grösste Theil dessen, was in Deutschland so viel fröhliche Unterhaltung gibt, fällt in Amerika rein weg; kaum ein Spaziergang in's Freie lohnt sich, wenn man nicht gleich einen weitern Ausflug machen will. Die sehr grosse Schwierigkeit ist dann aber für den jungen Mann, ein gebildetes deutsches Mädchen zu finden. Wohlerzogene deutsche Mädchen sind in Amerika gesucht wie frische Kirschen, und es müsste merkwürdig zugehen, wenn Eine unfreiwillig zur alten Jungfer werden sollte. Mit einer englisch redenden Amerikanerin sich zu verheirathen, ist ein sehr gewagtes Ding. Es eröffnet zwar den Zutritt in deren Kreise, führt aber auch manches Missliche mit sich; ich will darüber nicht weiter reden, rathe aber Jedem, sich vorher solche Ehen möglichst in der Nähe anzusehen, ob er sie sehr anziehend findet. Man holt sich daher lieber ein Mädchen aus Deutschland. Dann aber leidet der Mann mit unter den mancherlei Entbehrungen, welche jeder deutschen Frau in Amerika schwer fallen. »Warum hast Du mich in dies Land gebracht?« das wird der Mann von der Weinenden zu hören bekommen, sei sie sonst auch ein Engel an Güte, Geduld und leichtem Muth. Sie betrachtet es als die grösste Wohlthat, wenn sie endlich eine Freundin antrifft, gegen welche sie doch ihr Herz entlasten kann.

Neben den Grosshändlern nehmen unter den Deutschamerikanern die *Ärzte* den bedeutendsten Rang in der Gesellschaft ein. Deutsche Ärzte sind in aller Welt und überall geachtet, wenn auch nicht überall reich; in Amerika sind sie selbstredend am stärksten vertreten, denn dort ist ja wie man sagt, das Paradies der Ärzte. Es ist ein unerschöpfliches Arbeitsfeld für Heere von Ärzten. Man hat wohl gesagt, das ganze englisch-amerikanische Volk schwanke fortwährend zwischen dem einen oder dem andern Unwohlsein; das ist vielleicht zu stark ausgedrückt, gewiss aber fehlt dort die rohe unverwüstliche Kraft der Gesundheit bei der Masse des Volkes. Das so heftig einwirkende Klima, die allgemeine Verzärtelung der Kinder trotz des ewigen Waschens und Badens, das hastige Einschlingen des halbgebratenen Fleisches, des vielen Fettes, des warmen Brotes und halbgahren Kuchenteigs bei merkwürdig wenig Pflanzenkost, die täglich fortgesetzte Vergiftung durch zahllose Pillen und Pülverchen, das ewige Rennen und Treiben, — dergleichen muss nothwendig eine solche Menge von Krankheiten hervorbringen, wie sie in den Vereinigten Staaten zu Hause sind. Obenan stehen die Faul- Gallen- und Wechselfieber mit ihrem Gefolge von Wassersuchten; dann folgt eine unendliche Reihe von Verdauungskrankheiten; endlich kommt noch die ganze Anzahl von Schwindsuchten und europäischen Modekrankheiten. Es kann daher nicht fehlen, dass bei einer solchen Neigung zum Kranksein Jeder an sich herumdoktert, und Andere zu kuriren für ein vortrefflich Geschäft angesehen wird. Wenn die übrigen Ursachen nicht schon hinreichend wären, so würde die Unzahl von Pfuschern, welche in Amerika Doktorgeschäfte machen, hinreichen, die Säfte des Volkes zu verderben.

Wie überall ausserhalb Deutschland, haben deutsche Ärzte besonders in Amerika mit der Charlatanerie zu kämpfen. Die im Lande selbst gebildeten Ärzte fluchen was sie können auf die deutschen Geschäftsgenossen, weil sie von ihnen verdrängt werden, und gehen ihnen doch aus dem Wege, weil sie sich vor ihrer eigenen Unwissenschaftlichkeit fürchten. Durch die eingewanderten Deutschen ist schon manchem Amerikaner das Geschäft verdorben. Freilich hat der deutsche Arzt auch unter seinen miteingewanderten Landsleuten allerlei Menschen gegen sich, die, von Haus aus

Barbiere oder unreife Studenten, die edle Heilkunst nicht minder unverschämt wie die englischen herabwürdigen und dem wissenschaftlichen Manne hinlänglich Schaden und Ärger anzuthun sich bemühen. Dergleichen Betrüger und Windmacher finden in Amerika noch immer einen goldenen Boden. Man hat hier und dort statistische Übersichten aufgestellt, nach welchen in den Vereinigten Staaten auf 800 Menschen ein Doktor kommt; in den Städten kann man auf 200 Einwohner auch einen Doktor rechnen; wo irgend ein paar Häuser im Lande zusammenstehen, wohnt auch Jemand, der Doktor heisst. Unter diesen einheimisch amerikanischen Ärzten hatte vor dreissig Jahren vielleicht nur die Hälfte ein Doktordiplom, und auch von dieser Hälfte hatte der grösste Theil sich kaum ein oder das andere Jahr seiner Studien halber auf den medizinischen Schulen aufgehalten. Diese Schulen erfreuten sich von Zeit zu Zeit auch eines Leichnams zum Seziren, von dem aber weder viele, noch besonders feine Präparate gemacht wurden. Das Doktordiplom wurde auch ohne besondere anatomische Kenntnisse für baare Dollars ertheilt. Die Hauptlehrmeisterin war die Erfahrung und Überlieferung; man kurirte so lange darauf los, bis irgendmal ein Mittel anschlug, und merkte sich dann dies Mittel für künftige Fälle. In der Geschäftsstube der Ärzte lernten die Lehrlinge der Heilkunst die Krankheitsformen, die Arzneien und deren Wirkung, und versuchten sich nach ihren Rezeptirbüchern. Und wenn Einer auch gar nicht bei einem Arzte erst gelernt hatte, was hinderte ihn, mit der Doktorei Geld zu verdienen? Das stand Jedermann gerade so frei, als Rezepte und Medikamente für das Vieh zu verkaufen. Es war ja Keiner gezwungen, zu diesem Doktor zu gehen. Das ist nun wesentlich besser geworden. Wer Doktor werden will, muss wenigstens zwei Jahre auf einer Arzneischule studiren. Freilich wenn man alle seine wirklichen Studien in dieser Zeit zusammenrechnet, so kommt man auf ein merkwürdig kleines Ergebniss. Von einem wissenschaftlichen Eindringen in das reiche Feld der Arzneikunde haben die meisten eingebornen Amerikaner keinen Begriff. Die Grundlage, die Anatomie, wird noch immer mit einer erstaunlichen Oberflächlichkeit abgemacht, naturwissenschaftliche Kenntnisse werden nur dürftig eingesammelt. Das Doktordiplom wird gern gegeben; denn es bringt den Professoren, welche ihre Stellung auch als Gewerbe betrachten, Geld ein, und je mehr ausgetheilte Doktordiplome sie nachweisen, desto mehr steigt vielleicht der Zulauf zu ihrer Anstalt.

Bei solchem Stande der Dinge hilft etwas Charlatanerie Kundschaft bringen und festhalten. Am ärgsten ist es damit in Ortschaften im Westen bestellt. Nicht blos schreiende Anzeigen und bezahlte Agenten, welche von Wunderkuren erzählen, geheilte Blinde, die auch schon vorher sehen konnten, eine Geschäftsstube, ausgeschmückt mit Marterwerkzeugen, Krokodilen und Statuen, locken die Patienten herbei, sondern noch viel mehr nützt die feinere Charlatanerie, welche darin besteht, durch eifrigen Besuch der Versammlungen irgend einer Sekte, durch Mithülfe in politischen Parteizwecken, durch die Empfehlung der Frauen aus der guten Gesellschaft Kundschaft zu erwerben. Das Kuriren ist ja auch eine Geschäftssache, und eine Hand wäscht die andere. Ein ehrenhafter deutscher Arzt würde lieber seine ganze Wissenschaft aus dem Fenster werfen, ehe er sich zu den niedrigen Künsten verstände, wie sie in Amerika ganz gewöhnlich sind. Auf eine neuerfundene Medizin oder Heilart nimmt man dort auch wohl ein Patent. Es gibt neben der Homöopathie und Hydropathie, welche in Amerika einen gedeihlichen Fortgang nehmen, noch besondere eigentlich amerikanische Heilsysteme, wie die Dampfkalomelkuren und die Kräuterkuren. Letztere fanden Eingang, weil man sich zuletzt doch vor der gang und gäben Kalomelvergiftung fürchtete.

Dass unter solchen türkischen Heilmethoden in der neuern Zeit allmählich ein gesunder Boden geschaffen worden, auf welchem die wissenschaftliche Heilkunde auch in

Amerika erblüht, ist hauptsächlich das Verdienst der deutschen Ärzte. Sie traten in den grossen Städten zu Vereinen zusammen, um auf die öffentliche Meinung einzuwirken, und erkannten keinen als ebenbürtigen Genossen an, der nicht ordentlich Medizin studirt hatte. Sie haben es sich zum Gesetz gemacht, unter keinen Umständen mit einem Pfuscher zusammen zu kuriren, und wo sie an ein Krankenbett gerufen werden, zuerst des Charlatans Entfernung zu verlangen. Einer nicht unbedeutenden Anzahl von englisch-amerikanischen Doktoren ist durch die Deutschen bereits das Geschäft gelegt, und so vielen Ärger jene Vertriebenen ihren Siegern auch zu bereiten wussten, so musste doch jedes Jahr wieder eine Partie von ihnen zu irgend einem andern Erwerbszweige greifen, weil sie mit der Doktorei nicht mehr so viel wie früher verdienen konnten.

Dem jungen Arzt, der erst von Deutschland herein kommt, wird es gar nicht leicht, sich von seiner Kunst zu ernähren. Die Plätze sind schon fast überall übersetzt; in den grossen Seestädten geht die Anzahl der deutschen Ärzte in die Hunderte, in den übrigen Städten sind auf jeder Strasse ein paar Doktorschilder angeschlagen, und auf dem Lande sind der Heilkünstler so viele, dass in den dicht bevölkerten Thälern und Strecken auf jede halb Stunde ein Arzt oder doch ein Pfuscher kommt. Ihr Geschäft ist überall gefordert, jedes Haus hat Jahr ein Jahr aus den Arzt nöthig: wo ist ein Ehepaar, welches seinen Kindersegen grossgezogen hat, ohne dass Tod und Krankheiten darunter gewüthet haben? Deshalb ist es auch gar zu anlockend, wenigstens nebenbei durch ärztliche Praxis Geld zu verdienen.

Unter den vornehmeren deutschen Ärzten giebt es nicht wenige Männer, welche durch Wissenschaftlichkeit, ehrenhafte Gesinnung und hohes Ansehen wahrhaft bedeutend sind. Diese haben denn auch unter den einheimischen reichen Familien Praxis und können sehr hohe Honorare nehmen. Wer einmal fashionabler Arzt ist, wird unfehlbar ein reicher Mann. Dazu gelangt man aber nur, wenn man einige Jahre aus eigenen Mitteln auf etwas glänzendem Fusse leben kann, ein feiner Weltmann ist, in jenen Familien wohl eingeführt wird oder durch besonderes Glück und ausserordentliche Thätigkeit die Augen auf sich zieht.

Wer mit etwas noch nicht Dagewesenem auftritt, sich durch bedeutende Kuren, namentlich in der Chirurgie, auszeichnet, in den Zeitungen sich vielen Dank sagen lässt, kurz, wer mit seinem Namen Eindruck auf die Menge macht, hat gewonnen Spiel. Wenn er nur erst bekannt ist, das Übrige wird sich schon geben. Die Homöopathie ist in den Vereinigten Staaten noch sehr in Aufnahme begriffen und es haben sich bereits mehrere Vereine und Zeitschriften von homöopathischen Ärzten gebildet. Die Hydropathie geht nicht minder einer raschen Verbreitung entgegen; in den Neuenglandstaaten, in Pennsylvania, Louisiana und mehreren andern Staaten sind Wasserheilanstalten schön eingerichtet.

Auch muss der deutsche Arzt sich in Amerika in manches Neue fügen, wenn es ihm gelingen soll; der Englische liebt es, dass der Arzt in seinem Äussern ehrbar und ernst, ein halber Geistlicher und ausserdem höchst pünktlich sei. Der Anfänger muss sich daher strenge daran binden, die Zeit, während welcher er seiner Bekanntmachung zufolge auf seiner Geschäftsstube sein will, die sogenannten Offizestunden stets einzuhalten, sich eines gesetzten und ernsten Wesens befleissigen, und vor allem öffentliche lustige Gesellschaften und Trinkhäuser vermeiden. Insbesondere aber muss er erst den Charakter der Amerikaner kennen und behandeln lernen. Der Amerikaner ist wie ein altes Weib, welches seine Pillenschachteln und Heiltränkchen stets in Bereitschaft hat, und wenn es krank ist, sich deren noch mehr von den Basen zubringen lässt. Jedes Jahr hat seine Pillenhetze, dann sind diese, dann jene Pillen berühmt, und die Verfertiger lassen sie auf die frechste Weise in allen Zeitungen und durch öffentliche Anschläge und rührende

Bilder anpreisen und im ganzen Lande umher tragen. So ein grosser Pillenfabrikant giebt jährlich Tausende von Dollars aus allein für die Bekanntmachungen zum Vertrieb seiner Waaren. Diese Pillenmacher arbeiten wirklich mit Dampf. Zu derlei Arzneien greift der gewöhnliche Amerikaner zuerst, wenn er sich übel befindet. Wollen sie nicht helfen, dann braucht er ein starkes Mittel; es ist gar nichts Seltenes, dass ein Mann in eine Apotheke kommt, eine Anzahl Unzen Kalomel nimmt und ein Glas Rizinusöl hinter drein giesst; er will Wirkung sehen. Kann er dennoch gar nicht wieder auf- und seinen Geschäften nachkommen, so ruft er den Arzt. Die Vornehmern wollen natürlich den Arzt alle Augenblicke haben, wenn sie sich den Magen verdorben haben. Steht nun der Arzt vor dem Krankenbette, so muss er eben so gewandt und vorsichtig als entschieden auftreten. Eine Unschlüssigkeit des Arztes, einen kleinen Widerspruch in den Anordnungen hat der Amerikaner gleich weg, und dann traut er ihm nicht mehr. Er fragt den Arzt erst ganz gehörig durch über die Art seiner Krankheit, nach welchem Systeme er heile, ob nach dem Kräuter-, Mineral- oder deutschen Systeme, welche ganz bestimmte Wirkung die Arznei haben werde? Dann mag er auch wohl selbst die Arzneien in den Apotheken einhandeln und zusehen, wie sie gemischt werden. Endlich will er — und das ist die Hauptsache — möglichst schnell geheilt sein und von den Tränkchen und den Salben sofortige Kraft verspüren. Im besten Verlaufe der Kur aber nimmt er willkürlich andere Mittel und Speisen, die er selbst nach seinem Eigensinne für gut befindet. Die Frauen wollen mit der äussersten Zartheit und Feinheit wie zarte kranke Göttinnen behandelt sein und sind doch lüstern wie Kanarienvögel. Wehe dem Arzte, der sich in alle die Verhandlungen nicht einlassen und kurzweg sein ärztliches Ansehen behaupten will. Allerdings muss er sich ein Ansehen zu geben wissen, denn sonst wird ihm gar zu arg mitgespielt, aber er soll sich zugleich schweigsam, fügsam und voll Achtung vor dem eigenen Heilgenie seines Kranken zeigen. Der Eigensinnige und auf seinen Anordnungen pünktlich Bestehende wird, wenn er nicht schon einen hohen Ruf geniesst, seine Kunden verlieren und den lachenden Pfuscher an seine Stelle treten sehen.

Die grosse Mehrzahl der deutschen Ärzte versteigt sich für den Anfang nur dann und wann in einen vornehmen englisch-amerikanischen Kreis. Bleiben sie in den Städten, so haben sie ihre Praxis unter ihren Landsleuten und den Ärmeren, welche kaum den dritten oder vierten Theil von dem vorher genannten Honorar zahlen. Sie finden ihr Auskommen, haben aber ein beschwerliches Geschäft, indem sie sich fast den ganzen Tag auf den staubigen langweiligen Strassen abplacken müssen. Wo es irgend angeht, schaffen sie sich ein Reitpferd oder auch einen kleinen Wagen an, und erst dann sind sie angesehene Leute. Auf dem Lande, in den kleinen Orten und unter den Farmern findet ein Arzt zwar immer noch sein Brod, aber es ist viel mühsamer zu erwerben, als in den Städten. Er reitet dann auf den schlechten einförmigen Wegen umher und führt in seiner Satteltasche die nöthige Medizin und das chirurgische Besteck mit sich. Zur besondern Empfehlung gereicht es ihm, wenn er sich als Arzt aus Newyork, Boston oder Philadelphia ankündigen kann, oder dass er, blos um Landluft zu geniessen, die Grossstadt verlassen habe. Hat er schon in Deutschland durch einen amerikanischen Bekannten den Ort ermittelt, wo er sich niederlassen will, so bringt er gleich eine kleine Apotheke mit, aber in hübschen blanken Büchsen. Selbst in grösseren Orten findet der Arzt noch seine Rechnung dabei, seine eigene Apotheke im Hause zu haben. An Zahlungsstatt muss der Landarzt vielfach hier einen Schinken, dort ein halbes Kalb, anderswo wieder Butter oder Korn annehmen und sehen, wie er es verwerthet. Trotzdem wird er in jedem Jahre durch einen gar nicht unbeträchtlichen Theil seiner ausstehenden Forderungen einen Strich ziehen müssen, ein Ding, das auch der Arzt in der Stadt zu seinem Leidwesen hinlänglich kennen lernt, und welches ihm, neben dem Unwillen über die Herabwürdigung der Arzneiwissenschaft durch unverschämte Pfuscher, die Ausübung seiner Kunst häufig verleidet.

Übrigens hat auch der auf deutschen Universitäten gebildete Arzt in Amerika noch Vielerlei zu lernen. Die dortigen Krankheiten wollen erst studirt sein, sie nehmen viel rascher einen scharfen Charakter an, als ähnliche in Europa, und es heisst, schwache Dosen könnten in Amerika nichts helfen. Die Fieber verändern häufig ihren Charakter und scheinen in gewissen Jahren ganz neue Krankheitsformen zu sein, zu andern Zeiten greifen sie auf einmal reissend in weiten Strichen um sich. Der junge deutsche Arzt wird sich in Amerika wie auf einem reichen noch unerforschten Boden für seine Wissenschaft finden, und kann nichts Besseres thun, als fleissig den Hippokrates lesen, namentlich dessen Kapitel über den Einfluss der Jahreszeiten und Elemente, damit er sich des alten Griechen unaufhörliche und sicher gehende Beobachtungsgabe aneigne.

Die lokal-amerikanische Heilkunde bietet noch immer höchst interessante Felder. Als medizinische Bücher müssen häufig die Nachdrucke der in England erschienenen oder Übersetzungen von französischen und deutschen aushelfen. Ein feiner und immer reger Beobachtungssinn würde selbst in den westlichen Wäldern merkwürdige Krankheitserscheinungen konstatiren. Kein gescheiter Arzt würde dabei auch ausser Acht lassen, die Erfahrungen kennen zu lernen und zu vergleichen, welche die englisch-amerikanischen Ärzte über ihre einheimischen Krankheiten gesammelt haben.

Dass späterhin die Vereinigten Staaten mehr und mehr die ausgezeichnetsten Ärzte auf ihren eigenen medizinischen Lehranstalten bilden werden, ist nicht zu bezweifeln: der Amerikaner hat eine geschickte Hand und einen scharfen Blick. Man kann aber voraussehen, dass es noch lange währen wird, bis der Stand der Heilwissenschaft dem europäischen gleich wird. So wie die Sachen jetzt stehen, wird jeder deutsche Arzt, der sich einigermaßen in den Charakter und die Bedürfnisse der Amerikaner schicken kann, dort immer bald sein Brod finden; aber nach einigen Erfahrungen wird er einem jüngern Kollegen, dem in Deutschland auf einem wohlhabenden grössern Dorfe noch einmal eine Praxis blühen kann, sagen: er sei ein Narr, wenn er nach Amerika gehe.

Die *Wundarzneikunst* wird meistens nicht als ein für sich bestehender Zweig der ärztlichen Praxis behandelt. Wie jeder Arzt bei dem Mangel gelernter Hebammen sehr häufig auch Geburtshelfer sein muss, so würde der für merkwürdig unwissend und unfein gehalten werden, der nicht jede chirurgische Operation übernehmen wollte. Nur Aderlassen, Schröpfen und Blutegelsetzen wird als besonderes Geschäft betrieben. Die Blutegel werden aus Europa eingeführt; um sie durch das ganze Land zu verschicken und am Leben zu erhalten, besteht eine eigenthümliche Genossenschaft, welche gute Geschäfte macht. Selten aber wird ein deutscher Wundarzt in Amerika bei der Chirurgie stehen bleiben, vielmehr bald einsehen, dass im Vergleich mit so vielen anderen Doktoren seine Kenntnisse ihn wohlberechtigen, auch für alle inneren Krankheiten einen vortrefflichen Arzt abzugeben. Wundern aber wird er sich über die unglaublichen Kuren, welche die Amerikaner oft mit unvollkommenen Instrumenten in der Chirurgie vollbringen. Sie gehen mit einer Kühnheit an's Werk, die einen wissenschaftlich gebildeten Wundarzt erblassen macht; aber ihr ausnehmend praktisches Geschick, ihr kluges schnelles Auge kommt ihnen dabei zu Hülfe. Gelingt eine solche haarsträubende Operation, so hat der Arzt grossen Ruhm davon; schlägt sie fehl, so muss irgend ein tückischer Zufall den Sündenbock machen, gegen den keines Menschen Kunst etwas vermochte.

Gesunde weisse Zähne sind in Amerika eine Seltenheit. Die feinen Gesichtchen der Damen entbehren fast immer dieser lachenden Zierde, ebenso wie ihre schlanken lebhaften Figuren der schönen weichen Fülle des Oberkörpers. Die *Zahnarzneikunde* ist daher eine höchst nothwendig gewordene Sache. Zahnkünstler giebt es in jeder Stadt, aber sie sind auch wahre Meister in ihrer Kunst. Ihre Besuchszimmer sind ausgesucht elegant, ihre Operationsstühle und Instrumente überaus niedlich und zweckmäßig eingerichtet. Sie erfanden und erfinden fortwährend, um schadhafte Zähne zu verschönern, zu sichern, wegzunehmen und zu ersetzen, eine Menge neuer Methoden und Geräthschaften, die allmählich in Europa Eingang finden. Ihr Fach wird wirklich wissenschaftlich betrieben, und es ist vorauszusehen, dass man bald auch in der Chirurgie eine gleiche Vollendung erstreben wird. Statt dass also ein deutscher Zahnarzt nach den Vereinigten Staaten geht, um sein dort so einträgliches Geschäft zu betreiben, sollte er dort blos lernen, um mit jenen vortrefflichen Methoden bereichert nach Deutschland zurückzukehren.

Mit viel mehr Behaglichkeit und weniger Mühe, als der Arzt, und in der Regel auch viel schneller und gewisser gelangt der *Apotheker* in den Vereinigten Staaten zur Wohlhabenheit. Für den Amerikaner ist der erste Nothhelfer die Apotheke, und erst nach ihr kommt der Doktor. Die Apotheken machen daher blühende Geschäfte. Dass nun ihre Vorsteher auch wissenschaftlich gebildete Leute wären, ist natürlich in Amerika nicht aller Orten zu verlangen. Wie jeder Doktor heisst, der aus Kuriren seinen Unterhalt macht, und nicht blos, wenn er die Heilkunde gründlich erlernt hat, so ist auch jeder Apotheker, der einen Laden mit Heilmitteln hält. Der Apotheker ist bloser Kaufmann, neben seinen Droguerien und Arzneien hält er häufig auch Farben, Seifen, Friseursachen, Öl, Gartensämereien, Geräthschaften und dergleichen feil. Einen Hauptgewinn macht er aus dem Verkaufe einer Unzahl von Patentmedizinen, mit deren marktschreierischer Ankündigung er täglich ganze Seiten der Zeitungsblätter füllen lässt. Man sieht häufig vor den ärmlichsten Kramläden hinten in den Wäldern grosse Bilder aushängen, auf welchen mit grellen Farben die wunderbaren Wirkungen der Patentpillen oder des Balsams an Figuren in Lebensgrösse dargestellt sind. Es bestehen zwar seit einigen Jahren, um der stillen Menschenvergiftung Abbruch zu thun, in grösseren Städten Apothekerschulen, aber bei der Schwäche der Gesundheitspolizei können jene Schulen noch nicht viel bewirken. Dagegen sind mit den deutschen Ärzten nun auch bereits in allen grösseren Städten deutsche Apotheker ansässig geworden, welche sich Ruf verschafft haben. Mit einigem Kapital, wovon ein Theil auf eine möglichst glänzende Ausstattung des Äskulaptempels verwandt werden muss, lassen sich noch viele neue Apotheken anlegen oder bestehende ankaufen, namentlich im Westen. Es giebt eine Unzahl Arzneiläden, und fast alle sind im Flor. Eine schimmernde Auslage und in der Nacht weitleuchtende farbige Gläser gehören jedenfalls dazu; einige Gipsbüsten und Vasen im Laden und eine Menge aufgestapelter Kisten und Tönnchen davor thun ihre guten Dienste. Der Apotheker verkauft aus eigener freier Hand eben so viel, als auf Grund ärztlicher Rezepte; namentlich Kalomel, Kastoröl, Chinin, Brechweinstein, Krotonöl, Ipecacuanha, Opium, Morphium muss er fortwährend Denen zumessen, welche sich selbst zu heilen gedenken. Auch fragt er nicht weiter darnach, wenn die Frauen ihr Opium holen. Der Apotheker ist Kaufmann, die stets gangbaren Heilmittel kauft er im Grossen ein von Grosshändlern, wie Kaffee und Gewürz, mit den übrigen versorgen ihn die Chemiker der grossen Städte. Den Hauptgewinn hat der Apotheker, wenn er gute und wohlfeile Arzneien aus Deutschland bezieht oder selbst zu verfertigen weiss. Einen nie abgehenden Nebengewinn wirft die Verfertigung von allerlei Essenzen und Ölen ab.

Ein geradezu furchtbares Landesübel besteht in der *Verfälschung* der Arzneien. Bei uns zu Lande unterscheidet man sorgfältig zwischen Arzneien und solchen Waaren, die zu Lebensmitteln oder zum Hausgebrauche dienen. In den Vereinigten Staaten von Amerika ist alles Waare und nur Waare, mag es die Köchin für ihre Töpfe oder der Arzt für seine Rezepte verlangen. Es ist daher Jedermann leicht gemacht, gerade so eine Apotheke eröffnen, wie irgend einen andern Kaufladen, und es lässt sich denken, welche Sorte von landeseingebornen Pfuschern sich dort Apotheker nennt. Nur erst allmählich macht sich eine öffentliche Fürsorge und Wachsamkeit geltend, damit die Apotheken nicht geradezu unfreiwillige Giftmischereien werden, die Apotheker vielmehr etwas von dem verstehen, was sie ihre Wissenschaft nennen. Eine Polizei aber, welche beständig genaue Nachforschungen halten würde, ob in den Apothekerbüchsen ächte oder verfälschte Waare, ist in den Vereinigten Staaten zur Zeit noch unmöglich. Viele würden eine solche Polizei auch für einen unerträglichen Eingriff in die Handelsfreiheit halten. Nimmt man nun die Thatsache hinzu, dass der Amerikaner eine unwiderstehliche Neigung und zugleich ein unvergleichliches Geschick hat, andern Leuten für ihr gutes Geld minderwerthe Waare zu geben, so lässt sich ermessen, in welch weitem Umfange die Arzneien, welche zum Verkaufe kommen, dort verfälscht werden. Der Humbug oder die Kunst, auf geschickte Weise zu betrügen, wird in den Apotheken wahrhaft unverschämt betrieben; denn die Käufer der Arzneien — und der Amerikaner kurirt ja gar zu gern sich selbst als sein eigener Arzt — können die ächte Waare von der unächten nicht unterscheiden. Auch der verständige Arzt kann nicht immer dabei sein, wenn die Stoffe zu seinen Rezepten in der Apotheke gemischt werden; die Prüfung der Arzneistoffe entzieht sich ausserdem dem oberflächlichen Blicke und bedarf oft chemischer Reagentien, welche anzuwenden der Arzt selten Zeit, Lust und Geld hat. Dass die Amerikaner im Ganzen genommen ein körperlich ungesundes Volk sind und auch unter den Farmern auf dem Lande wenig vorhanden ist von jener derben kernhaften

Natur, welche einen tüchtigen Stoss schon vertragen kann, davon liegt die Schuld wohl auch an den Apotheken, aus denen jene Massen von verfälschten Arzneien hervorgehen. Fast nur bei deutschen Apothekern ist man sicher, ächte Arzneien zu bekommen. Denn Diese haben in Deutschland doch mehr oder minder gründliche Studien gemacht, und sie bringen aus ihrem Vaterlande auch etwas von der deutschen Ehrlichkeit mit sich, welche sich entsetzt vor der Vergiftung des Volkes. Zu den deutschen Apothekern vorzugsweise schicken daher auch die Landeseingebornen in schweren Krankheitsfällen.

In minderm Grade, als in Amerika, findet die Verfälschung der Arzneien in den europäischen Ländern statt. Jedoch wird darin für deutsche Begriffe noch immer erschreckend viel geleistet. In Italien, Spanien, Frankreich, in Russland, in England ist Unkenntniss und Pfuscherei neben Mangel an Ehrlichkeit nur zu häufig bei den Apothekern hergebracht. Es giebt noch immer genug darunter, welche an den Apotheker in Shakespeare's Romeo und Julie erinnern, der dem unglücklichen Romeo den Todestrank verkaufte. Es fehlt in jenen Ländern noch zu sehr an einer wohlorganisirten Medizinalpolizei, welche Wachsamkeit mit technischen Kenntnissen vereinigt. Selbst in dem vollständig bureaukratisch regierten Frankreich können die Medizinalbeamten wohl einmal hier und da einen falschen Apotheker zur Strafe bringen, nicht aber gründliche Kenntnisse und ein zartes Gewissen unter den Pharmazeuten verbreiten.

Nur in Deutschland und Österreich kann der Kranke aller Orten und jederzeit überzeugt sein, aus den Apotheken wirklich diejenigen Arzneimittel in unverfälschter Eigenschaft und so zusammengesetzt, wie der Arzt sie vorgeschrieben, zu erhalten. Diejenigen, welche so Manches über die Sünden der deutschen Polizei, die nebenbei gesagt der russischen und französischen gegenüber noch ein Muster von Humanität ist, vorbringen, dürfen jene gute Frucht derselben dreist als ein Gegengewicht mit in die Wagschale legen. In Deutschland und Österreich wird nur derjenige Apotheker, der in den pharmazeutischen Schulen sich die unumgänglichen Kenntnisse erworben und in einer Prüfung bewährt hat, zugelassen. Es werden auch nur so viele Apotheker an einem Orte gestattet, als sich anständig vom Ertrage des Gewerbes ernähren können, ohne an schlechte Mittel zu denken, um der drohenden Konkurrenz zu begegnen. Eine gut geordnete Medizinalpolizei, welche sich erfahrener Ärzte bedient, untersucht von Zeit zu Zeit den Stand der Apotheken, und prüft: erstens, ob all die nöthigen Arzneien darin vorhanden sind, und zweitens, ob diese Arzneien noch ihre wirksame und unverfälschte Eigenschaft besitzen. Endlich kommt dieser Fürsorge jene Volkseigenschaft entgegen, welche Gott sei Dank noch immer eine Tugend vorzugsweise der Deutschen ist, die Ehrlichkeit.

Es bestehen zur Zeit verhältnissmäßig noch wenige *chemische Fabriken,* und mit hinlänglichen Geldmitteln und Kenntnissen würden sie sich vortheilhaft anlegen lassen. Man müsste natürlich vorher sich im Lande gehörig umgesehen haben, auch danach, wo die wohlfeilen Rohstoffe am besten zu beschaffen sind. Die chemischen Fabrikate der Amerikaner haben aber noch immer die Konkurrenz mit den englischen zu bestehen, welche eigens in schlechtester Qualität für den amerikanischen Markt verfertigt und mit grosser Schlauheit auf diesem grossen Gebiete verführt werden. Es hat der Kongress zwar ein Gesetz gegeben, dass die importirten Arzneistoffe chemisch untersucht werden sollen; die Engländer werden aber wohl Mittel finden, eben so viel Quantitäten ihres verfälschten Fabrikates wie früher, nur jetzt in kleineren Partien und vorsichtiger, z. B. über die Seen, in die Vereinigten Staaten hinein zu bringen. Junge Chemiker werden mit einer Empfehlung von einem berühmten deutschen Professor der Chemie sicher sehr bald eine Anstellung finden. Ohne eine solche werden sie ihren Vortheil wahrnehmen, wenn sie in eine Apotheke eintreten. Die Chemie reinwissenschaftlich auf eigene Hand zu treiben, wäre ein Geschäft, welches für den Anfang schwerlich die Lebensnothdurft abwerfen würde.

Die Kunst der *Thierärzte* wird hauptsächlich noch durch blos praktisch geschickte Schotten und Irländer, durch Inhaber von Leihpferdeställen und Reitbahnen, durch Schmiede und in diesem Fache einmal anerkannte Farmer besorgt. Im Allgemeinen lässt sich der Amerikaner auf eine langwierige Kur seiner Thiere nicht gern ein, weil er sie lediglich als Maschinen ansieht, die ihm fortwährend verdienen sollen. Hilft irgend ein Hausmittel nicht in den ersten Tagen, so sucht man das Thier auf irgend eine Weise los zu werden. Gebildete Thierärzte werden nur in grösseren Städten von ihrer Kunst allein anständig bestehen können. Jedoch kann deren nebenbei geschehende Ausübung aller Orten sehr einträglich werden, wenn sie zugleich eine Farm, Stallung, oder Wirthschaft halten.

Dass das *Schulwesen* und die wissenschaftliche Bildung überhaupt in einem so neuen Lande, wie Amerika, wo der Geist zunächst auf Ausbeutung der rohen Naturerzeugnisse getrieben wird, noch auf den untern Stufen sich befinden, ist leicht zu begreifen. Da, wo ein gewandter Mensch durch jede andere Anstrengung seiner Geistes- und Körperkraft sich leicht mehr als das Nöthige erwerben kann, fühlt man auch zu dem mühsamen Berufe eines Lehrers keine Lust, und achtet ihn gar nicht besonders, weil er für viele und leidvolle Arbeit wenig Geld einbringt. Der Amerikaner haftet daher nur in gut bezahlten Stellen an den höheren Lehranstalten oder bei einträglichen und angesehenen Privatschulen. Die Arbeit an Elementarschulen betrachtet er nur als Durchgangsposten, um nebenbei sich für die Ausübung eines Predigtamts, der Arzneikunde, oder Advokatur und dergleichen vorzubereiten.

Wenn es dennoch dem gebildeten deutschen Einwanderer nicht leicht ist, eine gute Lehrerstelle zu bekommen, so liegt der Grund nicht nur darin, dass man durchgehends ihm aus Abneigung gegen den Einwanderer den einheimischen Mitbewerber vorzieht, obgleich Dieser, was die Kenntnisse anbelangt, dem Deutschen vielleicht nicht das Wasser reichen kann. Der Letztere steht vielmehr deshalb im Nachtheile, weil er sich nicht so leicht und gefällig zu geben weiss, wie der Amerikaner. Der Lehrer soll in Amerika zugleich ein Weltmann von einnehmendem Wesen sein. Ein armer tiefgelehrter, aber unbeholfener und innerlich dennoch stolzer Deutscher ist dem Amerikaner mehr als lächerlich, er ist ihm unleidlich.

Bei alledem sind nach den Ärzten unter den Deutschen in Amerika, welche nicht Landwirthschaft, Gewerbe, Handlung oder Gastwirthschaft betreiben, am zahlreichsten und wirksamsten die *Professoren*. Sie sind in allen Anstalten zu finden, und unter ihnen die ehrenwerthesten Männer. Vielfach haben sie für dieses Land zu den höhern, namentlich philosophischen und geschichtlichen Studien erst den Grund gelegt. Einer, der ein paar Gymnasialklassen in Deutschland durchgemacht hat, weiss immer noch so viel, um in Amerika einen kenntnissreichen Lehrer abzugeben, die Deutschen thun ja ausserdem nichts lieber als lehren; deshalb war das Lehramt von jeher die Zuflucht der deutschen Gebildeten, die nichts Besseres anzufangen wussten. Es sind aber jetzt auch so viele Deutsche in den Schulanstalten, dass es dem neuen Ankömmling selten sofort gelingt, eine gute Stelle zu bekommen.

Es hängt dies nicht allein von Kenntnissen ab, sondern noch viel mehr davon, ob Einer seine Kenntnisse im glänzenden Lichte zu zeigen versteht, und ganz vorzüglich davon, dass er persönliche und einflussreiche Bekannte unter den Amerikanern hat. Denn bei allen öffentlichen Lehranstalten, welche nicht blose Privatunternehmungen sind, hat ein Rath von Männern, die entweder von Behörden oder durch den freien Willen des Stifters bestellt werden, die Oberaufsicht, die Prüfung und den Haushalt. Diese

Schulräthe haben oft wenig wissenschaftliche oder höhere Bildung, geben aber viel auf den persönlichen Eindruck und auf die Empfehlungen, mit welchen ein Bewerber sich einführt. Ihnen zu genügen, hat der Lehrer ein ganz besonderes Augenmerk auf den Glanz und das vortheilhafte Äussere der ganzen Anstalt, und dass sich die Schüler mit ihren Kenntnissen wohl darstellen, zu richten. Die Schulen hängen mehr oder weniger von der Gunst des Publikums ab; jeder hält sich natürlich für fähig, ein entscheidendes Urtheil darüber abzugeben. Der mittlern Bildungsstufe, der das Publikum im Allgemeinen angehört, zu gefallen, hält man öffentliche Prüfungen und sucht durch mancherlei in's Auge fallende Dinge die Meinung hervorzulocken, dass in einer Schule viel und gut gelehrt wird. Die öffentliche Meinung ist ja in den Vereinigten Staaten die Herrscherin über alles und jedes, und manchmal muss ihr, wie einem stolzen üppigen Weibe, der Hof gemacht werden.

Auf das, was ein Deutscher gründliche Bildung nennt, wird in den amerikanischen Schulen wenig gegeben, dafür hat man nicht die Zeit und auch die Vorbereitungsmittel nicht, und wozu sollte man sich auch damit abquälen? Man braucht und will nur das, was unmittelbar dem Eigner Nutzen bringt. Was Einer weiss, will er zu Gelde machen, und darnach schätzt er es wie viel es werth ist. Derjenige deutsche Professor gilt für vorzüglich, der das Praktische einer Wissenschaft kurz und schnell, und so anschaulich darzustellen weiss, dass die Schüler gleichsam die Handhabe dazu selbst in die Hände bekommen, und dann wird er sich wundern, wie rasch gelehrig diese damit umzugehen wissen. Die Geographie wird nicht durch trockene Bücher und Karten gelehrt, sondern dadurch, dass man die Natur eines Landes und Volkes dem jungen Geiste durch die Geschichte und durch bildliche Darstellungen lebendig vorführt. Ein Schulmann würde aber sich schlechten Dank verdienen, wenn er auf deutsche Weise erst die festern und weitern Grundlagen einer Wissenschaft legen und darauf im langsamen Wege Schritt vor Schritt ein stattliches Gebäude aufführen wollte: seine Zöglinge und deren Eltern würden ihn wahrscheinlich nicht allein für langweilig, sondern auch für dumm halten.

Die Eltern wollen überall ein Miteinsehen haben, was und wie ihre Kinder lernen sollen, und der Lehrer muss ihren weisen Anweisungen gefällig und geschmeidig zuhören. Bei verständigen Leuten ist solche Theilnahme der Eltern dem Lehrer schätzbar, es entwickelt sich daraus nicht allein eine gesteigerte Aufmerksamkeit auf den Bildungsgang des Schülers, sondern auch ein gegenseitig achtungsvolles Verhältniss zwischen Lehrer und Eltern. Nur zu häufig bringt es Diesem aber die ärgste Qual, man giebt ihm alberne Vorschriften in Menge zu vernehmen. Die Eltern hören darauf, was ihre Kinder vom Meister sagen und verlangen, und geben ganz dem Willen ihrer Kinder gemäß auch ihre Willensmeinung dem Armen kund, und es möchte schwer halten, irgendwo frechere und weniger kindliche junge Menschen zu finden, als unter den englisch-amerikanischen Schulkindern. Die Kinder sind überall die kleinen Tyrannen: es ist hergebracht, sie dermaßen zu verziehen und zu verhätscheln, dass sie vernünftigen Leuten unausstehlich werden, und selbst den grössten Schaden für ihr Leben haben. Was aber ärger, sie sind sehr selten kindlich. An Pietät gegen den Lehrer ist nicht zu denken, wie denn überhaupt kein Volk so wenig Pietät gegen das Alter hat, als die Amerikaner. Nur die Jugend, die unternehmende Kraft gilt bei ihnen. Jede Schwäche des Lehrers forschen die Kinder aus und machen sich auf die unverschämteste Weise darüber lustig.

Die amerikanischen Kinder sind durchgängig auffallend schön und klug, aber diese Blüthe geht schnell vorüber. Haben sie die Schule zurückgelegt, so bewahren die Mädchen vielleicht einmal Liebe, die Knaben höchst selten ein Gefühl der Anhänglichkeit für ihren Lehrer.

Dagegen hat Dieser seine Freude daran, wie rasch und aufgeweckt sie lernen. Sie haben gleichsam einen Takt darin, alles das schnell aufzufassen, was sie später im Leben brauchen können, und vor dem tiefern Reiz der Wissenschaft flüchtig vorbeizugehen. Die Schulbücher und die ganze Lehrmethode sind äusserst praktisch eingerichtet; durch bildliche Darstellungen, durch stete unmittelbare Anknüpfung an die lebendige Gegenwart wird jeder Lehrgegenstand anschaulich und anziehend gemacht. Dabei kommt es darauf an, die Zöglinge mit ihren Kenntnissen glänzen zu lassen. Durch mancherlei öffentliche Aufzüge und Prüfungen wollen die Eltern ihren Stolz an den Kindern haben. Im Hintergrunde aller amerikanischen Erziehung steht immer der Sporn des Selbstgefühls: sie ist weniger ein Einprägen von gediegenem Wissen, als eine Anleitung, in jeder Sache sich halberlei zurecht zu finden und zu jedem Unternehmen Muth zu haben.

Auch die äussere Stellung hat für einen Deutschen, der die geachtete Stellung der Professoren und Schulvorstände in Deutschland vor Augen hat, manches Drückende. Die Achtung, die der öffentliche Lehrer in Amerika geniesst, ist keineswegs vorzüglich; er bekommt wenig Gehalt, es sei denn, er wäre ein berühmter Gelehrter oder sonst in der Mode. Ein Schulmann muss in seinem ganzen Wesen möglichst eingezogen und strenge sein; von ihm besonders verlangt man, dass er äusserlich einen streng moralischen Lebenswandel zeige, wenig Lustbarkeiten besuche, viel Kirchengehen und Hausandacht mitmache, und ein Mann der Enthaltsamkeit und ein Eiferer für Mäßigkeitsgesellschaften sei. Die Rektoren an den höheren Schulen, namentlich in den Neuenglandstaaten, müssen manchmal sich kirchliche Anstandsformen gefallen lassen, die man in Deutschland für unerträglich halten würde. Whist, Theater, Klavierspiel am Sonntag oder des Morgens sind strenge verboten. Ob ein Lehrer wirklich religiös ist, darauf kommt es nicht an: man denkt, es ist dem Lande besser, Jemand heuchelt Religion, als dass er aufrichtig ist und sagt, dass er von dem Kirchenwesen nicht viel halte.

Trotzdem dass nun schon so viele Deutsche als Lehrende thätig sind, können noch mehrere in diesem Amte ihren Platz finden, wenn er auch nicht gleich lohnend ist. Man ist jetzt überall eifrig daran, das Schulwesen auf besseren Fuss zu stellen, die Amerikaner sagen ganz recht: ein freies Staatsleben gedeiht nur auf der Grundlage guter Schulbildung, und sie fangen auch an einzusehen, dass sie mit ihrem Schulwesen noch keinen Vergleich mit dem deutschen wagen dürfen. Der ganze weite Westen liegt wie ein offenes Feld für die Lehrarbeit da; ausserdem ist überall unter dem Volke ein Drang zu lernen und sich zu bilden, der so bald noch nicht zu stillen ist. Der Amerikaner will gern von allem das Seinige wissen. Es wäre zu wünschen, dass auch ausserhalb der Städte für den ersten Unterricht schönere Einrichtungen getroffen würden; nur zu sehr sucht man die Schulen oberflächlich herzurichten, und hat von der besseren Lehrweise selbst nur noch dürftige Begriffe. Ein hochgebildeter Professor, mit welchem ich viel verkehrte, der für Deutschland schwärmte, wurde dorthin geschickt, um das untere Schulwesen kennen zu lernen. Sein Bericht, der in vielen tausend Abdrücken verbreitet und viel gelesen wurde, lautete für Deutschland höchst günstig; nur über die eigentliche Erziehung von Geist und Gemüth und über die Art, die Kenntnisse einzupflanzen, war merkwürdig wenig darin zu entdecken.

Der arme Deutsche, der keine Handarbeit versteht, greift wohl zu dem armseligen Geschäfte eines *Landschullehrers*. Wenn sich einer findet, der dies Amt für die Sommermonate übernehmen will, so vereinigen sich die benachbarten Bauern und geben ihm für den Monat 6 bis 10 Dollars, und die Kost hat er bei einem nach dem andern. Etwas besser hat es der Schulmeister, wo die Freischul-Ordnung eingeführt ist, wie in Pennsylvanien, Ohio, Kanada und andern Staaten. Es ist da ein für allemal ein kleines Schulhaus gebaut, und der Lehrer wird gewöhnlich von einem Sommer zum andern bestellt und erhält sein Geld, 12 bis 20 Dollars monatlich, von den Schulbeamten des Kreises (Township). Diese nehmen ihrerseits das Nöthige von den Schulsteuern, welche Jedermann zu bezahlen hat, und welche nach Anzahl der Schulkinder und nach Verhältniss der öffentlichen Abgaben unter den einzelnen Gemeinden vertheilt werden. In den Städten ist fast überall für die untern Schulen eine lobenswerthe Sorge getragen; die Lehrer haben keinen grossen, jedoch auskömmlichen festen Gehalt. Man hört bereits die Meinung aussprechen, die Einrichtung des Schulwesens sei in freien Staaten nicht eher vollendet, als bis nicht nur die untern, sondern auch die höheren Schulen Jedem unentgeldlich offen ständen. Die Pfarrgemeindeschulen der Deutschen sind musterhaft vor allen übrigen. In einigen westlichen Städten hat man englisch-deutsche Freischulen eingerichtet, jedoch hat das Englische darin die Oberhand. Für Herstellung eines bessern, namentlich deutschen Schulwesens ist für den Deutschen, der sich dem Lehramte widmen will, in Amerika noch ausserordentlich viel zu thun.

Wer nicht eine Stelle als öffentlicher Lehrer findet, fängt als *Privatlehrer der neueren Sprachen* an. Er erhält am leichtesten im Deutschen Schüler; denn diese Sprache ist für den Geschäftsmann Bedürfniss, für die feinere Erziehung der Mädchen Modesache geworden. Das Deutsche wird den Englischen sehr schwer; trotzdem sind junge Männer nicht selten, welche mit unverdrossenem Fleisse sich in anderthalb Jahren diese so reiche Kultur-Sprache zu eigen machten. Die Amerikaner wollen auf jede erdenkliche Weise das Sprechenlernen schnell und erleichtert haben, die jungen Mädchen wollen gleich mit Goethe und Schiller anfangen und darüber weg hudeln; Grammatik zu lernen, würde ihnen gar zu hart fallen. Wer ihnen spielend und hübsch redend die Sache beizubringen, dabei den gewandten Mann zu machen versteht, bekommt reiche Schülerinnen. Die Dämchen lernen auch wohl Griechisch und Lateinisch und lesen im Horaz und Homer; wie sich von selbst versteht, wird ein verständiger Mann das nur als Spielerei und Aufputzen mit ein paar Blumen aus den alten Dichtern, und nicht als ernsthafte Sache betrachten. Wer nicht ein angenehmes Lehrtalent hat, wird nicht viel besser als ein Handwerker angesehen, welchen man bezahlt und dann keines Grusses mehr würdigt. Als Lehrer auf eigene Hand hat man aber am besten Gelegenheit, in Familien bekannt zu werden und sich die nöthigen Empfehlungen für ein öffentliches Lehramt zu verschaffen. Dabei ein geachteter Hausfreund zu werden, darf sich kein armer Deutscher einbilden: es wird viel sein, wenn er zu irgend einer grossen Gesellschaft einmal zugezogen wird. Wer gar nicht zu Brode kommen kann, der geht auf's Land, Hauslehrer sind namentlich im Osten des Landes zahlreich und werden unverhältnissmäßig besser bedacht, als in Deutschland.

Um eine der *gut honorirten Stellen* auf den Lehranstalten, Kollegien und sogenannten Universitäten zu bekommen, muss man Empfehlungen von berühmten Gelehrten aus Deutschland mitbringen, vornehme Bekanntschaften machen, gut und gewählt englisch sprechen und Glück haben. Hauptsächlich damit, weniger durch gediegene Kenntnisse kommen nicht Wenige zu schönen Posten. Der weit und tief gelehrte Deutsche, wenn er etwas unweltläufig ist und Gelehrtenstolz hat, braucht daran nicht zu denken. Wenn er aber nur erst etwas mit den Vorstehern und Professoren der Schulen bekannt ist, und dann mit weitschweifigen Kenntnissen und kühnen Hypothesen ein Buch schreibt, das gehörig angepriesen wird, so wird ihm das voranhelfen. Besteigt er zuweilen auch den Pegasus, lässt er ihn vorher mit Hufeisen beschlagen und dann ein paar tüchtige Sätze zu Amerika's und seiner Söhne Ruhm und Glorie machen, so glückt es ihm vielleicht, an einer der vielen Hochschulen mit fünf oder sechs Professoren mit der Zeit ein Lehramt zu bekommen. In Boston, Newyork, Philadelphia, Montreal, Neworleans und andern Grossstädten wird er jedoch seine Kenntnisse schon etwas müssen prüfen lassen; denn dort giebt es unter den eingebornen Amerikanern Gelehrte, welche auch in Deutschland einer Hochschule Ehre machen würden. Es wirken auch an den höchsten Lehranstalten viele und ausgezeichnete deutsche Kräfte. Sind diese amerikanischen oberen Schulen mit deutschen Gymnasien und Universitäten auch noch gar nicht zu vergleichen, so bessern sie sich doch zusehends. Es geschieht jetzt in den Vereinigten Staaten viel für das Schulwesen; denn der Amerikaner sagt: »gute Schulen gute Bürger«, und er rühmt sich unaufhörlich, nicht nur das freieste und wohlhabendste, sondern auch das erleuchtetste und religiöseste Volk zu sein, und was er noch nicht ist, meint er sicher in einigen Jahren zu werden. So viel ist gewiss, in keinem andern Volke ist ein so allgemeiner und so jugendlicher Bildungstrieb; nur hat man jetzt noch nicht Zeit und Lust, etwas gründlich zu lernen, sondern zieht vor, von allem, was im Weltall wissenswerth ist, einige Kenntniss oberflächlich einzuziehen. Die Übersetzung eines deutschen Konversationslexikons war daher ein glücklicher Gedanke.

Privaterziehungsanstalten zu errichten, ist ein missliches Unternehmen für einen Deutschen. Wenn man auch hinlänglich Vermögen zur modischen und glänzenden Ausstattung des Hauses und mit Frau und Tochter die nöthige feine gesellschaftliche Bildung hat, so fehlen doch immer noch die zahlreichen Bekanntschaften unter den reicheren alteinheimischen Familien. Wenigen Deutschen wird die Charlatanerie zusagen, mit der in der Regel auch dieses Geschäft betrieben wird. Auf die Kinder deutscher Eingewanderten lässt sich noch wenig rechnen; denn so lange die Letztern arm sind, bekümmern sie sich nicht viel um Erziehung der Kinder; sind sie reich geworden, so geben sie dieselben in eine vornehme englisch-amerikanische Anstalt.

Am gewissesten steht auch dem *Theologen* in den Vereinigten Staaten ein Unterkommen offen. Einerlei, was immer seine religiöse Überzeugung sein mag, er findet sicher viele Leute seines Bekenntnisses, Strenggläubige, Rationalisten und Freidenker. Gemeinden der Letztern sind noch wenige und nur in den grössern Städten, die Altgläubigen haben die grosse Mehrheit; die Rationalisten aber nehmen bereits eine feste Stellung ein und breiten sich nicht minder aus, als ihre Gegner. Nur dem sich von der Bibel gänzlich Lossagenden wird es schwer, auf die Länge eine Gemeinde festzuhalten, so viel eifrige Zuhörer er auch die erste Zeit bei seinen Vorträgen haben mag. Das Anziehende für den Theologen ist, dass er sich frei nach seinen Ansichten allmählich eine Gemeinde bilden kann, und dass er, wie die Kirche überhaupt, wenn auch nicht amtlich, doch im Stillen auf das öffentliche wie häusliche Leben grossen Einfluss übt. Widerwärtigkeiten begegnen ihm aber auch in Hülle und Fülle.

Wahrscheinlich erhält der deutsche Theologe bald eine Anstellung, insbesondere wenn er seine Schul- und Universitätszeugnisse und Empfehlungen von bekannten Professoren und Schriftstellern in Deutschland vorzeigen kann. Ein Prediger in den Staaten empfiehlt ihn dann an den andern, bis er eine Gemeinde findet, in der das Predigtamt verwaist ist. Kann er nicht dazu kommen, so muss er sich irgendwo im weiten Westen eine Gemeinde zusammensuchen, was im Ganzen genommen recht mühsam ist. Es giebt aber dort noch unzählige Plätze, wo bereits viele Deutsche, jedoch ohne alle kirchliche Freude und Erbauung, zusammenwohnen und sich auf gegebene Anregung gern vereinigen, um eine kleine Kirche zu bauen und einen jährlichen »Lohn« für den Prediger zu unterzeichnen.

Der strenggläubige Ankömmling wendet sich gewöhnlich an eine Synode. Die lutherischen, reformirten und hie und da auch schon die evangelischen Gemeinden in einem der Staaten oder einem Theile desselben stehen in einem

Verband und halten durch die Prediger und Laienabgeordneten regelmäßige, in dringenden Fällen auch ausserordentliche Versammlungen, in welchen über Ausbreitung des Bekenntnisses, Zucht und Anstellung der Prediger, und Streitigkeiten in den Gemeinden verhandelt wird. Die Geschäfte führen Präsident, Schatzmeister und Schreiber. Die Verhandlungen werden in der Regel veröffentlicht. Es trägt die Synodalverfassung unverkennbar sehr viel dazu bei, das kirchliche Leben rege zu halten. In ihren Predigerschulen kann man mit wenig Studien und viel gutem Willen überaus schnell sich zum Kirchenamte fertig machen, gleichwohl können sie das Bedürfniss nach Predigern nicht befriedigen. Ein deutscher Theologe, der sich daher an eine Synode wendet und Zeugnisse über seine Universitätsstudien beibringt, wird sehr bald an eine Gemeinde gewiesen, die des Hirten bedarf. Dort hält er einige Reden zur Probe, die Leute besprechen sich dann, ob sie ihn wollen, und jeder unterschreibt ein paar Dollars Jahresbeitrag für den Pastor, worauf die Synode ihn bestätigt. Bekommt er nicht gleich eine Gemeinde, so wandert er weiter und sucht sich eine, die ihn vielleicht für eine Zeitlang annimmt. Geht der Zehrpfennig unterwegs aus, so wird ein neuer durch Predigen in einer Kirche verdient. Die Zuhörer drücken dem Reisenden bei dem Herausgehen aus der Kirche Geld in die Hand. Wer sich nicht mit einer Synode verbinden will, findet im Westen zahlreiche Gemeinden freieren Bekenntnisses, welche ohne strengeren kirchlichen Verband, als mit wenigen benachbarten Gemeinden, bestehen, und ganz nach eigenem Ermessen Prediger annehmen und abdanken.

Die Synoden haben ihren gedeihlichsten Boden in den alten Staaten. In den neuen dagegen vermehren sich die unabhängigen Gemeinden, welche von den alten Kirchengenossenschaften sich mehr oder weniger entfernen und ihre Angelegenheiten ganz auf eigene Hand leiten. Sie entwerfen sich ein Grundgesetz, wählen ihre Prediger selbst, übertragen einem Vorstande oder Kirchenrath die gewöhnlichen Vorkommnisse, und halten für wichtige Fälle Versammlungen, in denen die ganze Gemeinde durch Stimmenmehrheit entscheidet. In den unabhängigen Gemeinden ist eine einfach evangelische Auffassung der christlichen Lehre vorherrschend und meist durch wissenschaftlich gebildete Prediger vertreten. Manche dieser Gemeinden haben in ihrem Grundgesetze ausgesprochen, dass niemals ein Zögling der Sendanstalten in Deutschland oder ein zu einer Synode gehörender Prediger die Stelle bei ihn enerhalten könne. Es werden aber unter ihnen mehr und mehr Stimmen laut, welche einen nähern Verband unter einander, und gleich den Synoden eine Verbindung mit bedeutendern Professoren in Europa wünschen, welche ihre religiösen Überzeugungen theilen.

Das woran sich deutsche Prediger in den Vereinigten Staaten so schwer gewöhnen, ist ihre Abhängigkeit von den Gemeinden. Diese bilden sich und zergehen wieder, und sie bestimmen jährlich, wie viel der Prediger haben soll. Der Republikanismus zeigt sich auch in kirchlichen Dingen. Nicht allein über die äussere Anordnung der kirchlichen Zusammenkünfte, über Kirchenvermögen und Kirchhof, sondern auch wohl über Lehren und Glaubenssätze giebt ein oder das andere Mitglied seine Willensmeinung dem Prediger zu erkennen, mit dem Winke, sich darnach zu richten oder einen Beitrag gebenden Zuhörer zu verlieren. Spaltungen und Zwietracht über dergleichen Dinge sind in den Gemeinden ganz gewöhnlich. Öfter nehmen sie von kleinlichen persönlichen Dingen ihren Ursprung. Ein Mann, welchen der Prediger beleidigt hat, kann ihm manchmal ein Drittel der Genossenschaft abspenstig machen, einen andern Prediger verschreiben und alsbald eine besondere Gemeinde aufrichten. Der Prediger muss daher sich bescheiden, gefällig und hörsam darstellen, eine Sache, die manchem Gottesgelehrten grosse Anstrengung kostet. Die ältern grössern Pfarren in den Städten abgerechnet, ist des protestantischen Predigers Gehalt geringe, und seine Arbeit und Mühe gross. Manchen Tag hat er seine Anzahl Meilen weit zu reiten, um zu seinen zerstreut wohnenden Gemeindegliedern zu kommen. Ein angenehmes Haus, wie die Pfarrer in Deutschland, können nur sehr wenige deutsche Prediger in Amerika machen.

Sodann herrscht ein sehr lebhaftes Benehmen unter ihnen selbst. Es werden schon in Deutschland ziemliche Stücke von gegenseitiger Verketzerung und Verleumdung aufgeführt, das ist aber gar nichts gegen das, was in dieser Beziehung in Amerika geleistet wird. Es hat sich auch gerade unter den protestantischen Predigern in Amerika Gesindel mit geringer Schulbildung eingeschlichen, welches auf andere Weise sein Brod nicht gewinnen konnte. Dieses Volk findet in Hetzereien seinen Halt und seine Freude. Endlich kommen auch die methodistischen Prediger und die katholischen Priester, welche mit grossem Eifer und mit noch mehr Geschick und Erfolg unverdrossen ihre Künste fortsetzen, um deutsch-protestantische Gemeindeglieder zu sich herüberzuziehen. Deren geistliche Hirten befinden sich daher mehr oder weniger fortwährend im Kampfe.

Die deutsch-protestantischen Prediger von allen Glaubensrichtungen haben es sich bisher angelegen sein lassen, deutsche Sprache und deutsche Bildung unter ihren Pfarrgenossen zu erhalten. Gegenwärtig freilich, wo manche der ältern deutschen Kirchengemeinden sich in englische umwandeln, sind es gerade strenggläubige Pastoren, welche es gern begünstigen, wenn ihre Gemeinden in den Kirchen die englische Sprache annehmen, weil sie hoffen, dieselben würden dadurch auch den Einflüssen des deutschen Rationalismus entzogen. Überhaupt macht sich das englisch-amerikanische Wesen mit seinem hässlichen Pharisäismus in vielerlei Formen an die deutschen Gemeinden heran, und es wird manchen Predigern schwer, die deutsche Sprache in den Schulen nicht ganz von der vornehmeren englischen verdrängen zu lassen.

Die *Priester der katholischen Kirche,* welche aus Deutschland nach den Vereinigten Staaten gehen, wissen vermöge des wohlgeschlossenen Zusammenhangs dieses Klerus es schon vorher, wie und wo sie ihre Stellen finden. Ihre Kirche dehnt sich dort mit Riesenschritten aus, und geht einer unberechenbaren Zukunft entgegen. Sie verkündet es in der Presse und in öffentlichen Vorlesungen, der Protestantismus habe sich überlebt; wer noch dem Autoritätsglauben huldigen wolle, müsse zu ihr zurückkehren; wer nicht, müsse vollkommen sich vom Kirchenglauben losschlagen. »Es ist«, sagte einmal der Erzbischof Hughes zu Neuyork schon vor Jahren in einem seiner öffentlichen Vorträge, »kein Geheimniss, welches der Protestantismus entdeckt zu haben glaubt, dass der Papst die Absicht habe, sich des Mississippi-Gebietes zu bemächtigen. Nicht das allein, das ganze Volk der Vereinigten Staaten will die katholische Kirche erobern, das Kriegsheer, die Flotte, die Repräsentanten, den Senat, den Präsidenten, ja, selbst den Präsidenten«. Die Anzahl der Kathedralen und Kapellen, Kollegien und Erziehungsanstalten, Hospitäler und milden Stiftungen, Pfarren und Elementarschulen, welche von der katholischen Kirche alljährlich neu in den Vereinigten Staaten errichtet werden, ist ausserordentlich, und ihr praktischer Erfolg liegt aller Welt vor Augen. Dem katholischen Priester deutscher Zunge gelingt es jedoch nicht sobald, gerade an bedeutenderen Anstalten seinen Platz zu finden.

Überhaupt nehmen die deutschen Priester, obwohl unter den Katholiken der Vereinigten Staaten ihre Landsleute die Mehrzahl bilden, in der dortigen Hierarchie doch nur eine sehr untergeordnete, ja gedrückte Stellung ein. Ihre wissenschaftliche Bildung, welche das, was die irländischen und französischen Geistlichen so nennen, bei weitem übertrifft, wird mit Misstrauen betrachtet. Das Geld, welches in grossen Summen aus Deutschland zum Besten der katholischen Kirchen nach den Vereinigten Staaten geht, wird hauptsächlich dazu verwandt, Kathedralen, Bischofssitze,

Kollegien u. s. w. in den grössern Städten zu errichten, statt den Deutschen auf dem Lande Kirchen und Pfarrer zu verschaffen. Kurz, der deutsche katholische Geistliche wird zu dem Übrigen, was ihm seinen Beruf in Amerika in mancherlei Weise erschwert, dort sehr bald inne werden, wie unbehaglich seine Stellung gegenüber der nichtdeutschen Geistlichkeit ist. Er wird dann auch die Mittel kennen lernen, durch welche es gelingt, in den Vereinigten Staaten das deutsche Element, trotzdem dass die Mehrzahl und die Bildung bei den deutschen Katholiken ist, in der katholischen Hierarchie dennoch so auffällig niederzuhalten. Von mehr als sechszig Bischofstühlen sind verhältnissmäßig sehr wenige mit Deutschen besetzt, die deutsche Sprache steht in vielen katholischen Lehranstalten noch unter der französischen, die Deutschen können nur kärglich und mit vielen Mühen Unterstützungen zu kirchlichen Zwecken aus den Geldern erhalten, welche so reichlich dafür aus Deutschland nach Amerika fliessen. Auffallend ist auch im Verhältniss zu ihrer geringen Anzahl die Menge der deutschen Priester, welche suspendirt oder sonst unter eigenthümliche Beschränkungen gestellt sind. Sie können und dürfen nicht reinen Wein einschenken und schweigen. Wohl aber hört man andere gebildetere deutsche Katholiken sich in bitteren Ausdrücken über die Handhabung des Kirchenwesens durch die irländische und französische Geistlichkeit aussprechen. Die letztere scheint in den deutschen Priestern in der That noch etwas Anderes, als die deutsche Wissenschaftlichkeit zu fürchten.

Diese Übelstände sind auch in Deutschland bekannt. Es giebt ein Mittel, ihnen entgegenzuwirken, und dies besteht darin, dass man die Verwendung der bedeutenden Summen welche alljährlich aus Deutschland, insbesondere auch aus österreichischen Stiftungen, für katholische Zwecke nach den Vereinigten Staaten gehen, selbst in die Hand nimmt und damit von hier aus für die Schul- und Kirchenzwecke der dortigen katholischen deutschen Gemeinden selbst sorgt.

Verhältnissmäßig noch am wenigsten haben sich die Deutschen in den Vereinigten Staaten bis jetzt in der *Rechtsanwaltschaft* versucht. Nicht gar viele berühmte oder nur bedeutendere deutsche Advokaten kennt man dort. Die Meisten, welche sich diesem Fache gewidmet haben, verhandeln blos in kleinen Sachen vor dem Friedensrichter und wagen in grössern nicht vor dem Gerichtshofe redend aufzutreten. Sie begnügen sich mit der stillen Seite der Rechtsanwaltschaft, d. h. sie ertheilen Rath, verfassen Rechtsgutachten, Schriftsätze für den Prozess und Notariatsurkunden, und besorgen die Eintragungen und Nachforschungen bei den Hypothekenämtern. Man stellt gewöhnlich die Schwierigkeiten als unübersteiglich dar, welche dem eingewanderten Deutschen entgegenstehen, ehe ihm die Advokatur Ansehen und Reichthum bringt. Gross, — und zwar mehr der Fertigkeiten, als der Kenntnisse wegen, — sind diese Schwierigkeiten allerdings, aber unübersteiglich sind sie nicht.

Die erste Arbeit liegt darin, im Rechtswirrsal des amerikanischen Civilrechts heimisch zu werden. Dieses ist ebenso dickleibig als verworren, und man könnte es einem verdrehten Haufen von altem Strick- und Tauwerk vergleichen, welches tausend Knötchen und Endchen hat, aus dem man für den einen Fall ein Stückchen herausschneidet und für künftige Fälle wieder ein paar Stückchen ansetzt. Klare leitende Gedanken sind, ausser den allgemeinen staatsbürgerlichen Grundsätzen, erst nach längerer Bekanntschaft darin zu entdecken; äusserst schwierig ist es aber, sie überallhin zu verfolgen. Natürlich gehört dazu, dass der Rechtsgang durch eine Menge von Formen und Formeln hier auseinandergezerrt, dort wieder zusammengeschnürt wurde, so dass es für einen in diesen Rechten nicht bewanderten Mann oft nicht einmal möglich ist, einen einfachen Vertrag zu Recht beständig aufzusetzen, geschweige denn einen Prozess zu führen. Daher ist das bürgerliche Recht in den Vereinigten Staaten gespickt und geölt mit allerlei Kniffen und Pfiffen, und die Advokaten tummeln sich darin umher wie die Kaninchen in ihren Erdlöchern.

Dies Rechtswirrsal ist ein Vermächtniss Altenglands. Als die Staaten die politische Verbindung mit England auflösten, liessen sie das Übrige, was sie von englischen Einrichtungen hatten, bestehen, und am geltenden Recht und den Rechtsformen veränderten sie am wenigsten. Ein neues Gesetzbuch hätte eine grössere Revolution hervorgebracht, als die Erklärung der Unabhängigkeit. Auch waren und sind in der That solche Männer, welche das Geschick und die Kenntnisse, die sittliche Kraft und den weitschauenden Geist besitzen, wie sie ein Gesetzgeber haben soll, sehr selten. Es wäre wohl den meisten Amerikanern mit der Neuschaffung eines einfachen Rechts gar nicht gedient gewesen, denn gerade in dem hergebrachten verwickelten Rechte mit seinen Ausflüchten und allerlei Angriffspunkten fand ihr gewandter Geist seine Nahrung und Freude. Noch jetzt ist jeder rechte Amerikaner auch ein Stück vom Juristen. Die Freiheit, Gewandtheit, Schlagfertigkeit des Geistes, welche sich in Rechtsstreitigkeiten erprobt, die merkwürdigen Künste und Wendungen, welche der englische Prozess erlaubt, die Selbständigkeit, mit der die Partei im englischen Rechte gleichsam auf die Jagd geht, — das alles passte vortrefflich zum amerikanischen Charakter. Man behielt das alt-englische ungeschriebene Gesetz (common law) neben dem geschriebenen (statute law) und dem beiden gegenüberstehenden Billigkeitsrecht (law of equity), welches letztere zu dem ersteren ungefähr im Verhältniss des prätorischen Rechts zum altrömischen Civilrecht steht. So blieb das gesammte englische Recht mit seinem uralten Herkommen, mit Rechtssätzen, welche sich auf die Gesetze der Lehnskönige stützen, mit seiner Masse einzelner Bestimmungen und Parlamentsakten, und mit seinen deshalb ebenso nothwendigen zahllosen Vorentscheidungen der Gerichtshöfe bestehen. In Amerika kamen nun abändernd und ergänzend die Grundgesetze und Beschlüsse des Bundes und der einzelnen Staaten hinzu, sowie die bänderreichen Entscheidungen amerikanischer Gerichtshöfe.

Es kostet daher schon einige Anstrengung, in dem amerikanischen bürgerlichen Rechte Grund zu fassen; das kann und darf aber den Deutschen nicht abhalten. Der junge Englische hält schon nach zwei oder drei Jahren oberflächlichen Lernens, welches sich auf Bücher und Praxis zugleich erstreckt, sich für fähig, als Anwalt aufzutreten. Der Deutsche ist, trotzdem er eine viel umfassendere Bildung mit sich bringt, in dem eigenthümlich schnellen Wechselgang der amerikanischen Geschäfte, sowie in dem politischen Leben nicht so eingewohnt wie der Einheimische, der von Jugend auf sich darin bewegt und von vornherein einen scharfen klugen Blick zur Auffassung aller dortigen Verhältnisse bekommen hat. Jener muss diesen Mangel durch ernsten Willen und durch einen Fleiss ersetzen, vor dessen Ausdauer der Andere zurückschrecken würde. Zum Glück giebt es schon in Deutschland gute Hülfsmittel, um Geschichte, Inhalt und Handhabung des englischen Rechts kennen zu lernen, und in Amerika finden sich treffliche Einleitungen und Kommentare für dieses Studium, wie von Story, Blake, Kent, Walker.

Es kommt dort auch gar nicht so sehr auf ein wissenschaftliches Durchdringen des Rechtsstoffes an, sondern auf eine gescheidte Behandlung jedes einzelnen Rechtsfalles nach seiner Eigenthümlichkeit, und auf die schnellbereite Anwendung von Rechtssätzen, welche in so reicher Fülle die Sammlungen der Rechtsfälle darbieten. In den gesammelten Aussprüchen der Gerichtshöfe, den Records, findet der Anfänger schon eine gute Anleitung, wenn er nur gründlich einige Hauptprozesse darin studirt. Das beste Lernen freilich ist, wie allerwärts, so vorzüglich in Amerika, in der Praxis allein; nur lässt sich ein Deutscher leicht abschrecken, die Praxis ebenso zuversichtlich mit dem, was er einmal weiss, anzufangen wie ein Englischer. Hat er dazu seine Pandekten und die Hauptgrundsätze des ältern deutschen

Privatrechts inne, so giebt ihm das manchen Rechtssatz an die Hand, von dem er Anwendung machen kann. Römisches Recht aber die Amerikaner zu lehren oder ihnen die wissenschaftliche und geschichtliche Auffassung des gesammten Rechtsstoffes der Völker beizubringen, dazu ist die Zeit noch nicht gekommen.

Die allerdings grosse Schwierigkeit bleibt immer das Sprechen vor Gericht. Bekanntlich lernt man leicht, sich im Englischen auszudrücken, jedoch sehr schwer ist es, gewählt englisch zu reden. Der amerikanische Anwalt aber muss die englische Sprache vollständig in seiner Gewalt haben, ein einziger unrichtiger Ausdruck zieht nicht nur Spott und Ärger, sondern auch wohl den Verlust des Prozesses nach sich. Noch mehr verzweifelt der Deutsche daran, sich die nöthige Gewandtheit im Wortgefecht, das blitzschnelle Erfassen jedes Angriffspunktes, die Kunst, dem Gegner unvermuthet durch die Deckung zu fahren, die schlaue Behandlung der Zeugen im Kreuzverhör, das rednerische Eindringen auf Richter und Geschworne sich eigen zu machen. Dem Einheimischen ist das gleichsam angeboren, er ist von Jugend auf darin geübt, eine Sache von allen möglichen Seiten zu verfechten. Wer daher die Gabe der Sprache nicht besitzt und seine Gründe nur bedächtig und langsam zu Tage fördert, der darf nicht daran denken, Anwalt zu werden, er würde ein armseliger Winkeladvokat bleiben.

Aus solchen Gründen haben sich so wenige Deutsche als Rechtsanwälte ausgezeichnet, oder vielmehr, es haben sich diesem Berufe noch wenige ausgezeichnete Kräfte unter den Deutschen mit Ernst gewidmet. Nur wer natürliche Gabe, Muth und Hartnäckigkeit besitzt, macht sein Glück. Jedoch kommt es noch vor, dass deutsche Lehrer oder Zeitungsschreiber sich etwas in den Rechtsbüchern umsehen und dann Notare und später Anwälte werden, ohne Beruf oder Vorkenntnisse dazu zu haben. Dass aber der Deutsche auch in diesem Fache, wie in jedem andern, wenn er will und mit Lust und Liebe daran geht, durchdringt und dann ebenso weit kommt als irgend ein Anderer, das kann man an glänzenden Beispielen in St. Louis, Neuorleans, Philadelphia, Neuyork und andern Städten erfahren, wenn man die bessern deutschen Anwälte dort reden hört.

Kein Stand ist aber belohnender, und keiner kann für unsere Landsleute drüben wohlthätiger wirken, als der eines deutschen Anwaltes.

Die Rechtsverständigen, die Vertheidiger des Volks vor den Gerichten, die Schlichter verworrener Ansprüche, — das sind auch die Männer, welche für das Volk in den gesetzgebenden Versammlungen zu sprechen haben, das sind die künftigen Kongressmitglieder, Gouverneurs und Präsidenten. Sie haben in ihrem Wohnorte in allen wichtigen Angelegenheiten desselben eine Hand im Spiele und oft die erste, ihre Geschäfte werden reichlich belohnt, und sie stehen unter den Vordersten in der Gesellschaft. Für ihre Landsleute sind aber aller Orten deutsche Anwälte ganz besonders nöthig, sie müssen deren Rathgeber in Geschäften, deren Anwälte vor Gericht, deren Sprecher in den gesetzgebenden Versammlungen werden. Die Deutschen sind so lange den nativistischen Unterdrückungen ausgesetzt, als sie nicht überall tüchtige Anwälte in ihrer Mitte haben. Jetzt müssen sie sich noch vielfach an Leute wenden, denen sie sich kaum verständlich machen können.

Deutsche Rechtsverständige haben auch vor allen die edle Aufgabe, den Grund dazu zu legen, dass die verjährten Übelstände des amerikanischen Rechtswesens weggeräumt und dem Volke jene so grosse Wohlthat verschafft wird, ein vernünftiges und einfaches bürgerliches Recht, in welchem der Bürger sich zurecht finden und seine Anweisung und seinen Schutz für seine Geschäfte finden kann. Man hört oft genug in Amerika den Ausspruch, dass gesunder Geldumlauf, gute Schulen und tüchtige Rechtspflege jeden Staat aufrecht hielten; aber man fängt auch an einzusehen, dass namentlich im letzten dieser drei Stücke noch ausserordentlich viel zu wünschen sei. Amerika mit seinem jungen flüssigen Staatswesen, welches noch nicht unter der Last der Jahrhunderte erliegt, bietet am ersten Raum und Mittel, ein einfaches vernünftiges Recht der Menschheit vor Augen zu stellen und sie von dem aus grauen Zeiten her noch aufgehäuften Rechtsunrath zu befreien: das Bedürfniss danach ist in den Vereinigten, insbesondere den westlichen Staaten, empfindlich rege gemacht. Aber die alten Advokaten würden ja bei solcher Umwandlung der Dinge ihr bestes, ihre Kenntniss der verwickelten Rechtsgeschäfte und alten Formen, ihre Kniffe und Pfiffe verlieren, sie sträuben sich auf das Hartnäckigste. Gerade deutsche Rechtsverständige müssen hierin das Ihrige thun.

Kein bedeutenderes Amt also, welches ein unternehmender junger Deutcher ergreifen kann, als das eines Rechtsanwaltes. Es ist schwierig, sich darin auszuzeichnen, aber höchst gewinnreich. Der Weg, um zu diesem Amte zu gelangen, ist folgender. Man tritt bei einem der bedeutenderen Anwälte als Gehülfe ein und arbeitet auf seiner Stube und unter seinen Augen in den Sachen, welche er selbst zu führen hat; dabei lernt sich die Abfassung von Urkunden über Rechtsgeschäfte und der Gang des amerikanischen Prozesses durch praktische Übung. Zugleich sucht der Rechtsbeflissene aus den Büchern des Anwalts Belehrung zusammen. Hat er einige Fertigkeit erlangt, so lässt er sich von seinem Meister oder durch dessen Verwendung an die oberste Behörde des Staats zum Notar empfehlen, stellt zwei Bürgen für eine Summe von etwa 2000 Dollars und darüber, und erhält nun die Erlaubniss, drei Jahre lang als öffentlicher Notar zu handeln; dabei ist er zugleich Rechtsbeirath. Solcher Konsulenten sind freilich sehr viele. Die amerikanischen Anwälte, welche nicht selbst deutsch verstehen, nehmen nicht selten einen halbweg gebildeten deutschen Gehülfen in's Geschäft und geben ihm entweder einen Gehalt oder einen Antheil an den Sporteln. Wo es irgend möglich ist, sind aber Vorlesungen an einer Rechtsschule in Amerika selbst zu besuchen; wer einige Zeit in Cambridge gewesen, dem gereicht es zur besondern Empfehlung. Ist der eingewanderte Jurist fünf Jahre im Lande gewesen, so dass er Bürger der Vereinigten Staaten geworden, so reicht er das Zeugniss darüber zugleich mit dem Zeugniss des Anwalts, dass er zwei Jahre sich bei ihm der Rechte befleissigt habe und ein ehrenhafter Mann sei, sammt den etwaigen Universitätszeugnissen bei einem Obergericht ein. Dieses ernennt ein paar von seinen Mitgliedern zur Prüfung, welche indessen keineswegs strenge ist. Auf Grund des Zeugnisses über den guten Bestand dieser Prüfung und auf Grund der übrigen Zeugnisse erfolgt darauf die Einschwörung bei dem Gerichte und die Einschreibung als einer seiner Anwälte (Member of the Bar). Dann ist der Weg zum Geldgewinnen und zu allen Ehrenstellen des Landes geöffnet. Man kann aber auch dabei verhungern, wenn man kein Geschick zum Anwalte hat, das Notariat bringt gar zu wenig ein. Das Gericht führt über die bei ihm eingeschriebenen Anwälte die Aufsicht und kann jeden derselben wegen Beleidigung des Gerichtshofes oder wegen ehrlosen Benehmens von seiner Liste wegstreichen; jedoch bleibt einem Solchen dann noch die Berufung an ein anderes oder höheres Gericht freigelassen.

In manchen Staaten ist der Weg zur Erlangung des Anwaltsamtes noch leichter, als der hier bezeichnete. Ein wohlberathener junger deutscher Jurist aber geht nach dem Westen und lässt sich dort in einer der Bezirksstädte nieder. Dort fasst er am sichersten Grund, wird bekannt und beliebt unter den Landwirthen, besonders unter den Deutschen, und wird selbst in dem Grade bedeutender, als die Gegend mehr besiedelt wird, und das geschieht dort schnell. Freilich hat auch er mit der Dürre und geistigen Öde und Unfreudigkeit des amerikanischen Lebens zu kämpfen. Er ist verloren, wenn er zu grübeln anfängt und sich nicht mit all seinem Denken in die Geschäfte und die Politik stürzt. Dann ist er aber auch der Mann für den Richterstuhl und die gesetzgebende Versammlung der Landesabgeordneten.

In keinem Lande der Welt wird so viel an Häfen, Eisenbahnen, Kanälen und andern Verkehrswegen gebaut, als in den Vereinigten Staaten. Man irrt sich aber, wenn man glaubt, diese könnten nicht selbst genug *Ingenieurs* dazu stellen. Gerade zu diesem Fache hat der geborne Amerikaner besonders Lust und Neigung. Da ferner die Arbeiten durch die Staatsregierungen oder durch grosse Gesellschaften, in welchen die viel reichen Herren die Hauptstimme haben, vergeben werden, so wird der geborne Amerikaner dem Eingewanderten, und wäre Dieser auch noch so geschickt, vorgezogen. Erst wenn der Letztere durch längeren Aufenthalt sich viele Bekannte erworben und in den untersten Graden seines Faches gearbeitet hat, gelingt es ihm vielleicht, eine angemessene Beschäftigung, z. B. als Dampfschiffkapitän, oder bei einer sonstigen Unternehmung eines Privaten zu finden. Gebildete Techniker erhalten in den bereits bestehenden Fabriken bald eine Stelle, und wenn sie die Maschinen einfacher und schneller, die Fabrikate besser, hauptsächlich aber sich selbst dabei auch geltend zu machen verstehen, so bekommen sie nach und nach einen grössern eigenen Antheil am Geschäfte und können vielleicht später selbständig eines begründen.

Immer aber bietet einem Solchen das Land den Vortheil, dass er eine glückliche Idee viel eher auf den Markt und zur gewinnreichen Ausführung bringen kann, als in Deutschland. Bei uns müssen so manche Talente sich abarbeiten, ehe sie zur Ausführung einer Erfindung Gönner und Unterstützung finden: in Amerika sinnt gleichsam das ganze Volk tagtäglich auf industrielle Erfindungen und Verbesserungen und greift zu, wo ihm eine Idee geboten wird, die sich nutzbar erweisen kann.

Da in Amerika in den alten wie in den neuen Staaten jährlich noch so ausgedehnte Strecken erst in Kultur genommen werden, so brauchen sowohl die Städte und Grafschaften, Landbesitzer und Gesellschaften, sowie auch die Bundesregierung für das Kongressland, *Geometer*. Die Vermessung des Kongresslandes wird in Akkord und grossen Strecken übernommen, und ist ein vortheilhaftes Geschäft. Es gehören aber Kapital und mancherlei Lokalkenntnisse dazu, welche man erst durch längere Übung erwirbt. Besässe ein deutscher Eingewanderter auch Beides, so müsste er doch besonders gute Freunde bei den Regierungs-Behörden haben, wenn es ihm glücken sollte, eine Vermessung zu bekommen. Das Wahrscheinlichste ist, dass er von der Feldmesskunst allein nicht leben kann; sie wird ihm aber sicher einen guten Nebenverdienst abwerfen, wenn er sich auf ein anderes Geschäft stützt. Arbeitet er Pläne für Private aus und sorgt, dass sie von Vielen eingesehen werden, so erhält er manche kleine Arbeit dieser Art, und kann sich später vielleicht um das Amt eines Stadt- oder Grafschafts-Geometers bewerben, welcher jedoch in der Regel kein ständiges Jahrgehalt bezieht.

Der *Bergbau* ist in den Vereinigten Staaten jetzt im Schwunge. Der jährliche Gewinn an Edelmetall, Kupfer, Eisen, Blei, Zink, Quecksilber, Schwefel, Alaun, Salz, Kohle, Petroleum ist auf beinahe 500 Millionen Dollars zu rechnen, das sind 2000 Mill. Mark, und fast ein Fünftel darunter für Gold und Silber. Die ganze Ausbeute Östreichs von Bergbau- Hütten- und Salinenbetrieb stellte sich im vorigen Jahre nur auf 104 Mill. Gulden. Es wird aber der Bergbau, die Werke in den alten Staaten ausgenommen, nur erst im Rohen betrieben. Der Boden ist reich an Erzen und Mineral jeder Art, namentlich in den westlichsten Staaten, aber man findet vorerst seine Rechnung dabei, ihn durch rasche oberflächliche Arbeit auszuschöpfen. Der Arbeitslohn ist zu hoch, die Behandlung der Arbeiter zu schwierig, das allein kann schon vom kunstreichen Bergbau zurückschrecken. Dagegen bestehen unzählige kleine Arbeitergenossenschaften, welche nach Erz hacken, es nothdürftig waschen und zur nächsten

Schmelze führen. Wo aber mächtige und gewinnreiche Lager sich aufthun, da sind sie bald in den Händen von Handelsgenossenschaften, welche mit sehr bedeutenden Kapitalien grosse Strecken in Betrieb nehmen. Bei Diesen findet der Bergmann eine Art Knappschaften und guten Verdienst. Im Ganzen wird der auf deutschen Bergschulen Gebildete in den Vereinigten Staaten bald einsehen, dass für ihn dort gute Plätze selten sind, es sei denn, er lege sich blos auf das Suchen und auf das Verhandeln des Gefundenen.

Forstleute können natürlich keine Anstellung in ihrem Fache in einem Lande finden, wo es noch keinen forstwirthschaftlich besorgten Wald giebt. Trotzdem dass viele Gegenden schon an Holzmangel leiden, hat der Amerikaner noch immer eine wahre Wuth auf die stolzen Waldbäume. Niedergehauen wird ohne alles Erbarmen, ohne alle Rücksicht auf die Zukunft.

Wer nun, um in einer der vorbezeichneten Berufsarten sich festzustellen, nicht den Willen oder nicht das Glück hat, wird häufig ein Mitglied der zahlreichen Klasse der *Literaten und Zeitungsschreiber*. Nimmt man die ganze Summe dessen, was in den Vereinigten Staaten an eigenen Gedanken, ausser in Politik, Handel, Industrie und technischen Dingen zu Tage kommt, so wird diese Summe merkwürdig klein ausfallen. Europa denkt für die Vereinigten Staaten, insbesondere führen ihnen England, Deutschland und Frankreich den geistigen Stoff zu, den sie verarbeiten. Die innere Abhängigkeit von England zeigt sich noch in mancherlei Beziehungen, einige Zeitungen im Osten besprechen neben dem Stand des Geldmarktes regelmässig auch die Gesundheit der Königin von England und allerlei andere kleine Ereignisse, welche in London gerade das Tagesgespräch bilden. Jedoch ist dergleichen selten in den westlichen Staaten, wo überhaupt das amerikanische Leben in seinen grossen Umrissen für die Zukunft am selbständigsten heranreift. Man fühlt übrigens schmerzlich den Bann, in welchem die einheimische Literatur durch die englische gefangen gehalten wird, und arbeitet mit Ernst daran, sich davon zu befreien. Die Fortschritte, welche man darin in neuerer Zeit gemacht hat, sind schon ersichtlich. Wenn dem amerikanischen Volksgeist einmal eine Richtung gegeben ist, so vollbringt er Erstaunliches und ist selbst im Stande, in kurzer Zeit nationale Unarten auszutreiben. Die einheimische amerikanische Literatur mehrt sich mit jedem Jahr, ihre ausgezeichneten Erzeugnisse in der Novellistik und Geschichtschreibung sind auch in Europa anerkannt.

Den bedeutendsten Theil der Zeit, welchen die Geschäfte dem Amerikaner zur Lektüre frei lassen, nehmen die Zeitungen und Flugschriften in Anspruch. In keinem anderen Lande hat die Tagespresse eine so ungeheure Ausdehnung. Die Zeitungen bieten täglich eine lebendige Mosaik von praktischen Gedanken und Berichten. Die Sprache ist gewürzt und gepfeffert und hat den eigenthümlichen Yankee-Anstrich des gemachten Naiven, des Ergötzlichen und Burlesken, eine edle und erhabene Sprache reizt nicht so sehr, der Yankee hat auch der Zeitungssprache sein Gepräge aufgedrückt. Ausnehmend insbesondere ist die Geschicklichkeit, mit der die einheimischen Zustände dargestellt werden. In dieser Kunst sind auch die bestellten Lobredner amerikanischer Zustände, welche für Deutschland schreiben, eingeübt. Auf die natürlichste Weise von der Welt verschleiert man die Fehler und lässt die Lichtseiten desto heller strahlen; wo die Mängel eingestanden werden müssen, bringt man moralische Betrachtungen und Gründe, warum es bald besser werde, und putzt ärmliche Anfänge zu grossen Dingen aus. Würde man all die Anstalten und Anlagen in Deutschland so genau beschreiben, wie dies amerikanischen von Deutschen widerfährt, so müsste man viele Bände damit füllen. Nicht wenige der so herausgestrichenen Anstalten verhalten sich, wenn man sie in Amerika selbst sieht, gegen deutsche, wie die dortigen Akademieen gegen unsere Universitäten. Aber sie haben den grossen Vortheil, dass dort Jedermann sie kennen zu lernen sucht und sich für ihr Gedeihen interessirt.

Dass mit der *deutschen Schriftstellerei* in Amerika noch wenig Seide zu spinnen ist, liegt am Tage. Die grosse Menge der deutschen Einwanderer liest nicht viel, und die Gebildeteren lesen Bücher in englischer Sprache oder in Deutschland gedruckte. Hin und wieder macht Einer ein Geschäft daraus, dass er unsere Ritterromane modernisirt, allerlei populäre Schriften zurecht stellt, und über Geheimnisse der Natur und anthropologische Kostbarkeiten eine Reihe kleiner Bücher möglichst marktschreierisch unter das Volk schickt. Schulbücher, pikante Novellen, und Darstellungen amerikanischer Geschichte finden aber in der Regel ihr Publikum. Ohne allen Vergleich besser steht sich Der, welcher in englischer Sprache schreibt. Die Vereinigten Staaten zählen eine Anzahl deutscher Gelehrten und Publizisten, welche das Englisch-Amerikanische vortrefflich handhaben. Dem Deutschen ist dies jedenfalls viel leichter, als gut französisch zu schreiben. Insbesondere lassen sich die eigenthümlich amerikanischen Redewendungen und Ausdrucksweisen bald aneignen, weil sie ebenso oft wiederkehren, als sie charakteristisch und einfach sind. Wer aber in schwerfälliger Form seine Gedanken äussert, wird im Englischen nie Glück machen. Gefällig geschriebene Artikel und Flugschriften in dieser Sprache werden dagegen gut honorirt, und nebenbei kann man sich auch in grösseren Schriften versuchen.

Es giebt auch literarische Geldmacherei-Anstalten, aber man braucht, wenn es damit gelingen soll, sehr viel Geschäftskenntniss und noch mehr Unverschämtheit. Es thun sich ein Paar zusammen, oder es genügt auch schon Einer, insbesondere wenn er sich hinter einen wahren oder erdichteten philanthropischen Verein stecken kann, — dann schreiben sie zusammen kleine Bücher und verbreiten sie in möglichst wohlfeiler Ausstattung durch Unterhändler und hochprahlerische Anzeigen und Artikel in den Zeitungen, durch Ankündigungsblätter, die in Wirthshäusern oder auf den Strassen verbreitet werden, und durch ähnliche Mittel über das ganze Land. Einige Holzschnitte oder Lithographien, welche etwas Wunderbares vorstellen, auf dem Titel thun dabei ihre Dienste. Es ist möglich, dass ein Deutscher sich auf solche Weise Geld erwerben könnte, wenn er Schriften, die für die Auffassung oder Wundersucht des weniger Gebildeten berechnet sind, über Heimlichkeiten der Thiere und Menschen, über Gegenstände des Handels und der Industrie, über Geschichte und amerikanisches Staatsrecht verfasste und zugleich es verstände, deren Vertrieb und Empfehlung zu leiten. Er müsste das Geschäft hauptsächlich vom kaufmännischen Gesichtspunkte ansehen. Mit feinen deutschen Novellen hat es noch wenig auf sich, nur höchst pikante und überraschende Erzeugnisse haben darin Glück gemacht. Ein gut und fasslich geschriebenes Schulbuch kann dagegen seinem Verfasser reiche Früchte einbringen; denn wenn es einmal Ruf bekommt, so werden auch in einem Jahre gleich viele tausend Exemplare abgesetzt. Aber das Schwierige ist eben, ihm die Bekanntschaft zu verschaffen.

Der Schriftsteller lässt nun entweder auf eigene Kosten drucken und besorgt selbst den Vertrieb, das ist etwas Gewöhnliches, oder er übergiebt sein Erzeugniss einem Verleger und behält sich von jedem verkauften Exemplare einen Antheil des Preises bevor. Jedenfalls nimmt er aber erst das Copyright, d. i. das Privilegium gegen Nachdruck. Dazu bedarf es blos, dass man Bürger ist oder sich zum Bürgerrecht gemeldet hat und bei der Staatsgesetzgebung um das literarische Eigenthumsrecht in gehöriger Form einkommt. Wie sich von selbst versteht, ist bei dergleichen literarischen Unternehmungen an nichts Wissenschaftliches zu denken. Man muss sich dabei ein grosses Volk vorstellen, welches seiner ganzen Masse nach eifrig strebt, allerlei zu lernen und allerlei zu wissen, welches durchaus gebildet sein will und wohl viel gesunden Menschenverstand, jedoch noch wenige Vorkenntnisse hat. Grössere Unternehmen von

Deutschen, welche auf wirklich Gebildete berechnet waren, schlugen fast immer fehl, wenn sie nicht von vornherein auf Unterstützung und persönliche Freundschaft gegründet waren.

Übrigens ist hier noch ein weites Feld für strebsame Deutsche. Mit jedem Jahre wird in den Vereinigten Staaten die Nachfrage nach Büchern von deutschen Verfassern allgemeiner. Gegenwärtig aber muss ein deutscher Schriftsteller in Amerika noch ein Hauptgewicht darauf legen, auch gut englisch schreiben zu können. Das zu lernen, hat seine Schwierigkeiten; denn so leicht es ist, die gewöhnliche englisch-amerikanische Umgangssprache zu lernen, so viel Verstand und Mühe erfordert es, sich den feinern und eindringlichen Stil dieser Sprache zu eigen zu machen. Indessen sind die Schwierigkeiten für den gescheidten Kopf keineswegs unüberwindlich, wie viele lebende Beispiele zeigen. Hat der Deutsche sich einmal in die eigenthümliche Denk- und Sprechweise der englischen Amerikaner eingewöhnt, so schreibt er darin viel leichter, als in einer andern Sprache, weil das Englische ihm mund- und sinngerechter ist; namentlich der Norddeutsche wird das bemerken. Wer aber flüssig und bissig englisch schreibt, findet mit seinen Artikeln, insbesondere wenn sie sich nicht blos über amerikanische, sondern über europäische Politik und Zustände verbreiten, leicht Aufnahme und gutes Honorar in englischen Zeitungen. Natürlich ist in keinem andern Lande der Welt das Zeitungswesen so grossartig und so gewinnreich, als in den Vereinigten Staaten.

Das deutsch-amerikanische Zeitungswesen steht dagegen, wenige ehrenwerthe Ausnahmen abgerechnet, noch immer sehr niedrig, nicht dass es nicht schon deutsche Zeitungen genug gäbe, sondern weil sie wenig Gold und viel Schmutz enthalten. Es erscheinen schon einige hundert deutsche Blätter, darunter auch mehrere von grosser Bedeutung. Aber die meisten nähren sich recht eigentlich von ärmlichen Übersetzungen aus den englischen Blättern, von unverschämter Plünderung der deutschen Literatur, und von überreichlichen Schimpfereien. Seitdem in den letzten Jahrzehnten eine so grosse Menge gebildeter und ehrenhafter deutscher Männer eingewandert ist, hat sich auch die deutschamerikanische Zeitungspresse überall sichtbar gehoben. Eine grosse Anzahl neuer Blätter sind entstanden; ein edlerer Ton und Kenntnisse verschaffen sich Anerkennung; und die bessern deutschen Zeitschriften, welche schon früher bestanden, erfreuen sich verstärkter Theilnahme und Unterstützung. Aber das alte Übel sitzt zu tief und ist zu weit verbreitet. Das Brod eines deutschen Zeitungsschreibers ist wohl das am meisten vergiftete, das in Amerika gegessen wird. Es liegt das leider auch im deutschen Charakter begründet; Neid und Streitsucht verbittern ja im alten Vaterlande oft genug das Leben. Wer in den Vereinigten Staaten eine deutsche Zeitschrift beginnt, muss sich darauf gefasst machen, dass der nackte Pöbel vieler andern Blätter ihn unaufhörlich anbellt. Sie schimpfen und schlagen sich für's liebe Brod. Nichtsdestoweniger ist die Stellung eines Zeitungsherausgebers, wenn einmal sein Blatt im Gange ist, lohnend, weil sie grossen Einfluss giebt und ziemlich Geld einbringt. Er lebt recht eigentlich im Herzen dieses rastlos treibenden amerikanischen Lebens, er drängt und richtet mit daran, und das ist für den muthigen Mann Stolz und Genuss. Für den ehrenhaften Deutschen ist aber gerade die Geiferei und Verkäuflichkeit so vieler deutschamerikanischen Blätter eine Aufforderung mehr, die bessern zu unterstützen und einen tüchtigeren Geist in das öffentliche Leben seiner deutschen Mitbürger zu bringen.

Es giebt im Westen zahlreiche, eben aufblühende Städte, in welchen innerhalb der nächsten fünf Jahre ein deutsches Blatt nothwendig und einträglich wird. Es ernährt seinen Mann, wenn er auch keineswegs Schätze dadurch erntet. Der Anfang ist hart. Es vereinigen sich wohl zwei junge Männer, kaufen sich Lettern und Presse, Papier und Druckerschwärze, schreiben, setzen, drucken und falten ihr Blatt, und tragen es auf die Post und in der Stadt umher. Wenn erst die Anzeigen zahlreicher werden — und die Nothwendigkeit, ihre Waaren und Geschäfte in deutschen Blättern zu empfehlen, sehen auch schon die englischen Amerikaner ein — dann kommt auch mehr Geld, und man kann sich Gehülfen anschaffen. Dann lässt man einen Unterhändler reisen, der zunächst unter den Farmern der Umgegend und dann in den benachbarten Städten Abnehmer sammelt und die Gelder beitreibt. Der deutsche Bauer, der erst einige Monate im Lande ist, sieht bald die Nothwendigkeit ein, ein Blatt zu lesen oder von seinen Kindern sich vorlesen zu lassen, und wäre es auch nur, um die Fruchtpreise berechnen zu können und von seinen Nachbarn zu hören. Die öffentliche Meinung zieht dort alles an's Licht, sie beherrscht und gestaltet und richtet alles, und die Zeitungen sind ihre geflügelten Boten. Das Zeitungsschreiben selbst ist gar nicht so schwer. Man schickt andern deutschen Zeitungen sein Blatt zu und erhält dafür deren Zeitung zurück, diese Wechselblätter kosten kein Porto; dann druckt man theilweise den Inhalt derselben ab, giebt den Inhalt der englischen Blätter in kurzen klaren Worten wieder, und leitet hie und da das Ganze mit einem kurzen verständlichen Aufsatze ein. Am Ende des Blattes muss eine knappe anziehende Darstellung der grossen und kleinen Vorfälle in der Stadt und Nachbarschaft sich finden. Eine unterhaltende Novelle, die sich mehrere Blätter hindurch abspinnt, sowie Anekdötchen, allerlei Sentenzen und gemeinnützige Artikelchen dürfen nicht fehlen. Dagegen braucht es keine höheren staatsrechtlichen Kenntnisse zu einem solchen Blatte, wohl aber klaren Verstand, eine geläufige Feder und jene Beobachtungsgabe, es sofort zu merken, wenn in dem politischen und grossen Geschäftstreiben wieder etwas Besonderes im Anzuge ist. Diese Gabe wird erst durch längern Verkehr mit den eingebornen Amerikanern und durch aufmerksames Lesen ihrer Zeitungen erlangt. Anfangs erscheint das Blatt zweimal in der Woche, und wenn die Stadt heranwächst, für diese täglich und für Farmer der Umgegend Sonntags ein grösseres, in welchem die Hauptartikel der Woche gesammelt sind. Nebenbei muss die Zeitungsdruckerei auch Druckerei für grosse und kleine Schriften, Anzeigen, Geschäftskarten und dgl. sein.

Das sicherste und gewöhnlichste Mittel, ein junges Blatt in die Höhe zu bringen, ist, dass es sich unter die Flügel einer Partei begibt und durch dick und dünn die Wege ihrer Führer geht. Die Partei wendet ihm dann Anzeigen und Abnehmer zu, aber sie muthet dem Herausgeber auch unbedingten Gehorsam an und nebenbei manche Geschichte, die sich nicht gerade verträgt mit der Rechtlichkeit. Es ist wahrlich erniedrigend, Personen und Dinge als öffentliches Heil zu verfechten, hinter denen Betrug und Geldgier lauert. Wären die deutschen Amerikaner einiger und selbstbewusster, so würde ihre gesammte Presse, nicht blos manches ehrenwerthe Blatt, von der Sklaverei unreiner Parteizwecke unabhängig sein. Sie würde dann muthig nur das verfechten, was dem Lande nöthig und heilsam ist, unbekümmert ob dies ein Parteiführer auf seine Fahne geschrieben. Dann würde sie aber auch ebenso sehr eine wirkliche Bedeutung in der Politik gewinnen, als sie für die sittliche Hebung der Deutsch-Amerikaner nachdrücklich wirken könnte. Im Ganzen genommen nehmen, die Neuyorker Staatszeitung und noch ein paar andere ausgenommen, die deutschen Blätter neben den englisch-amerikanischen ungefähr die Stellung von Krämern neben Grosshändlern ein.

Es ist endlich, um auch das zu berühren, eine auffallende Thatsache, dass unter so vielen tüchtigen und gebildeten jungen Männern, als aus Deutschland nach Amerika gegangen sind, verhältnissmäßig doch nur wenige dort als *Beamte oder Offiziere* in einflussreichen Stellungen sind. Der Grund liegt hauptsächlich in der nationalen Abneigung der Amerikaner gegen deutsche Einwanderer, welche mehr sein wollen als ihre »guten Bürger«,

d. h. ruhige, fleissige, genügsame Arbeiter, Handwerker und Farmer, allenfalls noch Lehrer und Ärzte. Es kostet dem Deutschen zehnmal grössere Arbeit, als selbst dem irländischen Burschen, ehe er den nativistischen Zusammenhalt, der ihn niederdrückt, durchbricht. Durch seine Landsleute findet er sich häufig mehr herabgezogen, als emporgehoben und vorwärts gedrängt. Die Amerikaner sind bei all' ihrer Geldmacherei doch ein vornehmes Volk, Jeder steuert kühn auf die höchsten Stellen und Genüsse los, Jeder hält sich für gut genug dazu. Die Deutschen verharren lieber in genügsamer Selbstbeschränkung, lassen sich selbst da, wo sie in einem Bezirke oder einer Stadt eine bedeutende Menge bilden, öfter von den Übrigen hänseln und beherrschen, und überlassen ihnen, weil sie selbst nirgends einig sind, Ämter und Einfluss. Wie schwierig hält es nicht, einen deutschen Friedensrichter, Stadtrath oder gar Abgeordneten durchzubringen! Selbst am Briefschalter auf der Post können die Deutschen kaum in Städten Jemand haben, der ihre Sprache versteht. Und was die Hauptsache, es ist eine harte Schule, eine Reihe von langwierigen Studien, Kämpfen und Ränken, welche der amerikanische Staatsmann im Gefolge eines berühmten Parteihauptes durchmachen muss, ehe er als Kongressmann, Senator, Gouverneur auf jener Höhe anlangt, auf welcher sein Wort und sein Wille eine gewaltige Macht ist und er die Länder auf dem Erdkreis überschaut, über welche bereits der Einfluss der Nordamerikaner sich erstreckt. Dann hat er Keinen über sich, dem er gehorcht oder an den er sich anschmiegen muss, nur vor ihm wallt und wogt ein grosses Volksmeer, dessen Bewegung er lenkt oder aufrüttelt. Kein Mann erklimmt diese Höhe, dessen Festigkeit, schöpferische Kraft und praktische Kenntnisse sich nicht schon in unzähligen Unternehmungen und Stürmen erprobt haben.

Es gelingt daher unter den eingewanderten Deutschen nur wenigen sehr gewandten, sehr bedeutenden Männern, welche mit einem gewissen beharrlichen Ungestüm des

Charakters begabt sind, die als geschickte Journalisten oder Parteigänger sich unentbehrlich machen und alle Schliche kennen, bei der Bundesregierung eine Anstellung zu erhalten. Im Bureau der Küstenvermessung, bei dem Patentamte, als Konsuln und in solchen niedern Posten finden sich eher Deutsche; dann aber müssen sie auch noch darauf gefasst sein, dass der nächste Präsident ohne irgend eine andere Veranlassung, als weil irgend ein Parteiführer einen Helfershelfer unterbringen will, sie plötzlich entlässt, hätten sie sich auch noch so sehr verdient gemacht. Ein deutscher Offizier kann nur höchst selten auf eine Anstellung im Heere oder in der Flotte hoffen, es sei denn etwa in einer Freikompagnie oder bei einem Kriege. Das Heer ist ohnehin nicht gross, und zu Offizieren darin oder auf der Flotte werden nur Diejenigen befördert, welche auf der einheimischen Kriegsschule studirt und eine wirklich strenge Prüfung in Mathematik, Geographie und Statistik, sowie in allen Naturwissenschaften bestanden haben. Zulassung auf die Kriegsschule erhalten in der Regel blos Söhne aus der einheimischen Aristokratie. Man kann diese amerikanischen Offiziere, welche auch während des Dienstes in den Garnisonen fortwährend mit Landvermessung und geologischen Untersuchungen beschäftigt sind, die gebildetsten und angenehmsten Leute in der Union nennen. Nach ihnen lässt sich wohl am besten mit den alten reichen Pflanzerfamilien in den mittleren und südlichen Staaten leben.

XIV. TALVJ, EIN DEUTSCHES FRAUEN-LEBEN.

In Hamburg starb vor fünfzehn Jahren eine edle Frau, die in ebenso seltener Weise die verschiedensten Vorzüge in sich vereinigte, als die Früchte ihres reichen Lebens Völkern der deutschen, slavischen, englischen Zunge gleichmäßig zu gute kamen, — eine Dame der grossen Welt bei herziger, anmuthender Häuslichkeit, ein stolzer kräftiger Geist voll ernsten Strebens und doch eine süsse zarte Frauenseele, eine Schriftstellerin, die aber keinen Tag eher die Feder ansetzte, als bis alle die kleinen Haushaltungssorgen so gründlich erledigt waren, dass es Familie und Freunden wohl bei ihr wurde. Sie verfasste gelehrte Werke in strenger Geschichtsforschung und schrieb weiche seelenvolle Gedichte, und war dabei eine tief geschämige Natur, der es nimmer möglich wurde, das Schönste und Lieblichste, was sie dichtete, vor die Öffentlichkeit zu bringen.

Einem Verwandten schrieb sie einmal: »Ich will Dir nicht leugnen, dass ich einen starken Widerwillen gegen irgend eine Veröffentlichung meiner persönlichen Angelegenheiten habe, und dass ich mir immer eingebildet, der Umstand, dass ich nie unter meinem eigenen Namen geschrieben, bevorrechte mich in so weit, mir zu erlauben: alles was

Therese Robinson, einst Therese v. Jakob angeht, ganz von Talvj zu trennen. In diesem Sinn habe ich all die Bitten von Literarhistorikern abgelehnt. Ich sehe aber wohl ein, ich sträube mich umsonst, es würde ohne mein Zuthun geschehen, was ich nicht hindern kann, und am Ende lass' ich mir es eher gefallen, in das Konversationslexikon, also doch in gute Gesellschaft zu kommen, als unter all dem Gesindel zu paradiren, das in jenen literarischen Frauensälen versammelt ist«. Jetzt ist Talvj der Erde entrückt und würde nur lächeln, wenn ihre mädchenhaften Schwärmereien und die tief ergreifenden, schwermüthigen Klagen der letzten Jahre alle miteinander auf den Lesetischen lägen. Sie hat diese Dichtungen leider noch vernichtet, obgleich nicht ein Wort, nicht ein Hauch darin war, der nicht den Edelmuth und die Pflichttreue eines reinen Herzens athmete.

Eine lange Zeit des Lernens und Wirkens war ihr beschieden. »Dass ich«, heisst es in jenem Brief, »1797 geboren bin, kann ich freilich gegen Dich am wenigsten leugnen. Das ist ein fataler Punkt, in dessen Unabänderlichkeit ich mich indessen nach und nach finden gelernt habe«. Ihr Vater lehrte an der Universität Halle, und mochte von allen Professoren am wenigsten sich vor dem Meister von Jena bücken, der im unverhofften Siegesrausch mit rohem Fusstritt jedes nationale Gefühl niedertrat. Professor v. Jakob flüchtete nach dem fernen Charkow, wo ihm die russische Regierung eine Stelle an der Universität eröffnete, die erst wenige Jahre zuvor in der damals noch recht schmutzigen Stadt am Steppenrande gegründet worden. Die furchtbaren Ereignisse, welche Preussen zu zermalmen schienen, machten auf seine neunjährige Tochter einen tiefen, schweren Eindruck. Aber wie unsäglich elend das deutsche Volk geworden, das verstand sie erst, als sie in Charkow die Russen darüber reden hörte. In der russischen Natur steckt bekanntlich ein lebendiges Nest von kleinen häuslichen Tugenden und Anstelligkeiten, weniger reichlich ist sie mit Seelenadel und Grosssinn versehen. Das deutsche Kind vernahm von den Russen nichts, als Höhnen und Spotten über Deutschlands Unglück: von allem, was deutsch war, brauchte man die verächtlichsten Ausdrücke. Der Russe, dem deutsche Zucht und Sitte doch erst das Wüstenkleid abstreifen musste, dessen modernes Staats- Kriegs- und Schulwesen vorzugsweise mit deutschen Kräften geschaffen war, schien sich zu ergötzen, dass sein alter Zucht- und Lehrmeister so viel Schläge bekam. Damals schimpfte man an der Newa und Moskwa über die Deutschen; heutzutage, wo der Deutsche plötzlich die Glieder reckte, dass alle Nachbarn den Stoss fühlten, jetzt wissen geistvolle Russen nichts Besseres zu thun, als mit Dreschflegeln das Deutsche in ihrem Reiche todt zu schlagen. Der Nationalhass macht sie rasend: sie vernichten ihr bestes Besitzthum, sie verbrennen das Saatkorn für ihre künftigen nationalen Ernten. Sonderbar, dass auf die Aksakow, die liebevoll das ächt Nationale zu entwickeln suchten, gleich die Katkow folgen sollten, voll mogolischen Würgergeistes gegen all das Gute, das nicht russisch geboren.

Das ewige Gespötte über die Deutschen machte die junge Therese höchst unglücklich. Wie oft flüchtete sich die Neunjährige in ihre stille Kammer und weinte heisse Thränen vor Zorn und Schmerz! Doch es ging ihr damals schon etwas die Erkenntniss auf, wie viel reicher und gediegener das deutsche Wesen sei, als das slavische. Sie ahnte, dass einem so tüchtigen Volke mit so grosser Vergangenheit auch wieder ein Morgenroth der politischen Auferstehung tage. Die leidenschaftliche Erregung ergoss sich in Liedern, welche sie ziemlich richtig dem Klang und Silbenfall von Schiller'schen Gedichten, die sie auswendig kannte, nachbildete. Vom eigentlichen Versmaß hatte das Kind natürlich noch keine Ahnung.

Überhaupt war es mit Lehrern und Büchern in Charkow noch schlecht bestellt. Diese Stadt mag jetzt bald hundertundfünfzigtausend Einwohner haben, und nahe ein Zehntel davon sind Deutsche, die als Ärzte und Professoren, Kaufleute und Handwerker meist den gebildeten Ständen angehören, und sich neue deutsche Bücher kommen lassen, so gern diese auch von den Russen als verbotene Waare behandelt werden. Vor achtzig Jahren aber hatte man in Charkow deutsche Werke nur von der Universitätsbibliothek. Therese entdeckte dort Eschenburg's Beispielsammlung und die Nachträge zu Sulzer's »Theorie der schönen Künste«. Diese beiden Bücher wurden ihr Lehrschatz, und sie schrieb sie sich ab vom Anfang bis zum Ende. Irgend einen lebendigen Einfluss auf ihre Bildung hatte nur ihr Bruder, der, fünf Jahre älter, schon einen grossen Grad von Selbständigkeit erreicht hatte, nach dessen Meinungen sie unbewusst die ihrigen bildete.

Eigen aber zog an das fremdartige Wesen um sie her, das halb asiatisch, halb europäisch war. Wenn zu den grossen Pferdemärkten in Charkow die wilden Steppensöhne zusammenströmten, konnte sie sich nicht satt sehen und hören. Sie drängte sich scheu und verstohlen in ihre Nähe, um sie Volkslieder singen zu hören, und lernte eifrig Russisch, um sie zu verstehen. Damals schon traf sie jener rührend kindliche, tief elegische Ton aus der slavischen Volksseele, der in der jungen Deutschen nicht wieder verklingen sollte, ohne das Schönste und Kernigste aller slavischen Dichtungen uns zuerst zu vermitteln.

Als Therese dreizehn Jahre alt war, zog die Familie nach St. Petersburg, wohin Professor v. Jakob schon ein Jahr vorher vom Kaiser berufen war, um bald mit dem Titel eines russischen Staatsraths seinen höhern *Tschin* zu bekommen. In Petersburg kam sie viel in die Gesellschaft, die durch deutsche Flüchtlinge belebt wurde, welche Hass und Grimm gegen den korsischen Unterdrücker athmeten. Bis hieher, in den europäischen Nordwinkel an der Ostsee, hatte sich der thätige Widerstand gegen Napoleon zurückgezogen. Die Deutschen schürten feurig und unablässig zum Krieg, regten die Lässigkeit der Russen auf, riefen ihre Selbstsucht zu Hülfe und steckten vor ihnen selbst die

Fahne einer russischen Hegemonie auf. Als nun der grosse Krieg sich heranwälzte, litt unter dem Schicksal, welches deutsche Soldaten auf die russischen Schneefelder schleppte, Niemand schmerzlicher, als der frühwache Geist des jungen deutschen Mädchens in Petersburg. Deutsche Gefangene wurden in Schaaren eingebracht: Therese verkaufte Schmuck und Kleidung, sparte sich heimlich die Bissen vom Mund ab, um ein paar Kopeken oder Rubel zu bekommen und einen hungernden und frierenden Landsmann laben zu können. Es war ihre seligste Freude, so oft es gelang. Bald folgte der Rückschlag der bewaffneten Völkerbewegung. Mit welch leidenschaftlicher Angst, mit wie viel Hoffnung, Jammer und Verzweiflung folgte sie dem Hin- und Herziehen der Heere auf dem deutschen Kriegsschauplatz! Nachrichten kamen spärlich, sie waren russisch gefärbt, die Niederlagen übertrieben; jeder Sieg war eitel russisches Verdienst, jedes Unglück nur Folge deutscher Tücke und Schläfrigkeit.

Noch zwei Jahre nach der Schlacht bei Leipzig blieb Therese an Petersburg gefesselt. Die heimkehrenden russischen Offiziere brachten deutsche Bücher und Erzählungen mit: sie begriff, welcher Umschwung im deutschen Volk herrschte, welche ungeheuren Opfer es gebracht hatte. Fouqué's Ritterromane und Hoffmann's phantastische häusliche Gemälde waren die Bücher, welche den Offizieren am meisten gefallen hatten: Therese sog aus beiderlei Schriften eine ganz ideale Vorstellung vom geliebten Deutschland. Aber sie las auch zahllose Romane, Reisebeschreibungen, Memoiren, Geschichtswerke, letztere zwar am liebsten, jedoch sie las alles, was ihr in die Hände fiel, bunt durcheinander. Ihr Heisshunger nach Büchern schien unersättlich. Dagegen hatte der eigentliche Unterricht fast ganz aufgehört, und fing auch nie wieder an; selbst in den neuern Sprachen musste sie sich selbst belehren. Gute Lehrer waren damals in Petersburg für Gold nicht zu bekommen, die andern waren Abenteurer und Windbeutel, denen der Staatsrath seine Tochter nicht anvertrauen mochte. Um so mehr Zeit blieb für die lyrischen Ergüsse auf stiller Kammer, sie kamen stromweise, der Born war unerschöpflich. Aber niemals fiel der Vieldichtenden auch nur entfernt ein, ihre Poesien drucken zu lassen, die meisten hat nie ein Mensch gelesen oder gehört. Es bewies auch Niemand besonderes Interesse dafür, man liess sie gewähren, wie man andere Mädchen sticken und Klavier spielen lässt, so viel sie Lust haben. Therese war völlig Herrin ihrer Zeit und Lesereien, und es fehlte natürlich nicht ein glühender Freundschaftsbund mit einem viel ältern Mädchen, das mit schwärmerischen Briefen überschüttet wurde.

Mitten in der rauschenden und glänzenden Gesellschaft der nordischen Kaiserstadt, mitten im fieberhaften Lesen, Dichten und Trachten, empfand sie plötzlich eine schmerzliche Sehnsucht nach festem und gediegenem Lebensinhalt. Sie fühlte sich unendlich einsam, und in ihre Einsamkeit senkte sich ein schwerer Ernst herab, der ihr Leben lang nicht mehr von ihr wich. Sie ergötzte sich an den vielen sonderbaren Sitten und Menschen, die sich in den Petersburger Kreisen umhertrieben: im Grund ihres Herzens wurde sie meilenweit davon abgestossen. Es schien ihr ein leeres äusserliches Treiben, ein Haschen nach flüchtiger Auszeichnung, flüchtiger Aufregung, und im dunkeln Hintergrund lauerte alle niedrige Leidenschaft. In Russland sich zu verheirathen — das schöne geistvolle Mädchen war für Viele begehrenswerth — dünkte Therese wie ein Gräuel an ihrer eigenen armen Seele.

Endlich schlug die Erlösungsstunde, sie war neunzehn Jahre alt geworden, der Vater kehrte nach Deutschland zurück, und nahm seinen Lehrstuhl in Halle wieder ein. Mit welchem Jubel begrüsste Therese die ersten volldeutschen Städte wieder! Wie schaute sie aus nach den Fouqué'schen rothbärtigen Helden voll Rittermark und hochgemuthen Planen, nach den Zauberkünsten der Hoffmann'schen Grossmütterchen! Hartnäckig hielt sie fest an ihrer idealen deutschen Welt, endlich — ihr Auge war für die wirklichen Dinge doch zu klar und ernst — schämte sie sich, lachte und warf all die Romanfiguren in die Plunderkammer. Schon aber war sie mitten in der Strömung deutschen Geisteslebens, und mit tief innerer stolzer Lust nahm sie es wahr, wie reich und gewaltig und ruhelos dieses geistige Gewoge in Deutschland sei, wie so dünn die Bächlein fliessen da draussen in der Fremde. Tausendfach fühlte sie sich angeregt zu eigenem Dichten und Denken, und ehe sie es noch wusste oder ahnte, kränzte schon das erste Ruhmesgrün ihre Stirne. Die ersten acht Jahre nach der Rückkehr in die Heimath waren die glücklichsten ihres Lebens.

Nun blieb es spasshaft, wie der Drang zum literarischen Wirken und Schaffen in Streit gerieth mit der mädchenhaften Scheu vor der Öffentlichkeit. Als Professor Schütz und Theodor Hell in der »Abendzeitung« ihre ersten Gedichte an's Licht beförderten, hatte sie ihren Namen Therese in Reseda verändert. Walter Scott'sche Romane, die sie entzückten, wollte sie in Übersetzung in die deutsche Lesewelt einführen, und nannte sich auf dem Titel Ernst Berthold. Sie machte dabei die Erfahrung, dass das Übersetzungshonorar ein artiges Taschengeld sei. Erzählungen, die von ihr in Almanachen und Taschenbüchern, wie sie damals Mode waren, gern gesucht wurden, veröffentlichte sie unter dem lispelnden Namen Psyche. Wer aber ihre »Briefe eines Frauenzimmers« im Literarischen Konversationsblatt 1822 über Pustkuchen's »Wilhelm Meister«, Tiedge's »Urania«, Grillparzer's »Medea« und andere Urtheile aus ihrer Feder las, merkte wohl, dass diese sich in scharfen und männlichen Zügen ergehe. Solche literarische Briefe machten ihr selbst grosses Vergnügen, weil sie sich gern von dem Wie und Warum ihrer Meinungen Rechenschaft gab. Endlich verfiel sie darauf, die Anfangsbuchstaben ihres Namens Therese Albertine Louise v. Jakob zu dem fremdartigen Autornamen Talvj zusammenzustellen, und bis zu ihrem letzten Federstrich beharrte sie bei der doppelten Buchführung. In Familie und Gesellschaft blieb sie immer die hülfreiche, grundgescheidte adelige Dame Therese: die Talvj aber war für sie eine ganz andere Persönlichkeit, mit deren Äusserungen sie es nicht ernst genug nehmen konnte. Und es war doch alles nur liebenswürdige Selbsttäuschung, denn Talvj schrieb nicht um eine Linie anders, als Therese sprach.

Im Frühling des Jahrs 1823 traf sie das erste schwere Unglück ihres Lebens, der Tod einer über alles geliebten Schwester. Sie war lange Zeit wie geistig gelähmt und hing nur dem nagenden Gram nach. Der Kummer der Eltern über diesen Zustand und die wieder erwachende Kraft der Jugend bestimmten zu dem Entschlusse, sich durch irgend ein Unternehmen, das Anstrengung kostete, aus dem dumpfen Brüten über Schmerz und Tod herauszureissen. Der junge Serbe Wuk Stephan Karadschitsch war in Halle gewesen. Da Fräulein Therese längst unter Studenten und Professoren als ein kleines Orakel galt, — sie hatte auch ernstlich Latein gelernt, — so hatte Jener ihre Aufmerksamkeit auf das nationale Besitzthum gelenkt, das jedem Serben am theuersten ist: auf die epischen Nationallieder. Er suchte ihr Stücke daraus zu verdeutschen: sie fühlte sich angeweht wie von Homerischem Zauber, traute aber ihrem Urtheil nicht ganz. Da fiel ihr in jener trüben Zeit Jakob Grimm's Beurtheilung der Sammlung serbischer Volkslieder in die Hände: der berühmte Sprachforscher zeigte hier auf einen nie geahnten Dichtungshort tief unten an der Donau. Auf der Stelle entschloss sich Talvj, Serbisch zu lernen und die Serbenlieder zu übersetzen. Sie verstand Russisch, das war ein grosses Hülfsmittel. Sie trieb ein serbisches Lexikon auf, das war ein noch grösseres. Wuk Karadschitsch kam, um ihr ein paar Gesänge zu erklären; schon wusste sie eine ganze Menge serbischer Wörter und Wendungen und folgte begeistert seinem Vortrage. Unglücklicherweise musste er bald abreisen und konnte ihr nichts zurücklassen, als eine Grammatik in serbischer Sprache; Grimm's Übersetzung dieser Grammatik lernte Talvj erst später kennen. Jedoch keine Schwierigkeit schreckte: sie dachte, arbeitete, lebte sich hinein in die fremden Nationallieder. Die ersten Gesänge geriethen; sie lasen sich ganz gut deutsch, und doch war jedes Ohr, das sie vernahm, berührt durch den fremdartigen Ton, durch die schlichte Grösse, durch den — wir wiederholen es — Homerischen Zauber dieser Lieder bei aller Barbarei der darin geschilderten Sitten. Goethe, mit welchem Talvj das Glück hatte bekannt zu werden, war hoch erfreut über das Unternehmen; sie musste ihm wiederholt ihre Übersetzungen vorlesen; sie erfuhr alle mögliche Art von Aufmunterung von ihm. Was in der Welt konnte eine junge Schriftstellerin köstlicher aufregen?

Der erste Band der »Volkslieder der Serben« erschien 1825, der zweite das Jahr darauf. Sie machten ein ungewöhnliches Aufsehen; die Edelsten und Ausgezeichnetsten der Nation spendeten öffentlich Beifall. Man lese Goethe's Aufsätze darüber: er wünscht der Übersetzerin Glück, und fordert alle Gebildeten auf, ihr Werk zu lesen. Es ist ihm »erwünscht, dass die Übersetzung in frauenzimmerliche Hände gefallen; denn genau besehen stehen die serbischen Zustände, Sitten, Religion, Denk- und Handelsweise so weit von uns ab, dass es doch einer Art von Einschmeicheln bei uns bedürfte, um sie durchaus gangbar zu machen«. Er rühmt neben andern Übersetzungen den »bei aller Hochachtung für das Original mit freier Heiterkeit überliefernden Vortrag der Fräulein v. Jakob, durch welche wir schon in Masse die tüchtigsten Heldengesänge und die zartesten Liebeslieder als unser deutsches Eigenthum ansehen können«. Später schreibt er: »Genannte Freundin hat uns unlängst abermals einige ihrer Übersetzungen mitgetheilt, die wir, wenn uns der Platz nicht gebräche, gar gern hier aufführen möchten; sie hält sich fest an der Stelle, die sie früher schon behauptet, und kennt genau die Vorzüge, die aus der unmittelbar darstellenden Art entspringen, die uns gerade in die Gegenwart des Erzählten versetzt. Es ist dieses ein Unmerkliches, welches wohl empfunden sein will und durch das Ganze durchgehen muss, aber höchst wichtig, weil der poetische Vortrag sich dadurch ganz eigentlich und einzig von dem geschichtlichen unterscheidet«.

Bei all dieser fröhlich machenden Anerkennung fühlte sich indessen Talvj in Halle nicht mehr an ihrer Stelle. Es ist etwas Eigenthümliches um die deutsche Professorenwelt. Forscher bei Forscher fördert Körnchen des Wissens zu Tage, aus den Körnchen bilden sich Bausteine, aus den Bausteinen erwächst das stolze weltüberragende Gebäude der deutschen Wissenschaft. Allein man muss sich eben in den besonderen Denkkreis jener Körnchenförderer zu finden suchen; man muss ihren meertiefen Stolz, ihre geistige Ungelenkigkeit als nothwendig zum Ganzen begreifen, um sich unter ihnen recht heimisch zu finden. Selten gelingt das Jemand, der ein grösseres Stück Welt gesehen und nicht stets unter den zünftigen Herren und Damen des Katheders athmete. Besonders der Zunftgeist der Letzteren schien es damals Talvj nicht vergeben zu können, dass sie nicht lateinisch schrieb. Die Damen meinten: man höre das scharfe Kritzeln ihrer Feder durch die ganze Stadt, — einer Feder in der Hand einer Jungfrau von noch nicht dreissig Jahren, welcher berühmte Männer gar noch Beifall spendeten! Ein anderer Grund kam hinzu, wesshalb Talvj sich aus ihrer Umgebung fortsehnte. Sie hatte mit schwärmerischer Seele die Freiheitskriege durchlebt! Wie erhaben wölbte sich ihr Ideal von des deutschen Volkes Zukunft! Wie hoch flogen in ihr die Hoffnungen der deutschen Jugend! Und nun kam die armselige, hölzerne, bleierne Reaktion der Zwanzigerjahre, die alle politischen und nationalen Hoffnungen niederpresste. Der Tod ihrer Eltern bestärkte Talvj in dem Entschlusse, Deutschland zu verlassen und mit ihrem Verlobten jenseit des Meeres eine neue Heimath zu gründen. Die Vermählung mit dem jungen Amerikaner Edward Robinson erfolgte 1828, und nach einer jahrelangen Brautreise durch die Schweiz, Italien, und Frankreich liess sich das Paar in Massachusetts nieder, wo Robinson erst am theologischen Seminar in Andower, dann in Boston Professor wurde.

Wieder sah sich Talvj von einer fremdartigen Welt umfangen: sie musste sich erst hineinfinden. So gewaltig an politischer und Handelsströmung, so erfüllt von allerlei Seltsamkeiten, so leer an gediegener geistiger Fülle hatte sie das amerikanische Leben und Treiben sich doch nicht vorgestellt. Man hatte für alles in der Welt das grösste Interesse bei ganz kleinem Verständniss. Auch Talvj's häusliches Glück litt unter Krankheiten und schwereren Sorgen: lange stockte die literarische Beschäftigung. Sich zu kräftigen, brauchte sie endlich ihr altes Mittel, und griff zu einer schwierigen Aufgabe. Ausser tiefer wogender Urwaldsnacht, ausser endlosen Steppen und Riesenströmen, was hatte Amerika noch sonst an Romantik, als seine Indianer? Talvj studirte sich in die zahlreichen Indianersprachen hinein, übersetzte Pickering's Buch über diesen Gegenstand, machte Anmerkungen dazu: so entstand ihre Schrift »Über die indianischen Sprachen«, welche 1834 in Leipzig erschien. Volksliederstoff war freilich bei den Indianerstudien blutwenig herausgekommen: die Rothhäute dichten so wenig, wie unsere Knaben von zwölf Jahren, wenn sie ruhlos in Wäldern schweifen. Dagegen verfasste Talvj eine Reihe grösserer Abhandlungen über die Volksdichtungen der Slaven, Germanen, Neugriechen, Spanier. Sie schrieb diese Aufsätze zu ihrer Übung in englischer Sprache, anfangs in eine theologische Zeitschrift ihres Mannes, das »Biblical Repository«, sowie in die »North-American Review«. Die erste dieser Schriften, die »Historical Views of the Slavic Language«, erschien schon 1837 in einer deutschen Übersetzung von Olberg, und nach mehreren Jahren in neuer und umfangreicherer Bearbeitung wieder in englischer Sprache, der wiederum wegen der Trefflichkeit des Buches eine Übersetzung in's Deutsche von Brühl folgte.

Im Jahre 1837 reiste Talvj mit Gatten und Kindern nach Europa, und Robinson machte jetzt seine grossen »Biblical Researches in Palestine and the Adjacent Countries«. Das Werk erschien auch deutsch in drei Bänden und schuf seinem Verfasser einen hochgeachteten Namen in der gelehrten Welt. In den drei Jahren, die Talvj nunmehr in Europa zubrachte, entstand ihr »Versuch einer geschichtlichen Charakteristik der Volkslieder germanischer Nationen mit einer Übersicht der Lieder aussereuropäischer Völkerschaften«, ein bahnbrechendes Werk gründlicher Forschung, und dazu die Streitschrift über »die Unechtheit der Lieder Ossians und des Macpherson'schen Ossians insbesondere«. Diese Schrift fegte den Glauben an den alten keltischen Barden, der so sentimentale Mondscheinpoesien gemacht haben sollte, mit Stumpf und Stil von dannen. Der »Herr Talvj« wurde in der englischen Literatur ein gefürchteter Name, und man zerbrach sich den Kopf darüber, wer dahinter stecke. Es fand sich in Talvj's Schriften das Vielwissen und der Geist und die Schärfe eines deutschen Professors, aber der Stil war doch zu sehr gefeilt und ganz ohne das nachlässige Hauskleid eines deutschen Gelehrten.

Robinson wurde im Herbste 1840 nach New-York als Professor berufen, und hier eröffnete Talvj nun ein gastliches Haus. Sie hatte die Erlaubniss dazu ihrem Gemahl, welcher Abneigung vor Geselligkeit hatte, endlich glücklich abgekämpft. Kaum ist wohl in den folgenden zwanzig Jahren ein ausgezeichneter Deutscher in New-York gelandet, der sich nicht dankbar der schön belebten Abende in der Greenstreet erinnert, wo man mit Dichtern, Gelehrten und Staatsmännern Amerika's zusammentraf, und wo eine Auswahl geistig strebender Jugend auf europäische Ideen und Sitten horchte. Namentlich der Rückschlag des Jahres 1848 warf eine Menge geistvoller und hochgebildeter Flüchtlinge an die Küste von Amerika, und durch sie kam in die New-Yorker deutschen Kreise ein edlerer Aufschwung. Die Jahre ihres New-Yorker Lebens waren für Talvj eine vielfach erfüllte und angeregte Zeit. Winters lebte man in der besten Gesellschaft der Weltstadt, Sommers an den schönsten Punkten im Gebirge. In Westermann's Monatsheften ist manche Frucht aus diesen amerikanischen Sommerfrischen niedergelegt, als »Ausflug nach Virginien«, »Die weissen Berge von New-Hampshire«, »Die Ottawa-Fälle«. Die serbischen Volkslieder wurden für neue Auflagen durchgesehen. Über deutsche, südfranzösische, spanische Nationalpoesie, über Goethe's Geliebte, über das häusliche Leben Karl des Grossen, über russische Leibeigenschaft, und noch vieles Andere verfasste Talvj in amerikanisch-englischen Zeitschriften Abhandlungen von gediegenem Inhalt und grosser Wirkung. Nie gab es eine Feder, die deutsche Wissenschaft den Amerikanern so schön und unfehlbar zu vermitteln verstand. Für die Achtung des deutschen Namens in der neuen Welt, für den Besuch deutscher Universitäten durch junge Amerikaner, für die Anstellung deutscher Flüchtlinge an Lehranstalten wirkte Talvj unbemerkt, jedoch erfolgreich. Ihr Gemahl aber machte die griechische und hebräische Grammatik der Deutschen den Amerikanern in englischer Sprache mundgerecht.

Als die englische Bearbeitung einer ihrer frühesten Erzählungen »Menschliche Schwäche« unter dem Titel »Life Discipline« Glück machte, fing Talvj zu ihrem eigenen Vergnügen wieder dichtend an zu erzählen. »Heloise or The Unrevealed Secret« erlebte in einem Jahre drei Auflagen. Angeregt durch meine »Geschichte und Zustände der Deutschen in Amerika«, welches Werk im Jahre 1847 in Cincinnati gedruckt und in mehreren tausend Exemplaren in Amerika verbreitet wurde, hin und wieder auch im Gegensatz zu des Verfassers poetischer Anschauung der Dinge, schrieb Talvj »Die Auswanderer« (englisch »The Exiles«), einen Roman in zwei Bänden, dessen Vollwerth noch nicht genug gewürdigt ist. Eine seltene Meisterhand entrollt uns darin in der natürlichsten Weise von der Welt ein Bild nach dem andern aus dem häuslichen Leben der Nordamerikaner. Wohl kaum ist Jemand in das eigenthümlich amerikanische Denken und Empfinden, das eben so viel Sonderbares als Hinreissendes enthält, so tief eingedrungen. Gegen die klare naive Wahrheit von Talvj's Schilderungen, wie verzerrt und übertrieben erscheint der vielbewunderte Sealsfield! Die Amerikaner erklärten Sealsfield für ihren grössten Stilisten, bis er sich zu ihrem grössten Ärger ebenfalls als einen Deutschen entpuppte. Der Auswanderer-Roman hatte noch eine persönliche Bedeutung. Ich hatte im Herbst 1846, empfohlen von Raumer, dem Geschichtschreiber der Hohenstaufen, die edle Frau in New-York kennen gelernt, und daran knüpfte sich eine Freundschaft, die mich länger als zwanzig Jahre beglückt hat. Was waren das jedesmal für freudige und inhaltsvolle Tage, wenn sie uns in München oder in dessen Umgegend besuchte! Wenn sie mir ihr ganzes Leben und Streben offen erzählte, welche tiefe, innige Verehrung für sie musste mich durchdringen! In den beiden Hauptpersonen der »Auswanderer« wollte sie sich selbst, wie sie in ihrer Jugend dachte und fühlte, darstellen und einen jüngeren Deutschen, wie sie ihn nach ihrer Denkweise auffasste.

Ein Werk ganz anderer Art, hervorgegangen aus langwierigen gründlichen Quellenstudien, ist die »Geschichte der Kolonisation von New-England«. Von den ersten Landungen der Pilgrime an den unbekannten Küsten der neuen Welt führt uns hier die ernste Geschichtsforschung durch all die Wandlungen des Staats- und Gesellschaftslebens der Neuengländer, durch all die Verrücktheiten und heldenmüthigen Kämpfe bis zur Einführung der Provinzialverfassung von Massachusetts im Jahre 1692. Die ganze amerikanische Geschichtsliteratur hat wenig so Gediegenes aufzuweisen, wie dieses gelehrte Werk einer deutschen Frau. In Raumer's Historischem Taschenbuch aber veröffentlichte sie einen reizenden Aufsatz über Deutschlands Schriftstellerinnen bis vor hundert Jahren.

Während sich durch diese Werke Talvj's Ruhm auch

in der neuen Welt verbreitete, blieb sie stets die liebewürdige Hausfrau, stets voll Ernst und Herzensgüte, und hörte den Erörterungen, die in ihrem Salon wohl über Talvj's Stil und Ideen vorfielen, zu, als ginge das sie nicht im Mindesten an. Ihr Stolz war, zu beweisen, dass eine gelehrte Frau auch eine gute Hausfrau, eine gute Erzieherin sein könne, und ein Wort der Anerkennung, das ihr Mann darüber fallen liess, tönte ihr wonnereicher, als der feinste Lobartikel über ihre Schriften. Bei alledem wusste sie sich in Amerika nur halb verstanden, ja öfter wie in einem Lande der Verbannung, sie, die alle höhere Blüthe desselben, all sein Wohlergehen mit warmer Liebe umfasste. Wahrhaft geistig erfrischt fühlte sie sich in Berlin, als sie das Jahr 1850 und das folgende dort im lebhaftesten Verkehr mit den hervorragendsten Gelehrten zubrachte. Das allein richtete sie wieder auf von dem bittern Schlag, welcher durch den Tod des geliebten Bruders, nach dessen Wiedersehen sie unsäglich sich gesehnt hatte, sie damals traf. Ihr Gatte machte unterdessen seine zweite Reise im Orient. Die Ernte davon, die »Later Biblical Researches«, übersetzte diesmal Talvj selbst in's Deutsche. Robinson's späteres Erblinden, die halbgelungene Operation des Staars in New-York, die neue Reise deshalb nach Deutschland, sein Tod, das ungewisse Schicksal des einzigen Sohnes, der in den Heeren seines Vaterlands seine Pflicht erfüllte, Alles das erhob Ansprüche an Talvj's Lebensabend, wogegen literarisches Schaffen sich nicht mehr hervor wagte. Sie ging auf in treuer Pflege des kranken Gatten, in der Sorge für die Familie.

Im Herbst 1864 siedelte sie endlich mit ihren beiden Kindern, die sich von ihr nicht trennen wollten, für immer nach Deutschland zurück. Bald in Berlin, in Italien, in Strassburg, Karlsruhe, zuletzt in Hamburg, wo ihr Sohn Generalkonsul der Vereinigten Staaten wurde, schlug sie ihren Wohnsitz auf. Ihre letzte Zeit trübte hin und wieder die Angst, wie ihr verklärter Gatte zu erblinden. Ihr Geist aber erhob sich rasch wieder zu wunderbarer Kraft und Frische. Erst vollendete und übersetzte sie den literarischen Nachlass ihres Mannes über die physische Geographie Palästina's, gab in den beiden Bändchen »Fünfzehn Jahre« wieder eine durch gediegene Landes- und Geschichtskenntniss fesselnde poetische Erzählung, und schrieb über die Kosaken und ihre Lieder. »Nirgends spiegelt eine Nation ihr tiefstes Gemüth, ihren geheimen Stolz, ihr Sehnen und Hoffen treuer und lebhafter ab, als im Volkslied, das so heisst, weil es aus der Seele des Volkes emporblüht, ganz einerlei, wie Der hiess, dem es zuerst eingegeben war, und all die Andern, die es weiter sangen und modelten. Die Volkslieder der Grossrussen gleichen kurzen hartblätterigen Feldblumen, während die kleinrussischen duftige Wald- und Wiesenblumen sind, die bei aller kecken Farbe doch selten eines sanften Glanzes entbehren, ja öfter im lieblichsten Schmelz aus dem dunkeln Grün empor schimmern. Das feinste Gehör für das ächte Volkslied hatte wohl Talvj«. In dem Buche über Russlands Wollen und Werden, in welchem ich Dieses schrieb, theilte ich deshalb zweiundzwanzig der schönsten und volksmäßigsten Lieder der Kosaken, der Klein- und der Grossrussen mit, wie Talvj sie mir übersetzte, da ihre Übertragungen meines Wissens noch nicht veröffentlicht worden.

Als Talvj 73 Jahre alt, korrigirte sie noch die ersten Bogen einer neuen Erzählung »Ein Bild aus seiner Zeit«, da nahm ein leichter Tod sie im Frühjahr 1870 hinweg. Ach, dass sie die herrliche Wiedererhebung Deutschlands nicht mehr auf Erden anschauen sollte! Es war aber längst schon ein stilles harrendes Wesen über sie gekommen, sie war tief religiös: wie hätte auch dieser wahrhaft starke Geist leben und gedeihen können ohne tiefen kindlichen Glauben an Gott und seine Vorsehung!

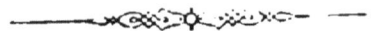

XV. WYDENBRUGK, EIN DEUTSCHES MANNESLEBEN.

an wir nun güthlig angesehen, wahrgenommen und betrachtet solche ehrbarkeit, redlichkeit, frömmigkeit, vernunft, schicklichkeit, tugend undt das Altadelige Herkommen, auch die getrewe erspriessliche dienste, damit Unser Feldhauptmann undt des Reichs lieber getrewer Eberhard von Wydenbruck, und nicht weniger seine voreltern, so von den altsächsischen Edelen und Graven im Emsgau noch abstammen, vor Uns berühmt worden, inmaßen die Uns gehorsambst fürbrachte Documenta genugsamb beurkundten, insonderheit aber gedachter Eberhard von Wydenbruck in diesen gegenwärtigen läufften, vornemblich in Unsern Feldtzügen gegen die Reichsfeinde sich jederzeit als ein trewer, dapferer und ritterlicher Kriegsmann verhalten hat: so haben wir ... obgemeldten ... sammt seine ehelich leibs erben ... als rechte Lehn Turniers Genossen und Freye-Edelherren von neuwen wiederumb confirmirt«. Mit diesen Eingangsworten einer Urkunde von 1532 verziert und bessert Kaiser Karl V. der Wydenbrugker Wappen »mit einer güldenen Kron und zween blawen Adlers Flügeln«. In der That konnten die Erben dieses Namens auf eine unzweifelhaft ächte Urkunde des Jahres 1187 hinweisen, die von ihren Vorfahren ausgestellt wurde, und wenn auch weiter hinauf die verbürgten historischen Nachrichten fehlen, so ist es doch wohl möglich, dass Die von der Weidenbrücke über die Ems, welche da lag, wo jetzt die alte westfälische Stadt Wiedenbrück steht, dort schon zu den Zeiten Widukinds, des grossen Sachsenherzogs, gesessen. Der Letzte von der deutschen Linie dieses Geschlechts, der selbst an einer Geschichte des deutschen Adels arbeitete, und öfter mit mir die Ursachen erörterte, wesshalb fast keine einzige Familie sich mit Sicherheit weiter hinauf führen lässt, als bis zum zwölften Jahrhundert, liess doch niemals ein Wort von seinem eigenen uralten Freiherrenadel verlauten, selbst gegen mich nicht, obwohl Urkunden und Nachrichten zur Hand waren und wir öfter zusammen arbeiteten.

So von Herzen bescheiden, so fern von aller Eitelkeit und Selbstschätzung, dabei ächt human aus tiefem innern Bedürfniss, war dieser seltene Mensch, ein lichter, hoher und mächtiger Geist in unscheinbarem Körper. So weit der Kreis seiner Bekannten und Freunde in Deutschland und Österreich geht, und so hohe Stellen dieser Kreis berührte, — Alle werden ein und dasselbe Andenken an ihn haben. Wie von einigen Menschen ein hastiges, oder anregendes, oder frohsinniges, oder trübes Wesen auszuströmen scheint, — aus seiner Nähe floss etwas mild Wohlthuendes auf Andere über; denn seine Seele war von Wohlwollen und stiller heiterer Klarheit erfüllt bis in ihre letzten Tiefen.

In Aschenhausen in Thüringen, wo sich die Eltern vorübergehend aufhielten, wurde Oskar Frhr. v. Wydenbrugk 1815 geboren. Sein Grossvater, Oberst im Gefolge Wilhelms von Oranien, hatte ein Leben in etwas wildem Stil geführt. Mit fünfzehn Jahren hatte er eine Reise um die Welt angetreten, und wenn wiederholt ihn Glücksgüter überhäuften, war er im Stande, alles in einer einzigen Nacht zu verspielen. In Kassel fuhr er mit sechs hellweissen Schimmeln einher, da liess der Landgraf ihn wissen: ein solches weisses Sechsgespann gebühre nur dem gnädigsten Landesherrn. Andern Morgens hatte der Oberst den Staub Kassels von seinen Füssen geschüttelt. Der Sohn hatte noch an dem Nachlass dieses wilden Hochlebens zu tragen, und pachtete ein grosses Gut in Vacha. Dort erhielt Oskar die ersten Eindrücke seiner Kindheit und nahm die wonnige Freude an der Natur, die Sehnsucht nach ländlicher Freiheit in sich auf, welche ihn durch sein Leben begleiteten. Er war ein bildhübscher, fröhlicher, waghalsiger Bube, dem kein Vogelnest zu hoch, kein Pferd zu wild war, schlank und schön gewachsen wie eine junge Birke. Eines Tags lief er auf einen Knecht zu, der daher ritt, und begehrte auf das Pferd. Der Mann fasste ihn bei der Hand und riss ihn mit einem Ruck zu sich herauf. Da war das Unglück geschehen; der Rückgrat fing an sich zu krümmen; eine orthopädische Anstalt machte das Übel noch schlimmer, und Wydenbrugk trug es sein Leben lang mit sich. Nun kann man wohl öfter die Erfahrung machen: Menschen mit solch unverschuldeter Missform des Körpers, welche die Blicke auf sich zieht, werden entweder kleine Teufel oder sie ringen sich empor zu ächtem Seelenadel. Dass Wydenbrugk das Zweite zutheil wurde, dazu wirkte frühzeitig mit sein langjähriger Hofmeister Dr. Juksch, der Sohn eines reichen Hamburgers, der in Geschäften Unglück hatte. Er ging später nach Amerika und wurde in Columbus, der Hauptstadt von Ohio, Vorstand einer Schulanstalt. Der Doktor war ein tüchtiger Philolog und ein ausgezeichnet braver Mensch: sein Schüler bewahrte ihm beständig innige Verehrung und Dankbarkeit, und sie standen noch lange Zeit in herzlichem Briefwechsel.

Wydenbrugk besuchte das Eisenacher Gymnasium und die Universitäten Jena, Heidelberg und Berlin, besonders fesselten ihn Savigny's Vorträge. Es war bei aller juristischen Klarheit ein eigenthümlicher Schwung und Adel darin, der jeden Zuhörer ergriff, wenn auch unter uns schon damals die Ansicht laut wurde: der berühmte Rechtslehrer rede von seiner Zeit und seinem Volk, als kenne er sie blos durch gelehrte Bücher. Etwas gesättigt von der Berliner Fülle geistiger Anregung wandte sich Wydenbrugk nach dem stillgemüthlichen Jena zurück, um seine Universitätsstudien abzuschliessen, wurde Doktor der Rechte, errang auch einen Hauptpreis im philologischen Seminar, und trug schliesslich aus seinem Staatsexamen im Dezember 1837 die Note ersten Grades davon. Sofort trat er bei dem Justizrath Schambach, einem ungewöhnlich tüchtigen Rechtsanwalt, als Hülfsarbeiter ein, und schon anderthalb Jahre später, nachdem auch das zweite Staatsexamen mit gleicher Auszeichnung bestanden war, wurde er zum Amtsadvokaten ernannt und ihm die Stadt Eisenach als Wohnsitz angewiesen.

Seine ausgebreiteten juristischen und staatswirthschaftlichen Kenntnisse, sein ungemein praktischer Scharfblick, verbunden mit klarem, nie beirrtem Rechtssinn, und vor allem jene glückliche Eigenschaft des Geistes und Gemüths, dass, wer ihn hörte, sofort von seiner Redlichkeit überzeugt war, — Dies verschaffte dem jungen Advokaten in kurzer Zeit einen solchen Ruf, dass Prozesse und Geschäfte ihm zuströmten. Er besorgte sie mit grösster Gewissenhaftigkeit, war aber ein abgesagter Feind aller persönlichen Angriffe, wie sie damals bei den Anwälten in kleineren Staaten nicht gerade selten waren. Stadt und Land vertrauten ihm. Seine Kanzlei war besetzt von einer Reihe vortrefflicher Hülfsarbeiter, die er sich rasch heranzubilden verstand; jedes Jahr brauchte er neue.

Jene sieben Eisenacher Jahre waren für Wydenbrugk's frische Kraft voll von Arbeit, Frohsinn und Gelingen. Er war der anregendste und heiterste Gesellschafter in einem Kreise von Freunden und Bekannten, der sich um ihn gebildet hatte, dessen Mittelpunkt und Seele er war. Hin und wieder mochte der Becher auch wohl etwas überschäumen, besonders wenn man draussen war in Gottes freier Welt. Wydenbrugk konnte nicht leben, ohne seiner Freude an der Natur Genüge zu thun. Der Blick von der Wartburg, der nahe Thüringer Wald erfrischten ihm die Brust nach des Tages Mühen. Jeden stillen Naturzauber der tiefen Waldgründe wusste er auszukosten. Mögen unsere baierischen See- und Alpenlandschaften alle hohe Naturpracht entfalten, mögen Rhein und Donau unter Rebhügeln und dem Steingespitz und Trümmergrau verfallener Burgen weithin glänzen: die gemüthlich schönste Landschaft bleibt neben dem Schwarzwald doch das Thüringer Waldgebirg. Immerdar weht es wie heimliche Wonne aus seinen dunkeln Grünthälern und von seinen luftigen Kuppen. Wydenbrugk konnte sich nicht ersättigen an der Wald- und Gebirgsluft; öfter wurde noch in tiefer Nacht mit fröhlichen Gesellen eine weite Wanderung angetreten.

Die rechte Weihe aber gab allem, was er dachte und trieb, ein höheres Streben, welches sich des Vaterlandes Einheit und Freiheit widmete. Es war jene viel erregte Zeit der Vierziger Jahre, der hoffnungsreiche Frühling des nationalen Werdens. Friedrich Wilhelm IV. hatte den Thron bestiegen, ein hochherziger Fürst, die Seele gefüllt von herrlichen Idealen, national gesinnt, Freiheit gönnend nach allen Seiten. Das Unglück wollte nur, dass seine Ideen alle einen mittelalterlichen Anhauch trugen. Der König konnte sich Volksfreiheit nur in altständischer Gliederung denken, und jedem nationalen Anlauf stand bergartig das Hinderniss entgegen, dass es auf deutschem Boden zwei kaiserliche Mächte gab. Völlig verrechnete er sich in der festen Geschlossenheit und Ausdauer des Widerstrebens, das bereits in den gebildeteren Mittelklassen bestand. Die natürliche Folge des königlichen Eingreifens war allgemeine Erregung, viel Verwirrung, zuletzt politisches Missvergnügen überall, Cabinetsordre, Contreordre, Desordre — das war das Zeichen jener Tage. Die Parteien formten sich aus und nahmen ihre Ziele nur um so entschiedener. Damals fühlten sich die Liberalgesinnten in den meisten Städten angeregt, mit Schrift und Wort vor die Öffentlichkeit zu treten. Auch Wydenbrugk hielt wöchentliche Vorträge historischen, politischen, nationalökonomischen Inhalts auf der »Phantasie«, einem Vergnügungsorte bei Eisenach. Diese Vorträge waren sehr besucht und machten viel von sich reden. Freimüthig sprach Wydenbrugk und entschieden national, jedoch seine Mäßigung lag darin, dass er lediglich Vernunftgründe, nie die Leidenschaften in's Feld führte, und dem geschichtlich Gegebenen, dem rechtlich Gewordenen seine Geltung liess. Alle Welt wunderte sich über die Fülle historischer, staats- und volkswirthschaftlicher Kenntnisse, die ihm zu Gebote stand. In Kürze galt er als eine Säule der Liberalen, die von den verschiedensten Seiten her seine Bekanntschaft suchten.

Ein Besuch bei Itzstein, der sich auf dessen Gute Hallgarten ein paar Wochen ausdehnte, gab den Anlass, dass Wydenbrugk als Schriftsteller auftrat in den »Briefen über deutsche Nationalgesetzgebung«, die er Itzstein widmete. »Wenn der Mann«, heisst es darin von Savigny, »welcher mir vor allem Vorbild ist, wie man positives Recht nach Form und Inhalt würdig behandelt, und welcher mehr, als irgend Jemand, uns das gegeben, was er selbst bestreitet, nämlich das herrliche Geschenk, gut deutsch über Rechtsverhältnisse zu schreiben, wenn er heute über den Beruf unserer Zeit zur Gesetzgebung schriebe, ich glaube in der That, dass er diesen Beruf weit weniger bezweifeln würde, als er es vor 34 Jahren that.« Nur wenige Blätter, aber eine schlagende Widerlegung Savigny's enthalten diese Briefe Wydenbrugk's. »Der Versuch steht Jedem frei«, hatte Jener gesagt, »an Aufmerksamkeit fehlt es unserer Zeit nicht, und es hat keine Gefahr, dass das wirkliche Gelingen übersehen werde«. Wydenbrugk antwortete: »Man kann diesem Ausspruch noch jetzt im Wesentlichen beitreten. Nur sage man nicht mit kalter Ruhe: der Versuch steht Jedem frei, sondern man sage mit jener ernsten Theilnahme, welche in vaterländischen Dingen Pflicht ist: man gehe rasch und in rechter Weise an den Versuch!« Er verlangte, indem er auf das Beispiel des Zollvereins hinwies, der, von einer Vereinigung Weniger ausgehend, von Jahr zu Jahr wuchs: man solle auch dann an's Werk gehen, wenn nur ein Theil der deutschen Staaten sich dem Unternehmen anschlösse.

Es konnte nicht fehlen, dass an den jungen Rechtsanwalt vielseitig der Ruf erging, in die Kammer einzutreten. Auf seine Verfassung, die Ritter- Bürger- und Bauernstand darstellte, war das Grossherzogthum Sachsen stolz: sie war schon 1816 entstanden, die erste in Deutschland. Wydenbrugk folgte dem Rufe, er wurde — das Wahlgesetz verlangte das — in Eisenach Grundbesitzer, indem er sich ein Haus kaufte, und vertrat die Stadt 1847 im eilften Landtag. Bei der Bildung und politischen Regsamkeit, welche im Grossherzogthum herrschte, war während dieses Landtags erst recht Alles auf den Beinen: im kleinsten Walddorfe wurden die Kammerreden eifrig gelesen, noch lebhafter erörtert. Wydenbrugk, der ohne Frage der Erste in der Kammer war durch sein Redetalent und seinen Eifer, wie durch sein allseitiges und gründliches Wissen, — die Vorbereitung in der »Phantasie« kam ihm trefflich zu statten, — sah sich auf einmal umgeben von einem vollblühenden Frühling der Volksgunst. Das ganze Land war stolz auf ihn, noch mehr, er war der Allgeliebte. Wenn er in Weimar über die Strassen ging, standen Bürger und Bauern in Reihen, ihn zu sehen und jauchzend zu begrüssen. »Aus seinen schönen Augen eine grosse Seele blitzt« — diese Worte standen damals über ihn in der »Illustrirten Zeitung«. Freilich hatte er auch den Antrag gestellt und den Sieg erstritten in einer Sache, die Jedermann, so zu sagen, an's Herz ging. Öfter hatte es ihn erbarmt und empört, wenn im Namen des Grossherzogs und für denselben die Gefälle von armen Leuten eingetrieben wurden. Für den Grossherzog! so hiess es immer, und doch trug auch des Fürsten Kammervermögen zum Staatshaushalt bei. Da verlangte er Vereinigung des bis dahin getrennten

Kammer- und Landschaftsvermögens: das allein werde eine bessere Verwaltung herbeiführen und den zahlreichen gehässigen Prozessen ein Ende machen. Schwere Kämpfe gab es, Wydenbrugk war der Führer der liberalen Opposition, seine Reden flogen wie Zündfunken umher. Noch auf den höchstgelegenen Wirthshäusern im Walde sah man sein Bildniss an der Wand mit dem geflügelten Worte, das er einmal gebraucht hatte: »Krebsschäden heilt man nicht mit Rosenwasser«.

In diese Kämpfe, wie sie damals fast aller Orten an der Tagesordnung waren, fiel wie eine Bombe die Botschaft von der Pariser Februar-Revolution. Louis Philipp flüchtete bei Nacht und Nebel: sein Thron, der sich auf Barrikaden erhoben hatte, war vor Barrikaden zusammengebrochen. Lamartine schwang die hochflatternde Fahne der Republik. Bald rauschten, brauseten, heulten die Märzstürme durch's ganze weite deutsche Land. Auch Weimar hatte seine Schreckensnacht: selbstverständlich war es Wydenbrugk, der gerufen wurde, die im Schlosshof andrängenden Volkshaufen durch seine Reden zu beschwichtigen. Es gelang ihm, und er verbrachte diese kritische Nacht an der Seite seines Fürsten, den er wegen der Milde und Leutseligkeit des Charakters innig verehrte. Die Folge war der Sturz des Ministeriums Schweitzer, und in das neue wurde der Amtsadvokat Dr. v. Wydenbrugk, unter Ernennung zum Geheimen Staatsrath, durch Dekret vom 11. März vom Grossherzog berufen »in Betracht seiner an den Tag gelegten vorzüglichen Kenntnisse und Fähigkeiten und in der Erwartung, dass derselbe Uns und Unserem Hause wie dem Lande mit treuem Eifer dienen werde«. Er hatte das nicht gesucht, war vielmehr selbst gesucht von dem nahezu allgemeinen Begehren. In seinem Eintritt in's Ministerium sah man das Mittel, die revolutionäre Stimmung der Massen zu beruhigen und dem Gesetze die Herrschaft zu erhalten. Es waren vielleicht die unangenehmsten Stunden seines Lebens, als er gleich bei dem Antritt seines neuen Amts sich genöthigt sah, ganz unerfüllbare Forderungen und Wünsche abzuweisen, so derb und aufdringlich sie auch gestellt wurden, und gleich als wäre er zu ihrer Gewährung verpflichtet.

Ihm aber lag vor allem die grosse nationale Sache am Herzen. In Frankfurt tagte das Vorparlament. Die Wogen der öffentlichen Aufregung schwollen immer höher. Da that am 7. April das neue grossherzoglich sächsische Staatsministerium den entscheidenden Schritt. Es erliess an sämmtliche deutsche Regierungen eine Zuschrift des Inhalts: dass die untergeordnete Stellung, zu welcher der Bundestag gegenüber dem Vorparlament herabgesunken, unwürdig; dass eine provisorische Bundesversammlung nöthig, zu welcher keiner der früher am Bundestag thätig gewesenen Gesandten abzuordnen; dass die nächste grösste Aufgabe sei, mit einer Nationalversammlung die künftige Verfassung Deutschlands festzusetzen; dass der Bundesstaat in seiner weitesten Ausdehnung, ferner Pressfreiheit, ferner freies Assoziationsrecht, ferner ein gemeinsames deutsches Recht, ferner vollständige Religionsfreiheit, ferner ein freier Wahlmodus unter allen Umständen schon jetzt müsse gewährleistet werden. Dieses Vorgehen von Weimar aus war für die deutschen Regierungen schwerwiegend, und es braucht der Antheil, welchen Wydenbrugk daran hatte, kaum näher angedeutet zu werden. In seinem öffentlichen Wahlschreiben bekannte er sich dazu Satz für Satz, und fügte bei, dass der wahre Bundesstaat auch Einheit des Maß- Gewichts- Zoll- Handels- Eisenbahn- und Postsystems, und eine gemeinsame diplomatische Vertretung Deutschlands von selbst verlange.

In diesem Wahlschreiben trat er offen der republikanischen und Arbeiterbewegung entgegen. »Ich will nicht, dass der Staat gleich einem unüberlegt schwindelnden Spekulanten Versprechungen giebt, die er am Ende nicht halten kann, die zuletzt, nachdem sie eine Zeit lang eine angenehme Täuschung unterhalten haben, ihn selbst, und Die, für welche er sorgen wollte, mit ihm in's Verderben reisst... Feindschaft jeder Tyrannei, sie komme woher sie wolle, dem Pöbelunsinn nicht minder, als der Willkürherrschaft eines Fürsten! Verächtlich war, ist und wird sein der schmeichelnde Liebdiener, welcher dem Fürsten die Wahrheit verhüllt; nicht minder verächtlich aber ist Der, welcher die heilige Vernunft zu Schanden werden lässt vor dem unverständigen und das Beste oft zerrüttenden Begehren einer leidenschaftlichen oder ununterrichteten Menge«. Das Wahlschreiben schloss: »Man stosse sich nicht an kleinen Meinungsverschiedenheiten, man fasse das Wesentliche in's Auge, und schaare sich fest zusammen, damit vor allem Deutschland gesichert sei, und dann, damit wir nicht blos ein Vaterland, sondern auch ein freies Vaterland haben:

Wer Kräfte fühlt, der mag die Kräfte regen,
Der Kampf wird kurz, der Sieg wird unser sein«.

So dachten sie Alle, die am 18. Mai unter Glockengeläute und Volksjubel in feierlichem Zuge zur Paulskirche wallten. Und wie langwierig war der Kampf! Und wo blieb der Sieg? Welche Prachtreden wurden da gehalten, wie wogte es wild auf dem dröhnenden Schlachtfelde der Debatten, und — wie viel edle Herzen brachen endlich in dem wehevollen Gefühl, dass alles, alles vergeblich! Wirklich vergeblich? O nein! Mag die junge Welt der Gegenwart, die nicht mehr in jenen heissen Kämpfen gestanden, auf das Jahr 1848 hinblicken als auf ein wüstes Gemenge von idealen Träumen und tumultuarischen Szenen,— die deutsche Gegenwart ruht doch zum guten Theil mit auf jener Zeit. Wie 22 Jahre später, ging eine hohe Begeisterung durch die Nation, und es war ein Gedränge von bedeutenden Männern, dass alle Welt erstaunte. Die englischen Zeitungen fragten, wie ist das nur möglich, dass diese Büchergelehrten, diese Deutschen, die nie ein Parlament gehabt, auf einmal so viele glänzende Redner aufstellen! Dergleichen hatte Niemand von den missachteten Deutschen erwartet. Damals machte sich das ganze Sehnen und Drängen im Volke Luft, und das geschah so ungestüm und gewaltig, dass der Erfolg unausbleiblich kommen musste, früh oder spät, in einer oder der andern Weise. Hätte die Nation sich 1848 gemäßigt, hätte sie nicht gleich das Ganze und Grosse gefordert, nämlich Kaiser und Reich für Alldeutschland und dazu Vollfreiheit für Jedermann, und hätten sich dafür nicht blanke und schmutzige Waffen zugleich erhoben, so steckten wir wahrscheinlich noch in irgend einer schwerbeweglichen, vielverschlungenen Schöpfung jener Tage. Derjenige Staat, welcher das Jahr 1848 für Deutschland als ein weites schweres Nichts betrachten wollte, über das man einfach hinwegsehen könne, musste schliesslich den Fehler mit seinem gezwungenen Ausscheiden aus Deutschland bezahlen. Der Mann aber, welcher damals in Berlin an der Spitze der verstocktesten Junkerpartei stand, wäre er wohl ohne die furchtbaren Lehren und Nachwirkungen von 1848 der grosse Nationalheros von 1870 geworden?

Wydenbrugk vertrat im Frankfurter Reichstag Weimar, die Hauptstadt seines Landes. Er war einer der Ersten, die dort eintrafen, und wurde in den Ausschuss für völkerrechtliche und internationale Fragen gewählt; öfter machte er den Berichterstatter im Parlament. Anfangs stimmte er mit der Linken, die ihn und Raveaux zum Vorsitzenden ihres grossen Ausschusses wählte. Alsbald aber schloss er sich dem Würtemberger Hof, d. h. dem linken Zentrum, an, und dort war auch sein rechter Platz; denn sein Herz war bei der Linken und sein Verstand bei der Rechten. Es dauerte nicht lange, so wurde seine Theilnahme an den Aufgaben der Versammlung ebenso vielseitig, als erfolgreich. Seine Reden hatten den Ruf, verständig, gemäßigt und praktisch zu sein, und seine Stimme wog schwer bei den Abstimmungen, obwohl man ihn gewöhnlich in Frankfurt »den kleinen Staatsmann von Weimar« nannte und seine Geniestreiche zu reden gaben.

Als König Ernst August von Hannover sich sperrte, wurde auf Wydenbrugk's Antrag beschlossen: von ihm die unumwundene Anerkennung der Zentralgewalt und des Gesetzes über dieselbe zu fordern, und als darauf von Hannover Verwahrung gegen die unbedingte Gültigkeit der Beschlüsse der Nationalversammlung eingelegt wurde, erklärte Wydenbrugk in einer von stürmischem Beifall begleiteten Rede: wenn der König thue, was er sage, so sei er ein Rebell; denn jeder Deutsche müsse die Reichsgesetze anerkennen, trage er Kittel oder Krone. Alles lauschte auch, wenn Wydenbrugk gewandt und fliessend und mit scharfer Dialektik sich über die auswärtigen Verhältnisse verbreitete. Die Anerkennung der französischen Republik erschien ihm als etwas Selbstverständliches, Russland gegenüber forderte er Ansammlung von Streitkräften an unserer Ostgrenze. Sein Ansehen stieg, als der Grossherzog ihn zum Bevollmächtigten für Sachsen-Weimar bei der provisorischen Zentralgewalt ernannte.

Im September entschied der Würtemberger Hof wegen des Malmöer Waffenstillstands den Sturz des Reichsministeriums, erlitt aber dabei selbst eine Spaltung, als der eine Theil das wieder eingetretene Ministerium unterstützte, der andere Theil unter Wydenbrugk's Führung die Opposition festhielt.

Im November, als das Ministerium Brandenburg-Manteuffel die preussische Nationalversammlung von Berlin weg verlegen wollte, versuchte Wydenbrugk, den Reichstag zu bestimmen, kräftig gegen die in Preussen beginnende Reaktion einzuschreiten. Die Ausschussanträge: der Reichstag solle erklären, dass er es für nöthig erachte, die preussische Regierung zu bestimmen, die Verlegung der Berliner Nationalversammlung zurückzunehmen und ein weniger unpopuläres Ministerium zu wählen, — griff Wydenbrugk nicht ihrer ungeschickten Fassung wegen an, sondern sie erschienen ihm zu matt. Er sagte: die Reichsgewalt sei unmächtig, wenn sie sich selbst zur Unmacht verdamme,—

sie werde aber eine unwiderstehliche Gewalt entwickeln, wenn sie sich entschliesse, dieselbe im Sinne der Nation zu handhaben. Sollte der sonst so Kluge wirklich übersehen haben, dass Reichstag und Zentralgewalt gar kein Mittel mehr hatten, die preussische Regierung zu nöthigen? Vergebens warnte Vincke: dass man nichts erreichen werde, als die Spaltung Deutschlands, wenn man die preussische Regierung demüthigen wolle.

Im Januar darauf hörte man Wydenbrugk schon anders reden. Man stand wiederum vor der schweren Frage, ob und wie Österreich ganz oder theilweise in Deutschland bleiben solle? Er erklärte offen: der Reichstag habe keine Feinde, aber auch keine Freunde mehr, Schwierigkeiten überall und keine Mittel zur Lösung. Er rieth: man möge sich nicht lange mit der Oberhauptsfrage beschäftigen, sondern rasch die Verfassung zu Stande bringen, denn die Bäume wüchsen von unten nach oben. Nur ein föderativer Bundesstaat sei möglich, dem jedenfalls das deutsche Österreich angehören müsse: die Regierungsgewalt aber sei zwischen Österreich und Preussen bei wechselndem Präsidium zu theilen. Im März trat Wydenbrugk zur Erbkaiserpartei über, getreu seinem Grundsatz, den er gleich im Beginn des Reichstags verkündet hatte: sein Ideal sei der föderative Bundesstaat, höher aber stehe ihm die Einheit Deutschlands, und ihr zu dienen werde er, wenn es nicht anders gehe, die Monarchie wie die Republik annehmen.

Als Friedrich Wilhelm IV. die deutsche Kaiserkrone zurückwies, war das Werk der deutschen Nationalversammlung zu Boden gefallen. Sie hatte geglaubt, alle Machtfülle zu besitzen, und hatte versäumt, sich nur die nöthigste zu verschaffen. Wohl aber bleibt ihr das Verdienst für alle Zeiten, dass sie Deutschland in Zeiten, wo seinen Regierungen Macht und Kraft entschwunden war, vor der schrecklichsten Zerrüttung bewahrte, und dass sie die grossen Prinzipien der Einheit und Freiheit, auf welchen fortan das Leben unserer Nation beruhte, zur Klarheit brachte.

Wydenbrugk litt doppelt schwer bei dem Scheitern der deutschen Hoffnungen; denn vor seinem Scharfblick lag viel früher und klarer alles Andere offen, wie es nun kam und kommen musste. Ihm legte kein gütiger Genius die Binde um die Augen, dass er das hereinbrechende Unheil nicht sehe. Er sah es deutlich schon lange, und das vergebliche Ringen, das Suchen nach Trostgründen war unendlich schmerzvoll. Wer von uns Älteren hat das tiefste Wehe jener Zeit nicht mitempfunden? Im Herbst kam er auf einer Dienstreise auf den Eisenacher Bahnhof und wollte nach Weimar. Denn so oft Zeit und Gelegenheit es erlaubten, reisete Wydenbrugk dorthin, um Amtsgeschäfte zu erledigen. Als ein neuer Zug hereinfuhr, wurde er aus den Fenstern von Mitgliedern des Frankfurter Parlaments begrüsst. Er trat zu ihnen und erkundigte sich, wohin sie wollten? »Wir gehen nach Wien«, erwiederte Robert Blum. Wydenbrugk sah ihn ernst an, und sagte dann halb scherzend: »Ach, bleiben Sie doch zu Hause, Sie werden am Ende dort erschossen!« Wenige Wochen später lag Blum auf der Brigittenau, die breite Brust von Kugeln zerrissen.

Nach Weimar zurückgekehrt, widmete sich Wydenbrugk nun ganz seinem Amte. Er war Vorstand der Justiz- und der Kultus-Abtheilung, und in beiden Richtungen wurde sechs Jahre lang unter ihm und hauptsächlich durch ihn Vieles und Bedeutendes geschaffen. Er entwickelte ein seltenes Organisationstalent, und gewissenhafte Rücksicht auf das Wohl und Recht Anderer, wie seine Klugheit kamen ihm dabei zu Hülfe. Im Kreise der Rechtsverwaltung erschien eine Menge neuer Gesetze, die das bürgerliche und peinliche Recht sowohl in prozessualischer als in materieller Beziehung verbesserten. Die grosse Mehrzahl der thüringischen Staaten vereinigte sich zur Bildung eines gemeinschaftlichen Appellationsgerichts in Eisenach. Ganz besondere Sorgfalt widmete Wydenbrugk der Entwicklung des Volksschulwesens, und wenn dasselbe heute im Weimarischen in wahrer Blüthe steht und als Muster gilt, so hat er dazu wenigstens den Grund gelegt. Auch für die höheren Bildungsanstalten und vorzugsweise für die Universität Jena geschah, was irgend möglich war bei der Beschränktheit der Mittel. Immer mehr erwarb sich Wydenbrugk im Volke und bei Hofe die allgemeine Anerkennung; denn in jeder grossen und in jeder kleinen Sache war er stets mit Hand und Herz dabei, und gab und that immer nur das Beste, was er vermochte, und dieses immer ganz.

Nun sollte ihm auch noch ein Glück blühen, wie es köstlicher keines giebt, jenes Glück, das allein neben segensreicher Berufsthätigkeit des Mannes Seele ausfüllt. Im Herbst 1851 wollte er zur Erholung ein paar Wochen nach Italien gehen und las auf der Durchreise in München in der »Allgemeinen Zeitung« von einem grossen und herrlich gelegenen Bauernhof, der in Tegernsee zu kaufen sei. Der Name packte ihn. Ein solches Besitzthum in heller, würziger Alpenluft war längst sein geheimer Wunsch. Er reiste hin und kaufte das Gut auf der Stelle: es war der hochgelegene Deiblerhof. Da er nun etwas in Tegernsee verweilte, so ergab sich die Bekanntschaft des Ingenieur-Obersten v. Hörmann, welcher zur Sommerfrische auf der Hachel, auch Sengerschlösschen genannt, wohnte. Da sah er die ältere Tochter, und sie machte einen tiefen Eindruck auf ihn. Weil er aber 36 und sie 15 Jahre jünger, er protestantisch und sie katholisch war, er überdiess nicht wohlgestaltet und sie vielumworben war, so wagte er nicht ernstlich, an diese edle Schönheit zu denken. Sie aber dachte nur an ihn; denn das eigenthümlich Schöne und Gehaltvolle seiner Rede konnte sie nicht wieder vergessen. Als er nun im nächsten Herbst mit Mutter und Schwester wieder kam und eines Tags die Familien einen Ausflug nach der Neureuth machten, kam es auf dem Wege dahin zur Verlobung. Im Dezember folgte in München in der protestantischen Kirche die Trauung, und Wydenbrugk war so herzlich fröhlich am Hochzeitstag, dass er im offenen Wagen — denn es war trotz des Winters ein herrlicher warmer Tag — mit seiner jungen Gattin nach Tegernsee fuhr. Es folgte eine wahrhaft schöne Ehe, für ihn das Schönste auf der Welt: die Lebensgefährtin widmete ihm die zarteste Liebe und Sorge und war zugleich die vielgeliebte Vertraute all seiner Ideen und Arbeiten.

Wydenbrugk ist wohl unter allen Märzministern Der gewesen, der am längsten aushielt, sogar sechs Jahre lang, und hätte er danach getrachtet, so hätte sich die Zahl dieser Jahre vielleicht verdoppelt. Dieses seltene Verhältniss liess sich nur denken, wenn Zwiefaches zusammentraf, auf Seite des Ministers seltene Tüchtigkeit, auf Seite des Fürsten hochherziges Vertrauen, das nur auf Geist, Kraft und Redlichkeit schaute. Wydenbrugk besass dieses Vertrauen ein Jahr um das andere, wie bei Grossherzog Karl Friedrich, so bei dessen Nachfolger Karl Alexander. Dass er jemals schmiegsam an seinen Überzeugungen gemodelt hätte, dies zu sagen wäre man bei Wydenbrugk am allerwenigsten berechtigt. Allein er war von Anfang an in seinen Forderungen und Plänen nicht oben hinaus gewesen, und die Grossherzoge mochten nicht am Fürstenwort ändern und mindern. Anfeindungen gab es genug, — das wäre ein schlechter Minister, der keine Feinde hätte, und Wydenbrugk machte sie sich hin und wieder auch durch seine sarkastischen Bemerkungen. Denn war auch seine Seele erfüllt bis zum Grunde von Milde und Wohlwollen, eine Plattheit, noch mehr eine Gemeinheit konnte ihm leicht ein Wort entreissen, welches Demjenigen, dem es galt, Pein machte wie ein glühend Eisen. Im Übrigen betrachtete er Schmähungen und Angriffe als etwas Vorübergehendes und kümmerte sich nicht darum. Nie hörte man von ihm Schlechtes über Andere: es fehlte ihm eben der Sinn für das Kleinliche.

Wydenbrugk hatte bereits zweimal seine Entlassung angeboten, der Grossherzog jedoch sie nicht genehmigt. Zu Anfang des Jahrs 1854 aber glaubte Jener im Interesse seines Fürsten und Landes nicht länger im Ministerium bleiben zu dürfen. Dieses hatte, als die Ruhe zurückkehrte, aus den revolutionären Stürmen eine schwierige Erbschaft und Aufgabe überkommen. Von dem Neuen war das wirklich Gute, das dauernd Haltbare und Heilsame, gegenüber den Anfeindungen Derer, die einfach Rückkehr zum Alten wollten, zu erhalten und zu befestigen. Ebenso entschieden musste man sich entschliessen, manche Missgriffe, die im Drang der Ereignisse sich nicht vermeiden liessen, jetzt zu beseitigen, und Richtungen zu verlassen, die nur dann folgerichtig, wenn die erstrebte Gesammtverfassung Deutschlands nicht gescheitert wäre. Das Ziel war unter Einhaltung eines streng verfassungsmäßigen Ganges erreicht, und in der Entwicklung der staatlichen Verhältnisse des Grossherzogthums mit der Ordnung der Domänenfrage ein gewisser Abschluss eingetreten. Es war diese wichtige Frage endlich — für Wydenbrugk eine Quelle innerer Befriedigung — gerade so gelöst worden wie er sie 1847 im Landtag beantragt und verfochten hatte. Nunmehr glaubte er mit allen Ehren abtreten zu können. Es waren nicht Meinungsverschiedenheiten gegenüber dem Staatsminister v. Watzdorf, was diesen Entschluss hervorrief, sondern Wydenbrugk's eigener Wille. Es erschien ihm für das Ansehen der Staatsregierung förderlicher, wenn die höchsten Ämter von Solchen verwaltet würden, die niemals andere Ansichten öffentlich hatten geltend gemacht, als die fortan zur Richtschnur dienen mussten. Insbesondere kam auch die Stellung des Grossherzogthums nach aussen in Betracht. Wydenbrugk hatte eine kräftige Zentralgewalt und einen wirklich staatlichen Verband der deutschen Lande zu einem nach innen und aussen Achtung gebietenden Ganzen gewollt, manches Andere aber musste er damals mit in den Kauf nehmen. Inzwischen waren fast in ganz Deutschland die Ministerien durchgängig mit Männern besetzt, die sich gegen jene Bestrebungen des Frankfurter Parlaments entweder feindselig oder gleichgültig gezeigt hatten. Konflikte waren möglich, jedenfalls mochte man das Grossherzogthum anderswo nicht mit freundlichen Blicken ansehen. Seinen Grundsätzen aber wollte Wydenbrugk nichts vergeben: er bestand lieber auf seiner Entlassung. Als er sie endlich erhielt und in der Sitzung seinen Räthen mittheilte, waren sie auf's Tiefste erschüttert. Von allen Seiten strömten die Beweise der innigsten Hochachtung. Sein Abschied von der fürstlichen Familie war fast ein herzlicher zu nennen, der Grossherzog selbst überreichte ihm den Stern des Falkenordens und ehrte und beglückte den treuen Diener, so lang er lebte, mit eigenhändigen Briefen und sagte ihm seinen Besuch in Süddeutschland zu.

Frei nun von allen Banden ging Wydenbrugk nach Tegernsee auf seinen Deiblerhof und warf sich mit wahrer Lust auf die Landwirthschaft. Ihm war das glückliche Geschenk in die Wiege gelegt, dass er stets nur für die Gegenwart lebte, und dass ihn nur die Gegenwart, ja nur der Augenblick erregte und beschäftigte. Sobald etwas vergangen war, schien es für ihn wie versunken und vergraben, ausgenommen was in der Erinnerung schön blieb. Auch die Zukunft kümmerte ihn eigentlich herzlich wenig, es sei denn, dass er politische oder landwirthschaftliche Berechnungen anstellen musste. Die Richtigkeit der letztern bewährte sich noch rascher, als bei den ersteren. Die Leute erwarteten, der gelehrte Herr werde schlechte Geschäfte machen; allein in kurzer Zeit hob sich der Ertrag des Gutes bedeutend, und die umwohnenden Bauern, wenn sie kamen, um mit eigenen Augen die Fortschritte zu sehen oder mit dem Staatsrath etwas zu verhandeln hatten, fasste ein gewaltiger Respekt vor dem kleinen Herrn. Das Deibler-Gut liegt in Tegernsee hoch den Berg hinauf; nur zwei entferntere Höfe haben eine noch höhere Stellung. Anfangs konnte es ihn wohl verdriessen, dass sein Wohnsitz nicht noch freier und erhabener lag. Allein mit der Zeit schien es den Andern vom Hause doch schrecklich hoch, wenn sie vom See-Ufer wieder hinauf zu steigen hatten, und er selbst musste das sich zuletzt eingestehen. Denn die Gebirgsluft hatte ihm doch die Stärkung nicht so gebracht, wie er sie gewünscht und erwartet hatte. Die Aufregungen und Kämpfe, und wohl am meisten die bittern Täuschungen des Jahres 1848, hatten seiner Gesundheit einen Stoss versetzt, den er nicht wieder verwinden konnte. Früher nach kurzer Erholung allezeit wieder frisch und kräftig, fühlte er seit jenem Jahre sich öfter angegriffen, und ein böses einseitiges Kopfweh wollte nicht mehr weichen.

Als nun auch seine Kinder, drei Töchter, eine sorgfältigere Erziehung brauchten, verkaufte er das Tegernseer Gut mit grossem Vortheil und zog 1859 nach München. Hier gerieth er alsbald in lebendigen Verkehr mit Männern der Literatur und Wissenschaft, die König Maximilian II. um sich gesammelt hatte, sowie mit hervorragenden Mitgliedern der liberalen Kammerpartei. Die Folge war, dass er sich angeregt fühlte zu literarischem Schaffen, und dieses konnte seiner Natur und Anlage nach nur auf dem Gebiete der Staats- und Rechtsgeschichte sich bewegen. Staatsmännische Erfahrung und ein tiefes historisches, namentlich auch rechtshistorisches Wissen reichten sich dabei die Hand. Die erste Schrift entwickelte »die Umbildung des Feudalstaates in den modernen Staat an dem Beispiele Frankreichs in allgemeinen Umrissen« (München 1861), und bald folgte das grössere Buch: »Die deutsche Nation und das Kaiserreich, eine Entgegnung auf die unter demselben Titel erschienene Schrift von H. v. Sybel« (München 1862). Er gab darin eine wahrhafte Fülle von feinen und bedeutenden Gedanken über den weltgeschichtlichen Gang unserer Nation, indem er zeigte, wie die nationalen Kräfte, so lange das Kaiserreich blühte, gerade durch dieses in einer für das Mittelalter ungewöhnlichen Weise zusammengefasst wurden; — wie dann eine andere im deutschen Wesen liegende Richtung, der Sinn für das Besondere, ohne Aufenthalt fortgewirkt und Deutschland in eine Reihe von föderativ nur schwach geeinigten Staaten zersetzt hatte; — und wie heutzutage durch die beiden Kräfte der

Gegenwart, nämlich durch das wachsende Nationalgefühl und durch die wirthschaftlichen Interessen, Ähnliches wie in der Blüthezeit des Kaiserthums wieder zu schaffen sei. Noch an andern wissenschaftlichen Werken wurde während seiner Münchener Zeit von Wydenbrugk eifrig gearbeitet, öfter im lebendigsten Schrift- und Ideenaustausch mit mir, und es ist zu beklagen, dass dieselben, namentlich eine öfter von uns besprochene Geschichte des deutschen Adels, nicht abgeschlossen wurden. Allein ihr Verfasser neigte, als er älter wurde, sich mehr und mehr einem Widerwillen zu gegen die endlose gelehrte Büchermacherei in Deutschland, und er scheuete sich, sie mit etwas zu vermehren, das nicht in Form und Inhalt kernig ausgeprägt sei. Ausserdem erfasste ihn wiederholt die praktische Politik, und es war ihm einmal jene bestergiebige Art und Weise des Handelns eigen, dass er Dem, was er trieb, sich jedesmal mit voller Seele hingab und seine Kräfte dafür zusammen hielt.

Die deutsche Bewegung hatte 1859 einen neuen Anstoss erhalten. Wer ein Herz für's Vaterland oder nur ein wenig Gefühl für Volksehre hatte, Dem musste die Art und Weise, wie der französische Kaiser Österreich überfallen und dieses, von Deutschland im Stich gelassen und Ärgeres fürchtend, übereilt Frieden geschlossen hatte, das Blut in's Gesicht jagen. Mit dem Bewusstsein aber dieser nationalen Erniedrigung verband sich auch das Gefühl der nationalen Schwäche und Unsicherheit. Es traten die Abgeordnetentage zu Frankfurt und Weimar zusammen: man verlangte, dass die Reichsverfassung durch ein freigewähltes Parlament durchgeführt werde. Es entstand der Nationalverein und hielt seine vielbelebten Versammlungen, auf welchen gefordert wurde: Österreich solle man ganz ausschliessen und das übrige Deutschland Preussen angliedern. »Was?« riefen die Andern, »Ihr wollt Deutschland heilen und fangt damit an, es zu zerschneiden?« Österreich und sieben andere Bundesstaaten machten den Vorschlag: durch eine Delegirtenversammlung zur Bundesreform zu gelangen.

Daneben erhob sich die rein praktische Frage: welche deutschen Länder der neue Handelsvertrag mit Frankreich umfassen solle? Der alte Gegensatz zwischen Gross- und Kleindeutsch wogte auf in leidenschaftlicher Heftigkeit. Wydenbrugk, dem ein Deutschland ohne Österreich ein wahrer Frevel, eine Sünde schien wider Geist und Geschichte der Nation, berief Gesinnungsgenossen nach Rosenheim zu einer Vorbesprechung, welcher im Oktober 1862 die Versammlung von fünfhundert Grossdeutschen zu Frankfurt folgte. Hier verfocht er in glänzender Rede: dass die Reform allen deutschen Staaten das Verbleiben in der vollen Gemeinsamkeit möglich erhalten müsse, und dass man, als ersten Schritt, um zu einer kräftigen Bundesexekutivgewalt und zu einer nationalen Vertretung zu gelangen, die Delegirtenversammlung anzuerkennen habe. Er schloss eine Rede mit den Worten: »Es giebt überhaupt nur einen Weg der Einigung, das ist, dass allmählich in Preussen die Überzeugung reift, dass weder die einseitige Hegemonie möglich ist, noch die einseitige Ausbildung eines deutschen Bundesstaats, welcher einen Theil Deutschlands umfasst, den übrigen Theil ausschliesst, und dass ebenso wenig eine isolirte Stellung von Preussen auf die Dauer haltbar ist«.

Es folgte im nächsten Jahr der Fürsten-Kongress in Frankfurt, auf welchem fast alle deutschen Fürsten unter des Kaisers Vorsitz tagten und ein Bundesdirektorium aus sechs Stimmen unter dem Vorsitz Österreichs planten, dem eine gesetzgebende Reichsversammlung, zu welcher die Kammern der Einzelstaaten ihre Delegirten zu schicken hätten, zur Seite stehe. Endlich, endlich schien Deutschlands Einheit zur Wahrheit zu werden. Doch Preussen fehlte, Preussen protestirte, die Hand am Degen. Es konnte sich nicht majorisiren lassen, es verlangte Gleichstellung mit Österreich, und statt Delegirter die Nationalvertretung aus freier Volkswahl. Im zweiten Punkt hätte vielleicht Einigung stattgefunden, im ersten freiwillig niemals. Wydenbrugk nahm an all diesen Dingen Theil mit lebendigster Seele.

»Reichstag oder Parlament?« — nannte sich eine Flugschrift von ihm (Jena 1862), die damals viel gelesen wurde. In jener Zeit war öfter, und vielleicht nicht ohne Grund, die Rede, dass er bayerischer Minister würde. Denn König Maximilian II., der aufrichtig Deutschlands Einigung wollte, schätzte ihn sehr wegen des tief sittlichen Ernstes, der sich in all seinen Reden und Schriften zu erkennen gab. Vor den Augen der Einsichtigen klaffte immer tiefer, immer weiter der fürchterliche Zwiespalt in Deutschland auf. Der edle König von Bayern starb, — ach, vielbeweint: doch was kam und was auch er schwerlich hinderte, hätte ihm dennoch das Herz gebrochen.

Wydenbrugk sollte bald an der Quelle kennen lernen, dass und warum man in Österreich nimmermehr gewillt sei, Preussen als ebenbürtige Präsidialmacht in Deutschland neben sich anzuerkennen. Die deutsche Schicksalsfrage, die Frage über das Recht an Schleswig-Holstein, loderte wieder auf. Der neue Dänenkönig wollte die legitime Erbfolge des Erbprinzen von Augustenburg, welchen das ganze deutsche schleswig-holsteinische Volk zum Fürsten verlangte, nicht anerkennen, und die beiden Vormächte Deutschlands stimmten ihm im Londoner Protokoll zu. Der Frankfurter Abgeordnetentag aber, von nahe fünfhundert Mitgliedern besucht, erklärte: »Im Gange des Rechts ist Friedrich von Schleswig-Holstein-Augustenburg zur Erbfolge berufen«; der Bund beschloss Exekution gegen die renitenten Dänen, Preussen und Österreich rückten in Schleswig-Holstein ein und eroberten das Land; Preussen sagte sich vom Londoner Protokoll los, und Dänemark trat seine Rechte an den Herzogthümern am 30. Oktober 1864 nicht dem Bunde, sondern an Österreich und Preussen ab. Für Denjenigen, welcher aufmerksam den verdeckten Zügen in diesem Schachspiel folgte, tauchten bereits leise die Spitzen von Preussens Endabsicht empor. Bei dieser Lage der Dinge kam dem Erbprinzen Friedrich nicht wenig darauf an, einen eifrigen und gescheidten Bevollmächtigten am

Wiener Hofe zu haben. Sein Vertrauter, der Koburger Minister Staatsrath Franke, kam nach München, und am 11. November nahm Wydenbrugk den Auftrag an und siedelte mit Familie nach Wien über. Wie meisterhaft klug nun die Sache, der er sich widmete, gefördert wurde, wie an Stelle des gefügigen Rechberg Mensdorff als Minister des Auswärtigen trat, wie sich in Schleswig-Holstein in aller Stille eine vollständige Nebenregierung des Herzogs Friedrich konstituirte, wie sein Alleinrecht von den juristischen Fakultäten und Geschichtsforschern immer lauter und allgemeiner anerkannt, wie die Gasteiner Konvention seine Sache förderte und die ihr günstigen Bundesbeschlüsse vorbereitet wurden, kurz, wie man nahe daran war, Schleswig-Holstein den Preussen glücklich abzumanövriren, bis plötzlich Bismarck die ganze Angelegenheit auf eine andere Karte stellte und sein und der preussischen Generale Genie und Tapferkeit bewundernswürdig rasch den deutschen Krieg von 1866 begannen und noch rascher zu Ende führten, — das alles mit eindringender Kenntniss der Dinge und Personen getreu und würdig zu schildern, bleibt einer geschickten und kundigen Feder noch immer als lohnende Aufgabe vorbehalten.

Wydenbrugk blieb bis 1867 in Wien. Diese drei Jahre waren für ihn eine reichbelebte Zeit im beständigen Verkehr mit berühmten Bekannten von Frankfurt her sowie mit andern bedeutenden Männern, die ihn sämmtlich wahrhaft verehrten. Nach seiner Rückkehr kaufte er sich die Schöffau zwischen Oberaudorf und Kiefersfelden an der Tyroler Gränze, und bauete sich dort einen einfachen, aber anmuthigen Landsitz aus, in einer Gegend, wie sie nicht reizender und herrlicher sich denken lässt für Jemand, der nach grossem thätigem Leben sich auf seine Familie, seine Studien und Gedanken zurückzieht. Das Haus liegt mitten in einer kleinen grünen Ebene, die ringsum von frischen Waldhügeln umschlossen ist. Das Ganze, von dem rauschenden Bergstrom der Kiefer bespült, ist ein einziges Besitzthum; hinein aber schauen von ihrer Höhe in die blühende Rundebene der schroffe Pentling, der ernst majestätische wilde Kaiser, das Kranzhorn, und die vielen andern Kuppen und Höhen im weiten Umkreise. Dort war Wydenbrugk noch beinahe ein Jahrzehnt in köstlicher Ruhe zu leben und zu denken vergönnt. Sommers erschienen liebe Gäste von fern und nahe, Männer der Politik und der Wissenschaft weitbekannten Rufs. Auch des Winters fehlte es nicht an feinerer Geselligkeit, da die Nachbarschaft nicht arm an Familien aus höheren Lebenskreisen, und diese Annehmlichkeit erhöhte sich, als die älteste Tochter sich mit dem Fabrikdirektor im nahen Kolbermoor, Freiherrn v. Bippen, verheirathete.

Mit der praktischen Theilnahme an der Politik hatte Wydenbrugk abgeschlossen. Weil es aber sein Grundsatz war, dass Jedermann möglichst für's Allgemeine wirken müsse, so schrieb er kürzere und längere Artikel über deutsche, insbesondere auch österreichische Zustände und Verhältnisse, über die Lage der Dinge in Frankreich, England, Spanien, den Orient und Nordamerika, über literarische Erscheinungen in jenen Ländern auf dem Gebiete der Staatskunde und Volkswirthschaft. Die Leser der »Allgemeinen Zeitung« werden sich ihrer wohl noch erinnern, insbesondere der Vor- und Rückschau, die er regelmäßig und ausführlich am Jahresschluss anzustellen pflegte. Das kleine »*n*« — dieses Zeichen trugen die meisten seiner Beiträge an der Spitze — erregte stets Aufmerksamkeit in den politischen Kreisen der deutschen Welt: man wusste, dass man einen gereiften Staatsmann, Denker und Gelehrten mit klarem Auge, mit gründlicher Kenntniss und seltener Urtheilsfähigkeit vor sich hatte. Mit dem Jahre 1870 veröffentlichte er auch regelmäßige politische Übersichten in den »Ergänzungsblättern zur Kenntniss der Gegenwart« und in der daraus hervorgegangenen »Deutschen Warte«.

Nun aber drängt sich die Frage auf die Lippe: wie stand denn dieser Mann zur neuen Gestaltung der Dinge in

Deutschland? Anfangs verhielt er sich zögernd, dann fasste er Hoffnung, zuletzt stimmte er bei aus tiefster Überzeugung. Aus Österreich war er mit vielfach veränderter Anschauung über dortige Verhältnisse zurückgekehrt. Er sah das Verhängniss schreiten. Österreich war ja schon den Tag nachher, als Graf Beust in's Ministerium trat, der ungarischen Vorherrschaft überliefert, und wahrlich, diese Magyaren schaufeln darauf los, als wären sie zu Österreichs Todtengräbern bestellt und gemiethet. An den Czechen und Südslaven zogen sie sich Schüler heran, von denen sie in Hass und Grimm gegen Alles, was nicht ihrer nationalen Eigenart gehört, noch übertroffen wurden. Öfter betonte Wydenbrugk damals in unsern Gesprächen, dass kein Staat durch andere Mittel erhalten wird, als durch welche er gegründet und gross geworden. Gerade diese Mittel aber wendete man in Preussen stets weitgreifend an. Nun folgte der deutsch-französische Krieg: Wydenbrugk's ganzes Wesen wurde tief erregt, hellauf jauchzte seine Seele, es waren die fröhlichsten Tage seines Lebens. Es erfüllte ihn die offenste Bewunderung und die tiefste Dankbarkeit für die Männer, die das Alles durchgeführt. Er starb völlig ausgesöhnt mit der Wendung der Dinge, und wenn er auch die grossen Gefahren der Weltlage deutlich vor Augen hatte, doch mit der festen Zuversicht, dass Deutschland diese Gefahren bestehen werde und einer sicheren, grossen Zukunft entgegen gehe.

Wir verloren ihn am 9. Juni 1876. Schon in den letzten Jahren kränkelte er, der Organismus hatte seine Kräfte aufgezehrt. Er wusste es wohl, und sagte bei seinem letzten Abschied, als er die Angst um seinen Verlust mir in den Augen las: »Sie sorgen sich um mich. Ach, lieber Freund, was liegt denn daran, ob dieses schwache Pünktchen noch länger umher flittert im grossen Weltall? Darüber mach' ich mir gar keine Illusionen. Nur der Meinigen wegen möchte ich noch etwas leben«. Er ging nach Karlsbad, wo die Kur ihm anfangs wohl that. Als er dort die Abnahme seiner Kräfte fühlte, fuhr er in einem Tage bis Kolbermoor, und einige Tage später auf seinen Landsitz. In der Nacht vor seinem Tode rief er: »Die Hirten marschiren ein unter Chrischmanisch«, seine Phantasie weilte bei den Serben. »Licht und Luft!« waren andern Vormittags seine letzten Worte. Auf dem Hügel rechts von seinem Hause liegt er begraben, leise umrauscht von den jungen grünen Lärchen, die er so liebte. Denn er hatte vor ein paar Jahren auf diesem Hügel einmal gesagt: »Hier wäre gut ruhen«. —

In kurzen Zügen wurde hier versucht, ein deutsches Mannesleben zu schildern, wie es so Viele von uns theils an sich selbst, theils an ihren Freunden erlebt haben. Welch' eine Fülle von Studien und Arbeiten, von Kämpfen und Täuschungen! Aber auch welch' wachsende Reihe von nationalen Ergebnissen und Erfolgen seit Savigny's Vorträgen, seit Friedrich Wilhelms IV. erregenden Worten, seit dem heissen Kampfgewühl von 1848, seit der bleiernen Reaktion, welche folgte, seit dem bittern Streit zwischen National- und Reformverein, seit dem schleswig-holsteinischen Kriege bis zu Königgrätz, Sedan und Versailles! Nicht gerade rasch machte unsere Nation ihre Entwicklung, aber es giebt sich darin ein gewisser rhythmischer Gang zu erkennen. Jeder Schritt holt weiter aus, um dann um so fester und wuchtiger aufzutreten. Jeder hat zu dieser Entwicklung mitgeholfen, der ehrlich mitarbeitete für das Wohl des Vaterlands, wenn auch Wenigen nach dem Maß ihrer Kräfte vergönnt war, so Vieles zu leisten und anzuregen, wie unserm geliebten Wydenbrugk.